王朝社会の権力と服装

直衣参内の成立と意義

中井真木

東京大学出版会

Power and Attire in Heian and Early Medieval Japan:
Nōshi as Court Dress

Maki NAKAI

University of Tokyo Press, 2018
ISBN 978-4-13-026245-3

王朝社会の権力と服装／目次

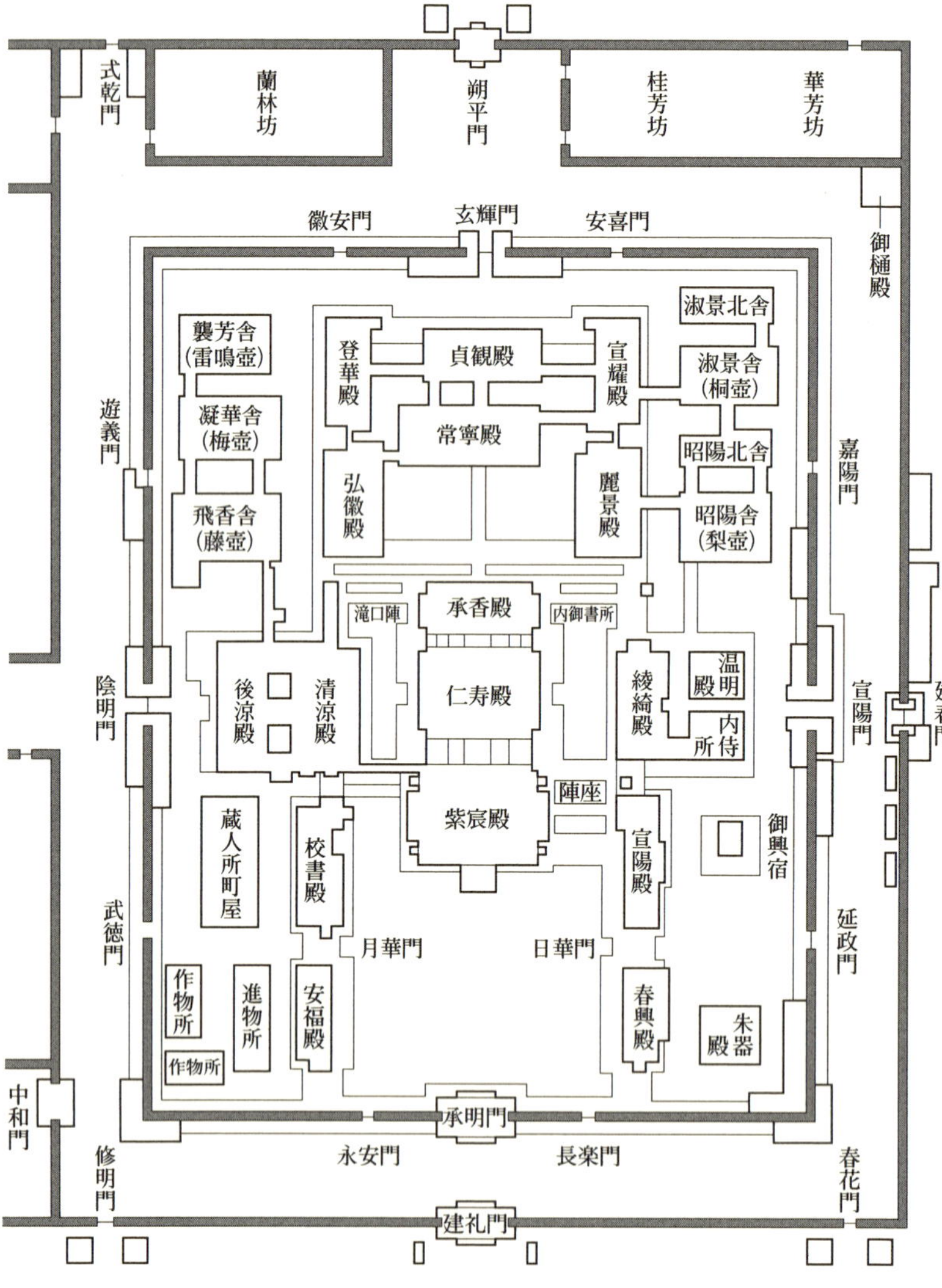

内裏の内部構造

(高橋康夫・吉田伸之・宮本雅明・伊藤毅編『図集日本都市史』東京大学出版会，1993 年，51 頁より作成)

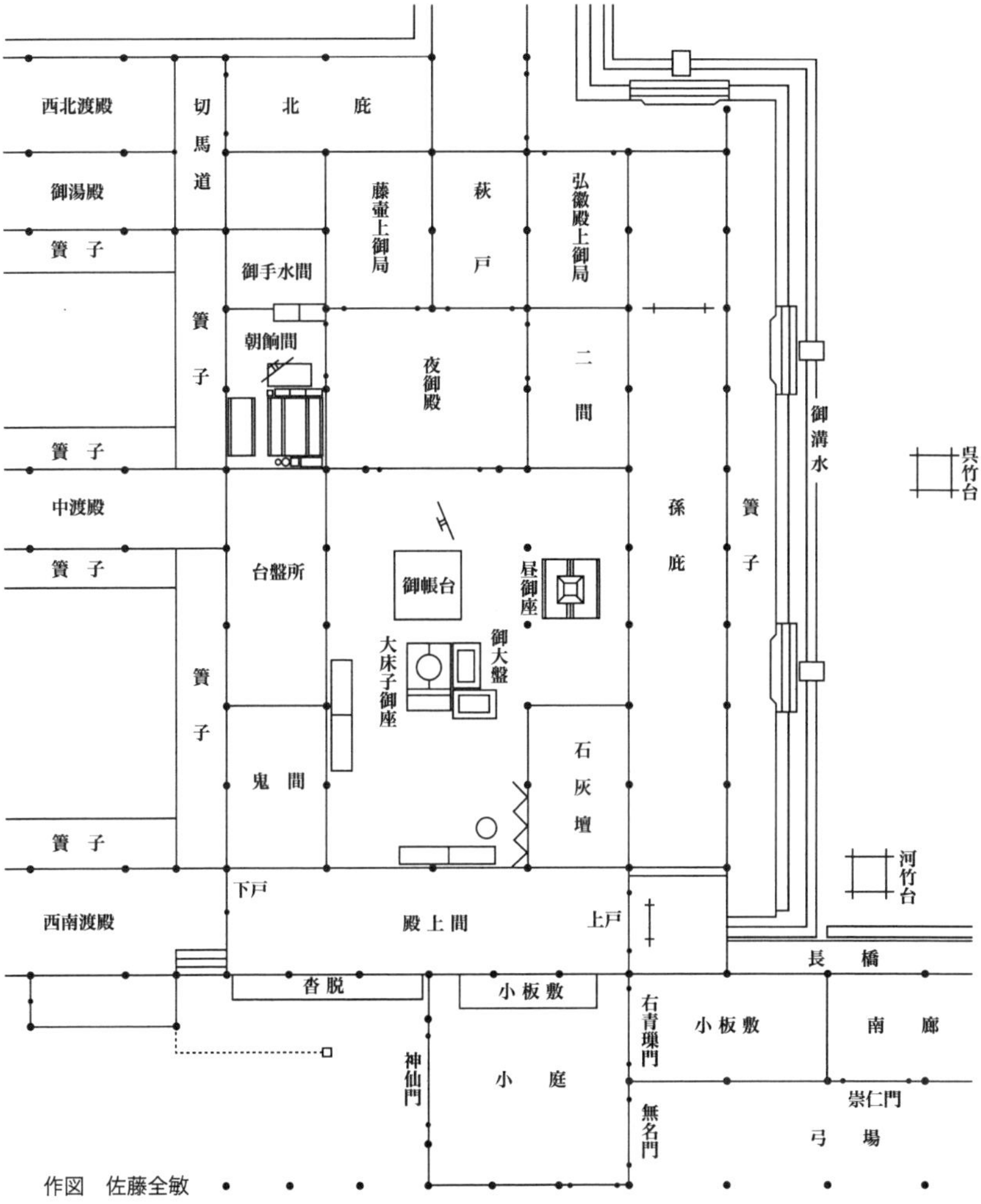

清涼殿

（有富純也『日本古代国家と支配理念』東京大学出版会，2009 年，180 頁より転載）

はじめに

『枕草子』に次のような場面がある。時は正暦五年（九九四）春。昼近い清涼殿では、高欄のもとに桜の大枝が飾られ、上御局で若き一条天皇と中宮藤原定子が仲睦まじく過ごしている。そこに中宮の兄の大納言藤原伊周が訪れ、戸口の外に控えたまま天皇や中宮と言葉を交わす。隣の昼御座からは天皇の御膳の準備の進む音がしているが、蔵人が御膳の整ったことを告げに来ると、天皇は昼御座に移り、伊周は廂からこれを送ったあと、また桜の傍に戻ってくる。

清少納言の筆によれば、この時の伊周の姿は「桜の直衣《なをし》のすこしなよらかなるに、こきむらさきの固紋《かたもん》の指貫《さしぬき》、しろき御衣《ぞ》ども、うへにはこき綾《あや》のいとあざやかなるをいだして」いたという①。この服装の描写はどのような意味を帯びているのだろうか。例えば萩谷朴『枕草子解環』は、「桜の直衣」という語に「三位以上の勅許を得たものは、直衣姿での参内が許される」と語釈を与えている②。現在通用の参考書の多くにも、直衣は平安時代中期以降の男性貴族の私服であるが、勅許を得て参内に着用できたと記される。そのような理解に立てば、この伊周の桜の直衣姿は、いかにも彼の特権的な立場とその背景にある中関白家の栄華を表象しているかのようだ。

一方、十一年後の寛弘二年（一〇〇五）二月、藤原実資は、左大臣藤原道長が白昼に直衣で清涼殿の殿上および天皇御前に参入し、親王との対面等について決定する手続きを行なったことを日記に書き留め、「事渉㆓平懐㆒」、すなわち無礼な振る舞いだと評している（『小右記』八日条）③。『枕草子』では伊周が直衣姿で清涼殿に参上したことが肯定的な文脈で描かれていたのに、なぜ『小右記』では道長の振る舞いが無礼だと評されているのだろうか。大納言の伊周には与えられていた直衣での参内の勅許が、左大臣の道長には与えられていなかったのだろうか。あるいは状況や場に何か違いがあるのだろうか。「三位以上の勅許を得たものは、直衣姿での参内が許される」という、直衣に対するこれまでの理解に、なにか見落としがあるのだろうか。

このような疑問は読解上の小さな問題、あるいは服装史上の些細な逸話に過ぎないように見えるかもしれない。しかし、フェルナン・ブローデルの言葉を借りれば、「服飾史は見かけほど逸話的なものではない。素材・作り方・原価・文化による固定・流行・社会階層など、ありとあらゆる問題がそこから出てくるのである」[4]。本書は平安時代から鎌倉時代初頭の日本の朝廷において、直衣という衣服を男性貴族が着用した実態とその意味を考察するという極めて小さな課題を主題としており、ブローデルの大著を引用するのは我ながらおこがましい。しかもブローデルは、中国や日本のような「ほぼ動きのない社会にあっては」、服装は数世紀間にわたってほとんど変化しなかったと評している[5]。しかし、直衣の歴史もやはり見かけほど逸話的なものではない。桜のかざられた清涼殿に桜の直衣で訪ねてくる伊周の話も、同じ清涼殿に直衣で参入して雑事を定めたことを無礼と評された道長の話も、私から見れば単なる小話で済ますには惜しい記事である。

いったい、律令格式によって服装が定められていた古代の朝廷において、それらの法には記されていない「私服」での参内が特権の表象となったのであれば、それは平安時代の朝廷の構造やその変質に関わる重要な事象であるはずだ。日本文学者中村義雄は、「直衣こそはまさに王朝の象徴であった」と述べている[6]。これは王朝文学や絵巻に描かれる男装に直衣が多いことを指して述べたことばなのだが、右の事情を踏まえれば、王朝社会で直衣が用いられたことのより深い意味をここに籠めることも可能だ。しかし、冒頭の『枕草子』と『小右記』の記述に対する疑問一つをとってみても、直衣が朝廷の服装制度のなかでどのような位置を占めていたのか、実はあまりよくわかっていない。それゆえに、例えば伊直衣がいつ、どのようにして特権の表象となったのかも、これまで明らかにはされていない。

周と道長のそれぞれの直衣姿が持っていた社会的あるいは政治的意味も、これまでの研究では十分に引き出せていない。

ここで、平安時代の朝廷の服装を論じた近年の代表的文献についてごくおおまかにまとめることで、本書に関わる研究動向を概括しておく。まず、日本の服装や装束の研究を行なってきた学問分野の一つとして、前近代以来の有職や国学の流れを汲む有職故実学があげられる。有職故実学は、宮中や神社等での実践も念頭において、時宜にかなった服装や持ち物、乗り物、調度、挙措進退等の有り方や歴史を具体的に探ろうとする学問であり、特に重要な文献として、鈴木敬三編『有識故実大辞典』がまずはあげられる。(7) これは二十世紀後半に有職故実の第一人者として活躍した鈴木のいわば遺稿集であるが、現在もっとも広く参照される基本文献と見てよい。また二〇〇七年に刊行された近藤好和『装束の日本史――平安貴族は何を着ていたのか』も、手に取り易い新書判ということもあってか、よく参照されている。(8) その一方で、佐多芳彦『服制と儀式の有職故実』は、実証研究を通しての有職故実学の再生を唱え、服装史に多くの研究の余地があることを示した。(9)

実践を前提とした研究としては、装束の調製や着装を本業とする人々による文献も貴重である。髙田倭男『服装の歴史』、仙石宗久『カラー判 十二単のはなし――現代の皇室の装い』等は、いずれも実物の装束についての豊富な知識とともに、装束を身につける、あるいはそもそも装うとはどういうことであるのかを実践的に追究している立場ならではの情報を多く提供している。(10)

これらとはやや別の流れとして、被服学の一環として服装史に取り組む研究も行なわれてきた。近年の代表的な概説書として増田美子編『日本衣服史』があげられる。(11) また、有職故実や被服学等を前面に出すのではなく、歴史学の研究対象として服装を扱う研究も近年、増加しつつある。なかでも末松剛『平安宮廷の儀礼文化』は、儀礼・服飾等の実証的な研究が政治や社会を分析する有効な手段となることを証明し、本書も多くを負っている。(12)

更に文学や美術研究においても、作品の読解のために描かれている服装を解明し、作品上の効果等を明らかにする視点から服装が研究されてきた。特に平安文学研究では服装に関連する論考や解説が数多く発表されており、直近では畠山大二郎『平安朝の文学と装束』が刊行された[13]。また、これらの各分野での研究は、従来、相互に参照されずに行なわれてきた側面もあったが[14]、近年では分野を横断する動きも活発化しつつある。特に、文学・有職故実学・被服学・歴史学の研究者を結んだ河添房江編『王朝文学と服飾・容飾』の試みは高く評価される[15]。

以上の概観からも明らかなように、朝廷社会の服装、特に平安時代のそれは研究対象として長い歴史を持ち、かつ多方面から研究されてきた。本書は、右にあげたものだけでなく、二十世紀以前に著されたものも含めて、多数の先学の成果に極めて多くを負っている[16]。しかしながら同時に、このような分厚い蓄積がありながら、平安時代あるいは鎌倉時代の服装に関するごく基本的な事項にも、実は未解明な点が多く残されている。冒頭で示した『枕草子』と『小右記』のずれを通説では説明できないこともその一例であるし、佐多芳彦や津田大輔による束帯の研究、末松剛による赤色袍の研究や、近藤好和による布衣始の研究等が示すように[17]、史料に即して実態を具体的に追い、通説を根本から問い直す研究は、まさに現在進行中の課題である。

長年の蓄積にもかかわらず、日本服装史が基本的事項の問い直しを要する状況にある原因の一つには、服装史研究が社会において果たしてきた役割があるように思われる。服装史研究には、記録や文学作品・絵画作品等を読解するための知識、あるいは実際に装うための実践的知識として、明快で汎用性の高い内容の提供が求められがちである。一方で、一般的に服装はかなり早い歩調で変容する。たしかに日本の朝廷社会では十世紀頃に確立した服装形式が約千年間存続し、局所的には現代においても実際に使用されてはいるが、そのような「ほぼ動きのない社会」にあっても、様式や着装法には変化があり、規範も変化した。したがって、千年以上の歴史を持つ服装形式に対して、超時代的に通用する明快な説明を与えること自体がそもそも無理なのであるが、実際には、どの時代にもぴたりとはあてはまらないものの、わかりやすい説明がしばしば通説として焼き直されてきた。

この傾向には故実、あるいは故実書の記述を過度に重視することも含まれる。朝廷社会で故実が尊重されたのは事実であるが、例えば大丸弘が「規則は不変ではなく、故実は絶対ではない」と指摘したように[18]、故実も必ずしも常に明快で固定的な答えを与えるものではない。この点については末松剛の明瞭な分析もある。末松は、わかりよい故実書の記述は「一時の典型に過ぎず」、史料を通覧して歴史的変遷を把握することこそが重要であると指摘し、また「変遷するからこそ、儀礼研究が政治史研究にも援用可能な意義をもちうる」と述べている[19]。

直衣について言えば、明快で汎用性の高い情報を求められた時、平安中期以降の男性貴族の私服で、一部のみが参内時の着用を勅許された特権的服装、というわかりやすい回答が、当座には足りるものとしてこれまで提供されてきた。しかし、結局のところ、この答えは往々にして文献の正確な読解には十分寄与せず、服装史が持ち得るはずの「ありとあらゆる問題」を論じる手段も提供できずにいる。

このような問題意識に立つ本書の第一の目的は、文献の分析を通して直衣、特に朝廷で直衣を着用することに関わる諸事象を詳しく再検討し、通説に代わる、より有効な説明を示すことである。それに際しては、個別の文献については割愛するが、大局的な視点に立ちつつ緻密な考証によって研究を進展させてきた日本古代史・中世史の成果に多くを学んだ。論考だけでなく、数多くの文献が翻刻・複製等により公開・整備され、更にはその少なくない部分がデジタル化され、データベースとして提供されつつある研究環境の向上にも、多大な恩恵を蒙っている。本書が先行研究に対して新しい知見を提供できているとしたら、それはこのような研究環境の向上によるものであり、文献の保存・公開・整備等のあらゆる段階に関わってきた方々に深く感謝の意を表したい。

また同時に、ファッション論の言説からも手がかりを得た。本書はファッションの思想を論じるものではなく、本文中では「ファッション」等の語を用いることをむしろ避けているが、「ファッション」をめぐる平安時代服装史の近年の動向にはやや気になる点もあるので、この点について少し述べておきたい。

美学的な関心から、あるいは広範な読者の興味を引くため等、理由はさまざまだろうが、近年発表される服装史を扱う文献には、しばしば「雅び」や「美意識」「ファッション」「おしゃれ」といった語が散見される。このような傾向を念頭に、右で触れた近藤好和『装束の日本史』は、次のように述べて、「反ファッション」とでも呼ぶべき態度を、かなり明確に示した。

では装束の本質とは何か。それは身分の標識である。装束は前近代の厳しい身分制社会を反映して、それぞれの身分規定のなかで許されたものを着用しているのであり、現在のようにファッションで好き勝手なものを着用しているのではない[20]。

一般向け概説書における誇張した表現でもあろうし、氏の言わんとするところが理解できないわけではないが、それでもやはり、この発言はファッションに対する理解をいささか欠くものと批判せざるを得ない。西洋哲学を中心になされてきたファッションをめぐる考察を踏まえるなら、ファッションとは単に「好き勝手なものを着用」することではない。

一方で、「ファッション」を冠する文献にファッションに対する洞察が含まれるかと言えば、必ずしもそうとは言えない。例えば鳥居本幸代『平安朝のファッション文化』には、「本来、自由に装われるべきであるはずが、個人の趣味嗜好を無視した形で開花したのが律令体制下の服飾であった」という一文が見える[21]。しかし、衣服が「本来、自由に装われるべきであるはず」なのかは大いに疑問であるし、現在に生きる人々が「自由に」「個人の趣味嗜好」で衣服を纏っていると本気で考えているならば、あまりに楽天的に過ぎよう。

「ファッション」や「モード」の定義は容易ではなく時代変遷もあるが、語誌をたどれば、これらはヨーロッパで十四世紀頃から見えることばであり、もともとは貴族社会における作法や習慣という意味を持っていた[22]。すなわち、ちょうど「故実」に対応することばだったのであり、その意味では、王朝社会の装束はまさにファッションの支配下にあったとも言える。しかし、王朝社会の服飾を考える上でファッション論が与えてくれる示唆はそれだけではない。例えば平芳裕子は、ファッションとは「身体を他者のまなざしのもとに」さらす装置であると定義している。(23) あるいは川村由仁夜は、ファッションの主要な要素とは変化、両価性（アンビバレンス）、新奇性と指摘している。(24) そして、こういった視点は平安時代の服装を考える上でも有効である。

もちろん、古代・中世の服装をファッションと呼ぶだけでは何も生まれない。前近代の階級社会の衣服と、現代の市民社会の衣服には大きな違いがあるし、ファッションやおしゃれといった言葉を安易に持ち込み、現代の感覚で過去を解釈してしまう危険性には自覚的でなければならない。だが一方で、現代に生きる我々の多くが「好き勝手なものを着用している」わけではないのと同様に、過去の貴族たちが「身分規定のなかで許されたもの」だけを着用していたわけではない。本書では、王朝社会を、固定的な規範に基づいて服装が決定されていた社会としてではなく、多様な思惑や視線が交錯する中で、絶えず新たな規範の生成と逸脱が発生していた社会として描き直し、その中にあって政争の具として重要な役割を果たしたものとして服装を捉えなおすことを目指す。その意味において、「ファッション」としてこの時代の服装を考えたいのであり、その点では、私がファッション論から得た手がかりとは、大丸弘や末松剛等が示した、規範は常に変化しており、また各人の異なる意識によって違った捉えかたがなされるものという見解への共感とも通底している。

このような視点にたって、本書では、「王朝の象徴」とも称される直衣が九世紀から十三世紀前半の朝廷においてどのように着用され、どのような社会的、政治的意味を持ったのかについて考察してゆく。まず第一章では、現在通説とされる直衣の説明を確認し、その問題点を明らかにした上で、十世紀に文献史料に登場しはじめる直衣の性格、特に天皇の軽装や貴族の私服としての側面について確認する。次いで第二章では、従来、直衣での参内を許す制度として理解されてきた雑袍勅許について検討する。その中からは、殿上人の職務や内裏内の空間・時間と雑袍および直衣の関わり、またその歴史的展開の背景や政治的意味等が見えてくることだろう。第三章では、十世紀から十二世紀初頭にかけて、公卿、特に后妃の近親や天皇外戚による宮中での直衣着用が、政治的に重要な意味を帯びていく様相を明らかにする。この章を通して、冒頭で触れた伊周と道長の直衣姿に対する疑問にも、私なりの答えを与えたい。第四章では、院政期に公卿の直衣での参内が勅許されるようになった経緯を論じる。争乱の中で、直衣での参内に政治的手段としてより重い意味が与えられたこと、あわせて、五節の帳台試・童女御覧の場での直衣着用が貴族の政治的立場や家格を表現するものとして注目されるようになったことを明らかにしたい。最後に第五章では、直衣勅許（雑袍勅許）に伴う儀式と説明されてきた直衣始の儀礼について解明する。

なお、本書は二〇一五年三月に東京大学大学院総合文化研究科に提出した学位論文『直衣参内の研究――日本王朝社会の権力と服装』を加筆修正したものである。学位論文の提出・審査と前後して、第一章第一節を「直衣の定義の変遷と語義説――宿直の衣から常の服へ」（『Waseda Global Forum』一一号、二〇一五年三月）として、第二章第三節の一部を「『枕草子』に描かれた男性の宿直装束について」（『Waseda Global Forum』一二号、二〇一六年三月）として、第三章第二節第三項を「平安男性貴族の服装への眼差し」（『동아시아문화연구』（東アジア文化研究）六一輯、二〇一五年五月）として、第三・四章の一部を「近習と直衣」（『明月記研究』一四号、二〇一六年二月）として、それぞれ改稿の上、公刊した。また、第五章第三節は「吾妻鏡に見る将軍の装い――直衣着用を中心に」（義江彰夫編『古代中世の政治と権力』吉川弘文館、二〇〇六年）の内容を一部利用している。

本論に入る前に、史料の引用方法について付記する。引用に際しては、私に字体や句読点等を改め、原則として割書は〈　〉《　》内に収めて本文に続け、首書・傍記等は適宜（　）内に収め、引用や発話・書名等は「　」『　』内に収めた。一部、／をもって改行を示した。漢文体の史料には返り点を付した。仮名書きの史料について、校訂者によって部分的に漢字に改められているものについては、原則として底本の仮名を示す振り仮名を再現した。人名等の補記については、引用元の注記を踏襲した場合も多いが、補注であることを明確にするために、全て〔　〕内に収めた。また必要に応じて傍線を施し、標号を付した。

（1）新日本古典文学大系『枕草子』第二〇段（「清涼殿の丑寅の隅」段）、二一―二二頁。
（2）萩谷朴『枕草子解環』同朋舎出版、一九八一―八三年、第一巻、二〇五頁。
（3）「平懐」という表現について、『日本国語大辞典』第二版では「ふだん思っていること。平素の考え。また、それを述べること」という第一義の用例としてこの記事をあげる。しかしここでの意味はむしろ同辞典が第二義とする「無遠慮なこと。敬意のないこと。とりつくろわないこと。ふだんどおりで改まらないこと。また、そのさま」にあたろう。「平懐」という表現が記録上で使用されることは少なく、東京大学史料編纂所『古記録フルテキストデータベース』によれば、『小右記』にもほかの用例はないことから、用例から意味をつきとめることは難しい。しかし、『日本国語大辞典』の用例にあるとおり、『色葉字類抄』に「平懐　ナメシ　ヘイクワイ」とあり、また「（事）渉」は、『小右記』も含め、事態に対して否定的な評価を加える際に用いられる場合が多い。後で詳しく見るように、実資が白昼の殿上での直衣着用を度々問題にしていることも総合すれば、ここでの「平懐」が「無礼」という意味で使われていることはほぼ確実である。
（4）フェルナン・ブローデル『日常性の構造　一』（物質文明・経済・資本主義――一五―一八世紀　第一巻一）村上光彦訳、みすず書房、一九八五年（原著一九七九年）、四二〇頁。
（5）同前、四二一頁。
（6）中村義雄「御直衣姿なまめかしう――王朝の服飾美感」『陽明叢書国書篇　源氏物語　月報』六、一九八〇年六月、一頁。
（7）鈴木敬三編『有識故実大辞典』吉川弘文館、一九九六年。ただし、同書は基本的に『国史大辞典』（吉川弘文館、一九七九―九七年）の抜粋であるので、本書では『国史大辞典』から引用した。また同時期に刊行された鈴木敬三『有識故実図典――服装と故実』（吉川弘文館、一九九五年）もしばしば参照される。ただ、同書は『服装と故実――有識故実図解』（河原書店、一九五〇年）を著者の没後に鈴木真弓が改訂したものであり、鈴木敬三の後年の見解とは異なる記述も含まれる点に注意が必要である。本書では、一九五〇年時点での鈴木の見解であることを明確にするために『服装と故実』から引用した。

(8) 近藤好和『装束の日本史――平安貴族は何を着ていたのか』（平凡社新書）平凡社、二〇〇七年。

(9) 佐多芳彦『服制と儀式の有職故実』吉川弘文館、二〇〇八年。なお、同書序論では、服装史を含む有職故実の学史がまとめられている。

(10) 髙田倭男『服装の歴史』（中公文庫）中央公論新社、二〇〇五年（初版一九九五年）、仙石宗久『カラー判　十二単のはなし――現代の皇室の装い』婦女界出版社、一九九五年。

(11) 増田美子編『日本衣服史』吉川弘文館、二〇一〇年。

(12) 末松剛『平安宮廷の儀礼文化』吉川弘文館、二〇一〇年。

(13) 畠山大二郎『平安朝の文学と装束』新典社、二〇一六年。

(14) この点については、たとえば刑部芳則『明治国家の服制と華族』（吉川弘文館、二〇一二年、一一四頁）が鋭い指摘をしている。

(15) 河添房江編『王朝文学と服飾・容飾』（平安文学と隣接諸学九）竹林舎、二〇一〇年。

(16) 各文献については本論中での言及に譲るが、特に多くの示唆を得た文献として、大丸弘『平安時代の服装――その風俗史的研究』（成美社、一九六一年）に触れておきたい。絶版久しいこの薄めの本は、残念ながらその内容の重要性に比して引用される機会が少ないが、本書執筆にあたってもっとも頻繁に参照した文献の一つである。また、通史の類を含め、言及できなかったものの参考とした文献も多い。

(17) 佐多芳彦「「朝服」と「束帯」――用例からみた平安初期公家服制」『服制と儀式の有職故実』（注9、初出二〇〇三年）、同「平安初期の公家服制について――束帯姿成立の背景」『立正史学』一一〇号、二〇一一年、津田大輔「ありさきという語について――語源説を中心に」『水門』一八号、一九九六年、同「平安時代前期服飾復元の可能性――考証の方法と男子装束の復元」『古代文化研究』一六号、二〇〇八年、末松剛「摂関家における服飾故実の成立と展開――赤色袍の検討を通じて」『平安宮廷の儀礼文化』（注12、初出二〇〇〇年）、近藤好和「布衣始について」『日本研究』四二号、二〇一〇年等。

(18) 大丸弘『平安時代の服装』（注16）、六四頁。

(19) 末松剛『平安宮廷の儀礼文化』（注12）、特に序章と終章、引用は一〇頁。

（20）近藤好和『装束の日本史』（注8）、一三頁。
（21）鳥居本幸代『平安朝のファッション文化』春秋社、二〇〇三年、一七頁。
（22）平芳裕子「「ファッション」——まなざしの装置」『服飾美学』三九号、二〇〇四年等。
（23）同前、五〇頁。
（24）Kawamura, Yuniya, *Fashion-ology: An Introduction to Fashion Studies*, New York: Berg, 2005, p. 5.

第一章　直衣とはなにか

第一節　直衣に関する通説とその問題点

第一項　現在の通説

「王朝の象徴」とも称される直衣。この直衣は、今日どのようなものと説明されているのだろうか。はじめに、現在、参考書として広く利用されていると推測される文献をいくつか取り上げ、その解説を確認したい。まず、二〇一〇年に刊行され、「最新の研究成果をふまえた」ことを標榜する[1]増田美子編『日本衣服史』の記述を見てみよう。

直衣は基本的には上流貴族の私服であり、その構成は、烏帽子・直衣・衵（袿）・単・指貫・下袴である。〔中略〕直衣の形は束帯の縫腋袍と同形であるが、私服のため、色や文様が自由であり、雑袍とも称された。一部の特権貴族は天皇の聴許（雑袍聴許という）により参内服としても着用できた。雑袍許しは基本的には天皇と姻戚関係のある者および関白・大臣クラスの公卿に出されたものであり、特権階級の象徴でもあったが、参内の際には必ず冠をかぶった。また、少し改まった形にするために、下に下襲を重ねることもみられた[2]。

これによれば、直衣は平安時代の上流貴族の私服であり、色等が自由で、雑袍とも称された。「雑袍聴許」により参内に用いることができ、その範囲は「天皇と姻戚関係のある者および関白・大臣クラスの公卿」という特権階級で、私服としては烏帽子をかぶるが、参内の場合は冠をかぶった。

次に、これより数年早く刊行された近藤好和『装束の日本史』の記述を確認しよう。ここでは、直衣を「上級貴族限定」の私服と定義し、殿上人以下の着用は少ないと明言する。服装の構成は雑袍を中心とするもので、「雑袍勅許（直衣勅許）」によって「冠直衣での日常の参内が勅許され」、「天皇との私的な関係を誇示」できたという。一方、色や文様については増田のように「自由」とはせず、冬は白、夏は二藍といった決まりがあったとする。[3] したがって、増田編『日本衣服史』とは相違もあるが、直衣が㈠上級貴族の私服であること、㈡雑袍であること、㈢雑袍勅許（聴許）によって参内が許される特権的な服装であること、については共通している。このような理解は、より古い文献でもほぼ同じであることから、通説といってよい。

ところが、直衣での参内を許す制度について更に複数の文献を確認してゆくと、その説明の細部にはばらつきがある。例えば、名称については、㋐雑袍勅許・雑袍宣旨等とするもの（増田編『日本衣服史』等）、㋑直衣勅許・直衣宣下等とするもの（髙田倭男『服装の歴史』等[4]）、㋒雑袍勅許と直衣勅許を同一のものとして両方あげるもの（近藤『装束の日本史』等）がみられる。勅許制度の成立時期については、「平安時代後期」以降（髙田『服装の歴史』）といった言及もみられるものの、全般的に具体的な記載は乏しく、いつ頃この制度が成立したか定かでない。そして、勅許の対象についてもさまざまな見解が示されている。いくつか例をあげよう。

㋐ 上級貴族の一部（近藤『装束の日本史』）

㋑ 公卿とその子息（髙田『服装の歴史』）

㋒ 三位以上を原則（鈴木敬三『装束織文集成』解説[5]）

㋓ 公卿か、天皇と姻戚関係にあり聴許を得た貴人（谷田閲次ほか『日本服飾史』[6]）

㋔ 天皇と姻戚関係のある者および関白・大臣クラスの公卿（増田編『日本衣服史』）

(イ)と(オ)では勅許の範囲にかなりの差があり、制度としての意義もずいぶん異なることになる。(ア)は意図的に曖昧な記述としているとみられ、近藤は別の文献で「雑袍勅許される皇族・公卿の範囲については今後の課題である」と指摘している。(7)

しかし、そもそも、雑袍宣旨や直衣での参内に関わる史料を少し検討すれば、雑袍宣旨の対象者が「一部の特権貴族」であるとする通説が不適切なことは明らかである。例えば十世紀以前の雑袍宣旨を検討した茨木裕子は、これが四位以下の官人を対象としていたことを明らかにし、直衣参内の勅許は十二世紀以降に成立したことを示唆している。(8)同じ一九九四年に刊行された『角川古語大辞典』には、「平安中期までは、蔵人など近臣が雑袍の宣旨により直衣姿での参内を許されたが、のち参議以上の者に許されることが多くな」ったと記される。(9)近年、十一世紀前半までの雑袍宣旨について検討を加えた佐藤早紀子も、当時の雑袍宣旨は殿上人全般に与えられたと論じた。(10)これらの指摘は、直衣とは一部の上級貴族のみに参内での使用が許された特権的服装であるという通説の妥当性に大きな疑問を投げ掛けているが、同時に、部分的な検討に止まったり、史料の解釈に誤りがあったりするため、日本の朝廷において直衣という服装がどのような歴史をたどり、どのような位置付けにあったのかを十分明らかにするには至っていない。

第二項　直衣の定義の変遷における語義説の影響

ここで少し視点を変えて、現行の通説の成立経緯をたどってみたい。現在では専ら、上級貴族の私服と解説されている直衣だが、実はかつてはこれとはかなり異なる定義も示されていた。なかでも注目されるのが、『古事類苑』等にも引かれる野宮定基（一六六九―一七一一）の見解である。

有職の公家として知られた定基は、新井白石の問いに答えた『新野問答』の中で、直衣とは、殿上での宿直に際して着用する「夜陰褻衣」であると説明している。更に、「直衣宣下」とは公卿の白昼の直衣着用を許すことであり、

「雑袍の宣旨」はしかるべき殿上人が受けて直衣を着用するもので、特に近衛府は禁中の宿衛を掌るために、永宣旨によって個別の勅許がなくとも着用したと述べる。[11] すなわち、㈠「直衣宣下」と「雑袍宣旨」はそれぞれ公卿と殿上人を対象とした違う制度、㈡直衣宣下で勅許されるのは日中の直衣着用、㈢近衛府に特例があった、という、現在の通説とは大きく違う説明を与えているのである。つまり、雑袍宣旨は殿上人に下される、という近年指摘されるようになった内容は、すでに十八世紀初頭には明示されていた。なぜ今日ではこのことや、直衣とは宿直の服という点が言われなくなったのだろうか。

『新野問答』の中で定基は、「以二宿直之意一称二直衣一候」と、直衣という名称を宿直と結びつけて、「夜陰褻衣」であるという自説の一根拠としている。このように、名称の持つ意味から事物の性格を論じることは、直衣に限らず、古くからしばしば行なわれてきた。直衣を宿直に結びつける理解も定基独自のものでもなく、例えば一条兼良にも見られる。[12]

この定基の示した語義を正面から否定し、直衣とは「常に着る衣」の意であるとしたのが、武家故実の大家、伊勢貞丈（一七一七—八四）であった。故実叢書本『安斎随筆』巻之六に「直衣・直垂の直の字」と題して収められた論によれば、「宿直の衣」説は、「唯直字音のみを知りて訓義を弁へずして、漫に作りたる説」、すなわち「直」の複数の訓義を弁別しておらず、根拠がない。「直」には、不曲（ナホシ）、常（ツネ）、侍（ハンベル・トノヰ）の三つの訓義があり、宿直の直は侍の義である。不曲と常は共通の意味を持つが、不曲と侍を混同するのは大きな誤りである。したがって、直衣の直には侍の義は含まれず、直衣は「私の家に在る時、常にきる衣」という意味だ、という。[13] 貞丈の説には、「直衣」を「なほし」と読むということが前提としてあり、「なほし」と訓ずるのだからこの「直」の義は不曲であるという論理が内包されている。しかし、「不曲」という訓義だけからでは、私宅で着用する「常に着る衣」という語義は導けない。そこで貞丈は、『伊勢物語』に見える直人（なほびと）の語が「常の人」を意味すること等を根拠に、不曲と常の語義は通い合うとし、「常にきる衣」説を提示した。

語源説はほかにもあったが、[14]膨大な著作の影響力もあってか、広く流布したのは貞丈説であった。なかでも、十九世紀前半、やはり江戸の故実家である田沼善一（生没年不詳）は、貞丈説をほぼそのまま踏襲しつつ、さらに「只ありなる」服、「うけばらぬ」服という説明を加えて直衣を定義した。[15]直衣を「ただの衣」ともする見解は貞丈も示していたが、[16]田沼は膨大な量の故実書や記録類を引きながら、「なほ」と「ただ」が通ずることを示し、また女房の直衣なども傍証として、[17]直衣とは束帯の袍よりも動きやすく、「何の事もなく、只ありなる」服、「うけばらぬ衣」であると説明する。その中で、「宿直姿とは、直衣着たるを云なり」と述べる部分もあるにはあるが、只ありなること、うけばらないことを滔々と述べる中で、その一文は完全に霞んでいる。このようにして、直衣をめぐる言説において、十九世紀には「常の服」「ただの服」説が主流となり、宿直に用いられたという側面は等閑視されるようになっていった。

主流の「常の服」説に批判がないわけではなかった。二十世紀初頭、歴史学者兼文学者の石村貞吉は、「伊勢貞丈の説が一般に認められてゐる」現状に対し、「野々宮定基の説の方が、伊勢貞丈の説より、遥に意味があるやうに思ふ」とし、特に貞丈が「又衣の字シとよむ」と、「なほ」と「し」を分割して論じた点に疑義を呈した上で、おおよそ次のように述べた。

直は宿直の義で、宿直の衣であるから、直衣と言つたと解すべきである。宿直衣を直衣といふのは、あまり漢字を使用するに過ぎるやうに見えるかも知れないが、当時ではかかる命名があつても、さして珍らしいこととも思はれなかつたらうと思ふ。殊に束帯とか、衣冠とか、漢字のままに呼ぶことが流行した時代に、宿直の衣を直衣と呼んでも、格別深く怪むにも足らない。褄子・半臂などと、字音のままに呼ぶことの行はれたことも、之を参考して考へるには、最も意味があると思ふ。[18]

しかし、石村の論は宿直の衣説を支える新しい根拠を示したわけではなく、むしろ「漢字のまま」「字音のまま」読む語を引き合いにしつつ、直衣をチョクイと読む史料を提示しなかった点等は、いかにも説得力を欠く。しかも石村は、「西宮記に、直衣を宿衣にしたことを書いてゐるのは、亡びた習慣の片鱗が、雲間にちらと顕はれたもの」と述べ、宿衣であったのは「原始的直衣」であり、『西宮記』成立頃には直衣は公家の平服となったと考えたため、総合的には、この論文はむしろ「公家の常の服」という直衣の定義を補強するものであった。

石村論文が掲載された『風俗研究』誌を主宰し、風俗史という分野を打ち立てた江馬務のように、石村説に一定の評価を与えた者もいた。江馬は「「直」は常の義」とするのが古来の説としつつ、宿直の服説にも中立的な立場を示し、「たゞの衣」説に対しては「これは当つてゐない」としている。[19] しかし、石村自身、「宿直の衣」という語源説を直衣の定義そのものには及ぼせていない以上無理もないが、江馬も直衣とは「禁色の人の平素の衣」等、上位貴族の日常着であるとし、[20] どのように宿直に用いられたかについて関心を示すことはほとんどなかった。

そもそも、江馬のような態度は例外的であったようで、石村説を一顧だにしない研究者も多かった。例えば、石村は伊勢貞丈説が流布している一例として『装束図解』（一八九七年刊）を上げているが、その著者である日本文学者関根正直は、一九二五年の著作においても、「直衣は公卿日常の平服をいふ。之を宿直装束と心得たるは誤解なり」「宿直の直にはあらず」と、貞丈説をほぼそのまま踏襲し、宿直装束説をきっぱり否定している。[21] あるいは、神職・故実家で、大正・昭和の即位礼における故実調査を担当した出雲路通次郎も、『新野問答』を示して「直に宿直の意とし、それから起つた名称とする説がある」と紹介しつつ、『安斎随筆』の説を引いて、「直衣の意義を宿直と解するよりは常着と考へる方が都合のよいことがあります」とし、「常の服」説寄りの立場を示した。[22]

そして二十世紀後半、江馬の否定した「ただの衣」説は、鈴木敬三によって、ただとは雑袍であることを意味するという論に発展した。鈴木は、初期には「直」の訓を「ただ」とした上で、その語義は「平常の服」であるとしていたが㉓、後年の説では、「直衣は、衣冠と全く同じ構成で、ただ袍だけが位色でない雑袍を用いていることによる名称であり、只装束《ただそうぞく》ともいう」と述べ、「ただの衣」という解釈はそのままに、その語義は雑袍を用いることによると変更したのである㉔。ただし、「ただ」の語義解釈は変遷しているものの㉕、『国史大辞典』の「直衣」の項目を「平安時代以来、天皇以下、公家の高級官人が日常着として採用した私服。」と書き出したように、鈴木の直衣の定義は、一貫して、天皇以下高級官人の日常着・私服というものであった。

また別の語源説として、髙田倭男は「なほし」という訓をそのまま用いて、「気持を直した衣」説を提唱している㉖。しかし髙田も「男子の直衣は天皇、皇太子、親王、公卿が日常着として用いたもの」と説明しており、直衣を日常着として位置付けている。

以上、語義説を軸に展開した直衣の定義の変遷を見てきた。整理すると、直衣の語義を宿直と結びつける野宮定基の説に対し、直は常の意とする伊勢貞丈の反論がなされ、その後、直およびなほ（し）の語義についてはさまざまな見解が提示されつつも、直衣を日常着または私服と定義する理解が広く共有されるようになった。そして、今日では、直衣の語義・語源に触れない場合であっても、直衣の定義を「平安時代以来、天皇以下、公家の高級官人が日常着として採用した私服」（上掲の鈴木敬三説）とほぼ同趣とし、宿直との関連には触れずに解説する文献が主流となっている。

もちろん、現在でも直衣が宿直時に着用されたという点が否定されているわけではない。鈴木を例にとれば、『国史大辞典』の「服制」の項目にて「束帯を省略した宿衣（とのいぎぬ）で、位色以外の雑袍による直衣（のうし）、と位色のままの衣冠があり」と述べ、『装束織文集成』解説でも「宿直装束の中心は、衣冠と直衣である」と述べる等、直衣を宿直に用いたことに触れている。ただ、現在広く参照されるレファレンスにおいて、「直衣」の解説中に宿直での着用に触れたものは少ない㉗。つまり、宿直の衣という側面は、私服であるという側面に比して本質的ではなく、重要ではないと見なされているのである。

宿直の服であるという直衣の性質がこのようにほとんど無視されるに至った経緯として、語義をめぐる議論、とりわけ伊勢貞丈による野宮定基説の批判が大きく影響したことは疑いないだろう。確かに、定基や一条兼良の示す語義説に比べると、「直人」を傍証とする貞丈説、さらには「只装束」という表現等を傍証とする鈴木敬三説には、一定の説得力があるように見えるかもしれない。しかし、貞丈の「なほ」とは「つね」「ただ」の意であるとする論理も、現代的な目から見れば牽強付会との印象を免れない。また鈴木敬三の「只装束ともいう」という主張も、十分な論拠が示されてはいない(28)。しかも、仮に直衣の本義が常の服やただの服であったとしても、宿直との関係が直衣にとって重要でなくなるわけではない。語源を探るという作業の重要性を否定するものではないが、事物の基本的性格は、語源以上に実際の使われ方に基づいて判断されるべきであろう。

そもそも、定基が直衣を宿直の服と説明したのは、文献の博捜や実体験に基づくものであって、直衣の語義は傍証に過ぎなかったはずである。また、貞丈が定基の説を否定した背景に、公家の説を疑い、古文献の探究に基づいて考証すべしという国学的な考え方があったことも見逃せない。大塚嘉樹（一七三一―一八〇三）と知見を交わした「嘉貞問答」において、貞丈は「白石の問によりて高倉殿・山科殿・野々宮殿三家の答書有之。うつし持て候。その答の中には取りがたき事も間々見え候。公家の人々の説なりとて悉くは信じがたき事に候。公家にしばられずして古書を広く見るにしかず存候」と述べている(29)。さらに「嘉貞問答」には貞丈の「常の服」説に関わるやりとりも収められており、これによると、もともとの貞丈説には「用は宿直の服いふに及ばず」等とも記されていた(30)。嘉樹は貞丈の直衣語源説全体に対しては「賢考、至極相当いたし申候」と賛意を示しつつ、直衣は宿直に限らず用いられるのだから、宿直の服であることには触れないほうがよいとの意見を示している。このような経緯があって、宿直の服説との対比をより鮮明にする形で、故実叢書本『安斎随筆』巻之六に収められる見解が成立したと見られる。

にもかかわらず、語義に対する貞丈の批判に引き摺られて、「夜陰褻衣」という定基の直衣の定義そのものが忘れられ、今日に至るのである。しかし、定基の見解だけでなく、本書で取り上げるさまざまな記録からは、宮中での直衣着用と「夜陰」および宿直との関係は無視できないものであることが窺われる。宿直に用いられたことを度外視して、宮中での直衣着用について考えることは妥当ではない。更に言うならば、宿直と直衣の関係の軽視は、定基が説明する直衣宣下と雑袍勅許の区別や衛府への永宣旨等が、現在ではほとんど認識されていないこととも関わりがあるのではないか。雑袍および直衣について理解を深めるためには、昼夜の別や宿直での使用、また衛府との関係について検討することが、一つの突破口となると予想される。

第二節　十世紀の史料に見る直衣

第一項　直衣の登場

さて、直衣はいつ頃、どのような形で史料上に登場するのだろうか。

日本の朝廷の衣服制度については、六世紀末ごろより隋・唐の制度を模倣しての整備が進んだことが知られ、『大宝令』（七〇一年制定）・『養老令』（七五七年施行）では、「衣服令」の中で礼服・朝服・制服の三種の服装が規定された。[31]その後、平安京遷都を経て、朝廷の機構や儀礼・生活様式等の変容に呼応して服装も変化していく。「衣服令」では「朝服」とされた男性の参内服は、十世紀中葉までに「束帯」とも呼ばれるようになり、[32]同じ頃から他にもその後長く用いられる衣服の名称が見られるようになる。直衣もその一つである。この時期の服装を知るための史料として多用されるのが、醍醐天皇の命による『延喜式』（九二七年完成、九六七年施行）と、源高明編纂の『西宮記』（原撰九五七—六四年、九八二年頃まで補訂、一〇三〇年頃源経頼によって修訂[33]）であるが、前者には束帯・直衣等の語が見られず、後者には見られることが、十世紀前半にいわゆる平安装束が一定の確立を見たことの証左と捉えられている。

『西宮記』には装束部（人々装束）として衣服について記した部分があり、行事別、また品目別に服装を解説していて、服飾研究では極めて重んじられてきた[34]。直衣についても、踏歌や追儺において天皇が着用すること等が記されるほか、直衣がどのように使われるかについて説明があり、直衣に関する根本史料として必ず言及される記事となっている。本書でも後で詳しく見ていきたい。

一方、これとほぼ同時期に成立した源順編『和名類聚抄』も、直衣に関わる最初期の史料として、早くから注目されてきた。すなわち、装束部衣服類に「襴衫　楊氏漢語抄云、襴衫〈須曽豆介乃古路毛、一云奈保之能古路毛〉」と見え[35]、このことから『和名抄』が成立したとされる承平四年（九三四）頃には「ナホシノコロモ」という表現が使われていたと推測されている。この訓はその後成立した辞書にも踏襲され、そのうち十一世紀末に成立した図書寮本『類聚名義抄』は『和名類聚抄』を引用するだけで新情報はないが[36]、十二世紀半ばに成立した橘忠兼編『色葉字類抄』では、「洲」部に「襴衫〈スソツケコロモ。又ナヲシ〉」、「那」部に「襴衫《ランサン》〈ナヲシノコロモ、俗云直衣是也〉、直衣〈同、俗用ㇾ之〉」と載せ、「襴衫」以外に「直衣」という表記が通用されること、また仮名表記が「ナヲシ」に変化したことが窺える[37]。ここで改めて語源探索を試みはしないが、『和名抄』の記述からは、「ナホシノコロモ」という和語が「直衣」という漢字に先行していた可能性が示唆される。「直衣」という語が漢籍に見られないらしいこともこの推論を支える。また、石村貞吉などが指摘したように、「ナホシノコロモ」という訓は、伊勢貞丈の唱えた「シは衣の転音」説を否定する材料となろう。

語が存在したということを超えて、十世紀前半頃の直衣について、どのようなことが言えるだろうか。鈴木敬三は直衣について、「本来は簡易な一重の布衫に襴を付けた襴衫で『和名類聚抄』装束部（衣服具）に「須曽豆介乃古路毛、一云奈保之能古路毛」と訓み」と述べ、近藤好和も「雑袍の材質は本来は布製であったらしい」とする[38]。両者ともその根拠は明確でないが、恐らくは襴や衫の字義や、唐宋の襴衫からの類推と推測される。『新唐書』車服志には「太宗時、〔中略〕是時士人以㆓棠苧襴衫㆒為㆓上服㆒、貴女功之始也」とあって、「棠苧襴衫」を士人の上着としたと見え、『宋史』輿服志にも「中興、士大夫之服、大抵因㆓東都之旧㆒。而其後稍変焉。一曰深衣、二曰紫衫、三曰涼衫、四曰帽衫、五曰襴衫。〔中略〕襴衫、以㆓白細布㆒為㆑之。円領大袖、下施㆓横襴㆒為㆑裳。腰間有㆓辟積㆒。進士及国子生・州県生服㆑之」とあって、襴衫は中興以降の士大夫の服の一つであり、これは「白細布」で作られ、盤領の大袖の上衣に「横襴」をつけて裳としたものであった[39]。

ただ、だからといって日本におけるナホシノコロモや襴衫が一重の布衫であったかまでは、現時点では証明されていないようだ。特に布製であったかについては、日本の襴衫が「簡易な一重の布衫」であったことを直接示す史料は管見に触れていない一方、『延喜式』縫殿寮式に示された夏季の天皇御服料中に「着襴縠衫」と見え、この時点で襴をつけた縠〔絹の薄地〕の衫が存在していたことが知られる[40]。また、仮に襴衫が裏のない一重であったとしても、ナホシノコロモ〔直衣〕もそうであったかは定かでない。たしかに衫は一般に一重の衣とされ、袷の衣である冬の袍や襖に対応する夏の上衣として用いられていた[41]。右の「着襴縠衫」も冬の袍の代わりに用いられる夏用の一重の上衣と推測される[42]。しかし、前述のとおり『西宮記』には天皇が踏歌や追儺等の冬季の儀式において直衣を着用することが見えるほか、記録にも「綾冬直衣」等の表現が存在しており[43]、冬は袍、夏は直衣といった対応関係は認められない。結局のところ、「ナホシノコロモ」や「直衣」という名称を持つ衣服が、その登場初期において生地の材質や裏地の有無について限定されたものであった確証はない。

では、直衣と袍の関係はどのようなものだったのだろうか。まず『西宮記』装束部の直衣の説明を掲げる。

直衣

王者以下及被㆑聴㆓雑袍㆒者衣㆑之。

殿上人、旧例以二直衣一為二束帯袍一。近代不レ用レ之。上臈者直衣下着二下襲一〈随レ便。不二常事一〉。着二烏帽一之間、着二直衣一。家中事也。不二私事一者不レ得二出行一。〈式部丞、家中及私行間着レ之。〉更衣之後、殿上人、頭未レ服二新直衣一之前、以二旧時袍若直衣一為二宿衣一。(44)

ここではまず「王者以下及被レ聴二雑袍一者衣レ之」と述べているが、「雑袍」を許された者が着用するとある点からは、直衣も広義の「袍」と考えられる。そもそも、袍と衣の用字は古代においては互換可能であり、『西宮記』装束部で「直衣」の次にあげられている「黄衣」が「黄袍」と記される例もある。(45)しかし一方で、「以二直衣一為二束帯袍一」、あるいは「以二旧時袍若直衣一為二宿衣一」ともあり、これらの記述は束帯に用いる狭義の袍と直衣がはっきりと区別できたことを示唆する。後代にはそれは主に色の違いとなっていくが、十世紀頃には形態上の違いもあったのかもしれない。

それを示唆するのが、重明親王の日記『吏部王記』である。『吏部王記』は、諸書に引かれた逸文で伝わるだけではあるが、直衣の語が何度か見え、『西宮記』と並んで初期の直衣を知るための最重要史料である。この中に、延長八年（九三〇）十月、醍醐上皇の喪に服す皇子達が「商布衣」を一旦脱ぎ、以後は七日毎にこれを着用するほか、日常は「鈍色布直衣」を着用することになったと見える。(46)ここに「布袍」や「布衣」ではなく「布直衣」とあることからは、袍と直衣に形態の違いがあった可能性が示唆される。喪服の直衣については、『西宮記』「天皇服二錫紵一儀」に「御直・下襲・帯等也。以二貲布一作レ之云々」と見える。(47)また、一世紀ほど後の史料ではあるが、『左経記』「類聚雑例」長元九年（一〇三六）五月十九日条別記・同六月八日条別記には、後一条天皇崩御後に後朱雀天皇が着用した錫紵について詳しく記されており、それによれば、旧記に随い、手作布二段で作った直衣と、絹一疋で作った下襲、帯、冠が用意された。『西宮記』『左経記』でも袍ではなく直（衣）とあるのは、やはり、この頃は袍と直衣に形態上の違いがあったからではないだろうか。

『吏部王記』にはまた、死の数週間前の醍醐天皇が、「服二直衣一、強加レ冠、端レ笏、御二々座一」と、病を押して直衣に冠をし、笏を正しく持って御座に着し、御灯の御禊を行なったことが見える。[48] 更に、崩御後の醍醐上皇の入棺の際には、「供二奉御服一〈綾冬直衣・綾袴・紅絹下襲等一襲。加二御冠・烏犀革帯・靴鞋・襪及金平塵御剣・蘇芳枕一云々〉」とあり、「綾冬直衣」に冠や革帯を具して上皇に着せている。[49] これらも直衣の形状を知る決定的な手がかりにはならないが、間接的には、袍よりも着やすい特徴を持っていたことが示唆される。後には直衣の着やすさ、動きやすさは、石帯を締めず、下襲を引かず、表袴ではなく奴袴を穿くといった着装法に主に拠るようになったと見られるが、革帯や下襲を具す醍醐上皇の入棺装束や、「旧例以二直衣一為二束帯袍一」という『西宮記』の記述からは、そういった着装法の違いではなく、上着そのものの形態に違いがあったようにも思われる。しかし、残念ながら今の私の力で追えるのはここまでである。

第二項　『西宮記』にみる天皇の直衣

さて、『西宮記』には直衣について「王者以下及被レ聴二雑袍一者衣レ之」と見えていた。次に、このうちの「王者」の着用について、もう少し詳しく見ておきたい。

先述の通り、『西宮記』装束部には行事別と品目別の説明が示されているが、行事別の中で天皇が直衣を着用するとされるのが、踏歌と追儺である（表1）。この二つの行事は、いずれも夜に行なわれる。踏歌（男踏歌）では、『西宮記』の次第に従えば、天皇は清涼殿の東孫庇に立てた倚子に着し、東庭で行なわれる踏歌を見る。[50] 一方、追儺では天皇は南殿に出御はするが、御帳台の中には入らない。[51] 三宅和朗によれば、追儺においては九世紀半ば頃より天皇は御帳台に座さなくなったと見られ、十世紀末には天皇の出御は密々のことと認識されるようになっていた。[52] すなわち、直衣は夜間かつ密々の出御に適う服装であったことが知られる。踏歌においても、夜の清涼殿における密覧という行

表1　『西宮記』装束部における天皇の装束（恒例行事）

	臨時三	臨時四
朝拝	袞冕十二旒〈御把笏〉	
正月三節		位袍・靴，出御之前挿鞋
正月七日〔白馬〕	位御服	
正月十六日〔女踏歌〕	同七日	
十七日射礼	同七日	位服
踏歌事	直御衣	直衣
正月十八日賭射	白橡御服〈射場始御服也，近代多着給位袍〉	位服，青色通用
内宴	赤白橡〈縫腋，近代闕腋〉	赤白橡〈近代闕腋〉
四月廿八日駒牽	如例	位服
五月五日節日	位御服	位服
六日競馬	如例	同四月駒牽
七月相撲召合	不異尋常	如常
九月九日〔重陽〕	如例	同他節会
新嘗会〈卯日〉	帛御衣	帛
豊明日〈辰日〉	如例	如例節会
臨時祭	位御服，把笏〔中略〕饗宴間服白橡御服	位服，御笏，〈御禊間・舞時青色〉
北野行幸	白橡御衣……	白橡……
神今食	帛御衣	帛〈供神之間着斎服〉
荷前	帛御衣	帛
追儺夜	直御衣	直衣

注）　神道大系『西宮記』，538-546，571-575頁．

事の性格が直衣という服装の選択に関わっていると推測される。

　また、装束部以外に年中行事の次第のなかで、十一月賀茂臨時祭において御前で使等を定める際の出御が直衣であると注されており、更に当日が雨または御物忌の場合の還立次第でも「出御、直衣」とされている[53]。これらのことから、『西宮記』がまとめられた村上朝の頃には、清涼殿での天皇の通常の装い、特に夜間の装いに直衣が用いられ、宮中儀礼においては、密覧の性格を持つものにのみ用いられていたことが推定される。

　このほか、装束部には天皇の直衣に関わる記述がもう一つある。それは北野行幸の項に「天皇服㆓白橡御衣㆒。延喜御時、天皇御㆓右近馬場㆒、改㆓着直衣㆒云々」とあることで[54]、この注記によれば、醍醐天皇が北野行幸に際し、右近馬場にて白橡衣から直衣に着替えたという。この記述に関しては関連史料がいくつか伝わっており、事情がある程度窺える。

　醍醐天皇の北野行幸は、延喜十七年（九一七）、同十八年、同二十一年、延長四年（九二六）の四回が知られ、はじめの三回については直衣の着用は確認できないが、最後の延長四年の行幸では、『醍醐天皇御記』逸文から天皇が直衣に着替えたことが裏付けられる（「至二右近埒屋一下レ輿。坐二大床子一。令三〔源〕英明朝臣召二親王・公卿一云々。畢、換二初所レ着衣一着二直衣一」）[55]。また、村上朝に成立した『新儀式』（九六三年以降成立）の「野行幸事」によれば、延長四年の行幸は延喜二十一年の行幸に準じて実施されており、いずれも右近馬場に御座が儲けられた[56]。右近馬場は一条大宮の北、北野の入口付近に位置していた。『北山抄』には、延喜二十一年の行幸について「給二大将赤色御衣一、即着供三奉之一云々」と見え、右近馬場の供膳の場で大将に天皇の赤色袍が与えられた[57]。

一方、延喜十八年の行幸についても御記が伝わるが、そこには大将は不参とあり、天皇が袍を脱いで誰かに与えたことも見えない[58]。したがって、延喜二十一年の大将への赤色御袍の下賜がきっかけとなって、天皇が直衣を着用することになったとも推測される。『新儀式』では、野行幸の儀式次第として、天皇が赤白橡袍を右近馬場の盃酌の席で右大将に与えることもあるとしつつ（「又或於二右近馬場一未レ入三御野中一、坏酌之次以二着御袍〈赤白橡〉一給二右大将一」）、野に設けられた御所において酒饌が供された後、天皇が直衣に着替えて輿に乗り、臣下の狩猟を見物するとしており（「御酒三献之後、着二御直御衣一、更亦御レ輿入三御野中一覧レ猟」）、天皇が直衣に着替えることが次第に組み込まれた様子が窺われる。

以上のように野行幸で天皇が直衣を着たことは、やはり直衣が袍より運動に適する性格を備えていたことを示唆する。後代の史料でも、直衣は射的や競馬等の場面で用いられる例がかなりある。また同時に、天皇が洛中を出たところで袍から直衣に着替えている点は、服装の選択と空間の関係を示していよう。一方、延喜十八年の行幸では、幄に到着した後に親王・侍臣が狩衣に着替え（「改レ服各着二獦衣一」）、盃酌の後に「授二獦衣納言以上一」と、臣下に狩衣が授けられていたのに対し、延長四年の行幸では親王達は内裏を出発する時から狩衣を着用している[59]。これを踏まえて憶測すると、二十一年の行幸において北野に到着した天皇が衣服を替え、着用していた赤色袍を大将に与えたのは、人々が狩衣に着替えるという過程を簡略化し、象徴化した行為であったと考えることも可能かもしれない。

なお、醍醐天皇の北野行幸の記録は直衣の語が見えるもっとも早い史料の一つであり、前項で見た『吏部王記』の記事ともあわせて、天皇の服として直衣が用いられるようになったのが醍醐朝以前であったことが確認される。

第三項　貴族の私服としての直衣

それでは、天皇以外の人々はどのように直衣を着用していたのだろうか。

『西宮記』装束部の直衣の項には、「着二烏帽一之間、着二直衣一。家中事也。不二私事一者不レ得二出行一」とあり、直衣が家中や私事に用いられ、特に烏帽子を組み合わせた服装は、私事でなければ出歩けないことが記されていた（本書二四頁）。この記述は直衣を「私服」と捉える決定的な根拠であり、また数は多くないが、十世紀の他の史料からも高位の男性官人が直衣を家中や私的行事に用いたことは裏付けられる。

まず管見に触れたもっとも早い例としては、藤原忠平『貞信公記』天慶八年（九四五）二月二十四日条に、「大原野祭。奉幣如レ例。但所労未レ平、不レ能二束帯一、着二烏帽・直衣一、下二居簾中一敬礼拝了」とある。これは本来束帯を着用すべきところを直衣で済ませた例であるが、それゆえに簾中から出ずに礼拝している点は注意される。この頃の忠平は病がちで、三月二十二日条には「近日種々本病重発、更不レ堪」と見える。所労のために「不レ能二束帯一」とあることから推測するに、醍醐天皇が直衣で御禊に臨んだのと同様、直衣ならば病者でも何とか着用できたのだろう。

家中でのより日常的かつ具体的な着用の描写を提供するものとしては、『蜻蛉日記』（九七五年頃成立）がある。

と許ありて「をのこ〔兼家〕どん〔も〕はまいりにたりや」などいひて、起《お》き出《い》でて、なよゝかなる直衣《なほし》、しをれよいほどなるかいねりの袿《うちき》ひとかさね垂《た》れながら、帯《おび》ゆるゝかにてあゆみ出《い》づるに、人〲「御かゆ」などけしきばんめれば、「例《れい》くはぬものなれば、なにかはなにゝ」と心よげにうちいひて、「太刀《たち》とくよ」とあれば、大夫〔道綱〕とりて簀子《すのこ》にかたひざつきてゐたり。(60)

この場面は、天禄三年（九七二）二月、多忙を理由に来訪も途絶えがちであった中納言右大将兼家が突然に訪れてきた折の翌朝で、兼家が萎えた直衣を着て身仕度をする様子を描いている。『蜻蛉日記』には、天延二年（九七四）四月に、道綱母の養女に求婚中の右馬頭藤原遠度（師輔男）が、直衣姿で道綱母邸を訪れてきた様子も記されており、そこには「例《れい》もきよげなる人の、練《ね》りそしたる着《き》て、なよゝかなるなをし、太刀《たち》ひきはき、例《れい》のことなれど、あか色《いろ》の扇《あふぎ》すこしみだれたるお持《も》てまさぐりて、風《かぜ》はやきほどにえひふき上げられつゝ立《た》てるさま、絵《ゑ》にかきたるやうなり」とある。(61)兼家の場合はかぶりものは不明であるが、遠度の場合は「えひ（緌）ふき上げられつゝ」とあることから、冠をかぶっていることがわかる。その他については、兼家が朝の姿であるということを除けば、直衣が「なよゝか」であること、中によく練られた柔らかい袿を着ており、それが外から確認できること、太刀を佩くこと等、共通点が多い。兼家の描写からは帯を用いていることも窺える。

また、『うつほ物語』や『落窪物語』にも直衣の描写が見られる。いずれの作品も『枕草子』に言及のあることなどから十世紀後半に成立したと考えられているものの、創作物である上に古い写本がなく、史料としての信頼性は高くない。特に『うつほ物語』の伝本はそのままでは意味のとれない箇所が多く、校訂者の本文解釈に多く依存せざるを得ないが、十世紀の文献史料が限られている中で、十世紀後半頃の状況を伝える可能性のあるものとして、いくつか引用しておきたい。

まず『うつほ物語』蔵開上では、琴の名手藤原仲忠が娘いぬ宮の誕生をよろこんで奏でた秘蔵の琴りうかくの音を聞き、人々が集まる場面において、仲忠と琴の腕を競う源中納言涼が寝所でこの音を耳にして目を覚まし、「冠もうちそばめてさし入れ、指貫、直衣などを引き下げて、真広けて出で来たり」、すなわち冠を歪んだままかぶり、指貫や直衣を手に持って、下着姿のまま駆け付けたこと、そして、石畳のもとで直衣・指貫を着用してから仲忠のもとへ上ったことが描かれている。(62) 寝所から出てきて直衣を着用する姿は『蜻蛉日記』の兼家の姿にも通じるもので、この頃には私邸において日常的に直衣が着用されていたことが窺われる。

『落窪物語』には、落窪の君の夫道頼の直衣の描写が三箇所ほどある。その一つは、少将道頼が密かに落窪の君のもとに通っているところを、継母の北の方が発見する場面である。北の方は落窪の君に縫い物を押し付けに来るのだが、「少将のなをしのあとの方《かた》よりいでたるをふと見《み》つけて」と、几帳の奥から直衣が覗いているのを見付ける。北の方が「いで、このなをしはいづこのぞ」と問うと、落窪の君の女房あこきが「人の縫《ぬ》はせにたてまつり給へる」と言い逃れをしてその場は一旦収まる。ところが夜半になって北の方は、落窪の君と共寝をする袿姿の少将を見てしまう。そして「かたちはよし、さき〴〵なをしなど見《み》るに、よき人ならばもていでやし給はん」と、男の身分がよいのではないかと推測するのである。(63) ここでその推測の根拠の一つとなっているのが、直衣、またはその地質等であることは興味深い。

その後、衛門督に昇進した道頼が、落窪の君の実家から引き抜いた女房達と面会する場面でも、道頼の直衣姿が「いと濃《こ》きくれなゐの御はかま、白《しろ》きすゞしの御ひとへ、うすもののなをしを着《き》て出ゐたまへるさま、いみじうなまめかしうきよげにおはす」と描かれている。(64) ここでは盛夏の装いとして、薄物の直衣に生絹の単衣の組み合わせとなっているが、『蜻蛉日記』同様、中の衣まで描写される点が注目される。

十世紀末になると『小右記』や『権記』等の日記が残っており、直衣が日常的に用いられていたことが確認される。早い記事として、例えば『小右記』永延二年（九八八）十月三日条には、「早朝参二太相府（藤原頼忠）一〈直衣・烏帽〉。密々参二於観音院一。修理大夫（藤原懐平）・内蔵頭（藤原高遠）・権中将（藤原公任）・余（実資）、皆着二狩衣一騎馬扈従」とあり、太政大臣藤原頼忠が烏帽子直衣姿で密々に観音院に参詣している。(65) また永祚元年（九八九）二月三日条には、深更に藤原道兼の催した詩歌会に実資が直衣で参上したことが見える。

遡って、安和二年（九六九）三月十三日に藤原在衡が粟田山庄にて開いた尚歯会について、『日本紀略』には「七叟各脱二朝衣一、着二直衣・指貫一」とあり、七人の叟が朝衣を脱いで直衣・指貫を着したことがわざわざ記されている。その心は、この時の詩を収めた『粟田左府尚歯会詩』に「尚歯不レ依二官職重一」（源信正）、「列レ襟皆是朱将紫、尚歯不レ分二公与卿一」（林相門）と見え、『本朝文粋』収載の菅原文時の詩に「座以二鬢髪一而居」とあるように[66]、朱や紫の違いによって官位を明示する位袍を脱いで等しく直衣姿となり、髪の毛の様子によって座位を決めるという趣旨であった。

また、康保元年（九六四）二月に為平親王が子の日の遊びと称して北野で狩猟を行なった時には、陪従の殿上人の姿について「四位着二直衣一、五位着二狩衣一、鷹飼四人着二野装束一」という注記が見え、四位は直衣、五位は狩衣であったという[67]。この時には、極めて例外的な出来事ながら、人々が天皇の御前に召されているので[68]、厳密には私事での着用とは言えないが、醍醐天皇の北野行幸などともあわせ、活動的な場面で直衣が着用された事例として指摘しておきたい。

以上のように、十世紀後半には私邸内や私の行事で直衣は盛んに用いられるようになっていた。その背景には着やすさ、動きやすさ、内衣との組み合わせの美しさ、また位袍と違って官位が明示されないといった特徴があったと推測される。

このうち、直衣が活動的な場面や、不調で束帯が着用できない時に用いられ、相対的に着やすい、動きやすい衣服であったと考えられることは、やはり着装法だけでなく、上衣の形態や地質に朝服と差異があったことを示唆するが、十・十一世紀は絵画史料も乏しく、実物の直衣も伝存しないため、その具体的様相については判然としない。ただ、いくつか関連する事項が想起されるので、二点補足しておく。一つは、すでに複数の専論があるように、『枕草子』

図1　同一画面中に描かれた夏の束帯（左）と夏の冠直衣（右）

前田氏実・永井幾麻模写『春日権現霊験記（模本）』（部分）東京国立博物館蔵，原本宮内庁蔵，Image: TNM Image Archives.

等において直衣と「ほころび」という語に強い関連性が見られることである。特に『大鏡』に、直衣の「ゆだち」（袖付けをわざと開けたものと推測されている）から衣がこぼれるという表現が見られることからは、時に直衣が射技に適した形で縫製されていた可能性が指摘されている。[69] 直衣と「ほころび」の関連の強さは、直衣の描写に内衣の表現を伴う場合が多いこととも関わるものだろう。

もう一点は直衣の裾周りのことである。後代の史料とはなるが、絵巻物の表現では、直衣は裾の両脇を腰近くまで高くたくしこみ、指貫の前面全体が露出するように着装されている例も多く、この場合、束帯に比べて足捌きが格段によかったと考えられる（図1参照）。いつ頃からこのような着装法が一般化したのかや、時期毎の着装法の違いははっきりしないが、直衣の動きやすさと関連して、このような着方がなされるようになったのではないだろうか。また、直衣と束帯はそれぞれの着装法に適した形で仕立てられていたとも想像される。院政期の『台記』や『兵範記』には「無襴直衣」という表現が見え、直衣が騎馬に適した闕腋の形で縫製される場合もあったことがわかる。[70] このような記録からは、直衣の形状にかなり幅があったことも了解されよう。

（1）増田美子編『日本衣服史』吉川弘文館、二〇一〇年、三八四頁。なお、以下の研究文献の引用に際しては、本書の論旨に深く関わるものを除き、読み仮名の類は省略した。

（2）増田美子「平安時代の衣服――国風化への道」増田美子編『日本衣服史』（前注）、一二二―一二三頁。なお、その後、ほぼ同じ執筆陣による教科書として『日本服飾史』（東京堂出版、二〇一三年）が出版されているが、直衣に関してはほぼ同内容となっている。

（3）近藤好和『装束の日本史――平安貴族は何を着ていたのか』（平凡社新書）平凡社、二〇〇七年、一五三―一五五頁。

（4）高田倭男『服装の歴史』（中公文庫）中央公論新社、二〇〇五年（初版一九九五年）、一二四頁。なお、高田のより早い著作での見解は、「雑袍の勅許といって、直衣宣下を受け」（「直衣」『日本大百科全書』小学館、初版一九八七年）とか、「平安後期になると「雑袍を聴す」といって、勅許を得、雑袍宣旨を賜って」（「直衣」『平安時代史事典』角川書店、一九九四年）と述べる等、(ア)または(ウ)に該当する。ここではより後年の著述を採用した。『服装の歴史』では、雑袍勅許については「青色や赤色の袍は、天皇、皇太子、親王のほかは雑袍聴許を得て着用した」と説明しており（一一三頁）、後述する茨木裕子論文（注8）の主張に近い。

（5）鈴木敬三「解説」国学院大学神道資料展示室編『装束織文集成――高倉家調進控』国学院大学、一九八三年、二三二頁。鈴木は一九五〇年の『服装と故実――有識故実図解』（河原書店）では、「直衣宣下は、中納言以上の人、並に大臣の子孫二代までを本義とし、特例としては三位、または参議にて許され」と記しており（一〇一頁）、後年に見解を改めたことがわかる。『装束織文集成』解説より後の刊行である「直衣」（『国史大辞典』吉川弘文館、一九九〇年）では「諸臣の直衣聴許も時代とともに寛大になり」と述べるにとどめ、範囲は明示していないが、「束帯」の項目（同前、一九八七年）において「親王・諸王・公達、三位以上の雑袍勅許の諸臣たちは冠直衣で出仕」と言及しており、「三位以上を原則」が鈴木の最終的な見解と推定される。また「禁色」の項目（同前、一九八四年）では、禁色勅許は「直衣着用勅許の雑袍宣旨とともに許されることが多いが、直衣は公卿中でも選ばれて認められるので、禁色よりも厳重とされている」とする。

（6）谷田閲次・小池三枝『日本服飾史』光生館、一九八九年、七三頁。

（7）近藤好和「天皇と装束」河添房江編『王朝文学と服飾・容飾』竹林舎、二〇一〇年、四七頁、注45。なお、当論文の本文では「雑袍勅許は殿上人にとっての禁色勅許に相当し、特定の皇族・公卿に出され、禁色勅許以上に天皇「ミウチ」の提示といえる」と述べている（三八頁）。

（8）茨木裕子「平安朝服飾における聴許の流れ——禁色・雑袍」『服飾美学』二三号、一九九四年三月。

（9）「なほしはじめ」中村幸彦・岡見正雄・阪倉篤義編『角川古語大辞典』第四巻、角川書店、一九九四年。

（10）佐藤早紀子「平安中期の雑袍勅許」『史林』九四巻三号、二〇一一年五月。

（11）新井白石問・野宮定基答『新野問答』『新井白石全集』第六巻、五八三—五八四頁。

（12）『古今集童蒙抄』「おほなほひのうた」に「内にとのゐするを八直といふ。宿直の心なり。故にその時に用る衣を八直衣《チョクイ》とも宿衣《シクイ》ともいへり」と見える。武井和人編『一条兼良自筆古今集童蒙抄［影印付］』（古今集古注釈書集成）笠間書院、二〇一三年、一八四—一八七頁。

（13）改訂増補故実叢書『安斎随筆』第一、一五六頁。なお、貞丈のあげる直の三つの訓義は、『古今韻会挙要小補』（方日升編）に拠るが、その引用箇所は、本音・本義等をあげた後に「〇又本韻、逸織切、不曲也、又常也、侍也」と註するごく一部分であり（早稲田大学蔵・村上平楽寺、正保五年版、第二十九巻二十四丁ウ）、今日的な視点からは断章取義の印象も受ける。

（14）例えば貞丈と同時代の田安宗武（一七一五—七一）は、「直」とは「下直」の意とする説を唱えた（改訂増補故実叢書『服飾管見』巻第十一、四一七頁）。宗武は『養老衣服令』服色条を引用し、その前にある朝服条・制服条に「朝庭公事、即服ㇾ之」とあることや、『西宮記』直衣条（本書二三—二四頁）の記述を踏まえて、「此服色条は下直の衣なる事」と述べており、「当色已下」（服色条）であることを「下直」と表現していると推測されるが、難解なこともあってか、宗武説が後人によって取り上げられる機会は少なかったようである。

（15）改訂増補故実叢書『筆の御霊』第一、二四一—二四六頁。『筆の御霊』は、文政十年の序を持つ三巻本と、より詳細な内容を持つが成立時期は不明の二十四巻本があり、全体としては文政・天保頃（一八一八—四四）の成立とされる。

（16）故実叢書本『安斎随筆』の「直衣・直垂の直の字」論には「ただの衣」という語は見えないが、別系統の本文には、「ただの衣」説を含めるものもあり、流布もしていた。例えば田中尚房『歴世服飾考』（一八九三年刊）では、『安斎随筆』の「巻五」を典拠として、「朝服にあらざるたゞの衣といふ意也」等と引いている（改訂増補故実叢書、二二三六頁）。

(17) 女房の直衣については、鈴木敬三「女房直衣」『国史大辞典』吉川弘文館、一九九〇年。
(18) 石村貞吉「直衣の名義に就て」『有職故実研究』学術文献普及会、一九五六年、五〇七―五〇九頁（初出一九一六年、ただし、「直は宿直の義で」から「当時では」までの部分は単行本収録時の加筆で、その他の部分も改稿されている）。以下、石村の論の引用は同じ典拠による。
(19) 江馬務『服装の歴史』（江馬務著作集二）中央公論社、一九七六年、六五頁。著作集の底本となった『増補日本服飾史要』（星野書店、一九四九年）では「宿直の直」説の典拠として『新野問答』と石村論文が示されている（六三頁）。なお、『日本服飾史要』は一九三六年初版だが、初版および増訂版（一九四三年）と増補版は内容が大きく違い、増訂版では「直衣といふは礼服に対してたゞの衣服、又平常或は宿直の衣といふ意ともいはれてゐる」としている（三六頁）。
(20) 同前。
(21) 関根正直『服制の研究』古今書院、一九二五年、一二二―一二三頁。この部分は、『装束図解』（国学院、一八九七年、五〇頁）とほぼ同趣であり、一九三二年の『重修装束図解』でも趣旨はそのままであった（林平書店、五八―五九頁）。
(22) 出雲路通次郎『有職故実に関する講話』（『大礼と朝儀　付有職故実に関する講話』）復刻版、臨川書店、一九八八年（初版一九五〇年）、三二一―三二二頁。この文献は出雲路の講演原稿等をまとめた遺稿集で、引用部分の成稿年は不詳であるが、大正・昭和の即位礼を挟む一九一〇―三〇年代の間と推定されている（所功「出雲路通次郎翁の遺著『大礼と朝儀』」同書収載、五―六頁）。したがって、石村説の発表よりも前の原稿である可能性も否定できない。出雲路は定基説、貞丈説の他に、田安宗武説（注14）に言及しているが、この三説は『古事類苑』に掲載されており（服飾部六「直衣」、二九六―二九七頁）、石村論文とは独立にこのような論考が成される土壌は十分にあった。ちなみに、出雲路のいう「都合のよいこと」とは、直衣は天皇も着用し、しかも斎服と同じ白色である点は、奈良以前の服装の遺風を存するものであって、「古に遡れば極めて重要なる御服」であるから、宿直装束だとか、下直の服であったという説は適切ではない、というものである（同前、三二一―三二二頁）。
(23) 『服装と故実』（注5）、一〇〇頁。
(24) 「解説」『装束織文集成』（注5）、二三二頁。一九九〇年刊行の『国史大辞典』「直衣」の項でも、「朝服の盤領・有襴・縫腋の構造に準拠しながらも、位階相当の位色に関与しない直（ただ）の衣として「のうし」といい」としている。
(25) 一九五〇年の『服装と故実』から一九八〇年代の著述の間の変遷過程を窺わせるものとして、一九七二年の「扇面法華経冊子の風俗」では、「直衣は「なほしのきぬ」の略称であり、縉紳の邸内での私服をさし、広義には、正装に対する略装の意として、尋常の装束ともいう」としている(『扇面法華経の研究』鹿島出版会、一九七二年、八四頁)。

(26) 『服装の歴史』(注4)、一二三頁。

(27) 例えば『国史大辞典』「直衣」の項目(注5)では「そこでこのころ〔引用者注——十二世紀末〕から御幸や行啓供奉の廷臣は、束帯の代用として宿衣である直衣や衣冠を着けることが多くなり」という一文以外には宿直との関連について触れていない。現在広く参照される辞典・概説書類では、「なほし」『角川古語大辞典』(注9)に「「直」を常の意、また、宿直の「直」の意とする説がある」と解説しているが、管見ではこのような文献は少ない。また、これとて直衣の定義は「中古以後、公家の常用の服」とし、上の一文以外には宿直での着用に触れていない。

(28) 管見では直衣を「ただしょうぞく」と呼ぶ史料は提示されていない。鈴木敬三「女房直衣」『国史大辞典』に『為房卿記』延久五年(一〇七三)五《〔正〕》月一日には「改㆓御装束㆒、供奉女房・采女等、不㆑着㆓打唐衣㆒、只直装束也、是御定也」とあり、当色でない装束を只直装束(ただしょうぞく)ともいう」と見えてはいるが、この「只直装束」を「ただしょうぞく」と読む根拠は定かでない。また、同項目が引き、早くは田沼善一『筆の御霊』が指摘したように、『江家次第』に女房の尋常の唐衣裳装束を直衣と称するとあるが、これを直衣と呼ぶ理由には複数の解釈が可能であり、この記載から男性の直衣も「尋常の装束」という意味であるとすることは自明ではない。

(29) 改訂増補故実叢書『安斎随筆』第二、二一七頁(巻之二十七)。

(30) 同前、一九九頁(巻之二十六)。

(31) 関根真隆『奈良朝服飾の研究』吉川弘文館、一九七四年、廣瀬圭「古代服制の基礎的考察——推古朝から衣服令の成立まで」『日本歴史』三五六号、一九七八年一月、武田佐知子『古代国家の形成と衣服制——袴と貫頭衣』吉川弘文館、一九八四年、同『古代日本の衣服と交通——装う王権つなぐ道』思文閣出版、二〇一四年等。

(32) 佐多芳彦「「朝服」と「束帯」——用例からみた平安初期公家服制」『服制と儀式の有職故実』吉川弘文館、二〇〇八年(初出二〇〇三年)。

(33) 『西宮記』の成立年については、所功「神道大系『西宮記』の解題」同『宮廷儀式書成立史の再検討』国書刊行会、二〇〇一年(初出一九九三年)。所によれば、万寿四年(一〇二七)から長元九年(一〇三六)の間に源経頼によって原撰本は大幅に整理・修訂され、大量の勘物が付されて、現行本が成立した。

（34）『西宮記』の装束部を含む巻は重複する二系統の本文が伝わり、神道大系ではこれを「臨時三」（当該部分は装束部と題す）・「臨時四」（同じく人々装束と題す）に整理して掲げる。これは、史籍集覧では巻二十（臨時八）・巻十六（臨時四）、故実叢書では巻十九・巻十七、また尊経閣善本影印集成（神道大系底本の大永鈔本影印）では第九冊・第五冊に対応する。臨時三「装束部」と臨時四「人々装束」は、項目の配列はほぼ同じであるが、特に行事別の解説において本文に異同があり、おおまかには臨時三のほうが詳しい。北啓太「壬生本『西宮記』旧内容の検討」（『史学雑誌』一〇一編一一号、一九九二年一一月）や所功による神道大系の解題（前注）によれば、臨時三はより原撰本に近い内容を持ち、臨時四は源経頼による修訂を経た内容と推定される。特に臨時三は「朝拝」から始まるのに対し、臨時四ではただ「天皇礼服」として記す点は、正暦四年（九九三）を最後に朝賀が廃絶したことが反映されていると見られ、北説・所説とよく符合する。とはいえ、装束の内容自体に大きな違いは少ない。臨時四のみに見られる記述もあるが、所は臨時三を原撰本をやや簡素にした略本と見ており、臨時四のみの記述も、割注を除き、経頼による追加というよりは原撰本の内容を伝えるものであろう。本書では両巻ともに源高明原撰本の内容を一定程度伝えるものとして用い、適宜、異同等について注記した。なお、『西宮記』の引用は基本的に神道大系により、尊経閣善本影印集成により一部の字や改行位置等を改めた。巻数も神道大系の巻名を用いた。

（35）狩谷望之（棭斎）『箋注倭名類聚抄』巻四、印刷局、一八八三年、十丁オ。また関連して同部衣服具には「襴　唐韻云襴〈音蘭、俗云如字〉、襴衫也」とある（同、十八丁オ）。『和名類聚抄』には大きく十巻本と二十巻本の二系統があるが、「襴衫」「襴」については、両系統間に大きな異同はない。ただし、十巻本の多くの写本は「襴衫」の項の「奈保之能古路毛」を「奈倍之能古路毛」（傍線引用者）とし、「襴」の項の「襴衫也」を「衫也」に作る（野口恒重編『箋注倭名類聚抄――校譌・異體字辨・総索引』曙社出版部、一九三一年、附三三―三四頁）。本書の関心からは、「ナホシ」なのか「ナヘシ」なのかという点は看過できないが、宮澤俊雅『倭名類聚抄諸本の研究』（勉誠出版、二〇一〇年、特に四―五頁、二七頁、四三四頁）等の先行研究に従い、当該部分の原著本本文は「奈保之」であったと考えておく。

（36）築島裕・宮内庁書陵部編『図書寮本類聚名義抄――本文影印　解説索引』勉誠出版、二〇〇五年、三三九頁。

（37）以上の引用は三巻本（前田本・黒川本）による。中田祝夫・峯岸明編『色葉字類抄――研究並びに索引』風間書房、一九六四年、本文篇三六八頁、一六五頁。また、三巻本『色葉字類抄』の成立は治承年間（一一七七―八一）と考えられているが、尊経閣文庫に伝わる二巻本は長寛年間（一一六三―六五）までに成立し、三巻本に先行する本文を持つとされる（尊経閣善本影印集成の解説等参照）。この二巻本において引用箇所に相当する本文は「洲」部が「襴衫《スソツケコロモ》」、「那」部が

「襴衫《ナヲシノコロモ》、長刀《ナキナタ》、直衣《ナヲシノコロモ》」である（尊経閣善本影印集成一九『色葉字類抄』八木書店、二〇〇〇年、二一六―二一七頁、四八七頁）。那部の「長刀」は三巻本では「襴衫」の前にある。

その他の古辞書の記載としては、鎌倉時代の書写とされる観智院本『類聚名義抄』では、「襴衫」以外に「衫」にも「ナホシノ衣」の訓が与えられている（天理図書館善本叢書和書之部三三『類聚名義抄――観智院本 法』天理大学出版部、一九七六年、二七九頁）。このあたりから混乱があったものか、同じく鎌倉時代に原本が成立したとされる『字鏡鈔』では衫の訓として「アヲシ、ウヘノキヌ、カリキヌ、タモト、ナヲシ、ナヲシノ衣」をあげている（中田祝夫・林義雄『字鏡鈔天文本――影印篇』勉誠社、一九八二年、五三六―五三七頁、『字鏡集』諸本もほぼ同じ）。なお、辞書以外に「襴」「襴衫」をナホシ（ナヲシ）と読ませる史料として、『箋注倭名類聚抄』が指摘するように、『今昔物語集』が存在するが、その意味については今後の課題である。

(38) 鈴木敬三「直衣」『国史大辞典』（注5）、近藤好和『装束の日本史』（注3）、一五四頁。

(39) 『新唐書』巻二十四、車服、中華書局版、五二七頁、『宋史』巻百五十三、輿服五、中華書局版、三五七七・三五七九頁。なお、漢籍では襤衫、藍衫も襴衫と同義だという（呉山編『中国歴代服装、染織、刺綉辞典』江蘇美術出版社、二〇一一年、三四頁）。

(40) 神道大系『延喜式』上巻、五七五―五七六頁。縠は最古の漢和辞書とされる『新撰字鏡』に「羅也、己女之支奴」と見え（京都大学文学部国語学国文学研究室編『新撰字鏡――天治本』臨川書店、一九六七年、七〇〇頁）、『和名抄』でも絹織物の一つとしてあげられている。

(41) 鈴木敬三「衫」『国史大辞典』等。袍は『和名抄』に「着襴之袷衣也」と見え、原則として裏を付けた袷であった。鈴木が示すように、『唐令』には時服について「夏則以㆑衫代㆑袍、以㆓単袴㆒代㆓袷袴㆒」とする規定が見える（『唐令拾遺』東京大学出版会、一九六四年、八五一頁）。『養老令』雑令でも官戸奴婢への衣服給付条において、春は衫、冬は襖という対応が見られる。ただし、関根真隆によれば、正倉院に伝わる奈良時代の「袍」には単衣・袷・綿入れなど様々な形態が見られるといい（『奈良朝服飾の研究』（注31）、八二頁）、そもそも「袍」や「衫」という名称がどの程度厳密に裏地の有無と対応して用いられていたかには注意が必要である。

(42) 夏季の「着襴縠衫」に対応する春季の御服は「袍」である（注40に同じ）。

(43) 『吏部王記』延長八年（九三〇）十月一日条（醍醐上皇の入棺の装束）。後述参照。

(44) 神道大系『西宮記』五四八頁。

(45) 関根真隆『奈良朝服飾の研究』（注31）、八四頁等。「衣服令」では、位袍に相当するものは「袍」でなく「衣」と表現され、『西宮記』の「黄衣」に相当する無位の制服のみ「黄袍」と記され、『令集解』ではここに「穴云、『袍与衣不レ見二其別一也。或云、「不レ云二黄衣一而云二黄袍一之由可レ求耳」』」と注している。

(46) 延長八年十月十二日条「山作所於二山陵一立二率都波三基一之。是日孝子等暫脱二商布衣一、毎二七日一着レ之。其間着二鈍色布直衣一。唯九〔長明〕親王・源氏服二橡衣一。〈侍臣服レ之。而孝子着レ之、失也〉」（『西宮記』勘物所引）。なお、葬送の装束については、増田美子『日本喪服史　古代篇――葬送儀礼と装い』源流社、二〇〇二年。

(47) 神道大系『西宮記』八二八頁。

(48) 『吏部王記』延長八年九月三日条（『政事要略』所引）。なお、この記事では帯の有無は不明であるが、臨終近い醍醐上皇が幼い朱雀天皇に遺誡を与えた時には、「不二冠帯一」と聞き伝えていること（同二十六日条）等からは、帯を着用していた可能性が低くないと考える。

(49) 延長八年十月一日条（『西宮記』勘物所引）。

(50) 神道大系『西宮記』八六頁。

(51) 同前、三六三頁。

(52) 三宅和朗「古代大儺儀の史的考察」『古代国家の神祇と祭祀』吉川弘文館、一九九五年（初出一九九二年）。

(53) 『西宮記』三四三―三四五頁。

(54) 同前、五四五頁（臨時三）、五七三頁（臨時四）。引用は前者による。

(55) 『醍醐天皇御記』延長四年十一月六日条（『西宮記』勘物所引）。

(56) 群書類従六、二三三―二三三頁。

(57) 藤原公任『北山抄』巻八、大将儀、野行幸（神道大系『北山抄』五〇八頁）。なお野行幸の御袍について、末松剛は『新儀式』に見える延喜・延長・承平の野行幸六例全てにおいて天皇は赤色袍を着用したと想定している（末松剛「摂関家における服飾故実の成立と展開――赤色袍の検討を通じて」『平安宮廷の儀礼文化』吉川弘文館、二〇一〇年（初出二〇〇〇年）、一七九―一八〇頁）。ただし、同論文では延長四年の例を『花鳥余情』に見える十月の大井川行幸と関連づけているが、実際に該当するのは十一月の北野行幸である。

(58)『醍醐天皇御記』延喜十八年十月十九日条(『西宮記』勘物所引)。
(59)注55、注58に同じ。
(60)藤原道綱母『蜻蛉日記』下、新日本古典文学大系、一七二頁。
(61)同前、二一四頁。
(62)新編日本古典文学全集『うつほ物語』二、三四〇―三四一頁。仮名書きの史料の引用にあたっては、原則として底本の様態を伝える送り仮名を再現するよう努めたが、『うつほ物語』については校訂によってはじめて意味を成す箇所が多いため、底本の再現にこだわらない校訂本を典拠とし、送り仮名は省略した。
(63)第一、新日本古典文学大系『落窪物語』六八・八一頁。
(64)第三、同前、一八六頁。
(65)記主藤原実資が烏帽子直衣姿で頼忠のもとへ参上したと解釈する余地もあるが、後に実資等は狩衣を着て扈従したとあることから、頼忠の装いと考えておく。
(66)『粟田左府尚歯会詩』群書類従九、二六五・二六八頁、新訂増補国史大系『本朝文粋』二一七頁および『大日本史料』第一篇第一二冊、三五五―三六二頁。
(67)『村上天皇御記』康保元年二月五日条(『大鏡裏書』所引)。
(68)この時の狩装束での内裏参入が例外的な事件であったことは、『大鏡』に「またなき事とこそはうけたまはれ。瀧口をはなちて、布衣のもの内にまいる事は、かしこき君の御ときも、かゝることの侍けるにや。〔中略〕さばかりの事こそ、この世にはえさぶらはね」と語られている(第三巻、右大臣師輔、日本古典文学大系、一二一頁)。
(69)塚本瑞代「ほころび――『枕草子』にみる美」『衣装の美学――身体と世界の接点』行路社、一九九四年(初出一九七三年)、伊永陽子「服飾からみる平安時代のわらはの姿――童女の汗衫とその表現を中心に」『服飾美学』四一号、二〇〇五年九月、同「平安時代の童の正装」河添房江編『王朝文学と服飾・容飾』竹林舎、二〇一〇年、畠山大二郎『源氏物語』の「中の衣」と「綻び」――「紅葉賀」巻を中心として」、「『源氏物語』の「端袖」――「綻び」「ゆだち」を中心として」『平安朝の文学と装束』新典社、二〇一六年(初出各二〇〇七、二〇〇八年)等。特にゆだちについては、伊永の両論文と畠山「『源氏物語』の「端袖」」参照。
(70)『台記』久安二年十月二十七日条、同三年九月十四日条、『兵範記』保元三年十月十六日条。特に『兵範記』の記事は後白

河院のために用意された直衣についての記述であるが、「唐綺無襴御直衣〈開二手下一如二水干一〉」とあって、水干のようであったと伝えている。

第二章　雑袍勅許

前章で見たとおり、直衣と雑袍が深い関係にあることはよく知られている。『西宮記』にも「王者以下及被レ聴二雑袍一者衣レ之」と、直衣と雑袍の勅許との関係は明示されていた。しかし、雑袍勅許によって一部の特権貴族が直衣での参内を許されたという通説に史料との矛盾があることは、先述の通りである。そもそも、直衣が十世紀から登場する語であるのに対し、雑袍はそれより早く、九世紀半ばから「雑袍」や「雑色袍」、あるいは「禁色雑袍」を許す記録として見える。また、「雑袍」は本来は直衣以外にもさまざまな袍（上衣）を含んでいた。「衣服令」段階で「朝服」と称されていた男性の参内服は、形態や構成が変容し、また十世紀には束帯と呼ばれるようになるが、官位に応じて色や地質、形式等が規定される「位袍」を用いる点は変わることがなかった。この位袍以外の袍およびこれを中心に構成される服装を指す概念が雑袍とみられ、雑袍勅許とも関連する「禁色」は、相当の位色よりも上の服色など、本来禁じられている服装を指す概念と考えられる。そこで本章では直衣以外も視野に入れつつ、雑袍勅許の制度について検討していくこととする。

第一節　先行研究の成果と疑問点

雑袍および雑袍勅許・雑袍宣旨については、すでに大丸弘、成田汀、茨木裕子、佐藤早紀子等による具体的な検討があり、禁色勅許についても大丸や小川彰等の専論がある。まずは二十世紀後半以降に限定して、先行研究の成果を確認したい。

最初に禁色および雑袍について専論を発表した大丸弘は、(1)平安初期に「私服での禁中出入が比較的自由であった時期があった」が、九世紀後半、蔵人所の整備等「天皇の超越性ないし朝廷の官僚性を強化した時期」にこれが制限される一方で、「天皇の恣意性」の表現として蔵人禁色の制度が始まり、やや遅れて「一部皇親・近習等にかぎり、例外的な処遇を認め」る雑袍の制度が始まったとした。(2)そして、雑袍勅許は初期から禁色よりも「天皇との私的親近さ」が重要であり、禁色は十一世紀以降、特定の家門への所属が絶対条件となったのに対し、雑袍は公卿であるだけでは、また伝統的家門にあるだけでは勅許を受けられなかったとした。更に、『公卿補任』に見える雑袍勅許の履歴が九世紀に集中することから、十世紀以降、雑袍勅許は禁色勅許の影に隠れ、付随的存在になったとした。雑袍の具体相については、初期の雑袍は「位袍以外のすべての袍」を指し、青色袍、青摺袍、橡袍等、あるいは位袍から独立した「夜装束」「宿衣」を含んだが、「ほんらい家居服を朝服に流・転用することにより生じた」一面を持つことから、禁色のような美装ではなく「むしろ domestic な性格を多分にふく」んだとし、平安中期以降、色袍の流行が衰え、青色や赤色等の各種雑袍が特殊な用途のみに限定されるようになった結果、「雑袍すなわち直衣とする考えかたを生じた」と結論づけた。(3)

禁色勅許については、大丸に次いで小川彰が論文を発表し、禁色勅許の初見がある九世紀半ばから約一世紀については史料の制約により不明部分が多いが、十世紀半ばには蔵人全般および数名の四位以下の殿上人を対象とした禁色勅許の制度が整ったことが示された。(4)小川によれば、禁色は天皇の代替わりや本人の昇叙に際しては、改めて勅許される必要があった。そして、蔵人への禁色勅許は職に付随する一方、殿上人への禁色勅許は政治上、重要な意味を持ち、十一世紀以降、対象者は特定の家門に属しかつ父親が一定の官職にある人物に限られ、(5)その特定の家門は、十二世紀中葉には御堂流・閑院流・村上源氏、すなわち後の摂家と清華家に相当する家流となった。[6] 男性官人の禁色勅許の表現としては、記録から確認できる十世紀末以降には、束帯の下襲・半臂・表袴について公卿と同様の色・地質（有文）のものの着用が主眼であり、直衣や指貫についても公卿と同様の有文（綾）の使用が認められたことが明らかにされた。[7] 禁色については、女性のものを含め、小川論文以降にも複数の論文が発表されているが、男性官人の禁色勅許制度の概要は、小川によってほぼ解明されたと言える。

一方、成田汀は一連の論文を通して禁色、雑袍、直衣、下襲等に関わる史料を検討し、雑袍とは紅色や白の下衣や下襲を表衣に重ねる形式とし、この形式はもともと天皇の服装であったものが、九世紀後半以降、雑袍勅許や御衣下賜を通して臣下にも用いられるようになったとした。[8] 上衣だけでなく下衣を含めた構成に着目する成田の論は独創的で、直衣と紅色の関係の指摘も興味深い。しかし、「雑袍」の字義を離れた定義は根拠に乏しく、その他の部分も史料解釈に複数の誤りがある。特に説の前提となっている、雑袍勅許は天皇の服装を臣下に許すもので、九世紀と十世紀の直衣に新旧の違いがあったという二つの仮定がいずれも誤っているため、論全体が成立していない。

次いで、十世紀以前の禁色勅許と雑袍勅許について検討した茨木裕子は、雑袍勅許の対象が四位以下であることを明らかにした。[9] 茨木は禁色勅許の初見が文徳朝、雑袍勅許の初見が宇多朝であることを重視し、禁色勅許は「良房による北家勢力伸張の為の方策」、雑袍勅許は「親政を目指す宇多帝によって生み出され」たものとし、[10] また、通説とは異なり、直衣勅許が「十二世紀に制度となる」と指摘した。[11] 茨木論文は、雑袍勅許の始期や、初期の対象者を再確認した点、また雑袍勅許が直衣勅許と別制度であることを指摘した点において高く評価される。しかし、直衣勅許制度については一言触れるのみで具体的には論じていない。また、雑袍勅許によって何が許されたかについては、次に述べるように、疑問の残る議論となっている。

茨木は、初期の禁色勅許は「御禊の前駈を務める蔵人に、特に参議待遇の色—蘇芳—を下衣（後に下襲となる）に限り聴すこと」、雑袍勅許は、本来、親王や三位以上の公卿に許される赤白橡袍・青白橡袍の着用を、「勅使、内宴等の舞人や文人、また行幸の扈従等」を務める四位以下の人物に対して、儀式上の必要性から許したものとし、[12] 十世紀以降、禁色勅許の内容が蘇芳色の許可から綾織物の許可へと変化するのに伴い、綾の雑袍を許す「禁色雑袍勅許」と無文の雑袍を許す「雑袍勅許」が現れ、混乱が生じたとした。

しかし、如上の説は史料解釈に無理がある。まず、茨木は雑袍勅許が下されたとされる年月日周辺の『日本紀略』『貞信公記』の記事から、個別の勅許事例をそれぞれ内宴、行幸扈従、伊勢勅使派遣、賭射を目的とすると論じた。しかし、このうち伊勢遣使と賭射に関しては行事が雑袍勅許よりも前に行なわれている。[13] 更に「雑袍聴許が聴される場合、そこに親王の存在があり、その役に従う者に雑袍聴許が与えられている」とし、[14] 赤白橡袍や青白橡袍の着用が「親王の役」を表わしたとする論はまったく成り立っていない。例えば内宴において親王だけでなく公卿・殿上人全員が青白橡袍を着用したことは、茨木の引く『吏部王記』の記事中の「王公・侍臣着二青白橡闕腋袍一」という記載等から明らかである。あるいは行幸扈従について、延長六年十二月の醍醐天皇大原野行幸に関する『吏部王記』の「鷹飼親王・公卿立二本列一。其装束、御赤色袍。親王・公卿及殿上侍臣六位以上着二麴塵袍一」という記載を根拠に、「特別の役割である鷹飼に親王、公卿があたり、装束は赤色袍で他の親王、公卿は麴塵袍」とするが、[15] ここは醍醐天皇の装束が赤色袍で、親王以下はみな麴塵袍と解釈すべきであろう。また、九世紀半ばから「皇親系若年者」が内宴の舞人を務めると推定し、平伊望等若年者の雑袍聴許を内宴等の舞人と関連づけたが、『西宮記』等に見える次第によれば内宴で舞うのは舞妓であるから、この説も成立し難い。

近年になり、佐藤早紀子が昇殿制と雑袍勅許の関係に焦点を合わせ、改めて初期の雑袍宣旨について論じた。[16] 佐藤は十一世紀前半までの雑袍勅許がいずれも四位以下に出されていることを指摘した上で、雑袍勅許は宇多朝に昇殿制整備の一環として始まったもので、昇殿に付随して与えられたとし、公卿への勅許例が見られないのは、「昇殿と同様、勅許されるのが当たり前」であったからとした。[17] また、院政期以降、雑袍勅許の制度が変質して勅許対象が制限されるようになり、「直衣始」という儀式が出現したという見通しを示した。雑袍勅許の対象者が「一部皇親・近習等」に限定されていたという大丸説を明確に否定した点、また昇殿制との関連を指摘した点は佐藤論文の大きな成果である。しかし、佐藤論文においても雑袍勅許によって何が許されたかについては論証が不十分である。

佐藤は、雑袍勅許は「「私服」での参内を許可する」ものと定義し、公卿待遇の服装を許すという性格ではなく、「天皇の私的側近という新しい天皇奉仕のあり方を可視化するために、宮中で着用され始めた」ものとした。[18] そして、制度開始当初は殿上の勤務を公的な本司の勤務と区別する目的を持った「雑袍の束帯」と、動きやすい服装を可能とする「皆具の直衣」があったが、前者は村上朝には用いられなくなり、後者も禁制と「時宜」の意識によって着用機会が制限され、摂関期にはおおよそ体調不良時等、内裏火事等の際、または天皇外戚の着用の三つの機会に限られたとした。

しかし如上の説は、時機による制限と着用主体による制限が未整理である。例えば、内裏焼亡後の例としてあげられる記事は天皇外戚の着用にも該当する事例が少なくなく、区別が曖昧である。かつ、雑袍宣旨が殿上人を対象とすることを確認しているにもかかわらず、佐藤は殿上人と公卿を混同して論じている。取り上げられた事例のうち殿上人に関わるのは体調不良時および舗設時の着用のみであり、その他はすべて公卿の例である。天皇外戚や近習の公卿による直衣の着用、特に焼亡後や天皇の不豫の際の直衣での祗候については、朝廷の服制史上たいへん重要な事象と私も考える。しかし、いくら時宜が重視されたからといって、内裏焼亡や天皇不豫のような不吉な場合における公卿の着用を前提にして、殿上人全般に雑袍宣旨を下したとは考えづらい。雑袍勅許が殿上人を対象としているとするのなら、公卿の事例は一旦分離し、まずは殿上人の着用について検討するべきだろう。

しかるに、殿上人について佐藤が取り上げる史料は、いずれも「「私服」での参内」の事例として適当ではない。

例えば体調不良時に雑袍での参内が許された根拠として史料が二例引かれるが、このうち体調が悪いために束帯を解き弓場殿にて宿衣姿で涼んだという『権記』長徳四年（九九八）七月十二日条の記載は、通常の宿衣の着用との違いが明らかでない（本章第三節第二項参照）。もう一つの『左経記』長元元年（一〇二八）三月十九日条については、記主が体調不良という判断が誤っている上、参入しているのは内裏ではなく上東門院であり、しかも「不レ堪二出仕一、仍直衣参二閑所一行二雑事一也」という記述から読み取れるのは、むしろ内裏に出仕できないために直衣で閑所に行って業務を処理するという状況である[19]。したがって、これらの史料から、体調不良時に直衣での出仕が許されたという結論を導くことはできず、佐藤論文でも雑袍宣旨が何のために出されたかは解明されないままとなっている。

　雑袍に触れた文献はほかにもあり、特に赤色袍については小川彰と末松剛の論考によって多くの知見がもたらされているが[20]、雑袍勅許に関わる専論として管見に触れたものは右のとおりである。それぞれに学ぶところ多く、特に佐藤論文によって十一世紀前半までの雑袍勅許の状況はかなり整理され、茨木論文ともあわせて、雑袍勅許が主に殿上人を対象とした制度であることが明確となった。しかし、十一世紀後半以降の動向については、直衣勅許という別制度の成立（茨木）と雑袍勅許制度の変質（佐藤）という二つの見通しが示されているのみで、詳細な検討結果は発表されていない。また、雑袍勅許によって認められた内容や着用実態に関する先行研究の理解は論証が不十分であり、結果として朝廷における雑袍勅許制度の意義を見誤らせている。そこで、部分的には屋下に屋を架すことになるが、雑袍勅許の制度について全面的な再検討を試みたい。検討にあたっては、勅許の対象者と勅許によって認められる内容は不可分ではあるが、まずは対象者を焦点として、制度の展開を確認することとする。

第二節　雑袍勅許の対象者と手続き

第一項　雑袍勅許の成立

先行研究が指摘するように、雑袍勅許の記録は、禁色勅許と同様に、九世紀半ばから確認され、十一世紀までの対象者は四位以下の主に殿上人であった。しかし、その後の歴史についてはこれまでほとんど検討されていない。また、初期の雑袍勅許制度についてはすでに複数の論考があるが、わずかながら先行研究では触れられていない史料もあるので、その成立から改めて検討したい。

表2に村上朝までの男性官人に対する禁色および雑袍勅許に関わる史料をまとめた。雑袍勅許の事例については佐藤論文で既に表にまとめられており、茨木論文でも初期の事例を列挙しているが、ここでは典拠を詳しく示すとともに若干の事例を追加し、禁色勅許の史料も表に加えた。

表を見ると、茨木が注目したように、文徳・清和・陽成朝において、各一回ずつ禁色の記録があるらしいことに何らかの意味を見出せそうでもあり、大丸の主張したように、初期の雑袍勅許は一部皇親・近習等を対象とした例外的処遇と解釈することもできそうである。文徳朝から禁色の記録が、宇多朝から雑袍の記録が確認されること、あるいは十世紀に入ると記事が少なくなることに意味を見出せそうでもある。

しかしながら、留意しなければならないのは、醍醐朝までの史料の大半が『公卿補任』という点である。周知の通り『公卿補任』は後世の編纂物であり、特に禁色や雑袍の記録が収められる尻付中の官歴類は、土田直鎮によれば応和年間（九六一―六四）以降の成立と推定され、情報の信頼性は決して高くない。[21]「昇殿敷」等の注記はあくまで後代に記されたものとして見る必要があり、宇多朝に史料が偏っていることや、寵臣あるいは同一人物の記録が多いことも、『公卿補任』編者の利用できた史料の偏りを反映している可能性がある。ましてや、『公卿補任』に頼る限り、公卿に昇らなかった人々のことはわからない。

この点で注目される史料が、正徹による『源氏物語』注釈書の『一滴集』（源氏抄、永享十二年（一四四〇）成立）に

表 2　村上朝以前の男性官人に対する禁色・雑袍勅許の記録（禁色は(禁)とし，雑袍は無印とする）

天皇	西暦	和暦	月日	姓名等	齢	位	職	父	典拠	備考
仁明	839	承和 6	7・10	検非違使等					『続日本後紀』承和 6 年 7 月 10 日「勅，令三検非違使等当色之外着二雑色袍一。」	
文徳	嘉祥 3 年(850) 3 月 21 日践祚・仁寿 1 年 4 月 28 日改元(諒闇明け)									
	851	仁寿 1	7・2	(禁)藤原氏宗	42	従四下	蔵人頭右大弁右中将	葛野麿	『公卿補任』嘉祥 4「仁寿元七二聴二禁色一宣旨，蔵人頭下二弾正一。」	
				(禁)藤原仲統(仲縁)	33	従五上	左少将兼伊勢守	三守	『公卿補任』貞観 14「仁寿元七二禁色。」〔頭書〕「仁寿元補二蔵人頭一。七月二日有二禁色宣旨一。」	仁明朝蔵人，貞観 12 年蔵人頭。蔵人か
				(禁)藤原良縄	38	正六上	蔵人内蔵権助	大津	『公卿補任』天安 2「仁寿元七二禁色。」	
清和	天安 2 年(858) 8 月 27 日践祚・貞観 6 年 1 月 1 日元服・同 7 年 11 月 4 日内裏遷幸									
	865	貞観 7 (10？)	10・9	(禁)藤原家宗	49	正五下	左中弁皇太后宮亮	浜雄	『公卿補任』貞観 13「同〔貞観〕七十九禁色。」『一滴集』乾巻，をとめ〔本文 54 頁〕	貞観 10 年 10 月 4 日蔵人頭(『一代要記』)
				(禁)藤原山蔭	42	従五上	蔵人右少将	高房	『公卿補任』元慶 3「同〔貞観〕七十九禁色。」『一滴集』同上	
				(禁)藤原利基		従五下	備中権介(備前？)	良門	『一滴集』同上	貞観 5 年 2 月 10 日備前権介(『三代実録』)
			10・19	(禁)藤原高藤	28	正六上	蔵人右近将監	良門	『公卿補任』寛平 6「同〔貞観〕七十十九補二蔵人一。聴二禁色衣服一。」	
陽成	貞観 18 年(876) 11 月 29 日践祚									
	877	元慶 1	4・19	(禁)藤原清経	32	従五上	蔵人右少将	長良	『公卿補任』昌泰 3「〔貞観十九〕四月十九日宣旨衣服禁色〈蔵人歟〉。」	右少将は『蔵人補任』による
				(禁)藤原有穂	40	従五下	蔵人内蔵権助	直道	『公卿補任』寛平 5「元慶元四十九聴二禁色一〈蔵人〉。」	
				(禁)在原友于	35	従五下	蔵人主殿権助	行平	『公卿補任』昌泰 3「〔元慶元〕壬四月十九聴二衣服禁色一〈蔵人〉。」	元慶 1 年の閏月は 2 月。壬を同の誤りと解釈した

光孝 元慶8年2月4日践祚									
884	元慶8	3・11	(禁)藤原有穂(2)	47	従五上	右衛門権佐備前権介	直道	『公卿補任』寛平5「同〔元慶八年三月〕十一日聴ニ禁色衣服一。」	
887	仁和3	1・10	(禁)藤原時平	17	従四下		基経	『公卿補任』寛平2「同〔仁和〕三正十従四下。即聴ニ禁色一。」	
		1・22	(禁)源興基	34	正四下		人康親王	『公卿補任』寛平3「仁和三正廿二聴ニ禁色衣服 陽成朝蔵人頭一。」	
宇多 仁和3年8月26日践祚・同4年8月29日諒闇明け									
887	仁和3	9・21	(禁)藤原時平(2)	17	従四下		基経	『公卿補任』寛平2「同〔仁和三〕九月八日昇殿。同廿一日重聴ニ禁色一。」	
		閏11・	藤原有穂(3)	50	従四下	中宮大夫	直道	『公卿補任』寛平5「〔仁和三〕八月止頭〈天皇昇 光孝朝蔵人頭霞〉。壬十一月日宣旨聴ニ雑袍一。」	
		閏12・3(不審)	(禁)源湛	43	正五下	左少将備中守	融	『公卿補任』寛平5「同〔仁和〕三壬十二三聴ニ禁色一〈昇殿〉。」	仁和3年の閏月は11月。仁和4年11月27日蔵人(『蔵人補任』)
888	仁和4	3・19	(禁)藤原高藤(2)	51	正五下	兵部大輔近江権介	良門	『公卿補任』寛平6「同〔仁和〕四三十九聴ニ禁色雑袍一。」	
889	仁和5	4・13	平惟範	35	従四下	皇太后権亮弾正大弼	高棟	『公卿補任』延喜2「同〔仁和〕五四十三聴ニ雑色袍一。」	
891	寛平3	4・7	(禁)源希	42	従五上	蔵人右少弁右少将	弘	『公卿補任』寛平7「〔寛平三〕四月七聴ニ禁色衣服一〈蔵人〉。」	
		4・8(不審)	(禁)藤原定国	26	従五下	蔵人侍従	高藤	『公卿補任』昌泰2「〔寛平三〕四月八〔十八く〕禁色〈蔵人〉。」	『蔵人補任』は任蔵人の年月日に不審を呈す
		4・18	(禁)菅原道真	47	正五下	蔵人頭左中弁	是善	『公卿補任』寛平5「〔寛平三年四月〕十八日聴ニ禁色衣服一(イ即日蔵人頭)。」	
892	寛平4	5・1	在原友于(2)	50	従四下	内蔵頭	行平	『公卿補任』昌泰3「同〔寛平四〕五月一許ニ雑袍(色イ)一。」	
		11・10	平時望	16			惟範	『公卿補任』延長8「寛平四十一十聴ニ雑袍一。」	

表 2 つづき

	895	寛平 7	9・15	藤原忠平	16	正五下		基経	『公卿補任』昌泰 3「〔寛平七〕九月十五聴二雑袍一〈昇殿〉。」	
	896	寛平 8	1・21	紀長谷雄	51	正五下	大学頭	飯麿	『公卿補任』延喜 2「同〔寛平〕八正廿一聴二雑袍一〈昇殿歟〉。」	
	897	寛平 9	1・20	元方			右馬大允		『一滴集』乾巻，をとめ〔本文 54 頁〕	藤原元方は仁和 4 年生なので 10 歳となり該当しない
				藤原有仁			内蔵小允			『尊卑分脈』に兼生男(利基孫)の有仁が見える
				源師尚				近善		
				平伊望	16			惟範	『公卿補任』延長 5「寛平九正廿聴二雑袍一〈下二弾正宣旨一〉。」『一滴集』同上	
醍醐	寛平 9 年 7 月 3 日践祚									
	901	昌泰 4	4・9	源当時	34	正五下	左中弁木工頭	能有	『公卿補任』延喜 11「同〔昌泰〕四四九聴二雑袍一。」	
	900 ｜ 905	昌泰 3 ｜ 延喜 5		(禁)藤原忠平(2)	21	従四下	前参議右大弁	基経	『大和物語』98 段〔注 26 参照〕	年次比定は注 26 所引島田論文参照
朱雀	延長 8 年(930) 9 月 22 日践祚・承平 1 年 9 月 30 日諒闇明け									
	932	承平 2	1・21	源兼明	19	従四上		醍醐天皇	『公卿補任』天慶 7「承平二正七従四上〈一世〉。同十一日昇殿〈雑袍〉。」『貞信公記』承平 2 年 1 月 21 日「兼明朝臣・後連〔俊連〕・滋典侍等，禁色雑袍宣旨仰下。」	
				藤原俊連		正六上	蔵人	有穂	『貞信公記』同上	『貞信公記』2 月 17 日に「蔵人俊連」。位は『蔵人補任』による
村上	天慶 9 年 4 月 20 日践祚									
	946	天慶 9	5・1	(禁)平随時	57	正四下	蔵人頭修理大夫	雅望	『即位部類記』所引『吏部王記』〔本文 56 頁〕	4 月 26 日補蔵人頭

			(禁)源俊		従五上	蔵人左衛門権佐右少弁	唱		4月26日補蔵人
			(禁)藤原敦敏	27	従五上	蔵人右少将近江介	実頼		4月26日補蔵人
			(禁)藤原光忠〔尭忠〕		正六上	蔵人式部少丞			
			(禁)藤原守正		正六上	蔵人縫殿助	兼輔		4月26日補蔵人
			(禁)藤原扶樹		正六上	蔵人文章生	季縄		
			(禁)橘公輔		正六上	蔵人文章生	公統カ		
			殿上人						
947	天暦1	11・27 1・	源延光	21	従四下		代明親王	『日本紀略』天暦1年11月27日「又下㆘源延光朝臣可㆑免㆓雑袍㆒宣旨㆖幷召㆔仰明日朱雀院行幸事㆒。」	前年11月賜姓(『公卿補任』)，6月15日昇殿(『紀略』・『貞信公記』)
958	天徳2	7・2	(禁)藤原兼通	34	正五下	左少将近江権介	師輔	『公卿補任』安和2「天徳二年七廿九禁色。」	
963	応和3	2・2	(禁)藤原為光	22	従五上	蔵人右少将伊与権介	師輔	『元亨四年具注暦裏書』所引『江記』寛治7年6月16日「応和三年二月二日〔中略〕聴㆓蔵人右少将為光，讃岐掾源輔成，文章生藤原共政等禁色，兵部大輔兼家朝臣，藤原光舒等雑袍㆒宣旨。」	1月13日補蔵人(『公卿補任』)
			(禁)源輔成		正六上	蔵人讃岐掾	由道		
			(禁)藤原共政		正六上	蔵人文章生	佐衡		
			藤原兼家	35	従四下	兵部大輔	師輔		1月3日昇殿(『公卿補任』)
			藤原光舒				清正		
		12・11	源時中	22	従五下	侍従讃岐権介	雅信	『西宮記』裏書所引『村上天皇御記』応和3年12月11日〔本文71頁〕	11月23日昇殿(『公卿補任』)

引かれる記録である。

　なをしなとさまかはれる

六位ナカラ禁色ヲユル、ニヤ。首云、雖㆓六位昇殿㆒、禁色・雑袍之宣旨事。寛平九年正月廿日聴㆓雑袍㆒宣旨、右馬大允元方・内蔵小允藤原有仁〔本〕・蔭子源師尚・蔭孫平伊望。蔵人所頭左中弁藤原家宗・蔵人右近少将藤原朝〔本宮〕臣山陰・備中権介藤原朝臣利基……。貞観七年十月九日右大臣宣、奉㆑勅、件人等聴㆑着㆓禁色衣装㆒。茨坂上宿祢城。(22)

ここでは、六位殿上人の夕霧に「直衣などさま変はれる色」が許されたという文に対する注として、六位への宣旨の実例が引かれている。全体が連続して書かれるが、内容から見て、「平伊望」までの傍線部アが寛平九年（八九七）の雑袍宣旨の引用であり、傍線部イは貞観七年（八六五）の禁色宣旨を引いたものであろう（「蔵」の前に若干の空白もある）。表2に示したように、平伊望・藤原家宗・藤原山陰については『公卿補任』にも同日の勅許が記されており、一定の信頼性はありそうだが、『一代要記』によれば家宗の蔵人頭就任は貞観十年十月であり、「蔵人所頭」という表現もやや不審である。(23)いずれかの史料で十と七の誤写が生じたものかもしれないが、『一滴集』の典拠が不明な現時点では決め手を欠く。

　このように全面的には信頼できない史料ではあるが、寛平九年の雑袍宣旨に記される人々が、右馬大允・内蔵小允という七位相当の官職や無官の人物であり、六位以下もしくは無位と推定されることは注目される。十世紀中には、村上朝に六位殿上人への雑袍宣旨が確認でき（左記参照）、他にもわずかながら六位への宣旨例が確認できる。(24)公卿に昇進しなかった人物への勅許の存在はすでに佐藤早紀子が指摘しているが、『公卿補任』に載らないような人々への宣旨は九世紀中より存在し、雑袍宣旨の対象者は広く六位以下にも及んでいたと見られる。

　ところで、『一滴集』に見える平伊望、およびその兄平時望については、『公卿補任』尻付において、冒頭に雑袍勅許のことが記される点が特徴的であり（表2参照）、叙爵以前、かつ元服直後の勅許と推測される。また、十代への勅許という点では他に藤原忠平の例があるが、このうち忠平・時望については、服藤早苗により殿上童であったことが指摘されており、[25] 伊望も同様であった可能性がある。

服藤によれば、忠平の兄時平も成人前から天皇に近侍したが、時平以前の童は童名で記されるのに対し、忠平・時望等、宇多朝に祇候した童は元服前から成人名が記録されるという大きな違いがあり、その他の史料も複合すると、仁和四年（八八八）十一月の蔵人所整備と前後して、童殿上の制度が成立したと推定される。この指摘を踏まえると、時平には雑袍宣旨の記録がないのに対し、忠平・時望には記録のあることが注目され、雑袍宣旨が昇殿制整備の一環として宇多朝に始まったという説を支える傍証となる。[26]

しかしながら、雑袍宣旨の例のうち、このように童殿上から元服の後、再度の昇殿と雑袍を許されたと推測されるのは少数である。また、仁和四年十一月頃に蔵人所や昇殿制整備の画期を置くとすれば、それ以前の藤原有穂・高藤への宣旨例をどう考えるか、特に高藤尻付の「聴二禁色雑袍一」の表現が何を意味するのかは判じ難い。この時期に雑袍宣旨を受けた人々がすべて昇殿を許されていたかも定かではない。更に、古瀬奈津子によれば、天皇の政務・居住空間が清涼殿に移り、そこに殿上の間が設けられ、殿上人の勤務が管理されるようになったことが昇殿制の重要な転換点であるというが、[27] 宇多天皇が清涼殿へ移ったのは寛平三年（八九一）二月であり、[28] 仁和年間の状況については不明な点が多い。『一滴集』がもたらす情報を考えれば、今後、研究を進展させる史料の発掘も期待されるが、現時点では宇多・醍醐朝の雑袍勅許について言えることは限られており、制度としてどの程度確立していたのかは明らかではなく、試行錯誤がなされていた時期とも捉え得る。

したがって、厳密に考えるならば、雑袍勅許が制度として形を見せる最初の史料は、『即位部類記』を通して伝わる『吏部王記』に引かれた天慶九年（九四七）五月一日の宣旨となろう。

天慶九年五月一日〈大納言師輔〉宣

蔵人頭正四位下修理大夫平朝臣随時

蔵人左衛門権佐従五位上兼守右少弁源朝臣俊

従五位上守右近衛少将兼行近江介藤原朝臣敦敏

正六位上式部少丞藤原朝臣光忠

正六位上行縫殿助藤原朝臣守正

文章生正六位上藤原朝臣扶樹

文章生正六位上橘朝臣公輔

已上七人可レ聴二禁色一

殿上人十八人〈四位七人・五位八人・六位三人〉

已上可レ聴二雑袍一〈同日同宣〉

典侍正五位下藤原朝臣灌子〈如レ旧可レ聴二禁色一、同日同宣〉

これは四月二十八日の村上天皇即位式直後のものであり、践祚にともなって新任・再任された蔵人に対する禁色宣旨と、同じく任命された殿上人に対する雑袍宣旨と見られる。殿上人は姓名を特定せずまとめて書かれていることからも、ここで禁色または雑袍を許された二十五人が、この時点で昇殿を許されていたほぼ全員にあたるのだろう。(29)『西宮記』臨時六「殿上人事」によれば、殿上人の定員は蔵人を含めて三十人とされている。(30)即位直後に整然とした宣旨が下されていることと、蔵人と殿上人のほぼ全員が対象となっていることからは、前代の朱雀朝までに、蔵人への禁色勅許と殿上人への雑袍勅許という制度が確立していたと推定できる。ただし、『一滴集』の記事を信頼するならば、蔵人への禁色勅許は、清和朝には既に確立していたと推測できよう。

これ以降、天皇の代替わりに際しては禁色や雑袍宣旨の宣下・更新が行なわれており、この制度が維持されたことが確認できる。まず、康保四年（九六七）五月、村上天皇の崩御を受けて践祚した冷泉天皇は、先帝の諒闇が明けた後の翌年六月一日に殿上人に「禁色雑袍宣旨」を下した。[31] 次の円融天皇は、安和二年（九六九）八月十三日の受禅の後、九月五日に侍中（あるいは侍臣か）に「禁色雑袍」を許す宣旨を下し、同月十一日には四十一名に雑袍宣旨を下した。[32] 続く花山天皇については殿上人全体への宣旨の記録は残らないが、『公卿補任』の記録からおそらく践祚の後に禁色や雑袍宣旨が下されたと推測される。[33] 次の一条天皇践祚の際の状況は明らかでないが、寛弘八年（一〇一一）六月に践祚した三条天皇は、一条法皇の崩御した六月二十二日からちょうど一箇月後に、殿上人に「禁色雑袍宣旨」を下し、[34] 八月十一日の新造内裏遷幸に際しても、蔵人や昇殿とともに禁色・雑袍の対象者を定めている。[35]

その後も原則として代替わり後の宣下が確認され、それ以外の機会に下された事例を含め、十一世紀前半までの雑袍勅許の対象が四位以下の殿上人であることは、佐藤の指摘の通りである（ただし後述の近衛府・検非違使への雑袍勅許も存在した）。少なくとも村上朝以降については、佐藤が明らかにしたように、雑袍は昇殿に付随して許されるものであり、「一部皇親・近習等」に限定されたという大丸説は、村上朝より前の時期も含めて、明確に否定される。

なお、蔵人に対しては、おそらく明示的な雑袍勅許は出されなかったが、[36] 雑袍の着用は許されると認識されていたと推測される。例えば『政事要略』には、蔵人には雑袍が許されていると藤原季平が述べたという話が見える（本書一〇七頁参照）。また、更衣の時に顕著であるが、殿上人の服装は蔵人頭に合わせるということが見え（『西宮記』直衣条（本書二四頁）等）、これらを総合すると、蔵人は禁色宣旨によって雑袍の着用も認められていたと考えられる。

第二項　雑袍宣旨の手続き

ここで一旦、雑袍宣旨の手続きについて確認しておこう。右で見たように、雑袍宣旨は禁色宣旨と同じ機会に下される場合が多かったが、その手続きも禁色宣旨と同じであった。まず『西宮記』臨時二「諸宣旨例」によれば、禁色や雑袍を許す宣旨は、上卿が勅を奉じ、弾正疏と検非違使に下すこととなっていた。

一、禁色・雑袍事〈女官禁色宣旨同レ之云々〉

上卿奉レ勅、書宣旨給二弾正疏・検非違使一。件宣旨書者、頭蔵人之所二書下一也。[37]

『西宮記』には、下す機関別の宣旨の説明も臨時二「宣旨事」にあるが、ここでも弾正台と検非違使に下す宣旨の中にそれぞれ禁色・雑袍が見え、また源経頼の修訂を経た本文を持つと推定される臨時一「諸宣旨」においても、「下二弾正一宣旨」と「下二検非違使一宣旨」の筆頭にそれぞれ「禁色〈雑袍〉・勅授〈已上々卿着二左衛門陣一下レ之〉」、「禁色〈雑袍〉・帯剣〈上卿下二宣旨一〉」と、上卿によって下される旨とともに記されている。[38] なお、ここに「勅授」「帯剣」と見えているように、文官等へ帯剣を許す勅授帯剣の宣旨も部分的には禁色・雑袍と同じルートで下された。[39]

弾正台および検非違使に下す手続きについては『北山抄』備忘略記（一〇二〇年代成立か）の「下二宣旨一事」条にも見える。

禁色・雑袍事〔注略〕

従二御所一給二書宣旨一。〈雖二一人一書宣旨也。口宣例希有也。〉書別給二弾正・検非違使一。弾正者於二左衛門陣一給レ之。〈往年牽駒日記、似下未レ着レ座人不も着二此陣一。而近例皆着。又時平大臣就レ之、下二宣旨一云々。〉大臣或於二里第一下給也。検非違使者於二左仗座一給レ之。〈若尉以上不レ参時、有下給二志以下一例上。令二外記伝給一歟、可レ尋。殿上人者或於レ腋給レ之。六位用二平装束一云々。〉女官禁色同レ之云々。[40]

ここでも禁色・雑袍宣旨は弾正疏や検非違使を召して直接下すことになっており、また通例は口宣ではなく、書宣旨を下すと記されている。宣下の場は、弾正疏は左衛門陣（建春門）または上卿の里第、検非違使は仗議の行なわれる左近衛陣の座（紫宸殿東北廊）とされる。

富田正弘によれば、宣旨の基本的な伝達過程は、まず蔵人が天皇の勅を承り、これを上卿に伝えることから始まる。(41)この時、蔵人が勅の内容を書き留めた覚書を「口宣書」と呼ぶ。口宣書は伝達を確実にするために、次第に上卿に送られるようになり、これを「口宣」と呼ぶ。次いで上卿は太政官の官人を呼び、勅を奉じての文書発給手続きに入るが、一般的にはその経路に弁官局を経るものと、外記局を経るものがあり、この時に弁官局の史や外記局の外記が作成する文書が「宣旨書」であるという。古文書学の用語としてはこのように整理されているが、『西宮記』諸宣旨例では蔵人頭が宣旨書を作成するとされている点は注意される。『北山抄』の「従二御所一給二書宣旨一」も同じ趣旨の記載と見られ、禁色・雑袍および勅授帯剣の宣旨は、外記や弁官を経ず、蔵人頭の書いた宣旨を、上卿が直接弾正台・検非違使に下す点で独特のルートを経由するものであった。

ただ、次の平親信『親信卿記』天延二年（九七四）五月八日条に窺われるように、実務においてはしばしば外記が関わっていたと見られる。

今日外記仕部来告云、「外記大原忠亮云、「中宮大夫〔藤原為光〕可レ給二宣旨一。而検非違使等申レ障不レ参、余可レ候」」者。御読経朝座了、上卿退出。其後外記示二案内一。仍候矣。上卿召二外記一、々々目レ余。々入レ従二敷政門一、経二小庭東石橋北辺一、直進、跪二膝突一候矣。上卿仰云、「右中弁伊陟〔源〕朝臣聴二禁色一宣旨宣へ」。称レ唯、退出。次為レ見下給二弾正一之儀上、出二居左衛門陣一。而間上卿不レ経二幾程一被レ着レ座。仍不レ着レ座、只乍レ立見二其儀一。上卿着レ座〈南面〉、外記申二弾正候由一〈立二樹下一〉。上卿仰云、「召」。外記称レ唯、退去。次弾正疏調立二外記初立所一。上卿召レ之。進到二上卿後一立、称レ唯。上卿仰云。疏称レ唯。〈件疏退進及初度称レ唯之処、若可レ有二先例一歟。可レ問二他人一。〉(42)

この時、右衛門少尉兼検非違使の平親信は外記から呼び出されて、禁色宣旨を承る検非違使の役を務めており、弾正疏を召して下す過程においても、外記が上卿の権中納言藤原為光の命令を受けて、疏を呼んでいる。一方『政事要略』には検非違使が弁・史の伝宣を拒絶することの理非を問う勘文に関連して、「又昇殿・侍中之輩聴二禁色・雑袍一之日、上卿召二佐以下一同給二宣旨一。或召二陣頭一給レ之、或弁・史伝レ之」と見え、[43] 十世紀末頃は弁官を通して下される場合もあったらしい。

十一世紀初頭の記録でも、やはり、上卿が外記を経由して弾正や検非違使を呼び、宣旨を下す例が見られる。

右大弁行成卿起二結政座一、参二入一条院一着二右仗座一。午後、右大臣《〔藤原顕光〕》・内大臣《〔藤原公季〕》・権大納言藤原実資卿・中納言同公任卿・参議左大弁同忠輔卿参二着右仗座一。内大臣召二外記弓削清言一。承二仰旨一退還。随則右衛門大尉平永昌参入。着二同膝突座一。于レ時大臣被レ仰二下禁色宣旨一。永昌承二宣旨一、称レ唯、退出。（藤原通憲編『本朝世紀』長保五年（一〇〇三）二月二十三日条）

相撲（中略）。内侍未レ出前、右頭中将《〔藤原実成〕》於二膝突一、仰下左大臣《〔藤原道長〕》可レ聴二右兵衛佐《〔藤原〕》道雅禁色一之事上。大臣被レ仰二《〔滋野〕》善言朝臣一、令レ召二弾正・検非違使一。（藤原行成『権記』寛弘三年（一〇〇六）七月三十日条）

前者では、内大臣藤原公季が大外記弓削（大江）清言に命じて検非違使の右衛門大尉平永昌を呼び、禁色宣旨を下している。後者では、相撲の行事の合間に蔵人頭藤原実成が左大臣藤原道長に宣旨を伝え、道長は大外記滋野善言に弾正と検非違使を呼ばせている。

このように実務には外記（もしくは弁官の例もあったか）が関与していたものの、十一世紀初頭までは、蔵人から上卿に勅を伝え、上卿から直接弾正台・検非違使に宣旨を下すという手続きが維持されていたと見られる。右の例の他にも、『小右記』長元四年（一〇三一）正月十六日・二十二日条には、右大臣の実資が頭弁藤原経任から禁色・雑袍宣旨を受け取り、弾正少忠中原貞親に下したことが見えている。[44] ただ、対象が一人であっても書宣旨を原則とするという『北山抄』の記述に対して、十一世紀半ばの様相を伝えると見られる『侍中群要』巻二には、「禁色・雑袍宣旨、三人已上書二其名一下給。三人以下弥仰二口伝一云々」と、三人以下の場合は口宣（口伝）とするとあり、手続きが次第に変化していったことが窺われる。[45]

そして十一世紀後半あるいは十二世紀以降、禁色・雑袍宣旨の手続きは外記局を経由する宣旨のルートに吸収されていった。『中右記』大治五年（一一三〇）四月十九日条には、藤原頼長に禁色宣旨が下された時の手続きとして、「予此間着二仗座一〈奥〉。頭弁来仰云、「正五位下藤原朝臣頼長、宜レ聴レ着二禁色一」。予奉レ仰。追可レ下二弾正・検非違使一也」と記されており、記主の権大納言藤原宗忠が上卿として勅を奉じた上で、追って弾正と検非違使に宣旨を下すべしとしている。すなわち、弾正台・検非違使に下す形式自体は維持されているのだが、前後の日記を見ても、上卿が直接宣旨を下す手続きは確認されない。

ほぼ同時期には、上卿から外記に宣旨を下すよう伝達する文書も残されている。宣旨例を集めた『綸旨抄』に収められた左の保延二年（一一三六）の禁色宣旨では、上卿の藤原実光から大外記へ書状を副えて宣旨が送られている。

宣旨

蔵人頭正四位下行左近衛権中将藤原朝臣公隆

宜レ聴レ着二禁色一

右　宣旨早可レ被二下知一之状如レ件

保延二年十二月廿八日　　権中納言実光

謹奉　大外記殿㊻

もう一つ例を上げよう。

今日下二〔藤原実房〕三条大納言・〔藤原資長〕藤中納言等文一。

蔵人大膳亮藤原朝臣基明

宜レ聴レ着二禁色一

蔵人頭権右中弁平信範〈奉〉（平信範『兵範記』仁安三年（一一六八）十二月二十日条）

宣旨
蔵人正六位上行大膳亮藤原朝臣基明
宜レ聴レ着二禁色一事
右可レ被二下知一之状如レ件
十二月廿日　権中納言資長
奉
清大外記〔清原頼業〕殿（『綸旨抄』(47)）

ここでは同月十三日に蔵人に補された藤原基明への禁色宣旨の「口宣」を、蔵人頭平信範が権中納言藤原資長に下し、次いで資長がこの宣旨を下知するように大外記清原頼業に書状を副えて送ったという流れが確認される。

更にその次の段階を伝えるものとして、同時期の『吉記』仁安元年九月三日条に清原頼業から到来した禁色宣旨が記録されている。

禁色宣下到来。書様
蔵人正五位下行勘解由次官藤原朝臣経房
正二位行大納言源朝臣雅通宣奉レ　勅　件人宜レ聴レ着二禁色一者
仁安元年九月二日　大外記兼助教清原真人頼業〈奉〉

すなわち、上卿から大外記を経由して、禁色を許された本人にも書宣旨が届けられるという手続きとなっているのである。

南北朝時代、洞院公賢の撰と推定される『伝宣草』では、「下二外記一宣旨」「下二弾正一宣旨」「下二検非違使一宣旨」の三箇所に禁色・雑袍が上げられるが、次のように実際には外記に宣旨を下すことも記される。

禁色・雑袍事

勅授帯剣事
牛車・輦車事
已上三ケ事、旧例直仰二弾正一〈着二左衛門陣屋一、召二忠以上一仰レ之〉・検非違使〈着二左近陣座一、召二仰尉以上一〉。
而近代、以二外記一伝宣。(48)

これらのことから、十二世紀以降も弾正と検非違使に下す建前は維持されていたが、実際には弾正・検非違使への伝達は形骸化し、下外記宣旨として処理されるようになっていったと推測される。

なお、少なくとも十一世紀前半までは、天皇の代替わりにおいて勅許が一斉に更新される場合には、天慶九年五月一日宣旨（本書五六頁）のように、禁色宣旨と雑袍宣旨を同じ紙に連続して書く慣例であったようである。『小右記』長和五年（一〇一六）二月三日条によれば、後一条天皇践祚後の宣旨手続きでは、「禁色・雑袍宣旨書連、資平下二奉右大臣一」とあって、蔵人頭資平が禁色宣旨と雑袍宣旨を書き連ねて右大臣顕光に下している。また次の『範国記』長元九年（一〇三六）六月七日条が示すように、後朱雀天皇践祚後の手続きでは、蔵人頭良頼が、蔵人と昇殿者総勢三十八名の内、日給簡を付されていない者等を除き、禁色宣旨・雑袍宣旨の順に一紙に書き連ね、右大臣実資の里亭に遣わし、更に記主平範国が、おそらく検非違使として実資邸にてこれを受け取っている。

今明御物忌也。被レ下二禁色宣旨一。頭中将良頼〔藤原〕朝臣奉レ仰、被レ下二宣旨一。昇殿者、頭・蔵人相加惣卅八人〈此中不レ付レ簡者二人・遭レ喪者二人暫被レ留レ之〉、書二一紙一〈以二禁色一為レ先、雑袍書レ奥〉、被レ下二奉右府〔藤原実資〕一〈坐二里亭一〉。〔中略〕臨暗之間参レ殿。次参二右府一。下二賜禁色宣旨一。(49)

第三項　十二世紀以降の雑袍勅許の展開

それでは、十一世紀後半以降の雑袍勅許の対象者はどのような人々だったのだろうか。伝存する宣旨から確認してみたい。

聴二雑袍一

左京権大夫従四位下源朝臣俊頼

宜レ聴レ着二雑袍一

寛治元年〔一〇八七〕八月廿七日　　蔵人左衛門権佐藤原朝臣〈奉〉（『朝野群載』巻五、朝儀下）

今日宣二下左衛門督〔藤原実国〕息大夫公輔〔後に公時〕雑袍事一。

仁安四年三月十九日　宣旨

従五位上藤原朝臣公輔

宜レ聴レ着二雑袍一

蔵人頭権右中弁平信範〈奉〉

副二書札一、下二三条大納言〔実房〕一了。（『兵範記』嘉応元年（一一六九）三月十九日条）

又新昇殿侍臣等雑袍宣旨事、隆雅〔藤原〕・師盛〔平〕、近代華族不レ及二沙汰一歟。然而一旦所レ取二御気色一也。早可二宣下一之由有レ仰。

安元々年十月十二日　宣旨

正五位下皇太后宮亮兼能登権守源朝臣師家

散位従五位上藤原朝臣季信〈前寮頭、敦兼孫、季兼子〉

刑部少輔従五位上藤原朝臣隆雅

丹後守従五位上平朝臣師盛〈右大将〔重盛〕息〉
已上宜レ聴レ着二雑袍一
蔵人頭左中弁藤原長方奉（藤原長方『禅中記抄』安元元年（一一七五）十月九日条）

このように、十二世紀においても雑袍宣旨は四位以下の殿上人を対象として出されていた。三例目の『禅中記抄』に「新昇殿侍臣等の雑袍宣旨」とあるように、昇殿に付随して雑袍宣旨が下される点も変わらない。ただ、「近代華族沙汰に及ばざるか」ともあって、個別の宣旨を誰に下すかについて混乱が生じているらしいことは注目される。また、『長秋記』によれば、少なくとも十二世紀前半には、殿上人が四位に昇叙した後に個別に雑袍宣旨を改めて下すことはなかった(50)。

そして、雑袍宣旨は次第に、践祚の際の一括勅許以外にはあまり史料上に登場しなくなる。『伝宣草』では、先述の通り禁色・雑袍が項目として上げられ、同書の「諸宣旨目録」にも対応する見出しが外記と弾正の項に立てられているものの、案文としては、下外記宣旨として禁色宣旨が収載されるのみである(51)。『綸旨抄』でも、禁色・勅授帯剣・牛車等の宣旨は多数収録されているが、雑袍宣旨は収められていない。これらの書は完全な形で伝存しているわけではないため、伝来の途中で失われた可能性も否定できないが、おそらくは雑袍宣旨の実例が必要とされなくなった状況を反映しているのだろう。

ただ、宣旨の対象が殿上人である点は変わらなかった。例えば承元四年（一二一〇）十一月の順徳天皇受禅に際しては、「頭以下禁色幷殿上人雑袍」と「御乳母禁色」を宣下しており(52)、南北朝時代においても、観応三年（一三五二）、後光厳天皇の践祚に際して「蔵人頭以下禁色・殿上人雑袍事」を宣下したとあるように(53)、一貫して禁色宣旨は蔵人と禁色人を、雑袍宣旨はその他の殿上人を対象としていた。

その一方で、摂関子孫の元服にあたって、禁色とともに雑袍宣旨が下されることも見られるようになる。先述の通り、禁色宣旨は十世紀後半から有力家の若年者に与えられ、特に御堂流嫡流においては、頼通・教通以来、元服・叙爵と同日、もしくは数日内に昇殿と禁色が許される慣習が成立し、その特権的立場の標識となっていた[54]。その中で、十二世紀前半に、ここに「雑袍」の文字を加えることをめぐって混乱が生じた[55]。嘉承二年（一一〇七）四月、藤原忠通の元服に際して、昇殿の後、「禁色雑袍」宣旨が下されたものの、ここに「雑袍」と加えるのは先例に反するとして、この二字が後日取り消されたのである（本書九二頁参照）。

この時の混乱が影響したのか、二十三年後、忠通の弟で猶子の頼長が元服した際には、禁色を許される人には別に雑袍の事は仰せないという判断のもと、雑袍勅許は宣下しなかった、と『中右記』に見えており、雑袍宣旨で許される内容は禁色宣旨に含まれるという見解が示された（大治五年四月十九日条「被レ聴二禁色一之人、別不レ被レ仰二雑袍事一云々。仍今度不レ被二宣下一也」）。しかし、更に二十年後、忠通の嫡男近衛基実が元服するに際しては、再び「禁色雑袍」宣旨が下されている。

正五位下行左近衛少将藤原朝臣基実

正三位行権中納言藤原朝臣経定宣奉

勅　件人宜レ聴レ着二禁色雑袍一者

久安六年十二月卅日　大炊頭兼大外記主税権助助教加賀介中原朝臣師業奉

（『本朝世紀』久安六年（一一五〇）十二月三十日条）

頼長と基実の違いの理由ははっきりしないが、背景としては、基実の誕生によって忠通と頼長の間に亀裂が生じ、保元の乱に至る深刻な対立となっていたことが想起される。基実の元服とほぼ同時期には頼長の三人の息子達も相次いで元服しているが、彼らは父と同じく「禁色」宣旨を下されている[56]。あるいは、基実の存在を頼長父子と差別化する上で、「禁色雑袍」宣旨が選ばれた可能性も考えられるが、頼長の子のうち隆長についても『本朝世紀』は「聴二禁色雑袍一」と記しているので、[57] この点については更なる検討を要する。

ただ、管見では、その後の摂関子弟の元服では、再び禁色のみ宣下することが通例となる。また、下って文明十二年（一四八〇）成立の『桃華蕊葉』「直衣事」には「摂家、元服日禁色事被二宣下一也。雑袍事別不レ被レ仰之。仍不レ待二勅免一着二直衣一参内、当家代々例也」とあって、[58] 少なくとも一条家では禁色宣旨のみをもって雑袍も許されたとみなしていた。

ところが、十六世紀頃から摂家子弟の元服の際に受ける勅許について「禁色雑袍」等と記す文献が目につくようになる。例えば、『公卿補任』では、弘治三年（一五五七）四月に五歳で元服した九条兼孝が、同時に「禁色雑袍」を許され、左少将に任じられているのを嚆矢に、[59] 元服と同時に「禁色雑袍昇殿」を許されたとする摂家子弟の尻付が見られるようになり、十七世紀半ばにはこのような記載が摂家子弟の通例となる。また寛文十二年（一六七二）十二月に久我通誠（通縁）が元服した際に「禁色雑袍昇殿」を許され、左中将に任じられたとあるのを初例に、[60] 清華家の子弟にも同じ傾向が見られるようになる。その詳しい経緯や宣旨の文言を含む実態については今後の検討課題であるが、このような変化により、「禁色雑袍宣旨」は摂関家・清華家の特権的地位の表象となったと見られる。

元和元年（一六一五）七月十七日に江戸幕府が制定した『禁中並公家中諸法度』第九条では、雑袍および直衣について次のように規定している。

ア公卿着二禁色・雑袍一。雖二殿上人一、大臣息或孫聴レ着二禁色・雑袍一。貫首・五位蔵人・六位蔵人着二禁色一。至二極臈一着二麹塵袍一。是申二下御服一之儀也。晴之時雖二下臈一着レ之。（中略）直衣、公卿、禁色、直衣始或拝領、家々任二先規一着二用之一。イ殿上人直衣、羽林家之外不レ着レ之。雖二殿上人一、大臣息又孫聴レ着二禁色直衣一。[61]

ここでは、公卿は禁色・雑袍を着用し、大臣の子または孫も禁色・雑袍が着用できるとし（傍線部ア）、殿上人の直衣については大臣子孫の禁色直衣を除き、羽林家のみが着用できると規定されている（イ）。勅許の具体相については、

第一章第一節第二項で触れた『新野問答』に「仍公卿以上依二勅許一昼着レ之、直衣宣下と申候。殿上人も可レ然人は蒙二雑袍の　宣旨一着レ之候」とあるのが参考になる[62]。これを踏まえるなら、公卿は直衣宣下、摂関・清華家の殿上人は（禁色）雑袍宣旨によって許されていたのだろう。定基も雑袍宣旨は「可レ然人」に与えられる等と述べており、大臣子孫に限定するという規定と合致する。また、羽林家の着用については、近衛府の永宣旨を背景とするもので（次項および第四章第四節参照）、ここに至って、雑袍宣旨は摂関家・清華家の殿上人への禁色雑袍宣旨と、羽林家の次将への永宣旨の二類型に集約されたと見られる。

　このようなあり方は、殿上人全般に雑袍宣旨が出されていた十四世紀頃までの状況とは大きく異なるが、雑袍宣旨が公卿ではなく殿上人と近衛府を対象とする点には変化がない。幕末についても、次のような証言がある。

　摂家は大抵七八歳で元服を致しますが、其の日「禁色・雑袍・昇殿を聴す」といふ宣下を被り、従五位上若しくは正五位下に叙せられます。禁色を聴されると、公卿でなければ着ることの出来ない有紋の袴・下襲・裾などを着用することが出来、又雑袍を聴されると、直衣を以て衣冠に代へることが出来ます[63]。

ここでも、雑袍宣旨は五位の段階で、昇殿および禁色の勅許と同時に出されている。また、出雲路通次郎は四位の近衛次将が着用する「殿上人の直衣」が幕末まで用いられたと言及しており、近衛府への永宣旨も幕末まで継続していた[64]。平安時代の制度が幕末までそのまま維持されていたと考えることはもちろんできないが、雑袍宣旨が殿上人と近衛府を対象とするという点は、千年間、変わらなかったらしいのである。

　では、一部の特権貴族に与えられたとこれまで説かれてきた直衣参内の勅許、すなわち野宮定基が「直衣宣下」と説明した制度はどのようなものだったのだろうか。公卿へ直衣での参内を許す史料は、茨木裕子が示唆したように、十二世紀から確認される。例えば次の『兵範記』の記事が好例であろう。

参二殿下〔藤原基房〕一。参議成頼〔藤原〕卿聴二直衣一由、依レ仰遣二御教書一了。其状云、着二直衣一可下令二参内一給上者、依二摂政殿御消息一、執啓如レ件。
三月八日　　　権右中弁平〔信範〕
謹上藤宰相殿（『兵範記』仁安二年（一一六七）三月八日条）

右兵衛督〔平時忠〕着二直衣一可二参内一由遣レ仰了。其状云、
着二直衣一可下令二参内一給上者、依二院宣一執啓如レ件。（同仁安三年三月二日条）

最初の例は、正三位参議藤原成頼に直衣での参内を許す摂政藤原基房の御教書であり、次の例は、従三位参議右兵衛督平時忠に対して直衣での参内を許す後白河院の院宣である。これらは対象が公卿であるだけでなく、文言も「雑袍の着用」を許す雑袍宣旨とは異なり、「直衣を着て参内すべし」と明示的に直衣での参内を許している。形式も、宣旨ではなく、摂政御教書や院宣であり、太政官を経ないで処理される文書であった[65]。

佐藤早紀子は、禁色や昇殿と違って、雑袍勅許を得たいという記事が見られないことを指摘し、雑袍勅許は特権的な待遇ではないと述べている。確かに「禁色人」「非禁色人」といった表現が見られるのに対し、「雑袍人」のような表現は見かけず、「雑袍宣旨を受けた人」という特権層の存在は想定し難い。一方、直衣での参内に関しては、「不レ聴二直衣一人」（『禁秘抄』等）といった表現が見られ、明らかに特権として認識されていた時期がある。すなわち、雑袍勅許と直衣参内の許可は対象、形式、内容の全てにおいて、本来異なる制度であった。

直衣参内の許可がどのようにして制度化していったのかをたどるには、雑袍勅許とは別に、公卿の宮中での直衣着用について考察しなければならない。これについては章を改めて論じることとし、ここでは雑袍勅許と直衣参内勅許が別の制度であることを確認し、何故混同されるに至ったかについて見通しを示すに止める。

雑袍勅許と直衣参内勅許の混同の震源を一カ所に特定することはできないが、ここでもやはり伊勢貞丈の存在が注目される。貞丈は、天明元年（一七八一）頃、多賀常政の問いに答えた『賀勢問答』において、「直衣は大臣以下参議以上の内々の常の服に候。直衣を雑袍と申候て、雑袍を聴候へば常の参内に着せられ候。御免なき人は参内に直衣着して参る事はならず候」と述べており[66]、雑袍宣旨と直衣宣下を混同している節がある。田沼善一も「雑袍とは、参内・院参に直衣着る事をゆるさるるなり。是を直衣をゆると云」と述べており[67]、やはり同一視しているらしい。

　このような混乱が生じたきっかけの一つとしては、『禁中並公家中諸法度』の規定が想起される。「公卿着㆓禁色雑袍㆒」という表現は特に紛らわしい。また、もう一つのきっかけとして疑われるのが、刊本として流布した壺井義知（一六五七―一七三五）の『装束要領鈔』の記載である。義知の本文は雑袍とは言わずに、直衣について「いにしへハ花族〈清花ノ通称〉の公卿といへども、輙不㆑聴㆑之」等と述べているが、徳田良方による頭注に「直衣亦雑袍ノ一ツ也。故蒙㆓勅免㆒被㆑着㆑之」等と記されており[68]、読者の中には混同する者もいたと推測される。こうして、雑袍宣旨によって公卿もしくはその上位の一部のみが直衣での参内を許されると理解されるようになり、それが平安時代までも遡るものという誤解が形成されていったのである。

第四項　近衛府・検非違使の永宣旨と雑袍宣旨の趣意

さて、野宮定基は、公卿の直衣宣下と殿上人の雑袍宣旨があるということの他に、次のように、近衛府の永宣旨というものがあると述べていた。

然に近衛府者、掌㆑宿㆓衛禁中㆒候、其職掌異㆑他之故に、蒙㆓永　宣言㆒とて、中・少将者打任て不㆑待㆓　勅許㆒着用候。永　宣旨とて、永代勅許之　宣旨に候。これを衛府之眉目に候。されども此三四十年ばかり、なにとなく着㆑之人無㆑之候て中絶のやうに候得ば、好事の至に候へども、存㆓本府之故実㆒、下官去元禄中着㆑之候き[69]。

この近衛府の永宣旨について先行研究ではほとんど触れられていないが、いくつか史料が残されてはいる。もっとも内容が明確なのは、『北山抄』備忘略記「下㆓宣旨㆒事」（本書五八頁）において、「禁色雑袍事」に「近衛府・検非違使等、雖㆔永聴㆓雑袍㆒、昇殿時、猶有㆓宣旨㆒。為㆓遷㆑官時㆒歟」と注されているものだろう。ここにははっきりと、近衛府・検非違使等は永く雑袍が許されていると記される。この記述では、昇殿を許された時には改めて雑袍宣旨を受けるとあるが、『村上天皇御記』応和三年（九六三）十二月十一日条には、「令㆑仰㆓右大臣〔藤原顕忠〕㆒、可㆑聴㆔侍従時中〔源〕着㆓雑袍㆒。助信〔藤原〕朝臣以㆓少将㆒重不㆑仰㆑之」と、右少将藤原助信は少将であるために重ねての雑袍宣旨は下さないと記されている。この時の源時中への雑袍宣旨は前月の昇殿と関連していると推測される（『公卿補任』）。助信に言及があるのは同時期に昇殿を許されたからであろう。『北山抄』の見解とは異なり、少将として雑袍を許されている者が昇殿した時には、宣旨を下す必要はないという判断であった。このことから、少なくとも村上朝の時点では、近衛府への雑袍勅許と殿上人への雑袍勅許は同じ性質のものとみなされていたと推測される。また、『北山抄』でも、近衛府・検非違使の官を離れる時のために宣旨を下しておくものかと付記されており、実際の処理は変化していても、同じ意識が維持されていたことが窺える。

更に、次の源師時『長秋記』天承元年（一一三一）正月三日条からは、十二世紀においても、近衛府・検非違使への雑袍勅許と殿上人の雑袍勅許は共通するものと考えられていたことが知られる。

右府〔藤原家忠〕不㆑参先関白〔忠通〕命云、「明日中将〔頼長〕可㆑奏㆓慶賀㆒〈四位〉。而無文可㆑参歟、将㆓禁色㆒歟」。人々多可㆘着㆓禁色㆒給㆖由被㆑申。下官同㆑之。雑袍宣旨、四位後重下由不㆑聞。准㆑是令㆑申也。重命、「地下者着㆓禁色㆒事、尚不㆓穏便㆒歟」。中宮大夫〔藤原宗忠〕云、「於㆓雑袍㆒、靫負佐・近衛次将、雖㆓地下㆒着㆑之。可㆑准㆑之歟」。予申云、「相尋、可㆑令㆑申㆓一定㆒也」。

これは藤原頼長が四位に叙された時の奏慶に際して、禁色装束を着るか否かをめぐってなされた議論について伝える記事であるが、この中で藤原宗忠は、検非違使（靫負佐）や近衛次将は昇殿を許されていない地下であっても雑袍を着るのだから、昇叙によって一旦地下となった頼長が禁色を着することに問題はないと述べている。(70) 近世に至っても近衛次将が無文の直衣を着用したことは、定基の証言のほかにも、前項で触れた。

近衛府への雑袍宣旨の濫觴は明らかではないが、つとに知られているように、『続日本後紀』承和六年（八三九）七月十日条には「勅令㆔検非違使等、当色之外着㆓雑色袍㆒」と見え、検非違使等の雑色袍着用が許可されている。この記事について、例えば大丸弘は昇殿者の雑袍勅許とは区別すべきものとしている。(71) 後代、検非違使にはさまざまな服装の特例があった。『侍中群要』や『助無智秘抄』等には検非違使を兼ねる蔵人の複雑な慣例が記され、十三世紀前半に成立した『清獬眼抄』等には検非違使の特殊な服装が見える。『伴大納言絵詞』や『平治物語絵詞』『法然上人絵伝』等に描かれた白襖上下に紅衣を着た廷尉の率いる検非違使の一団の姿も有名である。(72) そういった服装の大元に承和六年の勅令があったと推定するならば、確かに検非違使への雑袍勅許と殿上人への雑袍勅許は別物として考えなければならない面がある。しかし、上述の史料によるならば、少なくとも十―十二世紀の段階では同じ雑袍宣旨と認識されていたのであり、宣旨の趣意はいずれの場合も同じであったと考えられる。ではその趣意とは如何なるものだろうか。

『政事要略』巻六十一にある検非違使の職掌と内礼司の関係についての議論中には、「検非違使依㆑募、追捕有㆑便者用雖㆑聴㆓雑袍㆒、近衛之類不㆑可㆓必着㆒。似㆑無㆑所㆑募」という割書が見え、(73) 本文との関係を含め難解ではあるが、検非違使は追捕の便宜のために雑袍を着られるという認識が窺える。ここから想起されるのは、『続日本後紀』承和五年三月二十六日条に収められた袴に関する勅である。それによれば、この勅以前には、諸衛府および劇官雑色人には緋色袴が許されていたが、四位・五位の位色に類似した色の着用が横行したためこれを廃し、代わりに胡桃色等四色の袴（胡桃色は参議以上のみ）を広く許すこととなった。その文中に「着服難㆑汚」とあることからは、それ以前に緋色袴が認められていた背景にも、汚れにくいというような実用的目的があったと推測される。これを敷衍するならば、雑袍の許可も、検非違使や近衛の職掌上必要な動きやすい服、汚れにくい服、目立つ服等の着用を可能にするものとして与えられたものだろう(74)。

すなわち、近衛府・検非違使にも、殿上人にも通用され得た「雑袍宣旨」とは、「職掌上必要な場合に位袍以外の着用を認める」という趣旨の勅許であったと考えられる。このような定義は、いかにも当たり前であり、また漠然としている。しかし、通説のように「直衣での参内を認める」ものではなく、あくまで職掌上必要な場合に雑袍の着用を認めるものであったということは強調しておかなければならない。大丸が指摘したように、史料中に雑袍宣旨との関わりが述べられている服装は直衣だけではなく、橡袍、青摺袍、青色袍等も見える。これらの着用がどれほど典型的であったかについては議論の余地があるが（第四節参照）、少なくともこの事実からも、雑袍宣旨の本来の趣意が「直衣での参内を認める」ものでなかったことは裏付けられる。

このような漠然とした内容を持つ制度は、必要に応じて柔軟な対応が可能となる合理的な制度であったと評価できる一方で、着用してよい服装や機会が明文化されず、後代からは実態を把握しにくいものとも言える。しかし、雑袍勅許が何のために存在していたかを知るのに、まったく手がかりがないわけではない。対象者と手続きについて制度の概要と歴史的変遷が判明したところで、節を改め、雑袍勅許によってどのような機会にどのような服装が許されていたのか、検討していくこととしよう。

第三節　宿衣としての直衣と雑袍勅許

改めて、雑袍宣旨は何のために下され続けたのだろうか。十二世紀以降の公卿への直衣参内の許可とは区別すべきことが確認された今、雑袍宣旨によって許された行為を「直衣での参内」に限定する必要はない。考えてみれば、宮中でもっとも頻繁に雑袍（直衣）が着用された場面とは、宿直である。この宿直での着用こそ、本来は雑袍宣旨によって可能になっていたとは考えられないだろうか。管見では田安宗武がこのような見解を示しており[75]、大丸弘も位袍を用いない宿衣・夜装束を初期の雑袍に含める見解を示してはいるが、第一章で見たように、昨今の文献のほとんどにおいて宿直での直衣の着用は自明かつ副次的なものとされ、雑袍宣旨との関係は考慮されていない。しかし、なぜ宿直であれば直衣の着用が認められたのだろうか。それは宣旨などではなく、ただ慣習によって許されることだったのだろうか。

雑袍宣旨と宿直における直衣着用の関係を明示する決定的な史料は乏しい。しかし、殿上人の職務における宿直の重要性や、宿衣に関わる史料等を見ていくと、宿直における直衣着用が雑袍宣旨によっているという仮説が、さまざまな状況をよく説明できる。この点を探るために、少し遠回りになるが、殿上の宿直についてまず考えてみたい。

第一項　昇殿制と宿直

昇殿制は天皇に私的に祗候する近臣・近習を選ぶ制度であり、嵯峨朝の弘仁年間（八一〇―二四）に蔵人設置と前後して始まったとされる[76]。古瀬奈津子によれば、昇殿制は九世紀中に官人の新しい編成原理として発展し、宇多朝（八八七―九七）に至って、蔵人所の拡充とも並行して制度としての形がほぼ完成した。宇多天皇の時代、天皇の居住する御殿は仁寿殿から清涼殿へと移り、それまで分離していた天皇の日常政務の場と私的生活の場が統合された。この頃に清涼殿の構造も変化し、その一環として殿上の間（侍所）が設けられ、殿上の勤務を管理する日給の簡が置かれた。日給の簡には蔵人と殿上人の位階と姓名が記されており、ここに各人の出勤を記録し、毎月集計された結果が月奏として報告された。そして本務によって違いもあったようだが、遅くとも十世紀半ばには殿上の上日を本司の上日に加えることが一般的となり、官人の職務として認められるようになった。

四位以下から選ばれた殿上人の職務は、蔵人頭の指揮のもと、天皇の身辺に奉仕することや、殿上人として儀礼に参加することであった。そのなかで、宿直はどのような位置付けにあったのだろうか。

宿直について、『養老令』では、公式令・百官宿直条において、百官は分番して宿直すること等が定められているが[77]、一般的な官人の考課では上日のみに言及があり[78]、上夜について規定されるのは、宿衛にあたる兵衛のみである[79]。一方『延喜中務省式』時服条には、上夜が計上される範囲として、侍従・次侍従、中務省丞および内舎人、六衛府および兵庫・馬寮官人が示されている[80]。侍従は律令制において天皇の近侍者として置かれた職（定員八名）、次侍従は侍従を補うものとして増員された職（定員九十二名）であり、内舎人は宮中に宿衛し、天皇の身辺を警固する職である。

この中で、殿上人との関わりから特に注意されるのは、次侍従である。古瀬によれば、次侍従は八世紀後半から史料に頻出し、正月元日・十六日・九月九日の三節、二孟旬、臨時宴等への参列、行幸・遊猟への扈従等、選ばれた官人のみが参加する「より内輪の公的行事」において天皇に陪従することを職掌とする「侍臣」であった。そして、蔵人および昇殿制が整備されていくと、侍従・次侍従の職務は蔵人や殿上人にとって代わられていった[81]。すなわち、蔵人・殿上人の宿直の職務は侍従・次侍従のそれを引き継いだものと推測される。

殿上人にとって宿直が重要な職務の一であったことは、勤務管理の仕組みにうかがわれる。志村佳名子によれば、日給の簡には、各人の名前の下に放紙《はなち》という紙が貼られており、朝（辰刻または巳刻）になると蔵人が簡を袋から取り出し、放紙に各人の宿直と日給を記録した。宿直は前日の記録の傍に「夕」と注し、日給はその日の十二支を書いた。そして、昼を過ぎて未刻になると、それまでに参入した者には日給を、出勤しなかった者には「不」を記録し、簡は袋に封じられた[82]。放紙は毎月一日に取り替えられ、前月の勤務状況が集計・報告されたが、ここでは「上日廿七　夜廿」等のように、日給と宿直の回数が記された[83]。殿上人の義務としては、上日二十・上夜十といった出仕回数や、陪膳の番等が定められており、懈怠が重なれば、日給の簡から名を削られ、除籍されることもあった[84]。このように、日中の勤務と別に宿直の義務が定められ、記録・報告されていた点からは、蔵人・殿上人の勤務における宿直の重要性が窺われる。志村は、朝と午後の二回、日給を記録する機会がある意味について、宿直や早朝の参仕を記録することで上日・上夜を厳密に管理するためと考察しており、[85]ここにも宿直の重要性が認められる。

藤原師輔は『九条殿遺誡』の中で「為₌殿上侍臣若諸衛督佐₋之者、当直日早参入、必可₌宿直₋」と当直日には宿直すべきことに触れているが、[86]ここで殿上侍臣と諸衛督佐が並べられている点にも、殿上人と衛府にとって宿直が重要な職務であったことが反映されている。なかでも天皇の最も近くで警固にあたる近衛府は、成立時から他の衛府よりも上位に位置付けられていたが、その職務中、特に宿衛が重要であったことについては、宇多天皇が『寛平御遺誡』において、左右近衛将監の「宿衛之勤殊倍₌他府₋」と述べ、機会があれば宿衛の人を叙爵して励ますべきとしている。[87]また、例えば『北山抄』巻九「羽林抄」陣中事には「和徳門幷掖陣内、近衛府・殿上人外惣不₎入也」とあり、[88]宿直中に天皇の目に触れうるという意味でも、近衛府と殿上人の位置付けは近い。このように、他の官と異なり、衛府（とりわけ近衛府）と殿上人にとって宿直が重要な職務であったこと、および宿直中に天皇の目に触れ得たことと、近衛府・検非違使および殿上人に雑袍が許されたことは、果たして単なる偶然の一致なのだろうか。

一方、公卿は原則として昇殿が許されたとも言われるが、殿上人の昇殿と公卿の昇殿には本質的な違いがあった。すなわち、公卿の昇殿は殿上での宿直や陪膳の義務を負っておらず、日給の簡で勤務が管理されることもない。[89]公卿に対する雑袍宣旨例がない理由として、佐藤早紀子の指摘のように、「昇殿と同様、勅許されるのが当たり前」であったとも考え得るが、むしろ宿直を含む殿上祗候を職務としないことが関わっている可能性も想定できる。

では、殿上人の宿直はどのようなものだったのだろうか。

『西宮記』臨時六「侍中事」に示される日中行事によれば、十世紀前半頃の清涼殿の通常の夜の様子はおおよそ次のようであった。[90]まず戌刻に蔵人が格子を下ろす。亥刻になると内豎が宿簡を奏し、宿直に当たる官人について報告する。それが終わると殿上の名対面があり、次いで瀧口の名対面が行なわれ、それぞれ宿直の点呼がとられる。近衛はこの時刻から夜行を行ない、禁中は夜の体制となる。そして夜が明け、辰刻になると格子が上げられ、日給簡に宿侍と日給が記録され、宿直は終了する。

十一世紀前半頃の内裏日中行事を記したとされる東山御文庫本『日中行事』では、内豎の宿奏が記されず、殿上名対面が亥二刻であるなど、時刻や所作の順序等に変化が見られる一方、各場面の様子等がより詳しく記されている。(91)その中から殿上名対面の場面を見てみたい。

亥二剋、殿上名対面事。

蔵人頭以下着㆓宿衣㆒参上、列㆓居於殿上又庇南頭㆒。六位居㆓於年中行事障子下㆒。下臈蔵人一人捧㆓脂燭㆒、頗進㆔居自㆓本座㆒、跪問㆑之〈其詞曰「誰曽」〉。侍臣等次第称㆑名。〈蔵人頭若位階為㆓下臈㆒者、随㆓位次㆒称耳。六位加㆑姓。〉

これによれば、蔵人頭以下の殿上人は、時刻になると宿衣にて殿上に参上し、列になって座り、担当の下臈蔵人による点呼を受けた。注目したいのは「着㆓宿衣㆒」と明示される点である。(92)宿直に宿衣が用いられたことを自明視すれば何ということのない記載かもしれないが、殿上人が職務の一環として宿衣にて殿上で点呼を受けるよう定められている点をまず指摘したい。

蔵人と殿上人の宿直については『侍中群要』に更に詳しい。『侍中群要』は蔵人に関する複数の書からの抜書を併出し、しかもいくつかの段階を経て十一世紀後半に成立したと見られ、極めて難解な構成を持つが、そのうち「懐」の注記は藤原為房『貫首抄』（十二世紀初頭成立）中に言及される『懐中抄』を、「式抄」の注記は蔵人式を抄出・増補した書物を指すと推定されている。(93)これらのことから、おおよそ十一世紀前半以前の内容を持つ史料としてその内容を検討したい。

まず、巻一「初拝間事」によれば、新任の蔵人および殿上人は、補任当日または三日以内の吉日に参入して宿侍を行なう。[94] 特に新蔵人の初宿侍については、同巻「蔵人初参事」により詳しく記される。[95] これによれば、新蔵人はまず「上﨟指示」に従い直盧（宿所）に下って宿衣に着替え、再度昇殿する。明記はないが、ここで名対面があると推測される。[96] そして（「式抄」によれば「小壁辺」にて）夜を明かすが、近代の慣習としては、この間、袍を脱がない。[97] 朝になって殿上で日給を受けた後は、宿所に下って束帯に着替え、また昇殿することとなっていた。

なお、十二世紀初頭に成立し、『非職事雲客所役秘抄』という別名のとおり、蔵人ではない殿上人の所役について解説する藤原重隆『蓬萊抄』によれば、『寛平御遺誡』には宿侍の間は殿上に祇候しなければならないと記されていた。[98] そしてその際には、「御寝之後、主殿司寄レ畳垂レ幕〈夏之時無レ幕〉、蔵人等付レ寝。殿上人同レ之。献殿上人以二合子一為レ枕、故実也」とあるように、天皇が寝た後、殿上の畳を寄せ、幕を垂らして寝た。しかし、「自二中古以降一漸以陵遅。職事尚以欠如。況於二非職一乎」、すなわち、中古以降、殿上人ばかりか蔵人ですら、殿上で宿侍をしなくなったという。古記録や『源氏物語』の雨夜の品定め等を考えあわせれば、「中古以降」とは十世紀末以降を指すと推測される。さらに続けて「但暴風雷雨夜、尚可レ候二御所辺一歟」とあり、十二世紀初頭には天皇の近くで宿侍をするのは、もはや暴風雷雨の夜などに限られた。

第二項　宿　衣

さて、宿直の際に用いられる宿衣とはどのようなもので、どのような規則下におかれていたのだろうか。文献に登場する「宿衣」「宿装束」「宿袍」「とのゐすがた」等の語の具体的内容は、時代、記主、また状況によって異なり、判然としない場合もあるが、大きく分けると、就寝時に体に掛けるものと着用する衣服の二種が含まれた。まず、前者の体に掛ける宿衣について先に見ておきたい。

前項で十世紀半ばまで殿上の宿直が日常的に殿上間で行なわれていたことを確認したが、これを裏付けるように、この頃には殿上に「宿衣」が持ち込まれていた。例えば『貞信公記』天暦二年（九四八）十二月四日条によると、この夜、盗人が藤原真忠の「宿殿上之衣」を取って走り逃げるという事件があり、同様の盗難はこれで五度目であった(99)。また、『吏部王記』天慶九年（九四六）九月十日条（『源語秘訣』所引）には、蔵人中原助信の宿直衣が深紅色の禁制を犯しているとして、村上天皇が詔を下して裂かせたことが見えるが、天皇がこの宿直衣を発見したのは「殿上侍」においてであった。

詔裂㆓蔵人右衛門尉中原助信宿直衣㆒云々。昨夕主上御㆓殿上侍㆒、披㆘見助信所㆓随身㆒之裹㆖、中衣紅色頗深。仍所㆑破。或云、「宿衣私物、非㆔人主可㆓開看㆒。頗渉㆓苛酷㆒」云々。

すなわち、天皇は殿上侍（殿上の間）にやってきて、助信が携帯していた包みをわざわざ開き見、中に入っていた宿衣が禁制を犯していると譴責したというのである。

これらの衣は、着用する衣服の可能性もあるが(100)、むしろ就寝時に身体に掛けるものではないだろうか。特に助信の事件において糾弾の対象となった包みの中の衣は、次の『うつほ物語』の記述から類推するに、天皇が寝付いた後に臥す際に用いるものであったと考える。

『うつほ物語』は先述の通り史料としての信頼性は高くないものの、おそらく十世紀後半頃の状況を伝えていると推測される描写も多い。その中に、祖父俊蔭等の遺文を朱雀帝に献じた中納言右大将藤原仲忠が、内裏を退出せずに夜も講ぜよと命じられ、妻の女一宮に宿直物を請う場面がある。それに対して女一宮が送ったものは次の通りであった。

ア赤色の織物の直垂《ひたたれ》、綾のにも綿入れて、白き綾の袿重ねて、六尺ばかりの黒貂《ふるき》の裘《かはぎぬ》、綾の裏つけて綿入れたる、御包みに包ませたまふ。イ置口の御衣箱《みそはこ》一具《よろひ》に、いと赤らかなる綾掻練の袿一襲、同じ綾の袿重ねて、三重襲の

> 夜の御袴、織物の直衣、指貫、掻練襲の下襲入れて、包みに包みたり。色、香、打ち目、よになくめでたし。放ちの箱、泔坏の具など奉れたまふ。(101)

ここには二包みあり、一つ目は直垂（衾の一種）・袿・黒貂裘を包んだもの（傍線部ア）、二つ目は袿・夜袴・直衣・指貫・下襲を衣箱に入れ、更に包んだもの（傍線部イ）であった。この後の場面には「宿直装束《とのゐさうぞく》しかへて、召しあれば参りたまひぬ」とあり、衣箱に入った直衣等がこの「宿直装束」に当たるのだろう。これについては後でまた触れたいが、今、助信の事件との関連で注目したいのは、もう一つの包みの方である。

仲忠は中納言であり、皇女である妻がこのような特別な場面に用意した宿直物は格別に豪華なものとして設定されているだろうが、仲忠の宿直物が赤色の織物や綾で作られている点は、村上天皇が糺弾した紅色の衣と通ずるものがある。村上天皇の処遇を苛酷と批判する人が、宿衣は「私物」であり君主が開き見るべきものではないと述べている点も、着用して天皇の前に出る衣服ではなく、寝る時に掛ける寝具であることを示唆している。助信が携帯していた包みも、このように直垂や袿を入れたものだったのではないだろうか。

ちなみに『うつほ物語』では、この後「丑二つ」と申せば、「〔帝〕夜更けにけり。しばしうち休みて、つとめてこそ」とのたまひて、入らせたまひぬ。〔仲忠〕大将の君は、殿上に臥したまへり。この君候ふとて、殿上人いと多かり」と見え(102)、天皇の就寝の後、仲忠等が殿上に臥すという展開になっている。

これらの宿衣の歴史は九世紀初頭まで遡ることが可能である。大丸弘によれば、大同年間（八〇六―一〇）頃から六国史に「衣被」や「被衣」が禄として散見され、これらは衿のある「綿入れのふとん」と推測される(103)。確かに『延喜縫殿寮式』には「領」を数詞とする「被衣」と「条」を数詞とする「被」が見え、特に天皇の御服として見える被衣は季節に応じて綿の量と枚数が増減していて(104)、これを「掻巻式の夜着(105)」と考えることは妥当と思われる。また、これも大丸が注目したように、『日本後紀』延暦二十四年（八〇五）には、「賜二宿侍親王已下五位已上衣一」（正月二十二日条)、「施二賜宿侍僧及五位已上被衣一」(三月二日条)、「施二賜僧幷宿侍五位以上大袍一」(十二月十四日条)と、寒い時期に宿侍の五位以上や僧侶に衣料を下賜した記事群があるが、[106]ここに含まれる「被衣」等も宿直用の綿入りの掛け物であった可能性が考えられる。

その一方で、『延喜式』には衛府等に給付された綿入りの衣料も見える。すなわち、衛府や東宮帯刀舎人の料にはそれぞれ「大衣」や「大襖」が見えるが、これらは三年に一度給付される、五ないし十屯の綿入りの衣で、損じた場合には府が補填するものとされており、寒期の屋外活動・宿衛のための料と推測される。[107]大丸は「大衣」「大袍」を「被衣」等と重なるものと考え、被衣は寝具としてだけでなく「一種の衣服として着用され」たと推定した。[108]そして更に、十一世紀初頭の『小右記』等に見える「宿衣」の袍は、この被衣の延長上にある「やや大きめの綿入衣」であって、位袍とは異なる形状を持っていたという仮説を唱えた。[109]

しかし、例えば『西宮記』には「以二旧時袍若直衣一為二宿衣一」と袍や直衣を用いた「宿衣」の存在が明記されており(本書二四頁参照)、『小右記』等の「宿衣」「宿装束」には夏の用例もある。あるいは、『枕草子』「細殿に人あまたゐて」段には、従者や小舎人童が主人の荷物を持って通るところに女房たちが声を掛ける情景が描かれるが、「よきつゝみ・袋《ふくろ》などに衣《きぬ》どもつゝみて、指貫《さしぬき》のくゝりなどぞ見えたる」と、衣や指貫の入った包みが出てくる。[110]したがって、十世紀後半には綿入りの被衣とは別の、袍や直衣と指貫袴を用いた「宿衣」が成立していたと考えるべきであろう。

ただし、この着用する「宿衣」についても、その上衣が(位)袍であるか直衣であるか、あるいはその袍が日中用とは別の宿直用のものであるかを史料上の語だけから判断することは容易でない。例えば『うつほ物語』で見たように、直衣・袿・指貫等の組み合わせを「とのゐさうぞく」とする例がある。[111]他にも、例えば寛弘四年(一〇〇七)正月五日に権中納言右衛門督藤原斉信の家が全焼し、叙位の後、束帯のまま着替えられずにいると聞いた藤原道長は、

「仍宿衣一具及。掛四・直・指抜・合袴等也」と、直衣一式を「宿衣一具」として送っている（『御堂関白記』）。その一方で、『小右記』や『左経記』では宿衣（宿装束）と直衣を並列する例が散見され、この場合には「宿衣」「宿装束」という語は直衣と別の装束を指していると考えられる。(112) この宿衣は、一般的には位袍と指貫の組み合わせ、すなわちいわゆる「衣冠」と推定されている。ただし、「衣冠」という語がこの組み合わせを意味するようになるのは十一世紀末頃と推測され（第三章第三節第四項参照）、それ以前は専ら宿衣・宿装束等と称されていた。

また、大丸が言うように日中用の位袍とは別の袍を用いたのかについてもはっきりしない。たしかに、先述の『日中行事』や『侍中群要』に見える「着二宿衣一」といった記述には、ただ石帯を外し、袴を指貫に替え、下襲を省くだけではなく、専用の上衣を用いたのではないかと想像する余地がある。また、大丸が取り上げた次の二つの史料は、朝服と別の一式としての宿直装束の存在を明らかに示す。一つは『栄花物語』「たまのむらぎく」にて、道長が義母藤原穆子について、更衣の度に婿の道長や道綱に「夜昼《よるひる》の御装束《さうぞく》二領《ふたくだり》」を必ず贈ったことを語る場面であり、(113) もう一つは、道長が土御門第の寝殿を造営した際に、源頼光が贄を尽して調えた調度中の中持辛櫃や衣櫃に、「夏冬朝衣幷宿衣・倉《『冬』》直《『衣』》垂等相分納」と伝える『小右記』の記載で、(114) いずれも朝衣と宿衣が組にして贈られている。

ただ、『御堂関白記』の直衣一式を「宿衣」とする事例や、創作ではあるが、『落窪物語』に「おとゞにはころも箱《はこ》一《ひと》よろいに、片《かた》つ方《かた》にはたゞなをし装束《さうずく》、いま片《かた》つ方《かた》には日《ひ》の装束《さうぞく》一くだり入て、世に名高《たか》きおびなん添《そ》ひたりける」とある記述を踏まえると、(115) これらの宿衣や夜装束が直衣装束である可能性も排除できない。この場面では、落窪の父の中納言と和解した道頼が、直衣装束と日の装束（束帯）を組にして中納言に贈っている。このように直衣装束が「日の装束」と組にされるのは、公服の束帯に対する私服であると同時に、昼の装束である束帯に対する宿直装束・夜の装束として直衣が位置付けられていたためと考えられる。(116) 結局のところ、確実なこととしては、十世紀後半には（位）袍を用いた「宿衣」と直衣の両方が宿衣・宿装束と呼ばれたと言えるに止まる。

さて、宿直があけると宿衣で殿上にいることはできないとする言説は多く見られ、特に、しばしば引用されるように、『西宮記』「侍中事」には殿上において昼夜の服装を守るべきことについて次のように記載されている。

一、当番人可二早参一事

右、日給時前参入、供二奉　御盥・御膳一。

一、禁二制装束乱猥一事

右、供二奉　殿上一、可レ尋二儀度一。而昼時夜装〔束〕、乱髻、褻服、宜レ加二禁遏一、勿レ令二復然一。若有二犯者一従二追却一。

一、番人可レ慎二宿直一事

寛平二年十一月廿八日(117)

『侍中群要』巻一・巻三にもほぼ同文の記載があり(118)、日付があることから寛平二年（八九〇）の禁制と解釈する見解もあるが、竄入説もあり、決め手を欠く(119)。ここでは遅くとも十世紀半ばには存在していた規定として理解しておく。

この第二項には、殿上の供奉は儀度（時刻）に従うべきであり、昼になって夜装束や乱髪、褻の服であってはならないとされている。次項の番人は宿直を慎むべしとの規定はわかりにくいが、前項との関連、また第一項に当番人は（早朝の）日給前に参入して、天皇の洗面等に奉仕すべしとあることとの関連を想定すれば、宿直からそのまま朝の番の職務に移行することによって、夜装束のままの奉仕となることを規制しているとも考え得る。また、『侍中群要』によれば、天文密奏等がなされた時には、朝候番は束帯ならずとも「布袴」（位袍・指貫に下襲を加えた姿を指すか）にて奏聞することとなっていた(120)。これらのことから考えると、「宿直」は「宿直衣」や「宿衣」の誤りの可能性もあろう。

しかし、実態としては、宿直をせずに朝の番に候ずることは現実的ではなく、また朝の殿上ではさまざまな職務があって、宿直の人が宿所に下りて束帯や布袴に着替える機会を捉えることも必ずしも容易ではなかったと想像される。

例えば非蔵人についての記述ではあるが、朝候番に関連して『侍中群要』には、「但布袴非蔵人預二件番一。然而年来之例不二布袴一、只以二宿衣一勤レ之」とも見え、[121] 本来は布袴であたるべきものであるが、実態としては「宿衣」で務められているとしている。

また、『侍中群要』には「宿衣の免」という手続きが見える。これが何を許すものかはっきりとは記されないが、断片的な記述をつなぎあわせると、早旦を過ぎての宿衣の着用を許すものであったと推測される。すなわち、再び「蔵人初参事」によれば、新蔵人は初参の後、数日は早旦に束帯して退出し、内裏に帰参する時も束帯でなければならない。しかるに、「随二貫首及上臈蔵人気色一、当番日朝候〈布袴〉、漸以着二宿衣一」、すなわち貫首または上臈の指示に従って、当番（朝の番）に布袴で奉仕した後には、（早旦以降も）宿衣を着ることができるようになる。[122] ただし「式抄」の割注に「件事上代不レ然云々。只近代一臈与奪免二宿衣一云々」とあるので、「上代」の慣習は異なっていたらしく、十一世紀頃と推定される「近代」になって、一臈（六位蔵人の筆頭者）の指図によって宿衣が免じられるようになったとみられる。また、これに続けては、「凡新蔵人早速束帯為レ善。就レ中於二宿衣一候二殿上一間、貫首束帯天被レ参波、登時退下逐電天、束帯宮〔堂カ〕上」と、新蔵人は一般に急いで束帯に着替えるべきであり、特に蔵人頭が束帯で参上した場合には、宿衣でそのまま殿上にいてはならないとされる。[123]

このように朝のあいだは宿衣のまま殿上の職務にあたるようになった結果、束帯に着替えるべきタイミングとしては、天皇に食事を供する供膳が一つの目安となった。例えば『侍中群要』巻五の「礼節事」には、「供二御膳一之後、宿衣之人不レ可二昇殿一。若於二宿衣一候二御前一之間、剋限既至二供膳一者、早従二閑道一退下。不レ可レ渡二々殿之道一。凡朝膳午一剋、皆以束帯」とあり、また、「夕御膳不レ撤以前、宿装束人不二昇殿一」ともある。[124] ここで言及される供膳は、午一刻と酉一刻の朝夕二回供される大床子御膳と推測される。[125] 整理すると、辰（または巳）刻の日給の後、すぐに宿所に下がって束帯に着替えてから、再度昇殿して奉仕することが原則であるが、実態としては宿衣のまま奉仕することもあり、午刻の供膳まではそれが認められていた。また夕方も夕御膳が終われば、下格子等の前から宿衣で参入することが認められた、ということになる。

この内容を裏付ける記事が『権記』長徳四年（九九八）七月二日条に見える。蔵人頭として劇務をこなす行成は、この日、暇を盗んで酉剋に一旦退出し、私的に不動護摩法を修した後、内裏に帰参したが、「未レ供二夕膳一、依二宿衣一不レ候二殿上一。暫佇二立腋陣辺一」、すなわち宿衣を着用しているため、夕御膳がまだ供されていない殿上には参入できず、腋陣（殿上口）のあたりに立って待機しながら、(126)業務を処理した。そして、次の引用のように、蔵人行正に事の由を奏させて召を得るとともに、夕御膳の終わったことを確認してから、ようやく殿上に上がったのである。

　未レ供二□(夕カ)御膳一、宿衣之人有レ憚二参上一。若以二蔵人一被レ奏二□一。即以二行正一被レ奏。行正還告二召由一。此間夕膳已罷。因レ之参上。

実は、佐藤早紀子が、雑袍勅許によって体調不良時に衣冠や直衣での出仕が可能となった根拠として上げた『権記』の記事（本書四八頁）は、この十日後の七月十二日条である。この月、京では疫病が流行し、朝廷では人員が不足する一方、さまざまな対策に追われていた。不調をおして奔走していた行成も三日後には遂に辞状を出し、その後の数日間、幾度も悶絶するほど苦しんだことが記されている。このような状況を踏まえると、「依二極難レ堪、解二束帯一着二宿衣一、為レ逐二涼気一候二弓場殿一。与二彼此一言談」と記された、宿衣にて涼むという行為は、行成にとってかなり例外的なことであったと思われる。そしてそのこと以上に重要なのは、行成が殿上を下り、わざわざ蔵人所のある弓場殿（校書殿）で休んでいる点であり、同じ内裏の中でも、日中の殿上にあがるかどうかが問題となっていることが窺える。

宿直衣の着用の規則については、例えば近藤好和が次のように明快に解説している。

　衣冠での参内は原則的に不勅許であった。衣冠は宮中に宿直する時の装束であり、そのために宿衣ともいった。

〔中略〕宿直の時は束帯で参内して宿直時間に衣冠に着替え、朝になって宿直が終わればまた束帯に着替えた。[127]

しかし実態はそれほど単純明快ではない。「参内」を定義せずに論じることはできないが、少なくとも十世紀末の行成は宿衣で内裏に出入りしており、問題となるのは内裏に入ることではなく、殿上の間に昇るかどうかであり、それも憚られるのは朝御膳と夕御膳の間の時間および蔵人頭など上位の人物が束帯している時に限られたのである。

　また、佐藤早紀子は、雑袍宣旨によって体調不良時のほかに舗設時の宿衣着用が許されたとしたが、その根拠として示した『左経記』長和五年（一〇一六）三月十四日条も別の解釈が可能である。この記事には、「殿上人乍㆓宿装㆒次第進、各撰㆓取吉足等㆒」、あるいは「先乍㆓宿装束㆒参㆓左府〔藤原道長〕御宿所㆒」と確かに見えるが、これはこの日が石清水臨時祭であり、明け方に行なわれる舞人・陪従への装束分給に、慣例通り宿装束のままあたったことを書き留めたに過ぎない。[128]そしてここまでの考察を踏まえれば、これは雑袍宣旨によって認められていたというよりも、宿装束に関する規範の中で理解できる事項である。

　以上により、殿上の勤務に際しては、昼は束帯、夜は宿衣と規定されていたが、間断ない殿上奉仕においてその使い分けは簡単ではなく、朝夕の供膳が区切りとなっていたこと、殿上の外では、その規制はより緩やかであったことが確認された。

　殿上勤務と宿衣について、もう一点確認しておきたいのが日給との関係である。佐藤早紀子は束帯を着用していないと上日に与れなかったという点に触れており、[129]時代はやや下るが『蓬萊抄』にも「凡未二点以後、着㆓束帯㆒可㆓参内㆒。着㆓宿装束㆒之時、不㆑給㆑日之上、已忘㆓隄防㆒者也」と見えている。[130]しかし、ここに「未二点」とあるようにこの日給は未刻のものであり、すでに右で見たように、辰（巳）刻の日給は宿衣で行なわれていた。ここにも、昼夜、それぞれの装束を着用して従事するという殿上勤務の形態が反映されていたのである。

第三項　殿上宿直と直衣

第一項・第二項を通じて、殿上人にとっての宿直の重要性を確認し、宿直勤務の服装として宿衣が用いられたことを確認してきた。では直衣、そして雑袍宣旨はここにどのように関わってくるのだろうか。

十世紀末から十一世紀初頭の記録には「宿衣」「宿装束」が散見されるものの、殿上人の宿直装束の具体的構成を伝える記事は少なく、実態は知り難い。また、右で取り上げた直衣を用いた宿直装束はいずれも公卿の例である。しかし、同時期の文学作品を参照すると、殿上人が宿直に直衣を用いる例も十世紀末頃から確認でき、四位・五位殿上人の宿直に直衣が多く用いられた印象を受ける。なかでも鮮明なのは、やはり『枕草子』の記述だろう。

細殿《ほそどの》の遣戸《やりど》をいと《ゝ》うをしあけたれば、御湯《ゆ》殿《どの(の)》に馬《め》道《だう》より下《お》りてくる殿上人、なへたる直衣《なをし》、指貫《さしぬき》の、いみじうほころびたれば、色〳〵の衣《きぬ》どものこぼれいでたるを、をし入《い》れなどして、北《きた》の陣《ぢん》ざまにあゆみゆくに、あきたる戸《と》の前《まへ》を過《す》ぐとて、纓《えい》をひきこして、顔《かほ》にふたぎていぬるもおかし。[131]

内裏、おそらくは登華殿の細殿の女房の局にいて、朝早く遣戸を開けると、殿上人が萎えて着崩れた直衣・指貫姿で、御湯殿（清涼殿北西の渡殿にある）に通ずる馬道から下りてきて、北陣（玄輝門・朔平門）の方へ向かっていく。局の開いた戸の前を通る時には、冠の纓を顔の前に引き寄せて隠して行くのも興がある、という趣旨であるが、十世紀末の殿上人が直衣で宿直にあたる様子を具体的に描いた貴重な史料である。『西宮記』等によれば、内裏北方の内郭門である玄輝門には内側に近衛、外側に兵衛の陣があり、それぞれ近衛中将・将監と兵衛佐の宿所とされていた。また外郭門の朔平門には衛門府の陣があり、衛門佐の宿所となっていた可能性が高い。[132] ここに描かれる殿上人はそれらの宿所に向かうところと推測される。

また、「職の御曹司の西面の」段では、「三月つごもりがたは、冬の直衣《なをし》の着《き》にくきにやあらん、うへの衣《きぬ》がちにてぞ殿上の宿直姿《とのゐすがた》もある」と記している。[133] なぜ冬直衣が着にくいのかについては諸説あるが、例えば新編日本古典文学全集の注に示される「直衣は冬春のものには裏があったので、春の末のころには厚くて着にくいのであろうという」といった説明については、[134] 萩谷朴が指摘したように、位袍（うへの衣）も夏と冬の二種があり、裏地の有無についても位袍と直衣に違いがあった証拠はなく、首肯し難い。[135] 私見では、更衣の直前であることと関係があるのではないかと推測するが（第三章第四節参照）、現時点では確たる答えは持たない。しかし、理由は何にせよ、この記述からは、通常は位袍よりも直衣での宿直姿が多かったことが窺われる。

『源氏物語』においても、殿上人の宿直に関わる著名な場面において、登場人物が直衣姿で描かれている。一つは「帚木」の雨夜の品定めの場面である。殿上には人が少なく、宿直所でも普段よりのんびりとした雰囲気の中、中将の源氏の君や頭中将等の殿上人が女性の品評をするわけだが、人々の話の途中に、「なをしばかりをしどけなく着《き》なし給て、紐《ひも》などもうち捨《す》て添《そ》ひ臥《ふ》し給へる御火影《ほかげ》いとめでたく、女にて見《み》たてまつらまほし」と、直衣をしどけなく着て、頸の紐も外して臥す源氏の姿が描かれる。[136]

もう一つの直衣での殿上宿直に関わる場面として、色好みの老女官、源典侍と源氏との逢引に頭中将が踏み込む「紅葉賀」の場面があげられる。この件は「夕立《ゆふだ》ちして、なごり涼《すゞ》しきよひの紛《まぎ》れに、温明殿のわたりをたゝずみありき給へば」から始まり、源典侍の局での源氏と典侍の逢引となる。夜更けになり、頭中将が踏み込んでくると、隠れようとする源氏は「なをしばかりを取《と》りて、屛風のうしろに入《い》」る。頭中将は源氏と源典侍を脅かそうとするが、源氏はその正体に気付き、笑いながら直衣を着ようとするも阻まれ、「さらばもろともにこそ」と頭中将の直衣を脱がせにかかり、双方「しどけな姿《すがた》」になってそれぞれの宿直所に戻るのである。[137] この段でも、殿上人が直衣で宿直することが当然の前提となっている。

『源氏物語』には直衣を着用する場面は多いが、[138] 実は直衣で日中の宮中に祇候する人物は登場しない。そもそも日中の宮中の場面が少ないということも大きいが、直衣は私邸、院中、狩猟等、そして宮中での宿直の場面に出てくる衣服なのである。この点は当時の直衣について考える上で看過できない。この点を敷衍すると、確証はないものの、先に見た『蜻蛉日記』における遠度の直衣姿は（二九頁）、内裏へ向かう、或いは内裏から退出してきた宿直姿であった可能性も十分に想定されよう。

一方、古記録においては宿直姿についてこれほど明確な描写はなかなか見当たらないが、殿上人の殿上での直衣着用を記録した早い例として、次の『左経記』治安二年（一〇二二）八月二十三日条がある。

寮用㆓意御庚申事㆒〈殿上饗、上達突衡、棋手紙女房百・上達部百余・殿上人百余・御絎廿帖、禄料疋絹〉。及㆑晩参内。上達部依㆑召参入〈或束帯、或宿衣・直衣、殿上人又宿衣・直衣〉。

庚申の夜、清涼殿に女房・公卿・殿上人が集まり、酒饌が供され、碁や連歌で夜を明かす様子が記されているが、殿上人は宿衣や直衣を着用したと記されており、殿上人の宿直装束として直衣が用いられたことが確認される。(139)

また、藤原資房が蔵人頭時代の『春記』長久元年（一〇四〇）記には興味深い事項が記録されている。

宿侍。今夜雷雨。差㆓定親〔平〕㆒遣㆓女院㆒。

十三日丁酉、天晴。今日女房陪膳不㆑候、仍予奉仕也。今日初着㆓夏直衣㆒。早旦定親依㆑仰向㆓公成〔藤原〕許㆒了。（四月十二日・十三日条）

今夜宿侍。〔中略〕今夜始着㆓冬直衣㆒。先令㆑触㆓右頭中将〔藤原信長〕㆒也。日者有㆓煩事㆒不㆓出仕㆒之故、所㆓示触㆒也。（十月十八日条）

『西宮記』直衣条に「更衣之後、殿上人、頭未㆑服㆓新直衣㆒之前、以㆓旧時袍若直衣㆒為㆓宿衣㆒」と示されていたように（本書二四頁）、四月・十月朔日の更衣の後は、蔵人頭が新しい季節の直衣を着用するまでは、殿上人・蔵人は前の季節の袍や直衣を宿衣とする習慣となっていた。(140) したがって、蔵人頭である資房が夏直衣・冬直衣を着用し始めることは、他の殿上人全てに関わる事柄であり、そのために記録し、また十月には、不出仕が続いているもう一人の蔵人頭藤原信長にも通知したのである。ここにも殿上宿直と直衣の強い関わり、またその着用がさまざまに規制されていたことが反映されている。

もちろん、殿上人の宿直装束がすべて直衣だったわけではない。例えば『枕草子』には直衣ではなく位袍を用いた宿衣も描かれている。特に、先に引いた「細殿の遣戸をいととう押しあけたれば」段（本書八七頁）の前段には、明確に位袍での「宿直姿」が描かれている。

雪《ゆき》たかうふりて、いまも猶ふるに、五位も四位も、色《いろ》うるはしう若《わか》やかなるが、上《うへ》の衣《きぬ》の色いときよらにて、革《かは》の帯《おび》のかたつきたるを、宿直姿《とのゐすがた》にひきはこへて、紫《むらさき》の指貫《さしぬき》も雪に冴《さ》へ映《は》へて、濃《こ》さまさりたるをきて、袙《あこめ》の紅《くれなゐ》ならずはおどろ〳〵しき山吹《ぶき》を出《い》だして、唐傘《からかさ》をさしたるに、風のいたうふきて、横《よこ》ざまに雪をふきかくれば、すこし傾《かたぶ》けてあゆみくるに、ふかき沓《くつ》・半靴《はうくわ》などのはゞきまで雪のいと白《しろ》うかゝりたるこそ、おかしけれ。[141]

これは、大雪の中、「きよら」な「上の衣」（位袍）を「宿直姿」にして歩いてくる人々を描いた段で、宿直姿という点において次に続く「細殿の遣戸」段の「なへたる直衣」と鮮やかな対比をなしている。しかし、果たしてこれは通常の宿直姿なのだろうか。前項で見たように、殿上人が宿直姿となるのは、原則として早くても酉刻の夕御膳以降であったと考えられるが、大雪の降る季節、そのような時間帯にこのような鮮やかな景色を目撃することが可能だろうか。

結論を先に言えば、これは初雪見参において、諸陣に向かう殿上人を描いたものと考えられる。初雪見参とは、その冬最初の大雪（積雪）の際に行なわれる勅計のことであり、近時、中本和が詳しく論じているが、[142]『枕草子』のこの段の解釈に必要な部分に限定して、史料を引きながら確認しておきたい。

まず勅計とは、天皇の命によって諸陣の参仕者を確認することであり、『蔵人式』に規定されている。[143]その具体的な次第を『侍中群要』によって確認すれば、はじめに蔵人が仰せを奉じて殿上人を勅使として諸陣に差し向ける。勅使は諸陣の参仕者を数えて清涼殿に戻り、諸陣から追って届けられた見参に署名を加えて蔵人に渡し、蔵人はこれを取り集めて天皇に報告する、というものであった。(144) 場合によってはこの見参に基づいて禄が下され、『蔵人式』に記されるように、大雪の時の勅計では、諸陣だけでなく、殿上人や内裏女房、内侍所や主殿寮等の官人も見参と賜禄の対象となった。(145)

初雪見参の際の服装について、同時代史料から裏付けることはできなかったが、次のように『助無智秘抄』（十二世紀中葉）に袍に指貫を着ること、美麗の装束をすべきことが見える。

初雪日。

侍中、アヲイロ《〔青色〕》、オリモノ《〔織物〕》ノサシヌキ《〔指貫〕》ヲキテ、諸陣へムカヒテ見参ヲトルベシ。就中ニ帯刀ノ陣ニムカフ蔵人、ヨウジンスベシ。アヲイロニアラズトモ、タヾビレイ《〔美麗〕》ノ装束ヲソクタイニテモキルベシ。(146)

また、延応元年本系『年中行事秘抄』裏書にも、「但向二帯刀陣一之人、如二装束一可二用心一之。不レ可二束帯一、又本自着不レ可レ脱也。可レ着二青色・織物指貫一。之又必不レ可レ着、只可レ着二美麗衣冠一歟」という、同じ典拠によると推測される記述が見える。(147)

萩谷朴は『枕草子』のこの場面について、雪道を歩くために「下襲の裾も袍の後身頃と一しょに指貫の中にたくしこんで、背中がふくらんでいることを「ひきはこへ」といった。これで袍や下襲の裾が雪に濡れずにすむが、そこで紫の指貫が目立つこととなる。又、袍の前身頃が、後身頃をたくし上げたのに引っ張られて少し吊り上がることとなるので、下襲の下の袙が、丁度、衣冠姿・直衣姿の時の出だし袙のように見えることとなる」と釈している。(148) 私見では、指貫の中にたくしこむのではなく、当帯の外側に袍の腰の部分（いわゆる格袋・はこえ）を引き出したのであり、下襲を着用したかも不明だが、結果として指貫や袙がよく目に付くようになる点、またそれが（宿直のためではなく）雪道を歩く便宜のためという点、卓見であろう。

したがって、この場面は通常の宿直姿を描いたものではないと結論できる。もう一歩踏み込むなら、清少納言がこの場面を描いたのは、通常は直衣を宿衣としている人々が、初雪見参では位袍の宿直姿となる点に興を覚えたためという可能性も考えられる。「五位も四位も」と限定し六位を外しているのも、あるいは次項で見るように、四位・五位は広く直衣を用いるが、六位は直衣を着用しないためかもしれない。

このように、遅くとも十世紀後半以降、殿上人が宿直に直衣を用いていたこと、十一世紀前半まで、宿直以外には宮中での殿上人による直衣着用がほとんど見られないこと、そして殿上人全般に雑袍宣旨が下されていたこと、殿上人にとって宿直が重要な職務であったこと、宿衣の着用がさまざまに規制されていたことといった要素を総合すると、宿直における直衣の着用が、雑袍宣旨によって認められていたと想定することが、もっとも合理的な解釈ではないだろうか。

後で詳しく見るように、十一世紀末頃には宮中での直衣着用範囲はかなり拡大していくのだが、それでもなお、雑袍宣旨と宿仕と直衣に関係があるという意識が窺われる。それを伝える一つの事件が、嘉承二年（一一〇七）四月、藤原忠実の嫡男忠通が元服するにあたって生じた、雑袍宣旨をめぐる混乱である。先に見たように、十世紀後半から有力家の若年者に対する禁色宣旨が散見されるようになり、特に御堂流嫡流においては、頼通・教通以来、元服・叙爵と同日もしくは数日内に昇殿と禁色が許される慣習が成立していた。忠通の元服に際しても昇殿の後、禁色宣旨が下されたが、同時に雑袍が許され、更にそれが取り消されるという事態が発生したのである。

ア次道時朝臣、於二仗座一仰二下禁色・雑袍一。〈書レ紙也。予於二奥座一奉レ之。〉イ抑先例必不レ加二雑袍一。今度有レ議被二相加一也。五月以前日次不レ宜、□無二吉日一、仍被二仰下一歟。ウ但或人難申云、「猶六月許追可レ有也。是宿仕之時被レ下二雑袍宣旨一、又無レ難歟」云々。且又可レ然。〉〈行間補書〉エ後日有レ議、止二「雑袍」二字一、被レ下二知諸司一也。禁色之人先例不レ被レ下二雑袍宣旨一也。〈『中右記』

嘉承二年四月二十六日条）

傍線部アにおいて忠通への禁色・雑袍宣旨が下されているが、イにはその事情が説明されている。これによれば、先例では必ずしも「雑袍」の語は加えられていないが、今回は六月まで日次があわないという理由で、議論の末、「禁色雑袍」と記された。しかし、異論も根強く（ウ）、後日、先例に反するとして「雑袍」の二字は取り消されることになった（エ）。ここで注目したいのは、傍線部ウに、雑袍宣旨は宿仕の時に下すのが無難との見解が紹介され、宗忠も賛意を示している点である。何故、宿仕の時に雑袍宣旨を下すのがよいのか。それは、依然として、宿直における直衣の着用が雑袍宣旨によって許されると認識されていたからではないだろうか。

雑袍宣旨と宿仕の関係は源師時の『長秋記』目録・康和元年（一〇九九）正月十五日条にも窺える。

十五日　還昇之後初参内事、今夜宿仕、雑袍宣下事、
付レ簡儀事、供二朝膳一事、夕他人奉仕、
雑袍仰下了、今夜着二宿衣一帰参事、

師時は五位蔵人であったところ、この六日に従四位下に叙されて蔵人を去り、十四日に昇殿を許されている[149]。記事本文は残念ながら伝わらないが、目録からでも、十五日に早速宿仕を勤め、それと何らかの関連性をもって雑袍宣旨が下されたこと、これを受けて、宿衣を着て内裏（あるいは殿上間）に帰参したことが知られる[150]。

これらの記事における雑袍宣旨が、殿上での「宿衣」の着用と関わることも、可能性としては仮定できる。しかし『西宮記』には、雑袍を許されている人は「宿衣」を着用する、とではなく「直衣」を着用するとあり、かつ「以二旧時袍若直衣一為二宿衣一」と、袍と直衣の二種の宿衣の存在が示されていた（本書二四頁）。やはり、宿衣全般ではなく、そのうちの直衣の着用にこそ雑袍宣旨が関わっていたのではないか。

忠通の元服から三カ月後の嘉承二年七月、堀河天皇が崩じ、殿上人等は服喪を示す橡袍を着用することになった。

十月になり藤原宗輔が鳥羽天皇の殿上への昇殿を許され、同月後半に初めて参入することになったが、この時、宗輔は橡袍ではなく無文位袍を着用し、その事情として宗忠は「鶴食袍ハ准二直衣一、宣旨之後可二着用一也」と記している[151]。橡袍については追って考察するが、ここで「直衣に准」ずるとあることからも、宣旨で許されるのは、やはり宿衣全般ではなく、直衣や橡袍等の雑袍の着用であったと考えられる。

厳密に言えば、村上朝より前は宿衣の内容も不明であり、雑袍宣旨の主目的が宿直における直衣着用であったかは定かではない。先行研究において度々着目されてきたように、『西宮記』直衣条の「殿上人、旧例以二直衣一為二束帯袍一、近代不レ用レ之」という記述からは、『西宮記』成立以前に、直衣を袍とする「束帯」を殿上人が用いる時期があったことも窺われるが、他の史料がない以上、その詳細については論じ難い[152]。ある程度確からしいこととして言えるのは、同じ『西宮記』の記述から、十世紀半ばには雑袍宣旨を受けた人々が宿直に直衣を着用する習慣が成立していたということだろう。

第四項　六位と直衣

ところで、右で見たように、殿上宿直においては、更衣の後、蔵人頭がはじめに新しい季節の直衣を着用し、蔵人や殿上人はこれを待って新しい季節の袍や直衣を宿衣とした。『侍中群要』巻五にも、「更衣之後着二宿袍一、貫首被レ着二直衣一、一臈着二宿衣一綾〔後カ〕、六位着レ之」と見えている[153]。しかし、なぜ貫首は「直衣」で、一臈蔵人は「宿衣」なのだろうか。

同様の疑問は『枕草子』の夜の後宮の描写に対しても生じる。

　内のつぼね、細殿《ほそどの》いみじうおかし。〔中略〕夜《よる》はまいてうちとくべきやうもなきが、いとおかしき也。沓《くつ》のをと夜一夜《ひとよ》聞《きこ》ゆるがとゞまりて、ただ指一《およびひと》つしてたゝくが、その人なり、とふと聞ゆるこそおかしけれ。〔中略〕

又、あまたの声《こゑ》して詩誦《ず》し、歌などうたふには、たゝかねどまづあけたれば、こゝへとしも思はざりける人もたちどまりぬ。いるべきやうもなくて立《た》ちあかすも猶おかしげなるに、几丁の帷子《かたびら》いとあざやかに、裾《すそ》のつますこしうちかさなりて見えたるに、直衣《なをし》のうしろにほころびたえすきたる君達《だち》、六位の蔵人の青色など着《き》て、うけばりて遣戸《やりど》のもとなどにそばよせてはえ立《た》たで、塀《へい》のかたにうしろをして、袖うちあはせて立《た》ちたるこそ、おかしけれ。[154]

ここでは夜の内裏で男性官人たちが女性の局のあたりを訪れてくる様子が描かれている。特に後段では、大勢の男性が女房の局の近くで詩を誦したり、歌を歌ったりする場面の興を記しており、男性は宿直装束であると考えられるが、具体的には直衣姿の「君達」と青色袍姿の六位蔵人が描かれている。「君達」は一般的には上流貴族の子弟を意味するとされるが、『枕草子』においては、「君達《きんだち》は頭中将、頭弁、権中将、四位少将、蔵人弁、四位侍従、蔵人少納言、蔵人兵衛佐」とあるように、[155]必ずしも出自にかかわらず、四位・五位の蔵人・殿上人を指すことばとして使われていると見られる。一体なぜ、四位・五位の君達は直衣で、六位蔵人だけ「青色など着て」いるのだろうか。

同じような対比的な記述は「心にくき物」段にも見える。

内の局《つぼね》などに、うちとくまじき人のあれば、こなたの火は消《け》ちたるに、かたはらの光《ひかり》の、もの《ゝ》の上《かみ》などよりとをりたれば、さすがにもの《ゝ》のあやめはほのかに見ゆるに、みじかきき丁〔几帳〕ひきよせて、いと昼《ひる》はさしもむかはぬ人なれば、き丁のかたにそひふして、うちかたぶきたる頭《かしら》つきのよさあしさはかくれざめり。直衣《なをし》、指貫《さしぬき》などき丁にうちかけたり。六位の蔵人《くら》の青色《あをいろ》もあへなん。緑衫《ろうさう》はしも、あとの方《かた》にかいわぐみて、暁にもえさぐりつけでまどはせこそせめ。[156]

やはり内裏の女房の局における逢瀬の描写であるが、恋人の直衣や指貫が几帳にかけられているのを「心にくき物」の一つとして取り上げ、続けて六位蔵人の青色袍もまあ良いが、「緑衫」であれば、几帳には掛けず、後のほうに丸めてしまって、明け方帰る時にも見付けられないほど隠してしまうのがよい、と述べている。緑衫は六位の位袍である緑色の袍を指すと解され、ここでも六位蔵人の青色袍、そして蔵人以外の六位の緑袍が直衣と対比されている。

更に「成信の中将」段で、風雪をものともせず女のもとに通う男について語る中でも、同じようにこれらの服装が描かれている。

> しのびたることはさらなり、いとさあらぬ所も、直衣《なをし》などはさらにもいはず、表《うへ》のきぬ、蔵《くら》人の青色《あをいろ》などの、いとひやゝかに濡《ぬ》れたらんは、いみじうおかしかべし。緑衫《ろうさう》なりとも、雪《ゆき》にだに濡《ぬ》れなばにくかるまじ。昔《むかし》の蔵《くら》人は、夜《よる》など人のもとにも、たゞ青色《あをいろ》をきて、雨《あめ》に濡《ぬ》れてもしぼりなどしけるとか。今《いま》は昼《ひる》だにきざめり。たゞ緑《ろう》衫《さう》のみうちかづきてこそあめれ[157]。

ここでは位階には言及がないが、やはり直衣と位袍、青色袍、緑袍が並んで取り上げられている。なぜこのような記述が繰り返し見られるのだろうか。

この疑問への一つの答えとなるのが、醍醐天皇が発したとされる、六位は雑袍としても直衣を着ることはできないという言葉である。『吏部王記』延長八年（九三〇）八月二十九日・九月八日条（『政事要略』所引）によれば、醍醐天皇の死の一月ほど前、無位の一世源氏が昇殿を許されたため、この人物が殿上に祗候するに際しての処遇について天皇の意向を確認の上、公卿の合議によって決定するということがあり、この中で、「一世源氏等祇候、疑二無位一間応レ服二直衣一否」と、直衣の着用の可否についても天皇に質問がなされた。現存の文は難解で、源氏の直衣着用の可否についての結論も伝わらないが、この時の天皇の答の中に「六位雖二雑袍一不レ能レ服二直衣一」と見える。ちなみに、管見ではこの記事が直衣と雑袍宣旨の関係を示唆する最初の史料となる[158]。

律令官制では三位以上は「貴」、五位以上は「通貴」とされ、六位以下との待遇の差は大きかったが、この差別は服装によって明確に表示され、強化されていた。例えば『養老衣服令』では、位袍の色の区別の他に、五位以上は牙笏、六位以下は木笏等の規定があり、『延喜弾正台式』においても、朝服への綾の使用は五位以上にのみ許されるといった各種の規定が見られる[159]。それゆえに、六位は宮中での直衣着用が許されず、『侍中群要』では更衣後の宿衣について貫首は「直衣」、一﨟蔵人は「宿衣」と記され、『枕草子』においては、五位以上の直衣と六位の青色袍や緑袍が繰り返し対比されるのではないだろうか。

事実、蔵人の服飾について詳しく記す『侍中群要』や『助無智秘抄』には、頭のそれを除いては「直衣」の記載がほとんど見られない。例外的に、勅使等として京の外へ赴く蔵人が直衣を拝領することが見える程度であり[160]、宿直衣としても「直衣」の語は見えない。『侍中群要』巻五には「宿衣着㆓奴袴㆒」とあり[161]、『助無智秘抄』「宿装束」には、「平絹奴袴〈ハラジロ〔腹白〕アルベシ〉、衣〈綾如㆑常〉、単〈同〉」とあるなど、奴袴〈指貫〉を着用することだけが記される[162]。これも六位は直衣が許されなかったゆえであろう。

また逆に、だからこそ直衣は四位・五位の蔵人・殿上人（君達）の象徴ともなり、称賛の対象となった。『枕草子』では「めでたき物」の中で「六位の蔵《くら》人。いみじき君達《だち》なれどえしも着《き》給はぬ綾織《あやをり》物を、心にまかせてきたる青《あを》色すがたなどのいとめでたきなり」と、六位蔵人の青色の綾袍を君達にも着られないものとして称賛する一方で、続く「なまめかしき物」段の筆頭には「細《ほそ》やかにきよげなる君達の直衣姿《なをしすがた》」をあげる[163]。清少納言が君達の直衣や六位蔵人の青色袍を肯定的に評価し、それに対して通常の六位の緑袍を圧倒的に低く評価する背景には、このような事情があったと考えられるのである。なお、六位蔵人は直衣を着用できない一方で、蔵人と禁色人は、直衣においても公卿と同じ綾（有文）を用いることができるという点で、一般の殿上人と違いがあった[164]。

同じ蔵人・殿上人の宿直姿でも、六位には直衣が着られず、四位・五位は日常的にこれを着ていたと見られることは、『枕草子』のまた別の段における記述の意味を解き明かすものとなる。それは、先に言及した、三月末には直衣ではなく位袍の宿直姿が多いという文（本書八七頁）の意味である。当該部分は、清少納言と藤原行成の交流について記された「職の御曹司の西面の」段の一部であり、清少納言が行成に顔を見せるのを拒み、行成もそれならと意図的に清少納言の顔を見ないようにしていたところ、三月末のある日、行成とは知らずに顔を見せてしまったという話の中にある。この行成と清少納言の顔を見せる、見せないというやりとりの中で、「三月末頃は、冬の直衣が着にくいのであろうか」という記述は、一見、非常に唐突に置かれているが、管見では、文の切れ目についてこそ議論はあれ(165)、その意味を詳しく説明した注釈はない。

しかし、清少納言がこのように書いているのは、この後に続く場面で、自分の局の前に見える「くろみたる物」を人違いした事情を説明するためと考えられる。そこでは、「つとめて、日さしいづるまで」、式部のおもとと小廂で寝ていたこと等が語られた後、次のように記される。

南《みなみ》の遣戸《やりど》のそばの木丁の手《て》のさし出たるにさはりて、簾《すだれ》のすこしあきたるより、くろみたる物の見《み》ゆれば、則隆《のりたか》がゐたるなめり、とて見もいれで、猶こと事どもをいふに、いとよく笑《ゑ》みたる顔《かほ》のさし出《い》でたるも、猶則隆《のりたか》なめりとて見やりたれば、あらぬ顔《かほ》なり。浅ましとわらひさはぎて、木丁ひきなをし、かくるれば、頭弁にぞおはしける(166)。

清少納言は「くろみたる物」を義弟の六位蔵人橘則隆と勘違いし、見もしないで式部のおもとと話し続けていると、実はそれは頭弁藤原行成であったというのであるが、前置きの「うへの衣《きぬ》がちにてぞ殿上の宿直姿《とのゐすがた》もある」は、行成が通常と違い、白系の冬直衣ではなく位袍を着ていたから、このような人違いが起きたという言い訳だろう（この当時の四位の位袍は黒あるいは黒みがかった緋と言われる(167)）。則隆は六位であるために、日常的に直衣ではなく、緑袍や青色袍を宿衣に着ていたとすれば、この話のつじつまもよく合う。

六位と直衣と聞いてもう一つ想起されるのは、『源氏物語』少女の夕霧である。源氏の息子夕霧は十二歳で元服をしたが、当然予想される五位ではなく六位に叙されたため、緑袍での参内を疎んで籠りがちとなる。そして、五節に

「直衣などさま変れる色聴されて」参内する。この話は、ある種のわかりやすさもあってしばしば言及される一方で、史実に照らしてこれが何を意味するのかは難解で、藤原定家の『奥入』以来、注釈の対象となっており、この点を論じた専論もある。(168)本論の関心から言えば、六位の夕霧に直衣が聴されるという展開は、醍醐天皇の言とは矛盾するが、果たしてどのように考えればよいだろうか。

夕霧が元服に際して六位に叙されたことについては、「浅葱《あさぎ》にて殿上に還《かへ》り給を、大宮は、飽《あ》かずあさましきこととおぼしたるぞ、ことはりにいとをしかりける」と表現されるが、(169)「殿上に還り給」と、童殿上していた夕霧に還昇が許されたことも記される。しかし、その後の夕霧は部屋に籠って勉学に励むこととなり、宮中に出仕する姿は描かれない。寮試に合格すると、今度は雲居雁との恋が父大臣に露顕して引き裂かれる展開となり、やはり出仕は描かれない。そして問題の場面となる。

　浅葱《あさぎ》の心やましければ、内《うち》へまいる事もせずものうがり給を、五節にことつけて、なをしなどさま変《か》はれる色ゆるされてまいり給。きびはにきよらなるものから、まだきにおよすげて、されありき給。みかどよりはじめてまつりて、おぼしたるさまなべてならず、世にめづらしき御おぼえなり。(170)

六位殿上人という存在自体が十一世紀以降消滅してしまうこともあって、五節であれば六位も直衣が許されたことの証左は今のところ見出されておらず、(171)この展開は創作ならではの可能性もある。(172)ただ、五節は賀茂祭と並ぶ朝廷の一大行事であり、『枕草子』等にも見えるように、舞姫参入以降、数日間にわたり、殿上人は装いを凝らした直衣等を着て、宮中をめぐって飲み歌い騒いだ。(173)五節の行事の多くは夜間に行なわれ、五節所の巡行や淵酔に直衣が着用されるのは、本来は宿直中の行事であるためと推測される。(174)そして吉田真澄が指摘したように、道長政権期の五節では六位の美服の取り締まりがみられたり、寅日に頼通に率いられて道長邸に参入した殿上人の直衣装束の過差が伝えられたりしている。(175)このような背景があって、五節にかこつけて夕霧が直衣で参入したという展開は、読者に受け容れられ得るものとして描かれたのだろう。

しかし、五節に直衣を許されたからといって、夕霧に通常時の直衣着用も許されたわけではないらしい。というのも、夕霧は五節の後また参内しなくなるからである。通常の宿直にも直衣が許されたのであれば、せめて宿直に参内する場面が描かれてもよさそうなものであるが、そういう展開にはならず、ふたたび、緑袍を厭うて参内に消極的な姿が描かれる。[176]それは起伏ある展開のためだけではなく、六位は直衣が着られないという意識がやはり前提としてあるからではないだろうか。

古記録の中から六位の服装について拾うことは容易ではないが、長元八年（一〇三五）五月十六日の『高陽院水閣歌合』について記した『左経記』の記事には、左方の人々の様子として「二藍直衣・指貫、紅打、同色袴、白生单。六位麹塵、赤色」と見えている。[177]関白頼通の主催による私の行事であるから、必ずしも適切な例ではないかもしれないが、あるいはここにも六位は直衣を着ないという規制が反映されているのかもしれない。

第四節　直衣以外の雑袍

前節では、宿直における直衣の着用は雑袍宣旨によって許されたという仮説を提示し、検証してきた。しかし、雑袍宣旨によって許された服装が直衣だけではないことは先に言及したとおりである。直衣以外に雑袍宣旨との関わりが見られる服装としては、夙に大丸弘が橡袍・青摺袍・青色袍を上げている。[178]本節でもこの三つについて、雑袍宣旨との関わりに絞って確認しておく。

第一項　諒闇装束と雑袍宣旨・橡宣旨

藤原師輔『九暦』天暦八年（九五四）正月二十二・二十三日条（『西宮記』裏書所引）によれば、同月四日に崩じた藤原穏子（朱雀・村上天皇母）の服喪において、二十二日に村上天皇および侍臣は素服を脱ぎ、天皇にあわせて殿上侍臣も橡衣を着用することになった。[179] しかし、「除二御服一後、殿上侍臣皆着二橡衣一。但未レ蒙二雑袍宣旨一輩不レ着。後日依二左大臣〔藤原実頼〕定一着云々」と、雑袍宣旨を受けていない者は橡を着用できないとされ、後日、左大臣藤原実頼の定めによって着用することになったという（二十三日条）。すなわち、この時点では、雑袍宣旨を受けていれば橡袍の着用は認められると考えられていた。

十一世紀以降には、諒闇装束として橡を着することに関して、橡宣旨という別の宣旨が下されたことが知られる。早い例として、東三条院詮子崩御による一条天皇の服喪に際し、『権記』長保四年（一〇〇二）正月七日条に「今日主上〔一条天皇〕自二倚廬一還御云々。橡宣旨内相〔藤原公季〕被二仰下一云々」と見えており、すでに『西宮記』臨時三、喪服条にも「宣旨」の存在が示されている（左記傍線部イ）。

帝王雖レ随二以レ日易レ月之制一、ア一周間依レ不レ臨レ朝、不レ服二位袍一、服二黒橡衣一。〈即位日者着二礼服一。周康王時例也。見二尚書成王顧命篇一。〉イ侍臣等依二宣旨一衣二黒橡一。ウ弁、少納言、式部・兵部等輔・丞、候二殿上一輩、随二本官役一之時用二位袍一。[180]

あくまで推測ではあるが、『権記』と『九暦』を比較する時、天暦八年の左大臣の定は橡宣旨の先駆例だったのではないか。すなわち、はじめは雑袍宣旨をまだ受けていない殿上人も橡を着用できるようにするためになされた処置が、後に橡宣旨として独立したのではないだろうか。

しかし、橡袍の着用と雑袍宣旨との関わりは少なくとも十二世紀初頭までは認識されていた。大丸等が指摘するように、『権記』寛弘八年（一〇一一）十二月七日条、冷泉院七七日のために行なわれた三条天皇主催の法会の記事には、「啓白之間、左近少将朝任〔源〕朝臣就二講師座下一、仰二度者之事一。須啓白之後可レ仰レ之、早也。亦着二橡袍一。々々是雑袍也。」

従二本官役一者可レ着二位袍一歟」とあり、本官の役に従事する際には位袍を着用すべしという、『西宮記』喪服条（右傍線部ウ）と共通の認識が見えるとともに、その理由を橡袍は雑袍であるためとしている。

また、先にも触れたように、嘉承二年（一一〇七）の堀河天皇崩御に際しても、『中右記』同年十月十二日・二十一日条に橡袍と雑袍宣旨の関係を窺わせる記述が見える。十二日には蔵人の任命と昇殿の勅許があったが、「為房并有兼着二鶴食袍一。依二本昇殿人一也。説定着二位袍一也。皆以諒闇装束也」とあり、蔵人に任じられた人々のうち、もともと昇殿を許されていた藤原為房と源有兼のみ初参から橡袍を着用、許されていなかった藤原説定は位袍を着用した。また、同日に昇殿を許された藤原宗輔の二十一日の初参にあたっては、「但無文位袍被レ着也〈鶴食袍ハ准二直衣一、宣旨之後可二着用一也〉」とあり、無文位袍を着用している。これより先の八月五日条には「従二今日一殿上人着二鶴食袍一云々」と聞き伝えており、為房・有兼は十月十二日以前より昇殿と雑袍を許され、橡袍を着用していたのに対し、この日に新たに鳥羽天皇の殿上を許された人々にはこれが及んでいなかったということだろう[18]。

注意されるのは、二十一日条に橡袍は「宣旨」を待って着用するとあることである。この「宣旨」がどのような宣旨なのか明記されておらず、また宗輔がいつから橡袍を着用したか伝わらないため、追って橡宣旨が下されたものなのか、あるいは雑袍宣旨によって橡袍の着用が許されたのか不明であるが、『玉葉』養和元年（一一八一）二月六日条には「伝聞、昨日自二倚廬代一還二御本殿一云々。但今度不レ被レ下二橡宣旨一。依二嘉承例一也。主上不レ着二御服一之故也」とあり、嘉承二年の諒闇では橡宣旨が下されなかったと見える。もしこれが正しければ、二十一日条の「宣旨」は雑袍宣旨である可能性が高い。いずれにせよ、「准二直衣一」とあることから、雑袍宣旨との関係が意識されていたことは確からしい。

この問題を別の視点から論じているのが、次の『水牙記』嘉承二年十一月二十九日条（『御即位叙位部類』所引）である。

御即位叙位儀也。於二摂政〔藤原忠実〕直廬一被レ行レ之〈大炊殿〉。酉剋参内〈諒闇装束也。但着二位袍一〉。路次、先起〔赴〕二江都督〔大江匡房〕亭一、問下可レ着二位袍一歟、可レ着レ橡歟之由上。答云、「橡是直衣也。縦雖二何日一、弁官着二位袍一、可レ無二其難一」。次参内。(182)

同じく嘉承二年の諒闇中の記事だが、叙位儀に左少弁として臨む記主源雅兼が、大江匡房を訪れ、橡袍にすべきか位袍にすべきか問うたところ、匡房は「橡はこれ直衣なり」と言い、弁官は位袍を着用するのが無難と答えている。この匡房の理由付けには、直衣と橡袍がともに雑袍宣旨に関わることが反映されているとともに、結論に関しては、弁官が本官役に従事する際には位袍を着用するという慣習が及んでいると考えられる。

この、本官の役に従事する際には位袍を着用すべしという点について、佐藤早紀子は『西宮記』喪服条（本書一〇一頁傍線部ウ）を引いて「雑袍勅許とは、本司での勤務と殿上での勤務との区別を、可視化するための制度であった」と論じているが、(183)どうだろうか。この点については、『政事要略』巻六十七に、『儀制令』の「凡凶服不レ入二公門一。其遭レ喪被レ起者、朝参処亦依二位色一」という規定との関連で、詳しい議論が収められている。

今之行事、ア昇殿之輩重喪之者、四位・五位・六位皆着二黒橡袍一、可レ謂レ非也。『儀制令』云、「其遭レ喪被レ起者、朝〔衍カ〕参処亦依二位色一」。『義解』云、「謂、入二公門一及朝参処、並依二位色一」者。イ位色各異、不レ可レ妄。輙着已下有レ罪、何无レ所レ憚。猶四位・五位共着二本色之浅一、六位以下又着二本色之浅一、是合二法意一。ウ但三位以上着二黒橡袍一、頗有レ所レ拠。凡位色皆是五方之色、或正方色、或間色也。橡袍其実黒色也。黒色者紫之本色。夫於レ物或有二本卑末貴一、或有二源狭流広一。此紫色、本色卑、間色貴。仍為二卑下之色一着用、得二其義一也。〈『唐令』云、「凶服不レ入二公門一」云々。在二朝参処一、各依二品色浅色一」者。如二此令一者、猶可レ着二本色之浅一。今案二本朝令一、除二浅色両字一、只注二位色一。便知二偏可一レ着二本色一也。而着二本色之浅一、是依二唐令一、不レ好二美色一歟。エ就レ中殿上弁官、重服之間雖レ着二橡袍一、有レ政之日更着二位袍一。衙後入レ内、猶着二位袍一。爰知下着二橡袍一非、着二位袍一理上也。オ但諒

闇之年、殿上侍臣聴レ着二黒橡袍一之。弁官従レ政之日、亦着二位袍一。雖レ称二先例一、未レ得二其意一。依二私喪一着レ之人、縦改二用位色一、依二公定一着レ之輩、何更用二位色一乎。着レ橡従レ政自以合レ理。カ抑如レ此称レ例之事、宜レ帰二衆人之定一。偏存二道理一、不レ可二確執一。若无二饗応之情一、難レ避二謗毀之詞一。若亦問二法意一、猶須レ答二正理之旨一。〉(184)

著者允亮の論点は多岐にわたるが、主旨は、個人的な重服にある殿上人が黒橡袍を着用することは、凶服で宮中に入ることを禁じた『儀制令』に反し、認められない（傍線部ア）という点にある。允亮は唐令・日本令を参照しながら、服喪中に参朝する場合には位色を浅くした袍を着用すべきで、位色の区別を無効化する黒橡袍の着用は認められないとし（イ）、ただし三位以上は、位色（紫）の本色が黒であるので、黒橡袍の着用は根拠のあることとする（ウ）。そして、重服にある弁官が政のある日に位袍を着用する慣例を示して、自説の支えとする（エ）(185)。

その一方で允亮は、諒闇によって殿上人が黒橡袍の着用を許された時には、弁官も黒橡袍のまま政に従事するのが理であり、先例と称して位袍に替えるのは意図が理解できないが（オ）、このような先例と称して行なわれる慣習については、「衆人の定」に帰し、道理に拘るべきではない（カ）とも記している。この見解を踏まえれば、太政官官人や式部省・兵部省官人が本官の役に従事する際には位袍を着用すべしという規定は、これらの官人が政や儀式において位袍を着用するという強い慣習が、殿上人として着用する服喪装束よりも優先されたもので、その背景には政や儀式という公的な場に凶服で臨んではならないという認識があったと考えられる。したがって、本司と殿上の勤務を区別するために殿上人に特別な服装を定めたと解釈するべきではない。

そもそも『西宮記』喪服条の規定も全ての官人ではなく、太政官や式部・兵部省の官人に限定したものであった。しかも、これらの官人にとって位袍を着用すべしという慣習は、蔵人の青色袍着用にも優先したらしい。すなわち『侍中群要』巻五には、麹塵袍について「抑主上着御時・賀茂祭還・検非違使初着レ庁申次日・二省承〔丞カ〕勤二本省役一日、不レ可レ着二青色一」とみえており(186)、蔵人を兼ねる式部丞・兵部丞が本務の役を務める日は位袍を着用することとされているのである。

また、『西宮記』や『政事要略』における黒橡袍をめぐる記述が、いずれも「昇殿之輩」に限定されている点にも注目したい。このことは宮中での黒橡袍の着用が雑袍宣旨によって許されていることを裏付けるからである。このことと絡む興味深い記事が『春記』永承七年（一〇五二）七月七日条に見える。これは後冷泉天皇が六月末から腫物の病に臥した時の記事であるが、正五位下の医師丹波雅忠が重服にあるために「赤衣」（位色の緋袍、あるいは位色を浅くしたものか）を着て参仕したところ、「如レ此之所忌二赤物一」、すなわち病者の治療にあたるこのような場面では赤い物を忌むべきとして、橡袍での祗候を許す宣旨が下されたといい、そこに、「已如二雲上客一」、すなわち、すでに殿上人であるかのようだという資平の感想が副えられている。[187] すなわち、橡袍での参内は原則として雑袍宣旨を受けた殿上人に特有のものであった。

さて、養和元年（一一八一）正月、高倉院の初七日に際し、藤原実房と藤原隆季が諒闇の装束に関して交わした問答が実房の日記に残されている（『愚昧記』二十日条裏書）。その話題は多岐にわたり、難解な部分もあるが、いくつかの興味深い事柄がここから知られる。

一つは、公卿・殿上人ともに、服喪中は束帯・直衣に同じ上衣を通用したらしいということである。隆季が「服表衣・直衣無二分別一歟」、先例は夏の諒闇では通用しているようだが、冬はどうかと問うと、実房は「夏通用者、冬何又可レ有二差別一哉」と答え、隆房も「橡ハ束帯・直衣、殿上人通用也。可二相准一歟」と述べている。更に重ねて、「服着直衣は不レ候歟。只表衣通用歟」とも問い、実房は慥かにはわからないが、そうではないかと答えている。このように表衣（袍）と直衣を通用したのには、別々の上衣を用意するには及ばないという実用的理由もあったかもしれないが、諒闇中の宮中の空間的性格も反映されていたと思われる。『西宮記』喪服条にあるように、諒闇の間、天皇は朝に臨まず、位袍を着用せず、黒橡を着ることになっていたのであり（本書一〇一頁傍線部ア）、いわば、宮中は常に褻の状態、あるいは夜間の状態に置かれることになる。その結果、公の装束と褻の装束に同じ上衣を通用することも可能となるのではないか。匡房の「橡はこれ直衣なり」という言（本書一〇三頁『水牙記』）の背景にはこのような事情も想定される。

なお、時期の異なる摂関（内覧）の例ではあるが、喪服として色の異なる直衣を着て参内することは、早くは寛弘八年（一〇一一）、一条院崩御後の最初の参内に道長が「色浅直・指抜等」を着た例が見られる。[188] また、道長没後の長元元年（一〇二八）二月には、その忌み明けの初参に際して頼通が直衣を着用している。[189] 頼通は、同九年四月に後一条天皇が崩じた後にも、忌み明け、服明けそれぞれに直衣で参内し、長暦三年（一〇三九）八月に養女の中宮藤原嫄子が亡くなった際にも、忌み明けの十一月に鈍色直衣で初参している。[190]

『愚昧記』から知られるもう一つの興味深い点は六位の雑袍着用に関わる認識である。隆季と実房は、五年前の建春門院のための仏事の際に六位の院蔵人が黒袍を着用したことは不審であるとし、それ以前の後朱雀天皇（寛徳二年（一〇四五））や白河法皇（大治四年（一一二九））の仏事の際はいずれも六位は位袍であったことや、建春門院崩御の際に平信範が「大治の例に従い黒袍とすべし」と意見したことは何らかの勘違いだったのではないかといったことを話し合っている。[191]

この議論からは、六位は一般に黒袍を着用しないという認識が窺われる。とりわけ実房は自説の補強として、「六位重服之時、尚着二浅緑袍一歟。況於二軽服者一哉」と、六位は重服に際しても黒袍ではなく、位色を浅くした浅緑袍を着用すると述べている。この論点は『政事要略』（本書一〇三頁）と共通のものではあるが、『政事要略』では四位・五位・六位が問題となっていたのに対し、実房は六位のみを問題とする。その背景には、まず四位の位袍が三位以上と同じ黒となり、通常の五位も黒みがかった赤を用いるようになったことが考えられるが、橡袍と雑袍宣旨の関わり、また「橡はこれ直衣なり」という匡房の言葉を考えると、あるいは六位が直衣を着用できないという規制が変質しつつ反映されていた可能性も想定できよう。

以上により、諒闇装束の黒橡袍は雑袍宣旨によって着用が許されるものであったと確認された。しかし、雑袍宣旨がもともと諒闇装束のために下されていたとは考えにくい。あくまで副次的な目的として、橡袍の着用が認められる根拠となったのだろう。

第二項　青摺袍

大丸の指摘した青摺袍と雑袍の関係を示す記事とは、次の『政事要略』巻六十七の記載である。

或人云、「邑上天皇御代、藤原季平為二蔵人式部丞一、新嘗会着二青摺一立レ列。不レ可レ然。式部答云、「為二蔵人一輩、被レ聴二雑袍一。不レ存二其旨一所二教正一、不レ可レ然」。時人聞云、「省台所レ謂、遥以有レ興焉」。始レ自二此時一、蔵人式部丞着二小忌装束一立二本列一」云々。誠雖二口伝之説一、可レ知二濫觴之時一。

私案、台式云「縁二公事一所レ着、不レ在二禁限一」者。式部所レ陳自叶二章条一。[192]

村上朝の新嘗会（豊明節会）において、蔵人式部丞藤原季平が小忌装束の青摺袍を着て列に立ったところ、糺弾の主体は不明ながら、批判を受けた。これに対し季平は、蔵人は雑袍を許されているのだから、教正する方が不当だといい、人々はこれを興あることだと評したという。

ところが、『政事要略』巻二十六にはこの話の本となったらしい事件に関する『吏部王記』天暦五年（九五一）十一月二十二日条の記事も収められている。

新嘗会。省〔式部〕権大輔維時〔大江〕朝臣在二仗下一、諮云、「閤外可レ列丞可レ列二左右一。而大丞方頼〔藤原〕使事未レ畢、不レ艮〔マヽ〕二省事一。少丞幹〔源〕時重服。大丞懐忠〔藤原〕・少丞季平可二奉仕一。而皆為二小忌一。摺袍就レ列、頗有二其疑一。改レ服奉仕、又不レ作二尽理一。望レ蒙二処分一」。答云、「勘レ例可レ行。但公卿・弁官皆祭服従レ事。省官何独有レ妨。輙改二祭服一、又無レ所レ拠畢〔乎〕」。

右大臣〔藤原師輔〕云、「内弁独有ニ改レ服之例一。丞祭服就レ列、有ニ何妨一畢〔乎〕」。権大輔就ニ殿上一案内。還来告云、「勘レ例、祭服就レ列、蹤跡已多。恐候ニ天気一、奉下依レ例可ニ奉仕一之仰上畢」。

新嘗会では式部省官人が群臣の参列を点検するが、『吏部王記』によれば、この年、小忌装束を着用する藤原懐忠と藤原季平が式部丞として列に就かざるを得ない状況となり、小忌のまま列に立つか位袍に着替えるべきかが公卿に諮られた。そもそもこのことが問題となったのは、前項で見た「儀式官が本官役に従事する際には位袍を着用する」という規定が背景にあったと推測される。議論の結果、内弁の他には位袍に着替える例はなく（このことについては『西宮記』等にも記される）、公卿や弁官は小忌のまま列に就くのが例ということから、天皇の裁可を受けて小忌のままとなった。すなわち、実際には、季平の小忌着用と蔵人の任や雑袍勅許は無関係であった。編者惟宗允亮も、「口伝之説」と断るだけでなく、「私案」として、摺染も公事によって着る場合には禁制の対象にならないという『弾正台式』の規定（「凡揩染成文衣袴者並不レ得ニ着用一。但縁ニ公事一所レ着幷婦女衣裙、不レ在ニ禁限一」）に触れている。

もちろん、小忌での列立となった経緯を知らずに咎めた人がいて、それに対して季平が蔵人であることを持ち出して反論したという可能性までは否定できない。『蔵人補任』によれば季平は天暦元年十二月から同四年にかけて六位蔵人であったことが確認でき、天暦五年当時も蔵人であっても不思議ではない。また、『助無智秘抄』には「式部丞蔵人、小忌ヲ着ナガラ点標。〈嚢時無ニ此事一。而近代之例定事也〉。射場殿ヨリイデテ列ニクハ、ルナリ」と見えており[193]、蔵人式部丞に特別の作法が成立していたことも窺える。しかし、そもそも「興あり」という言は季平の機転の利いた返答を評価したものであり、青摺は雑袍であるために蔵人に許されるという明白な共通認識がむしろなかったことを示唆する。したがって雑袍宣旨によって青摺袍が許されるということは、実態としては存在しなかったと考えられる。

第三項　青色袍

三つ目の青色袍はもっとも複雑である。なぜなら特定の行事においては天皇から地下まで幅広い層での着用が見られ、また日常的には蔵人が着用したことが知られており、そして禁色宣旨とも雑袍宣旨とも関係を指摘する史料が存在するからである。

平安時代の青色袍・青白橡袍・麴塵袍については、成田（小嶋）汀・津田大輔等によって史料が収集されており[194]、十世紀半ばにはこれらが同じものを指し、また雑袍に含まれることは確からしい[195]。しかし、雑袍宣旨と青色袍着用の関連を明示する史料は実は多くない。まず、大丸がその関連を示すものとして挙げた左の『小右記』万寿元年（一〇二四）七月二十九日条は、相撲節会における将監に関する記事であり、殿上人の雑袍宣旨ではなく、近衛府の永宣旨に関わるものである。

　相撲両日不レ可レ改二装束一。〔中略〕右将監国行着二青色袍一執レ奏。近衛苻〔府〕被レ聴二雑袍一、仍所レ着歟。而上下不二甘心一云々。依二故内蔵允利重子一歟。

これによれば、この年、相撲の奏を執る近衛府の中で、右近将監国行が青色袍を着用していたことが多くの人の不興を買った。青色着用の理由について、近衛府に雑袍が許されているからだろうか、と実資は記すが、あくまで推測であり、状況から考えて先例のない出来事であったと見られる。三年後の相撲でも、蔵人を兼ねる将監源経成が麴塵を着て奏を執ったことに対し、「先年地下将監国行着二無文青色一持候。此度似二舞一、是悪案歟」と記しており（『小右記』万寿四年七月二十六日条）、ここからも万寿元年の出来事はかなり例外的であったと言えよう。

では、他に青色袍の着用と雑袍宣旨の関わりを示す史料があるかというと、管見では十二世紀半ばの『助無智秘抄』の「ケチエン〔掲焉〕ノ時蔵人カナラズキクヂン〔麴塵〕ノ袍ヲキルベシ。コレ雑袍ノ宣旨ヲカウブリタルニヨリテ也。宿衣マタシカナリ」という記述まで見当たらない[196]。そして、第二節で見たように蔵人に雑袍宣旨を下す例は知られない。直衣と雑袍宣旨の関係を示す『西宮記』でも、青色袍は「帝王及公卿以下侍臣、随レ便服レ之〈非蔵人用二無文一〉」と、侍臣が必要に応じて着用するとのみ記されている。[197]

この「便」については、特定の行事における公卿・侍臣の着用や、蔵人の日常的な着用を指すと考えられる。このうち行事における着用については、九世紀末から十世紀には踏歌・内宴・殿上賭弓・行幸等において六位を含む殿上人以上が青色袍を着用する事例が確認できる。

〔踏歌の例〕

踏歌人装、垂纓冠・麴塵闕腋袍・白下襲、着二深沓一、持二白杖一、以着立三加列一。前官権脱剣振〔ママ〕靴。高巾子着二綿面一。童子二人在二舞人列一〈右衛門督児今阿子、故貞文子菖蒲町〉。其装束如二舞人一、着レ花加二多髻房一、及着二糸鞋一。（『吏部王記』延長七年（九二九）正月十四日条（『河海抄』所引））

一、踏歌。天皇直衣、王卿如レ例。供奉者、青色無文菊塵闕腋、白下襲・半臂、白帯、深履、扇、綿花白杖。高巾言吹振六位以レ綿裹レ面〈近代不レ裹〉。童子糸鞋。召人雖二衛府一垂纓、不レ帯二剣笏一。被レ聴二禁色一者用二無文一。主典以下本位袍・浅沓、雖二衛府一垂纓。（『西宮記』臨時四）[198]

〔内宴の例〕

内宴日、主上御赤白橡闕袍及靴。王公・侍臣着二青白橡闕腋袍・魚袋・飾剣・靴等一。〈但非参議不レ服二綾袍一也。〉侍臣帯二武官一者帯レ剣。又文人服二同縫腋一。又女官同着二麴塵衣一。（『吏部王記』日付不詳（『西宮記』勘物所引）[199]）

一、内宴。天皇赤白橡〈近代闕腋〉。太子・王卿皆菊塵闕腋、着二魚袋・靴・飾剣一〈大臣着二赤色一〉。文人縫腋〈鞋・魚袋・無文袍。申二宣旨一着二綾袍一〉。近衛将、晩帯二弓箭一〈乍二細剣一、撤二魚袋一〉。（『西宮記』臨時四）

〔殿上賭弓の例〕

有二殿上賭弓一。前後各十人、前桜色下襲、後〔脱文カ〕、各着二麴塵袍一。（『九暦』承平七年（九三七）三月二十八日条

(『西宮記』勘物所引)

一、殿上賭弓。王卿如レ例。前後射手着二麴塵闕腋一〈内宴後多着二青色一〉。前後又着二位袍一。下襲前後相分〈随レ時不レ定。近衛将帯レ剣《将監者不レ帯》〉。(『西宮記』臨時四)

[子日宴の例]

有二子日宴一、行二幸北野雲林院一。其扈従者、皇太子及一品式部卿本康親王(中略)。殿上六位以上皆着二麴塵衣一。

(『扶桑略記』寛平八年(八九六)閏正月六日条[200])

[野行幸の例]

大原野行幸。(中略)鷹飼到レ此持レ鷹。員外鷹飼祇候武官着二青摺衣一者四人。摺衣徒伺二所扈従一也。鷹飼親王・公卿立二本列一。其装束御二赤色袍一、親王・公卿及殿上侍臣六位以上着二麴塵袍一。諸衛官人着二褐衣・腹巻・行縢一。(中略)鷹飼親王・公卿着下地摺布衣及袴〈或〔用二紫〕・木蘭色〔綺袴〕一〉・小襖子・餌袋上。(『吏部王記』延長六年十二月五日条(『河海抄』所引)[201])

以上の事例は、青色袍の着用という点は共通するが、他の点ではかなりの違いがある。例えば踏歌では供奉者のみが青色の無文闕腋袍に白襲や白石帯等を着用し、綿を被く。内宴では王卿・侍臣全員が青色袍に魚袋・靴を着用する(文人以外は闕腋)。殿上賭弓においては、内宴が開かれた年は射手・念人が青色闕腋袍を、それ以外の年は位袍を着用し[202]、左右それぞれに下襲の色を揃える。このように違いがあり、すべて一括りに論じることはできないが、いずれの場合においても雑袍宣旨との関わりを指摘する史料は見受けられない。

なかんずく内宴については、装束料が内裏から下されたことが、藤原行成『新撰年中行事』の引く『蔵人式』逸文等から窺える。

〔十二月三日〕同日、奏二等第文一事

蔵人式云、「一如二六月一〈但所例云、『殿上、〔々〕等六疋・中等四疋』〉。但加二奏来年内宴装束許又〔料文〕二」。所例云、「奏二殿上四位以下六位以上装束料又〔文〕一、後下二宣旨一、人別六人〔疋カ〕。宴レ停者、被レ下二宣行一不二更行一」。[203]

等第文は蔵人・殿上人や女房の半年間の勤務実績をまとめたもので、六月・十二月の月奏と共に奏され、三等級の評価に応じて絹が給された。そして、右によれば、冬の等第に際しては内宴の装束のための絹も併せて支給されたのである。このことは、内宴の装束が通常の服制に縛られず、行事における特殊な服装（当色）として扱われていたことを強く示唆する。

更に、これらの史料には服装の規制に関する記述がいくつか見られるが、その中にも雑袍宣旨との関係を示唆するものはない。まず、内宴については『西宮記』に「申二宣旨一着二綾袍一」とあり（波線部）、『西宮記』内宴条にも文人の服装について「縫腋。無二平絹袍一者、申二宣旨一着二綾菊塵一」とあって、本来綾（有文）の袍を着用できない立場の者も、平絹（無文）の袍が準備できなければ、宣旨を受けて綾袍を着用できた。[204] 逆に踏歌においては、「被レ聴二禁色一者用二無文一」とあるように（波線部）、蔵人や禁色人も平絹の袍を着用することになっていた。一方、『西宮記』臨時三、北野行幸条に「鷹飼装束依二宣旨一所レ着」と見えるように、野行幸に際しては、鷹飼の摺衣着用が宣旨によって許可された。[205] このように、青色袍が着用される場面において禁制の綾袍や摺衣を許す宣旨等に言及があるにもかかわらず、雑袍宣旨や、青色袍自体の着用制限への言及はない。このことから、これらの行事における青色袍の着用は宣旨によって許される性質のものではなかったと推定できる。

なお、踏歌や行幸における青色袍は、摺衣の着用をその先行形態としていたことが指摘されている。[206] 特に野行幸においては、右に引いた延長六年大原野行幸のように、王卿・侍臣が青色袍を着用するようになっても、鷹飼達は摺衣を着用していた。これよりも前の野行幸等では、青地に文様を摺り出した衣が着用された例もあり、[207] 青摺と青色の関係の深さが窺われる。前項で触れたように、「公事」における青摺袍着用は『弾正台式』によって許されていたが、青色袍についても、行事における着用は公事のためとして認められており、雑袍宣旨とは関係がなかったと考えられる。

では、『助無智秘抄』に見える、蔵人は雑袍宣旨によって麹塵袍が許されているという文はどのように考えたらよいのだろうか。まず着目したいのは、蔵人の青色袍と禁色宣旨の関わりを示す史料の存在である。

一、行幸幷新嘗会・五節預蔵人等、必着二麹塵服一。凡蔵人等着二禁色一之意、為レ給二御衣一也。然而未レ見下着二赤白橡衣一之例上。主上服二御菊塵一之日、蔵人不レ知二其由一着二同色服一之時、登時改二其服色一。（『西宮記』侍中事）[208]

ここでは蔵人が麹塵を着用することと関連させて、蔵人等が禁色を着るのは御衣を賜るからであると述べている。早くは昌泰元年（八九八）十月の宇多上皇御幸を描く紀長谷雄『競狩記』に、「青□（白カ）橡綾袍」を着用した次第使二人について、「其下衣上、不レ拘二禁色一。其然毎□□□為二内裏蔵人一也。但在二野外一宜レ着二猟□□□」とあり、欠字等があって難解ではあるが、青白橡綾袍を含む彼等の服装が禁色に相当し、またその着用と内裏蔵人に関連があることが知られる。[209]

そもそも青白橡・青色は『養老令』に規定がなく、赤白橡袍が『延喜弾正台式』において「凡赤白橡袍聴二参議已上着用一」と規制されているのに対し、[210]『延喜式』にも特に制限は見えない。ただ、先行研究で指摘されるように、『政事要略』巻六十七に青白橡を禁色とする天慶五年（九四二）二月十日付の「勘申无位孫王衣服色幷着二禁色羅一状事」が残されている。[211]この勘申では、まず『弘仁式』の「无位孫王准二五位一。其服色者用レ纁」という規定を、次いで元慶七年（八八三）五月一日の「聴三二世真実王着二青白橡一」という宣旨を引き、無位孫王の服色は纁《そひ》であり、真実王の例のように奉勅宣旨がない限り、青白橡等は着用できないとする。[212]そして「若当色之外着二禁色一者、可レ謂レ犯二違式罪一」と、禁色を着ることは違式罪であると結論付ける。纁は薄い赤系統の色とされ、『養老衣服令』服色条においては、四位・五位の位色である緋と六位・七位の位色である緑の間に位置する。[213]纁の前には「黄橡」が置かれており、おそらく青白橡の服色上の位置はこれに相当するのだろう。その結果、青白橡は無位孫王・諸王および諸臣六位以下にとっての禁色ということになる。

一方、綾の使用は、『延喜弾正台式』に「凡綾者聴レ用二五位已上朝服一。六位以下不レ得二服用一」と見え[214]、位袍においては五位以上に許されていたが、青色袍を含む位袍以外への綾の使用は、参議以上と蔵人のみ許されていた。例えば先に引いたように『西宮記』には青色袍について「非蔵人無文」とあり、『吏部王記』の内宴の記事（本書一一〇頁）にも「非参議不レ服二綾袍一」と見えている。また、先述の通り、『枕草子』「めでたき物」段では、六位蔵人の着る綾織物の青色袍は「いみじき君達」でも着用できないと描いている[215]。

これらを総合すると、綾の青色袍は殿上人にとって禁色であり、蔵人がこれを着用できたのは禁色宣旨を受けていたためと確認できる。青色袍の存在を宇多朝より前に確認することはできないものの、九世紀末には、蔵人への禁色宣旨の主目的に青色綾袍の着用許可があったと推測される。事実、蔵人でない殿上人には日常的な青色袍の着用は見られず、その一方で蔵人への明示的な雑袍宣旨は確認できない。これはすなわち、日常的な青色袍着用は雑袍宣旨ではなく、禁色宣旨および蔵人の職掌に関わるものとして認められていたことを示している。したがって、蔵人の青色袍着用は、本来、禁色宣旨によって認められたものであり、『助無智秘抄』の「雑袍宣旨を蒙っているため」という説明は、十二世紀後半以降、禁色宣旨・雑袍宣旨の理解が変質していく中で生じたもの、あるいは誤記と推測される[216]。

蔵人の青色袍と禁色宣旨との関わりに関しては、『西宮記』侍中事（本書一一三頁）に見える、御衣を拝領するためという意味付けも注目される。というのも、この御衣を拝領するという性質は雑袍宣旨には見られず、禁色宣旨全般に見られる事象であるからである。小川彰が論証したように、十世紀末以降の男性官人への禁色勅許は一般に「殿上人の一部や蔵人に服装の上で、公卿待遇を与えること」であったが[217]、禁色勅許を受けて最初に着用する装束には天皇や摂関等の装束を拝領する習慣があり、ただの「公卿待遇」を超えた象徴的意義も存在していた。この慣習については、『侍中群要』巻五に「初着㆓禁色㆒時／中〔申カ〕㆓可㆑然人御下襲・表袴㆒着。近代下㆑冠云々」とあるほか、[218]小川が禁色装束の内容を知る手がかりとして示した事例の多くにおいて、天皇または摂関・一上の装束を拝領して着用していることからも確認される。[219]上位者の衣服を着用することは、叙爵や昇叙の際の位袍等にも見られるので、必ずしも禁色宣旨のみに限られたことではないが、[220]管見では雑袍宣旨に関連して類似の事例は見受けられない。

青色袍はこの他にも、歌合で左方が赤系統、右方が青系統の装いをする時に用いられたり、[221]元服などでも着用された。[222]更に、雑色や車副等が青色を着用することもあった。例えば天慶七年（九四四）、十七年振りに行なわれた五月五日の節会で、飾馬に乗る兵部卿元長親王の陪従十六人が麹塵袍を着用し（『九暦』同日条）、『吏部王記』承平二年（九三二）十月二十五日条や天慶九年十月二十八日条には、大嘗会御禊の車副等が麹塵袍を着用したことが見える。また『江家次第』等によれば、賀茂祭において斎院の前駈・陪従を務める蔵人所雑色も青色を着用した。[223]『枕草子』「比は」段に「蔵人思ひしめたる人の、ふとしもえならぬが、その日あを色きたるこそ、やがてぬがせでもあらばやと覚ゆれ。綾《あや》ならぬはわろき」とあるのは、この蔵人所雑色のことを述べている。[224]

以上を要約すると、青色袍は雑袍ではあるが、行事においての着用は、青摺の着用と同様、公事における着用として許され、また蔵人の日常的な青色綾袍の着用は禁色宣旨によって許されるものであって、もともとは雑袍宣旨との関連は認められない。十二世紀後半以降、蔵人の青色袍着用が雑袍宣旨によるとする言説も見られるが、これは禁色宣旨・雑袍宣旨の変質・混乱を反映したものと考えられる。

第五節　小　結

二節にわたり、雑袍宣旨によって認められた服装について検討してきた。その結果、宿直における直衣の着用と諒闇における橡袍の着用については、雑袍宣旨によって許されていたことに相当の蓋然性が認められた。一方、青摺袍・青色袍については、雑袍であるとの認識は確認できるものの、雑袍宣旨との明確な関係は認められなかった。また、橡袍には直衣との深い関係を示唆する史料が存在し、とりわけ大江匡房の「橡はこれ直衣なり」という言葉は印象的であるが、青色袍にはこのような認識は見られない。このことからも、十世紀半ばから十二世紀前半にかけて、雑袍宣旨によって認められた服装とは、直衣と黒橡袍であったと考えられる。そして、諒闇装束が主目的であったとは考えづらいことから、雑袍宣旨は主に宿直における直衣着用を許可するために下されていたと結論される。

宿直における直衣と諒闇における橡袍の着用には、天皇の私的生活に奉仕する中で、褻あるいは服喪といった天皇個人の置かれている状況に対応した服装をとる、という共通点がある。また、中世公家社会の空間について分析した秋山喜代子によれば、清涼殿のなかでも昼御座・弘庇・東弘庇と殿上間は「表」の空間であった(225)。とすれば、雑袍宣旨は「表」の空間に私あるいは褻の服装で祗候するためのものということにもなる。この点から言えば、直衣や橡袍の着用には、天皇の私的な側近という殿上人の本質的性格(226)が強く反映されている。

とはいえ、夜間や諒闇中の清涼殿は必ずしも「表」の空間とは言えない。摂関期以前の人々が服装規範の根拠をどれほど公私や表裏といった論理で捉えていたかは定かでないが、強いて言うならば、雑袍宣旨で認められた直衣や橡袍が着用されるのは、本来「表」に属する空間も褻の性格を帯びる時である(227)。雑袍宣旨の初見例が見られる宇多朝には、天皇の居住空間で政務が執り行われるようになるとともに、昇殿制の整備等によって、殿上人として選ばれた官人が天皇の身辺の世話を職務とするようになる。雑袍宣旨は、同じ人々が同じ空間で公的な政務から天皇の身辺の世話や宿直まで幅広い活動に従事する上で、実務の上から必要となった制度と言うこともできよう。

その点、行事における青摺袍・青色袍は、晴の場における服装というまったく異なる性質を持つ。また蔵人の青色袍は、天皇の近侍者に認められた服装という点では、殿上人の直衣や橡袍と類似するが、日中の殿上祗候が可能であり、行事にも着用されるという点で直衣とは決定的な違いがあり、蔵人のいわばユニフォームとしての性格が強い。断片的な史料を想像で補えば、佐藤早紀子が「雑袍の束帯」説として主張したように、十世紀前半以前の一時期、蔵人の青色袍に倣って、殿上人のユニフォームとして直衣を用いる試みがなされた可能性はあろう。特に『西宮記』直衣条の「殿上人、旧例以㆓直衣㆒為㆓束帯袍㆒」という記述はこの説の強い根拠となり得る。しかし、そのような時期が存在したとしてもごく短期間のことで、十世紀半ばには、宮中での直衣は専ら宿衣として着用されるものとなっていた。

十二世紀後半頃から雑袍宣旨は次第に形骸化していく。次章以降で見るように、公卿・殿上人ともに日中も宮中で直衣を着用するようになり、恐らくは公卿への直衣参内勅許制度の影響も受けて、殿上人の雑袍勅許も日中の直衣での参内を許すものへと変質していったと見られる。十五世紀の『桃華蕊葉』では禁色宣旨を受けて直衣で参内をすると記しており（本書六七頁）、江戸時代になると、主に摂関家・清華家の子弟が元服時に「禁色雑袍」を勅許され、日常の直衣参内の根拠とするようになった。

また、野宮定基は『新野問答』の中で「雑袍と申事、殊之外六ヶ敷候」と述べた上で、元禄十六年（一七〇三）に三条公充が元服に際して禁色・雑袍を申請して許された際に、当時六十九歳の前権大納言中御門資凞が「雑袍何を以て称し候哉」と不審を表わしたことに触れ、自身の研究成果として、「束帯之外、衣冠・直衣等皆雑袍に候」と、束帯以外はすべて雑袍であるとし、本来、雑袍宣旨を蒙らずにこれらを着てはならないが、「末代之至、零落之間」束帯を着ることもままならない現状では致し方なく、また雑袍とは何かもわからなくなっているのだろう、と論じている[228]。このようにして、直衣宣下と雑袍宣旨の違いは対象が公卿か然るべき殿上人かの違いだけとなり、現代にはその違いも忘れられて、直衣勅許と雑袍勅許を混同した通説が生まれるに至ったのである。

（1）大丸弘「禁色聴許の被服学的研究」『大阪樟蔭女子大学論集』一号、一九六三年一一月、同「禁色雑袍の風俗史的研究」『風俗』三巻三号、一九六四年二月。
（2）「禁色雑袍の風俗史的研究」（前注）、七頁。
（3）同前、一五―一七頁。
（4）小川彰「古記録記事を通してみたる禁色勅許――平安後期殿上人層を中心として」『国史学』一二七号、一九八五年、同「禁色勅許の装束について」古代学協会編『後期摂関時代史の研究』吉川弘文館、一九九〇年。
（5）この点に関連しては、大丸がすでに禁色勅許を受ける殿上人の大半が近衛次将であることを指摘していた（「禁色雑袍の風俗史的研究」（注1）、一二頁）。
（6）小川「古記録記事を通してみたる禁色勅許」（注4）。
（7）小川「禁色勅許の装束について」（注4）。禁色勅許によって許される装束については、蔵人の麴塵袍（青色袍）を含める見解もあり、大丸「禁色雑袍の風俗史的研究」（注1）は、殿上人の禁色の服装は染装束と織物の使用である一方、蔵人の禁色は麴塵袍に集約されるとした。しかし、小川の示した事例によれば、蔵人に対する禁色勅許も主に下襲・半臂・表袴によって表現されたようである。麴塵袍については本章第四節第三項で検討する。
（8）成田汀「平安朝服飾における麴塵と青色について」『服飾美学』一六号、一九八七年三月、同「平安朝服飾における雑袍と直衣の諸相――重色目の成立を中心として」『服飾美学』二〇号、一九九一年三月、同「平安朝服飾における直衣と雑袍の諸相――紅花染の下重を中心として」『服飾美学』二三号、一九九四年三月、同「平安朝服飾における直衣と雑袍の諸相――白襲の下衣・下襲を中心として」『服飾美学』二五号、一九九六年三月。成田の雑袍に対する理解は、特に「紅花染の下重を中心として」五八頁等に明言されている。成田の史料解釈の誤りの詳細は、本書のもととなった博士論文『直衣参内の研究』（東京大学大学院総合文化研究科、二〇一五年）に述べた。
（9）茨木裕子「平安朝服飾における聴許の流れ――禁色・雑袍」『服飾美学』二三号、一九九四年三月。以下、茨木裕子の説はすべて同論文に拠る。
（10）同前、六三・六六頁。
（11）同前、六一頁。
（12）同前、六五・六八頁。

(13) 茨木が伊勢遣使と関連づけた藤原有穂への雑袍宣旨は仁和三年「壬十一月日」とされる（『公卿補任』）。茨木はこれを十一月壬午（十三日）の伊勢遣使（『日本紀略』）に結びつけたが（注9論文六八頁）、閏を示す「壬」を「壬の日」と解釈する根拠は示されておらず、しかも実際の勅使には「王・大中臣等」が発遣されている（『即位雑例条々』『大日本史料』第一篇第二六冊補遺）。賭射と関連づけた平惟範の例では、雑袍宣旨と「六日後」の「殿上の賭射」を結びつけるが（注9論文六八頁）、その寛平元年四月十九日に行なわれたのは、前月十三日に行なわれた東宮賭弓の負態である（『小野宮年中行事』所引宇多天皇日記および『日本紀略』）。

(14) 同前、六九頁。

(15) 同前、七〇頁。

(16) 佐藤早紀子「平安中期の雑袍勅許」『史林』九四巻三号、二〇一一年五月。以下、佐藤早紀子の説はすべて同論文に拠る。

(17) 同前、七八頁。

(18) 同前、七三・八四頁。

(19) この日は中宮藤原威子が滞在していた上東門院から内裏に参入しており、中宮亮である記主源経頼は、その業務のために中宮方へ参入したが、内裏に出仕できないため行啓には同行せず、閑所で雑務を処理するにあたり直衣を着用している。体調不良と佐藤が判断したのは「不㆑堪㆓出仕㆒」とあるからと推測するが、『大日本史料』第二篇第二七冊の注記が示すように、この記述は二月十九日の丹波守得替に伴う功課定が済んでいないことに関わるもので、『左経記』当日条末尾や十二日条等にも功課定未了の内は憚ることが記されている。受領が交替後の処理が済むまで昇殿できないことについては、『西宮記』臨時六「殿上人事」に見える。

(20) 小川彰「赤色袍について」山中裕編『摂関時代と古記録』吉川弘文館、一九九一年、末松剛「摂関家における服飾故実の成立と展開——赤色袍の検討を通じて」『平安宮廷の儀礼文化』吉川弘文館、二〇一〇年（初出二〇〇〇年）、同「中世源氏学における赤色袍理解について」『日本歴史』六三五号、二〇〇一年四月。本書では詳述しないが、赤色袍は位袍ではないという点で「雑袍」に含まれ得るとはいえ、天皇・上皇・摂関等の着用するもので、雑袍宣旨とは関係しない。

(21) 土田直鎮「公卿補任の成立」『奈良平安時代史研究』吉川弘文館、一九九二年（初出一九五五年）。なお、土田は国史大系『公卿補任』の原本「流布本公卿補任」に先行する形態と推定される「異型公卿補任」（九条家本中右記部類裏書、鎌倉時代初期書写と推定）を紹介しているが（『奈良平安時代史研究』および『新訂増補　国史大系月報』吉川弘文館、二〇〇七年）、奇妙なことに、その尻付には禁色や雑袍の記録が含まれない。これについては、異本から流布本に発展する途中で追加された可能性と、異本の書写過程で省かれた可能性とが想定できるだろう。流布本の尻付では日まで記される日付を、異本では月までしか記さない場合が見られることからは、後者の可能性が高いようにも思われるが、後考を俟つ。

(22) 正徹『一滴集』乾巻、をとめ、未刊国文古註釈大系一一、二一八頁、国立国会図書館蔵本（文明十一年、正広書写、孤本、国立国会図書館デジタルコレクション、http://dl.ndl.go.jp/info:ndljp/pid/2555033）一三九コマ。なお、「：」の省略記号は底本のものであり、「本」の傍注はそれが親本にあったことを示しているのであろう。本史料は管見では雑袍宣旨の先行研究には利用されていないが、高田信敬「直衣参内」（『源氏物語考証稿』武蔵野書院、二〇一〇年（初出二〇〇三年））に取り上げられている。

(23) 続神道大系『一代要記』一、二〇三頁。他の不審点として、『三代実録』によれば、藤原利基は貞観五年二月十日に備前権介に任じられ、貞観八年正月十三日条にも備前権介とあるので（同時に笠名高を備前権介に任命）、「備中」が備前の誤りか、やはり貞観七年という年次が誤りである可能性がある。

(24) 表2に掲げた範囲では、承平二年に宣旨を受けた藤原俊連が六位であるが、蔵人であることから禁色宣旨であった可能性が高い。応和三年に雑袍宣旨を受けた藤原光舒は、「朝臣」が付されていないことから五位以下とわかるが、『尊卑分脈』によれば極官が修理少進であり、六位であった可能性が高い。表2の外では、一条朝の長徳四年（九九八）に昇殿・雑袍を許された橘則隆が、左兵衛尉であること、また翌年に六位蔵人となっていることから六位とわかる（昇殿・雑袍については『権記』七月十四日条・九月二十四日条、蔵人については『権記』長保元年七月七日・八日条、『小右記』長保元年八月四日条等）。一方、則隆と同時に雑袍を許された源教忠は『権記』に「皇后宮亮教忠朝臣」と見え、四位と確認できる。

(25) 服藤早苗「童殿上の成立と変容――王権と家と子ども」「童殿上の成立と命名――王権と童」『平安王朝の子どもたち――王権と家・童』吉川弘文館、二〇〇四年（初出はともに一九九七年）。

(26) なお、時平と忠平の違いに関しては、時平の尻付には叙四位後と宇多天皇践祚後の禁色宣旨が記録されているのに対し、忠平の尻付には記録されていない点も注目される。時平への禁色勅許は、蔵人ではない殿上人に特権として与えられる禁色宣旨の嚆矢と捉えられるものの、その後、このように蔵人ではない人物が十代で禁色宣旨を受ける例は、約一世紀後の藤原道隆（『尊卑分脈』第一編、三〇七頁）まで確認できず、かなり例外的な記録である。十代での禁色宣旨例としては、承平二年の源兼明（『貞信公記』）も可能性を残すが、『公卿補任』には「雑袍」とのみあって、なお検討を要する（表2参照）。

史料が残存していないだけの可能性もあるが、道隆以降に藤原公任・誠信・道長・斉信等と、十代で禁色宣旨を受ける殿上人の例が散見されるのとは対照的である（小川彰「古記録記事を通してみたる禁色勅許」（注4）の表参照）。

一方、弟の忠平については、『大和物語』に禁色宣旨に関する逸話があり、これによれば、四位右大弁時代、宇多皇女である妻源順子の死去による服喪が明けた後に、宇多法皇が醍醐天皇に消息をして禁色を許させた（「うちに御消息《おほむせうそこ》きこえ給《たま》（ひ）て、色聴《いろゆる》されたま（ひ）ける」）という（今井源衛『大和物語評釈』笠間書院、一九九九―二〇〇〇年、上巻、三〇三頁）。この話は、この時点では、蔵人以外への禁色勅許は天皇・上皇の恩顧による極めて例外的な措置であり、未だ制度化していなかったことを示唆する。しかも、時平・忠平および源興基、源兼明の勅許時の位が四位である点は、蔵人への禁色勅許が五位・六位を対象に含むこと、また十世紀後半以降の有力家出身若年者への禁色勅許が五位時点で与えられていることと明確に異なる。忠平への禁色勅許については、迫徹朗「『大和物語』人物考証――「太政大臣の北の方」と「菅原の君」」倉野憲司先生古稀記念論文集刊行会編『古代文学論集』桜楓社、一九七四年、島田とよこ「忠平の禁色聴許について――蘇芳（下）襲を通して」『詞林』一二号、一九九二年一〇月、島田とよ子「忠平の禁色聴許の時期について――宇多法皇と忠平」『大谷女子大国文』二三号、一九九三年三月参照。また、十世紀後半の若年殿上人への禁色勅許急増を画期と見る論として、新山春道「王朝の服飾・容飾と色彩――禁色をめぐる諸相」（河添房江編『王朝文学と服飾・容飾』竹林舎、二〇一〇年）がある。

(27) 古瀬奈津子「昇殿制の成立」『日本古代王権と儀式』吉川弘文館、一九九八年（初出一九八七年）。

(28) 『日本紀略』等。それ以前は東宮を在所としていた。詫間直樹『皇居行幸年表』続群書類従完成会、一九九七年参照。

(29) 蔵人の多くは『公卿補任』から四月二十六日に任命されたと見られ、殿上人についても二十一日から二十八日にかけて昇殿を許された記録を持つ人物として、大江維時（正四位下）・源等（従四位上）・源雅信（同）・大江朝綱（従四位下）が確認できる。

(30) 神道大系『西宮記』七二二頁。この部分を含む「殿上人事」の本文は『寛平御遺誡』逸文と推定されている（渡辺直彦『日本古代官位制度の基礎的研究』吉川弘文館、新装版、二〇一二年（初版一九七二年）、四六二頁、所功「神道大系『西宮記』の解題」同『宮廷儀式書成立史の再検討』国書刊行会、二〇〇一年（初出一九九三年）も参照）。

(31) 『日本紀略』安和元年六月一日条「殿上人禁色雑袍宣旨」。

(32) 『日本紀略』安和二年九月五日条「聴㆓侍中禁色雑袍㆒宣旨」、十一日条「今日雑袍宣旨卌一人也」。「侍中」については蔵人と解釈することもできるが、管見では『日本紀略』中に「侍中」の用例は他になく、他の代では殿上人と記されていることから、「侍臣」等の誤写の可能性も想定される。

(33) 花山天皇は永観二年（九八四）八月二十七日に践祚するが、九月四日に勅許された記録として、蔵人頭藤原義懐の禁色（『公卿補任』永観二年）、殿上人藤原誠信（同永延二年）・菅原輔正（同正暦三年）・源時中（同寛和二年、ただし日付未載）の雑袍が見える。なお、誠信は円融朝では禁色が許されており、時中は村上朝においても雑袍を許された記録がある（表2参照）。

(34) 『日本紀略』寛弘八年七月二十三日条「被レ下二殿上人禁色雑袍宣一」、『御堂関白記』同日条「蔵人等襟〔禁〕色宣旨了。或者着レ之」、『小右記』二十四日条「頭馬頭〔藤原通任〕来云、「昨日被レ下二禁色・雑袍宣旨一」」。

(35) 『御堂関白記』寛弘八年八月十一日条「此日新帝入内。（中略）定二蔵人一後、禁色宣旨下二内府〔藤原公季〕一。今成蔵人又先帝御時人四人一」、『小右記』同日条「左大臣於二御前一被レ定二蔵人・昇殿・雑色・禁色人等一。〈（中略）件禁色宣旨々々行幸翌日下二内府一。々々云、『蔵人・昇殿人・禁色・雑袍在二之中一』者〉」。

(36) 蔵人に対する雑袍宣旨の記録としては、三条天皇の蔵人頭藤原通任について『公卿補任』寛弘八年の尻付に「〔寛弘八〕七月廿禁色雑袍」と見える。『小右記』寛弘八年七月二十四日条にも「頭馬頭〔藤原通任〕来云、「昨日被レ下禁色・雑袍宣旨。即着二禁色一。左相府下襲・表袴」者」と見えるのだが、『日本紀略』および『御堂関白記』によって、二十三日の宣旨は殿上人や蔵人全般に対するものであったことが確認できる（注34）。通任が実資に話した内容は、自分に対する宣旨そのものではなく、前日の出来事についてと考えられ、通任に対して明示的な雑袍宣旨があったのかは疑わしい。

(37) 神道大系『西宮記』五一八頁。

(38) 同前、五一六—五一七・四七五頁。臨時二と臨時一には、第一章注34に述べた臨時三・臨時四と類似の異同関係が認められ、臨時二はより原撰本に近い内容を持つのに対し、臨時一は修訂を経た内容を持つと推定される。なお、「下二検非違使一宣旨」条については、佐藤全敏の分析を参考にした（「検非違使別当の特質」『平安時代の天皇と官僚制』東京大学出版会、二〇〇八年（初出一九九六年）、九四—九七頁）。ただ、佐藤はここに見える「上卿」とは「いわゆる上卿制の「上卿」ではなく、単に「公卿」を指して」おり、「通常、検非違使には「上卿」（納言別当・参議別当）が直接宣旨を下す」としているが（九六—九七頁、当該部分は単行本収録時に改訂された論）、禁色・雑袍に関する限りでは、以下の本文に引く諸例からも明らかなように、「いわゆる上卿制の「上卿」」が宣旨を下していたと見られる。

(39) 勅授帯剣については、安田政彦「勅授帯剣について」（亀田隆之先生還暦記念会編『律令制社会の成立と展開』吉川弘文館、一九八九年）に詳しい。同論文に示されるように、勅授帯剣の手続きにおいては、禁色・雑袍とは異なり、外記経由で式部・兵部省等に伝達する手続きもあった。『西宮記』臨時二に「上卿奉レ勅、書宣旨給二弾正・検非違使幷式部・兵部丞一」（五一九頁）、『北山抄』備忘略記に「仰二弾正・検非違使一〈口宣或書宣旨〉。令三外記仰二中務・式部・兵部三省一」（三六七頁）と見える。また上卿が弾正台・検非違使に下す宣旨も、禁色・雑袍より早い段階から、主に口宣となっていたと推測される。

(40) 神道大系『北山抄』三六七頁。

(41) 富田正弘「公家政治文書の発給過程と系譜」『中世公家政治文書論』吉川弘文館、二〇一二年（初出一九八三年）。

(42) 『大日本史料』第一篇第一五冊および増井敦子「禁色宣旨」佐藤宗諄先生退官記念論文集刊行会編『『親信卿記』の研究』思文閣出版、二〇〇五年。後者は本項の考察全体において参照した。

(43) 巻六十一、国史大系、五三三頁。

(44) 十六日条「頭弁下二給禁色・雑袍宣旨一。今日不レ可レ参之由、示二頭弁一」、二十二日条「禁色・雑袍宣旨給二弾正少忠貞親一」。これらは十一日の蔵人の補任と昇殿勅許（『小右記』・『左経記』）に関わるものと推測される。

(45) 神道大系『侍中群要』四六頁。この「口伝」が「口宣」を指すと考えられることについては、増井敦子「禁色宣旨」（注42）参照。

(46) 続々群書類従（続群書類従完成会版）一七、二三七頁。『宣旨類』（続群書類従十一下）も同じ文書を載せる。

(47) 同前。

(48) 下、諸宣旨事、「下二外記一宣旨」、群書類従七、七三九—七四〇頁。「下二弾正一宣旨」「下二検非違使一宣旨」にも、「近代以二外記一伝宣」等と注されている（七五〇—七五一頁）。なお、この『伝宣草』に記される宣旨手続きの変遷については、牛車宣旨に関連して、つとに鈴木敬三が指摘している（鈴木敬三「牛車宣旨」『国史大辞典』）。ただし、牛車・輦車宣旨については、『西宮記』には弾正台・検非違使に直接下すとする記載が見られるが（臨時一、四七九頁）、すでに『北山抄』に「外記伝宣」とあり（三六八頁）、禁色・雑袍宣旨よりも早く外記伝宣に変わったと見られる。

(49) 京都大学総合博物館編『日記が開く歴史の扉——平安貴族から幕末奇兵隊まで』（京都大学総合博物館図録）京都大学総合博物館、二〇〇三年、七九頁。

(50) 源師時『長秋記』天承元年（一一三一）正月三日条「雑袍宣旨、四位後重下由不レ聞」。これに対し、禁色勅許は昇叙の後、再度下されることを小川彰が指摘している（「古記録記事を通してみたる禁色勅許」（注4））。この『長秋記』の記事は藤原頼長の叙四位に関するもので、小川論文の表からは漏れているが翌四日条に「今日下二還昇禁色宣旨一」とあって、頼長の場合も四位昇叙に伴い禁色宣旨が改めて下された。
(51) それぞれ、七五二・七五五・七二四頁。
(52) 近衛家実『猪隈関白記』承元四年十一月二十五日条。『践祚部類鈔』順徳院条にも「又頭以下一同殿上人雑袍、御乳母禁色等事仰レ之」と見える（群書類従三、三二〇頁）。
(53) 小槻匡遠『匡遠記』観応三年八月十七日条。その他管見に触れた例として、例えば『薩戒記』正長元年（一四二八）七月二十八日条（後花園天皇践祚）に「可レ仰二蔵人頭以下禁色・殿上人雑袍事於上卿一」と見える。
(54) 小川彰「古記録記事を通してみたる禁色勅許」（注4）。
(55) 摂関子弟に対する「禁色雑袍宣旨」として、管見では『本朝世紀』に記された藤原師通の官歴に、「〔延久〕四年正月廿五日加二元服一。即日叙二従五位上一。又聴二昇殿并禁色雑袍一」とあるのが早いものの（康和元年六月二十八日条）、これを裏付ける他の記録は見出していない。
(56) 『台記』久安四年四月二十七日条（兼長元服）、『兵範記』（『台記別記』）久安五年十月二十六日条（師長元服後拝賀・昇殿）、『台記別記』仁平元年（一一五一）二月十六日条（隆長元服）。
(57) 『本朝世紀』仁平元年二月十六日条。『台記別記』（前注）には「禁色宣旨」とある。
(58) 群書類従二七、六頁。
(59) 『公卿補任』永禄三年兼孝尻付。『続史愚抄』弘治三年四月五日条にも兼孝の元服の後、「即有二正五位下左少将禁色雑袍等宣下一〈口宣〉」と記される。
(60) 『公卿補任』延宝三年通縁尻付。
(61) 『大日本史料』第一二篇第二二冊、一六三頁。
(62) 新井白石問・野宮定基答『新野問答』『新井白石全集』第六巻、五八四頁。
(63) 下橋敬長「維新前の宮廷生活」三田史学会、一九二二年、一五頁（『幕末の宮廷』（東洋文庫）、平凡社、一九七九年、二四八頁）。

(64)『有職故実に関する講話』(『大礼と朝儀　付有職故実に関する講話』)復刻版、臨川書店、一九八八年(初版一九五〇年)、五〇頁。また鈴木敬三は「殿上人の直衣」について、「近世以来、雑袍聴許の直衣に非ずして、四位の近衛の次将達が」用いたものと説明している(『服装と故実――有識故実図解』河原書店、一九五〇年、一〇八頁)。

(65)富田正弘「口宣・口宣案の成立と変遷」(『中世公家政治文書論』(注41)、初出一九七九年)、二六三―二六四頁において、雑袍勅許と直衣勅許を混同しつつも、直衣勅許は綸旨によることが多いと指摘されている。富田によれば、綸旨・院宣・摂政御教書はすべて「御教書」と総称でき、これは治天の君を主体として太政官を経ず発せられる書札様の文書形式であった(同「中世公家政治文書の再検討」同書収載、初出一九七八年)。

(66)改訂増補故実叢書『安斎雑考』三三七頁。

(67)改訂増補故実叢書『筆の御霊』一、二四三頁。

(68)壺井義知『装束要領鈔』正徳六年(一七一六)版、上巻、二十丁オ(有識故実研究資料叢書七、四九頁)。なお、本書は先行する義知の『四位五位装束略抄』を増補し、徳田良方が注を加えたものであり、引用の本文は『四位五位装束略抄』にも見えている。

(69)注62に同じ。

(70)この記事については、注50および150も参照。

(71)大丸弘「禁色雑袍の風俗史的研究」(注1)、一七頁。

(72)鈴木敬三『初期絵巻物の風俗史的研究』吉川弘文館、一九六〇年等。

(73)国史大系『政事要略』五二二頁。

(74)大丸弘は、承和六年の宣旨について、「劇職の彼らの衣服の損耗が激しいため、より安価な染色、または白の袍を用いせしめたのであろう」と考察している(大丸弘『平安時代の服装――その風俗史的研究』成美社、一九六一年、八八頁)。

(75)改訂増補故実叢書『服飾管見』四一七頁「何れの御時にか、とのゐ人には下直の袍をゆるさしめ給ふ。是を雑袍を聴とはいへり。雑袍とは雑色の袍と云べきをそぎていへる也」。

(76)古瀬奈津子「昇殿制の成立」(注27)。本段落の昇殿制の理解は主に同論考による。また殿上の間については、元木泰雄「摂関家家政機関の拡充」『院政期政治史研究』思文閣出版、一九九六年(初出一九八一年)、満田さおり「清涼殿南庇「殿上の間」(「侍所」)に関する研究――平安宮内裏の空間構成と儀式に関する歴史的研究3」『日本建築学会計画系論文集』六八三号、二〇一三年一月も参考にした。

(77) 『公式令』百官宿直条「凡内外百官、司別量二事閑繁一、各於二本司一、分レ番宿直。大納言以上及八省卿不レ在二此例一〈謂二尋常時一〉」。以下、『養老令』の引用は国史大系『令集解』による。

(78) 『考課令』内外初位条に「凡内外初位以上長上官、計二考前釐事一、不レ満二二百卌日一、分レ番不レ満二一百卌日一、若帳内資人不レ満二二百日一、並不レ考」とあり、上日の日数で考課が定められているほか、『禄令』給季禄条では、「自二八月一至二正月一、上日一百廿日以上者、給二春夏禄一」と上日を満たせば禄が給付される規定となっていた。

(79) 『禄令』兵衛条「凡兵衛、六月内、上日・夜各八十以上者給レ禄」。

(80) 神道大系『延喜式』上巻、五〇五—五〇六頁。『延喜式』中の馬料（馬の飼料の名目による給与）の規定でも、『太政官式』諸司馬料条・『式部省式』馬料条では上日のみに言及があるが、『兵部省式』馬料条では「上日上夜」と上夜も計上されている（神道大系、上巻、四七五—四七六・七三〇—七三一・七五三頁、下巻二六八—二六九頁）。

(81) 古瀬奈津子「昇殿制の成立」（注27）。引用は三三二頁。次侍従についてはまた、永田和也「「次侍従」について」『延喜式研究』一二号、一九九六年。

(82) 志村佳名子「平安時代日給制度の基礎的考察——東山御文庫本『日中行事』を手がかりとして」『日本古代の王宮構造と政務・儀礼』塙書房、二〇一五年（初出二〇〇九年）。

(83) 『朝野群載』巻五、朝儀下、長治三年（一一〇六）正月殿上月奏。引用は冒頭の蔵人頭源重資の分。宿侍者の名簿は殿上日記にも記された（橋本義彦「外記日記と殿上日記」『平安貴族社会の研究』吉川弘文館、一九七六年（初出一九六五年））。

(84) 渡辺直彦「除籍と蔵人所客座の喚問」『日本古代官位制度の基礎的研究』（注30）。殿上人の職務としては陪膳も重要で、その回数も記録・報告された（志村前掲論文他）。

(85) 志村佳名子「平安時代日給制度の基礎的考察」（注82）、一九五頁。

(86) 群書類従二七、一三八頁。

(87) 群書類従二七、一三四頁。近衛府の宿直については、近時、鈴木裕之「摂関期における左右近衛府の内裏夜行と宿直——夜間警備と貴族認識」（『史学雑誌』一二五篇六号、二〇一六年六月）を得た。

(88) 神道大系『北山抄』五九〇頁。

(89) 『西宮記』「殿上人事」（『寛平御遺誡』逸文と推定）では、簡を付ける殿上侍臣について、親王・王卿・一世源氏および外国（畿内の外）にある受領以外としており、「殿上公卿、只蔵人所別当、附二日給札一〈近代不レ着〉。自余更不レ可レ附」とも記している（七二二頁）。また、長治三年正月の殿上月奏（注83）でも、蔵人・殿上人のみが上げられ、公卿は含まれない。

(90) 神道大系『西宮記』七一四—七二二頁。『侍中群要』巻二にもほぼ同文の記載がある。神道大系『侍中群要』三六—四六頁。

(91) 芳之内圭「東山御文庫本『日中行事』翻刻」『日本古代の内裏運営機構』塙書房、二〇一三年（初出二〇〇八年）、引用は二四一頁。内容の年代比定は、西本昌弘「東山御文庫本『日中行事』について」（『日本古代の年中行事書と新史料』吉川弘文館、二〇一二年（初出二〇〇八年））による。

(92) 『侍中群要』巻四にも重複部分の多い記述が見られるが、ここでは宿衣には触れられていない。神道大系、一二九—一三三頁。

(93) 目崎徳衛「解説」『侍中群要』吉川弘文館、一九八五年、所功「『蔵人式』の復原」『平安朝儀式書成立史の研究』国書刊行会、一九八五年（初出一九七九年）。

(94) 神道大系『侍中群要』九頁。以下、『侍中群要』の引用は神道大系の頁数を示す。

(95) 一一—一五頁。

(96) ここに名対面のことが記されないのは、新蔵人は宿侍を三日間務めるまでは名対面に加わらないことになっていたためと考えられる（『侍中群要』巻四「名謁事」一二九頁等）。

(97) 袍を脱がないという注に関連して、『侍中群要』巻四「上宿事」には、天皇の召によって鬼間や二間に殿上間の畳を敷いて宿す際に、「脱二表衣許一、以レ帯加レ冠」という注が見える（一三四—一三五頁）。「以帯」以下の意味が判然としないものの、宿侍に際しては、袍（表衣）を脱ぐこともあったと見られる。

(98) 「被レ聴二昇殿一後進退事」、群書類従七、四五九頁。以下、『蓬莱抄』の引用に際しては、群書類従によりつつ、傍注および国立国会図書館蔵『非職事雲客所役秘抄』（長享二年写、http://dl.ndl.go.jp/info:ndljp/pid/2610652）、尊経閣善本影印集成『羽林要秘抄』（八木書店、二〇一三年）により一部字を改めた。

(99) 『日本紀略』同日条にもほぼ同文が見えるが、ここでは「走二出殿上一」とあり、これに従えば盗難は殿上間で発生した。

(100) 天慶九年の劇的な事件はしばしば取り上げられており、例えば橋本義彦はこの宿直衣は直衣であろうと推測しているが（「源氏物語の舞台」『平安貴族』平凡社、一九八六年（初出一九七五年）、三一一頁）、以下の本文の考察により、糺弾された品は寝具、あるいは少なくとも直衣等の上着ではなく、内衣の類と考える。

(101) 蔵開中、新編日本古典文学全集『うつほ物語』二、四五一―四五二頁。ただし、「直垂」は底本の前田本では「たゝれ」、「綾のにも」は「あやのもに」、「置口の御衣箱」は「をきくちはかりそはこ」とあるのを主に意によって校訂している。

(102) 同前、四五四頁。

(103) 大丸弘『平安時代の服装』（注74）、九一―九二頁。

(104) 神道大系『延喜式』上巻、五七六―五七七頁。

(105) 大丸弘『平安時代の服装』（注74）、九二頁。

(106) 『日本後紀』に衣服類の下賜の記事は散見されるが、「宿侍」に関わる官人への下賜は桓武天皇最晩年の延暦二十四年に集中しており、大丸も示唆するように、天皇が病床に臥していたこととの関連が想像される。

(107) 春宮坊式（神道大系『延喜式』下巻、六五四頁）、左右近衛府式（六八三―六八四頁）、左右衛門府式（六九四―六九五頁）、左右兵衛府式（七〇二頁）。綿の量は、東宮帯刀舎人のみ三十人に対して「綿百五十屯」とあり、近衛・衛門・兵衛は人別十屯と見られる。「大袍」の用例は先に引いた『日本後紀』がほぼ唯一であるが、衣と袍の字義が通じることから大衣と同義と推測される。

(108) 大丸弘『平安時代の服装』（注74）、九二頁。

(109) 同前、一一五頁。

(110) 新日本古典文学大系『枕草子』四三段、六三頁。

(111) 『うつほ物語』の例に下襲が含まれる点は、『西宮記』に上﨟は直衣に下襲を加えるとあること（本書二四頁）を想起させて、興味深い。

(112) 例えば、『小右記』長和五年正月二十四日条には「大納言公任、中納言俊賢・教通・頼宗・経房・実成、参議公信、或着二直衣一、或着二宿衣一」と見える。その他『左経記』治安二年八月二十三日条（本書八九頁参照）等。

(113) 日本古典文学大系『栄花物語』上巻、三七九頁。

(114) 寛仁二年六月二十日条。なお、『大日本古記録』底本の「倉直垂」の箇所には朱書で「冬」「衣」と傍注が加えられているが、朱書の字を取ると、直衣だけ冬物のみが副えられていたこととなり、不審である。「或有二唐綾等装一。直垂《『衣』》用二唐綾一」と唐綾で仕立てられていることも含め、原本は「直垂」であった可能性が高いと考える。

(115)　第三、新日本古典文学大系『落窪物語』二一四頁。
(116)　後代の史料であるが、一条兼良『源語秘訣』では、胡蝶巻の「ひの御よそひ」に以下の注釈を与えており、束帯と直衣を昼夜に対応させる認識が見られる。「今案、ひのよそひの事、諸抄にあやまれり。束帯を着するをひのよそひとも、ひのさうそくともいふ也。なをしきたるをはとのゐすかたといふ。よるのよそひ也。それに対して束帯たゝしきをはひのさうそくといふ。昼のよそひをいふ也」（中野幸一編『源語秘訣』源氏物語古註釈叢刊二、武蔵野書院、一九七八年、四五三頁）。
(117)　神道大系『西宮記』七〇九―七一〇頁。
(118)　神道大系『侍中群要』七―八、一〇三頁。
(119)　例えば佐藤早紀子は『侍中群要』から引用し、吉村茂樹「蔵人式についての一考察」（『歴史地理』四六巻三号、一九二五年）等によって早くから指摘されている竄入説を紹介しつつ、この内容が寛平二年のものである点は変わらないとする（注16論文八七頁）。しかし、吉村説に従って『侍中群要』の記載は『西宮記』または『政事要略』に由来すると考え、『西宮記』または『政事要略』においてすでに当該の日付が竄入していたと仮定すると、この部分全体を寛平二年のものとする根拠はなくなる。なお神道大系『西宮記』ではこの日付は「勘物の断片か」と注記している。
(120)　神道大系『侍中群要』二一八頁（巻七）。
(121)　同前、一〇四頁。
(122)　同前、一四頁。同趣の記載が巻五「可レ着装束事」にも見える。「新蔵人初参之後、早旦束帯。随二一﨟命一漸着二宿衣一。雖二其後一猶以レ束〔帯脱カ〕為レ先」（一六四頁）。また巻一「日給事」には、天皇の御物忌に参籠する場合、「新蔵人未レ被レ免二宿装束一以前ハ束帯参籠」、すなわち宿装束を許されていない内は束帯にて参籠すると見える（一六・一九頁）。
(123)　同前、一二一―一二三頁。同趣の記載が巻五「礼節」・「可レ着装束事」にも見える。「頭着二装束一之時、蔵人着二宿衣一不レ候レ上〈有レ免非二此限一〉。凡上﨟職事不レ脱二装束一之前、下﨟不レ脱二装束一」（一六〇―一六一頁）、「蔵人着二宿衣一催二候殿上一時、貫首装束被レ参、早下二宿所一着二装束一、逐電可レ上為レ宗。休息莫レ致二遅留一。若殿上人不レ候、無〔立カ〕二隠便所一、可レ有二憚申気色一」（一六四頁）。『蓬萊抄』にも蔵人頭が束帯であれば、殿上人は宿衣で祗候してはならない旨が記される（本書一九三―一九四頁傍線部エ）。
(124)　同前、一四九―一五〇、一六三頁。当該部分は「家」の注記のある箇所だが、後に続く「草長」の頭注を持つ部分にもほぼ同文の記載があり、こちらには「雖二貫首一無レ被レ候」と、蔵人頭もその例外ではないことが記される（一五四頁）。

(125) 時刻は『西宮記』による。平安時代の天皇の食事のありかたとその変遷については、佐藤全敏「古代天皇の食事と贄」(『平安時代の天皇と官僚制』(注38)、初出二〇〇四年)や芳之内圭「平安時代における内裏の食事」(『日本古代の内裏運営機構』(注91))に詳しい。それらによると、天皇の食事には、儀礼的な朝夕御膳(大床子御膳)と、実質的な朝干飯御膳、更に御粥等があった。それらの詳細については議論のあるところであるが、宿衣着脱の時機に関わる供膳は最も正式な大床子御膳と考えられる。なお、『蓬莱抄』「被レ聴二昇殿一後進退事」にも夕台盤の後に宿衣で参宿するという、ほぼ同趣の記載が見えるが、ここに見える「台盤」は殿上間で侍臣に給される食事を指すと考えられる。このような変化には、第三章第三節第四項で論じるように、大床子御膳の供御が一日一回になったことが関係していると考えられる。

(126) 「腋陣」と呼ばれる場所は内裏にいくつかあるが、『蓬莱抄』に「以二殿上口一号二腋陣一」とあり(群書類従七、四五八頁)、ここでは殿上口(殿上に上る小板敷または沓脱の外)と考えられる。

(127) 近藤好和『装束の日本史――平安貴族は何を着ていたのか』(平凡社新書)平凡社、二〇〇七年、一五〇頁。

(128) 臨時祭の舞人・陪従への装束分給が宿装束で行なわれることについては、『江家次第』(神道大系、三一八―三一九頁)や壬生本『西宮記』(神道大系『西宮記』八五四頁)等に見える。また、『権記』寛弘七年(一〇一〇)十一月二十二日条には、賀茂臨時祭の舞人を務める新昇殿の行成男実経が装束分給を受けるにあたっての措置が記される。これによれば、本来、舞人は前日から宮中に泊り、早朝、宿衣で参上して自ら装束を受け取ることになっていた。しかし、二十日に昇殿を許された実経は、翌日が坎日で宿侍を避けたためまだ宿侍を行なっておらず、宿衣で清涼殿に参上することは憚られた(「然而未二候宿一之人着二宿衣一参上之事、不レ如レ法也」)。そのため、代理人として日下部清武が装束を受け取り、これを一旦自宅に持ち出して着用の後、再び装束を内裏に持参したようである。

(129) 八七頁。ただし、佐藤が根拠とするのは『権記』寛弘三年(一〇〇六)四月十五日条に、記主行成が賀茂祭の見物の後、敦康親王を内裏まで送っていった際に、「依レ不二束帯一不レ預二日給一」とあることで、すでに正三位参議である行成のこの事例は、殿上の日給を考える上では必ずしも最適ではない。

(130) 群書類従七、四五九頁。なお、『古今著聞集』第九〇話には、一条院の時代に殿上の日給に束帯で臨むよう取り決めがなされたが、藤原頼宗が襪をはいた片足だけを蔵人に見せて間に合わせようとしたためにこれが破られたことが語られている。

(131) 新日本古典文学大系『枕草子』二三〇段、二七一頁。

(132) 『西宮記』臨時五、宿所条(六四二頁)。また『日本紀略』天延三年(九七五)十一月十四日条には「朔平門右衛門陣屋放

火」と見え、朔平門には衛門府の陣屋があった。『侍中群要』第八の輦車宣旨をめぐる記述では、宣旨を伝える蔵人の動きとして「至二玄輝門内一立留、仰二近衛陣一。出二間（閤カ）門外一又立留、仰二兵衛陣一。次出二朔平門外一、仰二靫負陣一」と見え（二六五頁）、玄輝門の内側に近衛陣、外側に兵衛陣、朔平門の外に衛門陣があったことが窺え、『西宮記』や『紀略』の記述とよく対応する。なお、本章成稿後に発表された孟瑜「平安貴族の勤仕の「場」と装束——着替えを中心に」（『広島大学大学院教育学研究科紀要 第二部 文化教育開発関連領域』六五号、二〇一六年）が、公卿・殿上人の宿所について論じている。

(133) 新日本古典文学大系『枕草子』四六段、六七頁。

(134) 新編日本古典文学全集『枕草子』一〇七頁。

(135) 萩谷朴『枕草子解環』同朋舎出版、一九八一—三年、第一巻、四六九—四七一頁。袍がもともと袷であることについては、第一章第二節でも述べた。ただし、『解環』の主張する、「うへのきぬがち」とは下衣を省いて直衣の袍だけ着ていることを指すとする説には賛同しない。詳細は次項参照。

(136) 新日本古典文学大系『源氏物語』一、三三・三八頁。この場面について、武田佐知子と近藤好和は対談の中で、光源氏のみが直衣姿であり、しかもそれは引直衣であって、他の人物と対比的に描かれていると合意している（近藤好和・武田佐知子・河添房江「対談 王朝文学と服飾」河添房江編『王朝文学と服飾・容飾』竹林舎、二〇一〇年、一六頁）。しかし、本書で詳述するように、殿上人が宿直装束として直衣を着用することはごく一般的なことであり、論証の困難な説と思われる。武田は近刊の論文においては、近藤富枝の説を引いて、光源氏と頭中将のみが直衣で、他の人物は「直衣は着られない身分」と見解を改めているが、直衣の着られる「身分」の範囲や根拠は明らかでない（武田佐知子「平安貴族における愛のかたちと衣服のかたち——『とりかえばや』の復権」同編『交錯する知——衣装・信仰・女性』思文閣出版、二〇一四年、一三頁。依拠する近藤富枝の論は『服装から見た源氏物語』文化出版局、一九八二年（後に加筆改題し、『服装で楽しむ源氏物語』ＰＨＰ研究所、二〇〇二年））。また、近藤好和の唱える引直衣説については、本書第四章注71に述べるように、院政期より前に引直衣の具体例は確認されない。

(137) 同前、二六一—二六四頁。この場面の直衣を主題とする論考として、畠山大二郎「『源氏物語』の「中の衣」と「綻び」——「紅葉賀」の巻を中心として」、同「『源氏物語』の「端袖」——「綻び」「ゆだち」を中心として」（『平安朝の文学と装束』新典社、二〇一六年（初出各二〇〇七、二〇〇八年））がある。

(138) 『源氏物語』に描かれる男性の服装として直衣が最も多いことについては、中村義雄「御直衣姿なまめかしう——王朝の

服飾美感」『陽明叢書国書篇　源氏物語　月報』六、一九八〇年六月等。

(139) 後代の説話であるが、殿上の饗応に殿上人が直衣で参入するという、やや類似する状況として『今昔物語集』巻二十八第二十一話、『宇治拾遺物語』第一二四話の青常の話がある。それによれば、村上天皇の時代、源邦正を「青常の君」と呼ばないという起請を破った中将藤原兼通（ただし史実としては中将の経歴は不詳）が、贖いとして殿上で饗応を行なった際に、青一色の直衣姿で登場したという（『宇治拾遺物語』によれば「殿上人居《ゐ》並《なら》びて待ほどに、堀川中将、直衣姿《すがた》にて、かたちは光やうなる人の、香はえもいはずかうばしくて、愛敬《あいぎやう》こぼれにこぼれて参り給へり。直衣のながやかにめでたき裾《すそ》より、青き打たる出《いだし》袙して、指貫も青色の指貫《さしぬき》を着《き》たり」。新日本古典文学大系、二六七頁）。

(140) この習慣については第三章第四節で詳述する。

(141) 新日本古典文学大系『枕草子』二二九段、二七〇頁。

(142) 中本和「初雪見参と大雪見参」『古代文化』六六巻二号、二〇一四年九月。

(143) 関係する逸文として『西宮記』侍中事、『政事要略』初雪見参事、『侍中群要』勅計事が知られる。『新訂増補　国書逸文』七一九―七二〇頁。

(144) 『侍中群要』巻七、二二八―二二九頁等。

(145) 中本はこの禄は武官も含めて雪の清掃等への報酬が目的の一つと論じている（注142）。また、氏によれば、平安京に降雪が少なかったこともあって大雪見参は次第に初雪の日のみになり、『小右記』『御堂関白記』『左経記』等にももっぱら「初雪見参」の記事のみが見られるという。『枕草子』のこの段もおそらくは初雪見参を描いているのであろう。

(146) 群書類従八、一〇四頁。

(147) 山本昌弘「校訂　年中行事秘抄（四）」『大阪青山短期大学研究紀要』一一号、一九八四年、二六頁、尊経閣善本影印集成『年中行事秘抄』八木書店、二〇一三年、一〇四頁。

(148) 『枕草子解環』（注135）第四巻四四四頁。

(149) 『長秋記目録』『後二条師通記』等。

(150) 先述の通り（七一頁）、同じ『長秋記』の天承元年（一一三一）記に四位昇叙の際には雑袍宣旨が改めて下されないとあるが、これは五位殿上人が四位に転じた場合であって、蔵人から四位殿上人となった場合には改めて雑袍宣旨が下されたものと推測される。また十二世紀に入ると雑袍宣旨が形骸化していくので、天承元年記の記載はそれを反映している可能性もあろう。

(151)『中右記』嘉承二年十月二十一日条。

(152)「旧例」の時期について、大丸弘が「仁和期を遡る数年ないし十数年」(「禁色雑袍の風俗史的研究」(注1)、一七頁)としたのに対し、佐藤早紀子は仁和・寛平頃(八八五―九八)と想定している(注16、八六頁、注三)。『西宮記』中の「旧例」については、「旧例、自二晴方一出レ之。而自二延喜年一、自二後方一付レ之」(給二蘇甘栗一事、二九頁)、「旧例、渡後帰渡〈延長・天暦不二帰渡一〉」(賀茂祭事、御禊日、一五四頁)、「御二武徳殿一〈旧例、後日無二行幸一。延喜十三年、有二行幸一〉」(相撲事、大節、二〇五頁)のように、延喜よりも前の時期を指す記述が複数見られ、佐藤説を補強するとも言える。しかし、「天慶不二警蹕一。旧例云々」(朝拝、三頁)のような記述もあり、『西宮記』成立の複雑な事情も勘案すると、直衣条の「旧例」が具体的にいつ頃を指すのかを判断することは難しい。右で見た通り、束帯や直衣という語は十世紀にならないと確認できないことにも留意する必要がある。

(153)「装束蔵人事」一七八頁。また「礼節」にも「夏冬更衣之時、貫首・一﨟着二宿衣一之後、蔵人着レ之」とあるが、ここでは直衣への言及がない(一六一頁)。

(154)新日本古典文学大系『枕草子』七三段、八三―八四頁。なお、「うしろにほころひたえすきたる」については、表記や単語の区切り、また文意に諸説あるが、管見では決定的な説は示されておらず、私見も保留としたい。

(155)同前、一六四段、二一四頁。

(156)同前、一八九段、二四二頁。

(157)同前、二七三段、三一六―三一七頁。

(158)なお、同記事中の「春興守先麴塵直衣所未知也」という部分について、山田春興が嵯峨上皇の崩御後に麴塵直衣を着用したとの解釈があるが(大丸弘「禁色勅許の被服学的研究」(注1)、一五七頁、小嶋〈成田〉汀「和様の成立――特に青色について」関東学院短期大学『短大論叢』二八号、一九六六年、二九頁、同「黄衣とその色彩感情について」『短大論叢』三二号、一九六七年、五四頁等)、私見ではこの文章は「守先」で話題が切れている。天皇はまず無位一世源氏の出廷という話題に引かれて、源明と山田春城の故事(『日本文徳天皇実録』仁寿二年十二月二十日条、天安二年六月二十日条参照)を語った後に、麴塵袍や直衣の着用については知らない、と述べているのであり、春城(春興)が麴塵直衣を着したわけではないだろう。

(159) 国史大系『令集解』七四〇頁、神道大系『延喜式』下巻、六〇九頁。

(160) 『侍中群要』巻五「蔵人為下使勅《勅使カ》幷依二可レ然事一城外上之時、下二御直衣一着用」(一七八頁)、『助無智秘抄』「オホヨソ蔵人シカルベキコトニヨリテ勅使ニテ城外スルトキ、御直衣ヲオロシテキルナリ。但、文官ノ蔵人ノ事也。衛府ニオキテハ着セズ」(一二一頁)。

(161) 「『式』新蔵人初参之時」一六五頁。

(162) 一二〇頁。指貫については『西宮記』に殿上六位まで許されることが記される(臨時三「指貫／王者已下衆人所レ用也。古時、有レ制、臣下不レ用。近代、五位以上、昇殿六位皆用レ之」五五〇頁。臨時四、五七八頁も同文)。

(163) 新日本古典文学大系『枕草子』八四・八五段、一一三・一一五頁。青色袍や直衣においては、公卿以上もしくは禁色勅許を得た者でなければ、綾は使用できなかった(次注および本章第四節第三項参照)。

(164) 小川彰「禁色勅許の装束について」(注4)。例えば、小川が紹介した『時信記』天承元年(一一三一)十二月二十二日条には、源師俊と藤原公教が蔵人頭に就任した際の禁色宣旨とその装束について多くの情報が記されているが、即日宿仕を務めた師俊について、「此間頭弁着二直衣〈綾〉一被二参内一上三宿鬼間二」とあり、綾の直衣を着用したことがわかる。禁色と有文の直衣の関係についてはまた、伊永陽子「平安時代における童の直衣の実態——袴着・元服を中心に」(『鹿島美術財団年報』二七号、二〇〇九年)が、小葵文の使用を中心に論じている。

(165) 萩谷朴『枕草子解環』(注135)、第一巻、四六八—四六九頁。

(166) 新日本古典文学大系『枕草子』四六段、六七—六八頁。

(167) 四位以上の位袍が黒色になった点についてはさまざまな文献で指摘されている。比較的最近の文献として、川名淳子「日本の官職・位階と服色——平安朝　紫の袍から黒の袍へ」日向一雅編『王朝文学と官職・位階』竹林舎、二〇〇八年。

(168) 管見では、次の二本の論考が存在している。吉田真澄「「直衣などさま変れる色聴されて」ノート」『緑岡詞林』二三号、一九九九年、高田信敬「直衣参内」(注22)。高田の整理によれば、この場面に対する近代の注釈には二説ある。「甲説」は、三条西実隆『弄花抄』『細流抄』の説を引き継ぐもので、五節には直衣着用が広く許されるという説である。「乙説」は夕霧の直衣着用は太政大臣子息として特別に許されたという解釈で、『岷江入楚』(中院通勝)の或説に通ずるものという(吉田真澄の整理においてもほぼ同じ)。その上で高田は、直衣での参内が特権の象徴という通説を踏襲しつつ、記録や故実書等に証左を求め、「まったくの無条件ではないにせよ、殿上人が直衣姿で五節の行事に参加することは容易」と甲説を支持する立場を示し、夕霧は「五節なればこその直衣参内慣行をうまく利用した」ものと結論している（一九六頁）。

(169) 新日本古典文学大系『源氏物語』二、二八一頁。

(170) 同前、三二一頁。

(171) 『助無智秘抄』では五節丑日について「殿上人・両貫首直衣。以下人々アルヒハ直衣、アルヒハソクタイ《束帯》ナリ。六位ハコヨヒ《今宵》ハイツカフニソクタイ《束帯》ニテアルベシ」、寅日について「六位オナジク衣冠ナリ」、卯日について「六位又衣冠ナリ」等と記しており、六位蔵人は直衣を着ないことになっている（一〇五頁）。

(172) このような見解は、早くは壺井義知が「六位の人直衣をゆる事旧例いまだかんがへず。定めて物語の一体なるべし」として示している（『源氏男女装束抄』下）。『源氏物語』の描写がしばしば虚構であることについてはさまざまな箇所について広く指摘されており、特に服飾に関する論考としては、末松剛「中世源氏学における赤色袍理解について」（注20）等がある。なお、『新野問答』をはじめ、高田信敬「直衣参内」（注22）を含む多くの先行研究が引くように、『長秋記』元永二年（一一一九）十一月十一日条（後掲一九七―一九八頁）において、五節の直衣参入は雑袍宣旨を待たないという説が示されているが、これは十二世紀初頭の朝廷の中で行なわれた議論であって、これを『源氏物語』の解釈に援用することは不適切であろう。

(173) 五節については様々な方面から多くの論考が存在するが、儀式そのものを論じた近年の代表的文献として、佐藤泰弘「五節舞姫の参入」（『甲南大学紀要　文学編』一五九号、二〇〇九年三月）および服藤早苗の一連の論考（「五節舞姫の成立と変容――王権と性をめぐって」『平安王朝社会のジェンダー――家・王権・性愛』校倉書房、二〇〇五年（初出一九九五年）、「平安朝の五節舞姫――舞う女たち」『埼玉学園大学紀要　人間学部篇』一一号、二〇一一年一二月、「五節舞師――平安時代の五節舞姫」同前一二号、二〇一二年一二月、「童女御覧の成立と変容――平安王朝五節儀のジェンダー眼差し」『王朝びとの生活誌――『源氏物語』の時代と心性』森話社、二〇一三年、「『源氏物語』の五節舞姫と史実」『アナホリッシュ国文学』四号、二〇一三年九月、『平安王朝の五節舞姫・童女――天皇と大嘗祭・新嘗祭』塙書房、二〇一五年）等がある。また、特に殿上人の行動に関して、沖本幸子『今様の時代――変容する宮廷芸能』（東京大学出版会、二〇〇六年）を参照した。

(174) 服藤早苗は、佐藤早紀子「平安中期の雑袍勅許」（注16）に依拠し、五節の殿上淵酔に殿上人が「私的な日常的装束」である直衣で参加したのは「時宜を重視」したもので、「殿上淵酔が非公式な私的な儀式と認識されていた」ためと論じているが（『平安王朝の五節舞姫・童女』（前注）、一九〇―一九一頁）、五節において殿上人が直衣を着用するのは淵酔の時だけではなく、むしろ直衣が宿衣であるためと考える（第三章第四節第二項・第四章第二節第二項参照）。

(175)「「直衣などさま変れる色聴されて」ノート」（注168）、『御堂関白記』寛弘三年十一月十五日条、『小右記』長和三年十一月二十一日、同寛仁元年十一月二十日条。

(176)緑衫を嫌う夕霧の姿は、正月の装束の準備に絡めて描かれている（新日本古典文学大系『源氏物語』二、三一五―三一六頁）。

(177)この時の記録である藤原資業『賀陽院水閣歌合記』や『栄花物語』にも、参加者が一様に二藍直衣である中、蔵人は青色であったことが記される（日本古典文学大系『歌合集』一五六―一五七頁、日本古典文学大系『栄花物語』下巻、三七五―三七六頁等）。

(178)「禁色雑袍の風俗史的研究」（注1）、一五頁。

(179)服喪装束については、増田美子『日本喪服史　古代篇――葬送儀礼と装い』源流社、二〇〇二年、近藤好和「諒闇の装束」（「『明月記』（治承四五年）を読む」解説四）『明月記研究』五号、二〇〇〇年参照。

(180)神道大系『西宮記』五五一頁。臨時四（五七九頁）もほぼ同文であるが、帝王について「黒橡衣」の前の動詞が脱落し、後に「神事日着二紅色一」の一文がある。黒橡衣の宣旨については、諒闇に関する記載でも「御本殿事〈殿上人着二黒橡衣一。旧例有二宣旨一。上官・儀式官随二本官役一位袍〉」と触れられている（臨時八、八一三頁）。なお、「上官」は「政官」の借字と言われ、太政官官人を指す。一方の「儀式官」は『侍中群要』『助無智秘抄』等にも見える語であるが、二条良基『百寮訓要抄』に「少納言・外記・史など申儀式官」とあり（群書類従五、六四〇頁）、『後愚昧記』応安元年（一三六八）三月十三日条に、大外記中原師香を「儀式官」と言及する等、政官と同義とするほかには、正確に何を指すのかを定義した見解は管見に触れなかった。ただ、『西宮記』臨時八の記述を臨時三喪服条と比較すれば、式部省・兵部省の官人を指す用語である可能性がある。この仮説の傍証として、『侍中群要』巻五に「帯、儀式官巡方、検非違使黒帯、自余只丸鞆」（一七五頁）と見え、『言談抄』第八話に「泰憲（藤原）卿云、『弁官、往年ハつねに巡方帯を用ゐる〈如二式部丞一〉。丸鞆ハ近代事也』」とあって（田島公「早稲田大学図書館所蔵『先秘言談抄』の書誌と翻刻――三条西家旧蔵本『言談抄』の紹介」『禁裏・公家文庫研究』第四輯、思文閣出版、二〇一二年、一一二頁）、常に巡方の帯を用いる立場として「儀式官」と式部丞が共通している。また、「儀式官」の用例としては、『源氏物語』末摘花の「儀式《ぎしき》官の練《ね》り出《い》でたる肘《ひぢ》もちおぼえて」（新日本古典文学大系

(181)　『源氏物語』一、二二五頁）が『日本国語大辞典』等に上げられている。末摘花の醜怪さの描写の一部であるが、『枕草子』「いやしげなる物」段には筆頭に「式部の丞《ぜう》の笏《しゃく》」とあり（一四二段、一九三頁）、通ずるものがある。式部丞の服装については、たとえば『西宮記』直衣条（本書二四頁）にも言及があり、特に平安時代には特殊な慣例が多かったと推測される。

(182)　八月五日より先、七月二十八日条裏書にも、殿上人の服装束として布装束と無文位袍があることに関連して、無文位袍を着用する源顕国・源顕重・藤原宗能については、「但三人ハ依レ兼二内殿上一、追着二橡袍一」と、鳥羽天皇の殿上人であるため、追って橡袍を着用する旨の注記が見られる。

(183)　『大日本史料』第三篇第九冊、六四六頁。ただし京都大学図書館蔵本の画像（http://edb.kulib.kyoto-u.ac.jp/exhibit/h168/image/01/h168s0011.html）によって字を改めた。

(184)　佐藤早紀子「平安中期の雑袍勅許」（注16）、八三頁。

(185)　国史大系、五六五―五六七頁。

(186)　『西宮記』服者装束条にも「王公黒単袍、四位五位本位色薄」、「昇殿上官・儀式官、随二本官役一服二位衣一」と見える（臨時三、五五一―五五二頁。臨時四、五七九頁もほぼ同文だが、「昇殿上官〔後略〕」の後に「着二黒橡一者、或下襲尻」との割注がある）。

(187)　一七七頁。

(188)　『禁秘抄』には「後冷泉院御時、俊通〔惟宗〕・雅忠類聴二雑袍一、着二紅梅直衣一」と見え、『尊卑分脈』『丹波氏系図』等にも雅忠が「禁色雑袍」を許されたと見えるが（『大日本史料』第三篇第一冊、三八二頁、雅忠卒伝参照）、これらはこの時の経緯が誤って伝えられたものではないかと考えられる。この永承七年の後冷泉天皇の病の際には、治療の功労として、和気相成が従四位上に、雅忠が従四位下に加階されているが（『春記』十五日条等）、惟宗俊通の名は見えない。俊通は、承暦四年（一〇八〇）に高麗から医師を招請された際に、雅忠と並ぶ候補者として名があがっており（『帥記』承暦四年閏八月十四日条等）、あるいはこれらの話題が混在して伝わったものであろうか。

(189)　『御堂関白記』寛弘八年七月十七日条、『小右記』同十八日条。

(190)　『左経記』長元元年二月九日条。

(191)　『左経記』類聚雑例、長元九年五月五日条、『範国記』同年六月十四日条、『春記』長暦三年十一月五日条。

実房は安元二年（一一七六）の建春門院の仏事の際にすでにこのことを不審とし、久安元年（一一四五）の待賢門院の例も含めて、これらの先例を調査している（『愚昧記』同年八月十三日条）。また、高倉院の仏事においては結局、位袍を着用したことが養和元年二月十八日条から知られる。

(192) 国史大系、五四五頁。

(193) 群書類従八、一〇七頁。

(194) 小嶋汀「平安女性の服飾――特に青色について」『歴史教育』一三巻五号、一九六五年、同「和様の成立――特に青色について」（注158）、成田汀「平安朝服飾における麴塵と青色について」（注8）、津田大輔「『西宮記』女装束条について――女子装束における摺衣と青色」『古代文化研究』一七号、二〇〇九年等。また、唐の麴塵が黄系の色である点や、麴塵色が中国風の印象を与えるものであったこと、日本における初出史料が『北野天神御伝』に見える寛平七年（八九五）の渤海使饗応における進士の「麴塵衣」である点等を早く指摘しているのは、管見では大丸弘『平安時代の服装』（注74）、一六頁である。その他、青色袍に触れた論考は多く、『枕草子』における六位蔵人の青色袍が村上朝への憧憬を反映したものとする田畑千恵子「枕草子における「昔」「今」の意識――六位蔵人と「青色」をめぐって」（『国文学研究』七五号、一九八一年）、赤色袍との関連で取り上げる末松剛「摂関家における服飾故実の成立と展開」（注20）や、男踏歌における青色袍の意味を論じる平間充子「男踏歌に関する基礎的考察」（『日本歴史』六二〇号、二〇〇〇年一月）等がある。

(195) 青色袍が雑袍であることを明示する史料としてよく取り上げられるものとして、『侍中群要』巻五の「行事〔幸カ〕／着二青色一。〈節会・行幸不レ着二雑袍・雑色下重等一。仍不レ着二紅色下重・白下襲等一。然而至二于青色一所レ着也。〉但八省行幸不レ着」という記載がある（一六八頁）。難解であるが、「節会・行幸においては雑袍や雑色の下襲は着用しないため、紅色下襲や白下襲等は着用しないが、青色袍に関しては八省行幸を除く行幸において着用する」と解釈しておく。これを敷衍すれば、青色袍は雑袍として認識されていたこととなる。

(196) 群書類従八、一二〇―一二一頁。

(197) 神道大系『西宮記』五四八頁。

(198) 前述の通り、これら行事別の服装の解説に関しては、臨時三と四には本文の異同がかなりあるが、内容が大きく異なるというよりも、相補う点が多い。以下、本項では臨時四（五七一・五七二頁）の記述を掲げる。

(199) 神道大系『西宮記』一一〇、一一三頁。

(200) 川尻秋生「『紀家集』と国史編纂――「競狩記」を中心として」（『史観』一五〇号、二〇〇四年）は本記事を『宇多天皇御記』からの引用と指摘している（七頁）。

(201) 『貞信公記』同年十月十八日条（『西宮記』勘物所引）には「中使平頭立二門外一。御狩事也。鷹飼親王・大納言摺衣、自余麴塵。諸衛府生以上褐衣・腹纏・行縢。舎人青摺。狩長四人、狩子卌人定了」と見え、大原野行幸の服装を事前に定めたことがわかる。

(202) 末松剛「摂関家における服飾故実の成立と展開」（注20）、一六五頁等。このことには、次段落で述べる、内宴の装束料が給付されることが関連しているか。

(203) 『新撰年中行事』下、十二月、一三二頁。当該箇所は『撰集秘記』に引かれるが、同書には他にも『清涼記』『西宮記』から同趣の抜書があり、後者は『西宮記』侍中事に「十二月三日、奏二等第文一。一同二六月一。但加二奏侍臣来年内宴装束料文一」と同文を確認できる（神道大系『西宮記』七一二頁）。なお、割注の「所例云」は古代史料叢書『撰集秘記』では「所玄」（二三九頁）、『新訂増補国書逸文』では「所去」（二〇一頁）とするが、西本昌弘によれば「蔵人所例」を意味する「所例」が正しいという（「「蔵人式」と「蔵人所例」の再検討」『日本古代の年中行事書と新史料』（注91）、初出一九九八年、七一頁）。

(204) 神道大系『西宮記』一〇九頁。この規定は、平絹縫腋の青色袍が、平絹闕腋や綾縫腋の青色袍に比べて入手しにくかったことを窺わせる。踏歌・内宴・殿上賭弓では闕腋の青色袍を着ることが史料に明記されており、行幸においても活動的な衣服が求められたであろうことから、闕腋袍が用いられたと推測される。

(205) 同前、五四五頁。『新儀式』第四「野行幸事」によれば、行幸の七・八日前に検非違使に宣旨を下し、鷹飼・鷂飼に選ばれた者の摺衣の着用や、鷹助を務める内舎人等が弓箭を携帯しないことを許す（二三二頁）。また、宣旨の実例三例が『政事要略』巻六十七に見え、特に延長四年の北野行幸に際して、野行幸における鷹飼の摺衣着用許可が永例とされたことが確認できる（五四五頁、延長四年十一月四日宣旨）。

(206) 成田汀は寛平八年の雲林院行幸前後を境に、行幸や遊宴の晴装束として摺衣等に麴塵衣がとって代わったと指摘している（「和様の成立」（注158）、二八―二九頁）。また、平間充子は男踏歌の青色袍の着用が、先行する延暦期の群臣踏歌において賜与・着用された榛摺衣を引き継いだものと述べている（「男踏歌に関する基礎的考察」（注194）、九―一〇頁）。

(207) 昌泰元年（八九八）十月の宇多上皇遊猟御幸では、随行の臣は左方が赤（櫨）、右方が青を基調にした装束を着用しており、中でも右方鷂飼が「青白橡地色摺衣」と青白橡地に色摺を施した上着を着用していた（紀長谷雄『競狩記』（『紀家集巻十四断簡』）図書寮叢刊『平安鎌倉未刊詩集』三―四頁）。また醍醐天皇の延喜十八年の野行幸では、鷂飼が「青麴塵雲雁画褐衣」を着用するなどしている（『醍醐天皇御記』十月十九日条）。

(208) 神道大系『西宮記』七〇七頁。

(209) 図書寮叢刊『平安鎌倉未刊詩集』四頁。

(210) 神道大系『延喜式』下巻、六一〇頁。

(211) 国史大系『政事要略』五六五頁。

(212) 真実王については、『三代実録』元慶八年（八八四）十一月二十五日条に「授二無位直実王従四位下一」と見え『類聚国史』一〇一には「真実王」とする。

(213) 『令集解』衣服令、服色条「凡服色、白・黄丹・紫・蘇方・緋・紅・黄橡・纁・蒲萄・緑・紺・縹・桑・黄・楷衣・蓁・柴・橡・墨。如レ此之属、当色以下各兼得レ服之」（七四二―七四三頁）。なお、『延喜弾正台式』には「凡無品親王・諸王・内親王・女王等衣服色、親王着二紫以下一、孫王准二五位一、諸王准二六位一〈其服色者用レ纁〉」とある（下巻、六〇八頁）。五位の位色は纁より上位の緋であり、纁を服色とするのは諸王とも読めるが、ここでは天慶五年勘申の説に従う。

(214) 神道大系『延喜式』下巻、六〇九頁。

(215) 新日本古典文学大系『枕草子』八四段、一一三頁。

(216) 十三世紀中頃成立した中原師光『局中宝』には、「靫負佐ハ禁色物云々。仍着二直衣一云々」とあって、やはり禁色宣旨と雑袍宣旨に対する理解の変質・混乱が見てとれる（尊経閣善本影印集成『局中宝』八木書店、二〇一二年、六六頁）。

(217) 「禁色勅許の装束について」（注4）、四二六頁。ただし、十世紀半ば以前においても、蔵人と蔵人以外の殿上人で禁色勅許によって許された服装が同じであったかについては、疑問が残る（注26参照）。

(218) 神道大系『侍中群要』一六五頁。時代は下るが十三世紀前半成立の源通方『餝抄』にも青色袍について「蔵人着レ之。所雑色御禊前駈着レ之。拝領由歟。蔵人被レ聴二禁色一之時、先着二御衣等一、其意也」と見える（群書類従八、一二五―一二六頁）。

(219) 小川が「禁色勅許の装束について」（注4）において取り上げる二〇例中、勅許後の最初の禁色装束着用に関わる記事が一四例あるが、天皇の装束を用いていることが明らかな例が八例、摂関・一上（道長）の例が三例となっている。ただし、与える上位者が天皇や摂関よりも低い地位にある事例もある（『小右記』長和二年正月二十日条の藤原登任の例等）。

(220) ただし、『中外抄』上第十五話では、藤原忠実が源師頼の問いに対して、禁色は主上から拝領し、元服の日は五位蔵人の、四位昇叙の時は蔵人頭の袍を着用すると答えており、禁色の特殊性が窺われる(新日本古典文学大系『中外抄』二六四—二六五・五五〇頁)。

(221) 『延喜十三年三月十三日亭子院歌合』『天徳四年三月三十日内裏歌合』等。

(222) 『吏部王記』天暦六年十二月二十八日条等。未成年の青色袍については伊永陽子「平安時代の童の束帯——元服・読書始・童殿上を中心に」『服飾美学』四五号、二〇〇七年九月、同「平安時代の童の正装」河添房江編『王朝文学と服飾・容飾』竹林舎、二〇一〇年。

(223) 神道大系『江家次第』三五六頁。

(224) 新日本古典文学大系『枕草子』二段、八頁。

(225) 秋山喜代子『中世公家社会の空間と芸能』山川出版社、二〇〇三年、特に二〇頁(初出一九九三年)。

(226) 古瀬奈津子「昇殿制の成立」(注27)、三三七・三四四頁等。

(227) 秋山は中世においては「表」と「奥」の区別は曖昧で、対概念としては未成熟であったと述べている(注225、三九頁)。なお、氏も紹介するように、元木泰雄は、侍所や殿上間の本質的機能は主従関係の維持・統制であり、それを象徴するのが台盤・櫃・日給簡であると指摘している(元木泰雄「摂関家家政機関の拡充」(注76))。これを踏まえれば、未刻以降、日給簡が袋に封じられ、夜間には台盤が片付けられることに、殿上間が公から褻に転じる象徴的意義を見出すことも可能かもしれない。台盤については、例えば東山御文庫本『日中行事』に亥二刻に主殿司と小舎人によって台盤が片付けられ、辰刻の日給の後に、また立てられることが見える(「東山御文庫本『日中行事』翻刻」(注91)、二四一—二四二・二三三頁)。また同記事や『蓬萊抄』には、宿直の間、殿上間に幕が垂らされることも見える。

(228) 『新野問答』(注62)、五八四—五八五頁。

第三章　摂関政治と直衣参内

直衣は遅くとも十世紀半ばより天皇の軽装、男性官人の私服、そして殿上人の宮中での宿直衣として用いられていた。それでは公卿はどのように宮中で直衣を着用し、そして、それはどのように特権的地位を表象する行為となっていったのだろうか。本章では十一世紀を中心に、その過程を追っていきたい。

第一節　内裏の空間と服装

第一項　公卿の宿直装束と直廬・后妃在所における活動

前章で確認したように、雑袍宣旨は殿上人に出されるものであり、公卿への勅許例はない。それは第一義的には清涼殿の宿直が公卿の職務ではなかったためと考えるが、『御堂関白記』や『うつほ物語』等の例が示していたように、公卿も内裏で宿直する際には直衣を広く用いた。その具体的様相は、例えば次の『枕草子』の描写が参考となる。

〔定子〕又の夜は、夜《よる》のおとゞにまいらせ給ぬ。夜中ばかりに、廊《らう》にいでて人《ゝ》よべば、〔伊周〕「下《お》るゝか。いでをくらん」との給へば、裳《も》・唐衣《からぎぬ》は屏風にうちかけていくに、月のいみじうあかく、御直衣《なをし》のいと白《しろ》うみゆるに、指貫《さしぬき》を長《なが》うふみしだきて、袖をひかへて「たうるな」といひて、おはするまゝに、「遊子《ゆふし》、猶残《のこり》の月に行」と誦《ず》し給へる、又いみじうめでたし(1)。

夜半に清涼殿から下る清少納言を藤原伊周が送る場面であるが、その姿は月明りに白く光る直衣に長く踏みしだいた指貫であった。

宿直に伴い、公卿も宿所（直廬）では宿衣や直衣で過ごしたと見られるが、それは必ずしも宿直の時間に限られなかった。例えば次の記事からは、道長が日中もしばしば宿衣で直廬にいたことが窺われる。

ア申剋許参内間、右頭中将〔藤原実成〕来云、「有二御出一。而一日承下可二執申一由上、未レ申二事由一。〔若〕着参令結〔給カ〕哉」者。未レ承二案内〔こ〕一。只今宿衣参間、為二之如何一。令レ持二装束一。右府〔藤原顕光〕参候云々。示二送解文可レ奏由一。イ御出。有下可レ候二御簾内一有仰上。即参上。此間日入。（『御堂関白記』寛弘三年（一〇〇六）八月十六日条）

申刻に参内した左大臣道長のもとに蔵人頭が来て、駒牽が天皇出御の儀で行なわれるので参候するか確認したが、道長は初耳のことであり、今は宿衣であるからと難色を示している（傍線部ア）。すなわち、道長は「白昼」に宿衣で参内し、宿衣のまま直廬に滞在していた。

直廬には主人の休む空間や執務空間の他に人々に応対する空間（客亭）があり、[2]食事が振る舞われたり、作文会が開かれたりもし、少なくとも道長政権においては、そのような場に宿衣や直衣で公卿・殿上人等が参集することもまま見られた。[3]前章で取り上げた蔵人頭時代の藤原行成の例を見ても、内裏にあっても宿所には日中も宿衣でいることができ、そのまま政務処理等にあたることもできたのであろう。なお、道長がしばしば宿衣・直衣で参内していたことは、この他にも複数の記事から知られる。[4]

もう一つ、公卿たちの宿衣や直衣での滞在が多く記録されているのが、佐藤早紀子の指摘した「キサキ・東宮などの御在所」である。[5]例えば次の記事では、中宮妍子の方に宿衣姿の道長をはじめ、人々が集ったことが記されている。

今日秋季御読経、仍参内。左大臣依レ有二被労一不レ被レ参。〔中略〕秉燭事始。未レ有二如レ此之例一。左大臣着二宿衣一被レ参二中宮一。諸卿参入、予同参、有二謁談一。命云、「日来風病発動、手足冷如レ金、心神太悩。依レ承二中宮

姫宮〔禎子内親王〕悩気坐由一、相扶所二参入一。（『小右記』長和三年（一〇一四）十二月二十五日条）

この時の道長は、病を理由に季御読経を欠席しつつも、二歳の禎子内親王の具合が悪いと聞き、秉燭後に宿衣で中宮方に参入しており、そこに諸卿も集まってきた様子が窺える。翌年八月にも道長が直衣で中宮方に参じたことが記されている。

左大臣〔藤原道長〕着二直衣一被レ参二中宮方一。依二一日命一奉謁。被レ談二天下事幷還宮事等一。有レ所レ憚不レ能レ記。良久之後、臨昏退レ私。昨夕始左府参内。々裏已穢。（『小右記』長和四年八月十三日条）

三条天皇に譲位を強く迫る道長は、中宮方において直衣姿で実資に会い、天皇の眼病、譲位、新造内裏への遷幸のことなどを相談している。同月二日に道長は死穢に触れ、参内を憚る中、十日には資平を通じて実資にこれらの問題を相談しているが（『小右記』十日条）、対面が必要と判断したものか、この日の夜、中宮方に実資を呼んで密談に及んだのである。

　中宮方での直衣姿の密談は『うつほ物語』にも描かれている。朱雀帝中宮（后の宮）が藤原腹の三の宮立坊の企みのために、兄の右大臣藤原兼雅に「忍びて直衣姿にてものしたまへ」と参入を要請し、これを受けて兼雅は夜に常寧殿の后宮方へ参入するのである[6]。ここでは后の宮が主体となって自らの在所に呼んでいるが、密談のために夜に直衣で中宮方へ参入するという状況は、『小右記』の記事とも通ずる。先に『源氏物語』に日中の宮中での直衣姿が描かれていないことに触れたが、『うつほ物語』においても日中の宮中での直衣着用は描かれておらず、私邸・私事での着用のほかは、殿上宿直の装束やこのような密々の参内装束として直衣が用いられている点は、十世紀後半の宮中における直衣の位置付けをよく反映している。

　ただし、少なくとも十一世紀に入る頃には、宿衣・直衣での后妃方への参入は夜間に限られていなかった。『枕草子』にはその様子が鮮やかに描かれている。正暦四年（九九三）冬、出仕しはじめたばかりの清少納言が気後れして夜ばかり祇候していたところ、降雪にかこつけて日中に定子の御前に召された日の様子を描いた、「宮にはじめてまゐりたるころ」段を見てみたい[7]。

しばしありて前駆《さき》たかうを声《こゑ》すれば、〔道隆〕殿まいらせ給なりとて、ちりたる物とりやりなどするに、いかで下《お》りなんとおもへど、さらにえふ《た》ともみじろがねば、いますこし奥《おく》にひきいりて、さすがにゆかしきなめり、みき丁のほころびよりはつかにみいれたり。

〔伊周〕大納言殿《どのゝ》のまいり給へるなりけり。御直衣《なをし》、指貫《さしぬき》の紫《むらさき》のいろ、雪《ゆき》にはへていみじうをかし。柱《はしら》もとにゐ給て、「昨日今日《けふ》、物忌《ものいみ》に侍つれど、雪のいたくふり侍つれば、おぼつかなさになん」と申たまふ。「道《みち》もなしとおもひつるに、いかで」とぞ御いらへある。〔中略〕

ひと所だにあるに、又前駆《さき》うちをはせて、おなじ直衣《なをし》の人まいり給て、これはいますこしはなやぎ、猿楽言《さるがうごと》などし給を、笑《わら》ひ興《けう》じ、我も「なにがしがとあること」など、殿上人のうへなど申給をきくは、猶、変化《へんげ》のもの、天人などのおりきたるにやとおぼえしを、候《さぶら》ひなれ、日ごろすぐれば、いとさしもあらぬわざにこそはありけれ[8]。

ここでは、中宮のもとを親族の公卿が直衣姿で次々に訪れており、しかも「日ごろすぐれば、いとさしもあらぬわざにこそはありけれ」とあることから、これが日常的な出来事であったことが窺われる。特に伊周が物忌にもかかわらず参入している点は注目される。物忌中に会えるかは近親と「外人」の重要な違いの一つであったし[9]、先の『小右記』の記事等ともあわせて、参内（清涼殿への参上）を憚る時であっても、近親等は后妃方に宿衣・直衣で参入できたことが知られる。

更に、后妃方に天皇が渡御する場合にも外戚は直衣姿でいることが許されたらしい。『権記』寛弘八年（一〇一一）十月七日条によれば、三条天皇が女御娍子のもとに渡御していると聞いた行成が、その在所の飛香舎に参上すると、すでに数名の公卿・殿上人が参入していたが、そのうち娍子弟の教通は直衣であった。『枕草子』「淑景舎、春宮にまゐり給ふ程」段においても、登華殿の定子方に春宮妃の妹原子が渡り、関白道隆夫妻はじめ一族が揃う場面において、道隆が「薄《うす》色の御直衣《なをし》」等を着用しているが、そこに一条天皇が渡ってきても、道隆はそのまま留まっている。[10]

このように、后妃や皇子女の在所への直衣での参入はしばしば記録されている。この事象について佐藤早紀子は、「直衣は非「正式」、非「公的」であることを積極的に示す装束であ」り、焼亡等の非常時や「外戚という「私的」な関係に基づいて出入り」する「非「公的」な場面では」、「直衣を着ることが時宜の上で必要であった」と述べている。[11]直衣が公服でない以上、直衣の着用が本来は「非公的」な場面に限られたことは自然であり、そこから逆に「非公的」な場面では直衣の着用が「時宜」となったことは確かに考えられる。

ただ、見逃してはならないのは、后妃の在所やその近傍には親族の直廬が置かれていたという点である。右の長和年間の道長の例で言えば、『小右記』長和四年九月五日条に「余及卿相詣二相府(道長)直廬一。々々則是中宮御方也」と見え、実は中宮妍子の方は道長の直廬として使用されていた（焼亡により内裏は長和三年四月から翌年九月まで枇杷殿にあった）。

公卿や殿上人等の宿所はそれぞれの地位等に応じて内裏内外の各所に置かれていたが、特に后妃親族の公卿の直廬が後宮内に設けられたことについては、岡村幸子や吉川真司が詳しく論じている。[12]すなわち岡村によれば、藤原良房以降、太政大臣または左大臣である藤原氏筆頭公卿は職御曹司に直廬を持ったことが確認できるが、忠平の代から、近親の皇后・皇太后等の直廬に便乗する形で、後宮内にも自らの直廬を置くことが見られるようになる。[13]同時に、瀧浪貞子によれば、忠平の頃より、叙位・除目に天皇が臨まない場合には、摂政（時には関白）の直廬において叙位・除目が行なわれるようになるといい、[14]吉川は更に、兼家以降、摂関の執務空間が内裏後宮の直廬に固定するとし、このことが天皇の「後見《うしろみ》」という摂関の職務・立場と関係していると指摘する。[15]

当時の内裏が頻繁に焼亡・移転を繰り返していたこともあり、直廬はしばしば移動したが、岡村によれば、兼家・道隆等は淑景舎を、道長は飛香舎を直廬とし、特に道長の娘たちは飛香舎を独占的に世襲していった。また、后妃在所での親族の活動は、摂関や藤原氏長者に限らなかった。岡村が紹介したように、花山天皇の代には藤原為光や朝光が娘の女御の在所において公卿を饗応したことが見え[16]、これも女御御所を自らの直廬として使用したものだろう。

　すなわち、后妃方を親族が宿衣や直衣で訪問・滞在し、時に政治的な活動も行なっているのは、后妃方が親族の公卿自身の直廬もしくはそれに准ずる空間であったからなのである。この点に関連して想起されるのは、夙に土田直鎮が、「諸家が内裏の中に我家の出張所の形で局をしつらえ、そこに天皇を婿として迎える形を取る」ものとして天皇の結婚を説明したことである[17]。現在ではその基盤となった高群逸枝説の見直しも進み、「天皇を婿として迎える」と単純に見做すことは困難であるが[18]、後宮内に后妃在所として有力家の私的空間が点在し、そこで男性官人も起居したことは否定できない。角田文衛が指摘したように、男子禁制でなく、后妃が自由に里第に退下できたことは日本の後宮の大きな特徴であり[19]、直廬および后妃在所での男性の宿衣での活動はこのような特色から導かれた結果と言える。

　そしてもう一つ重要なことは、空間や時間、あるいは関係や「時宜」が必ずしも公と私にきれいに分けられないことである。例えば『枕草子』「淑景舎、春宮にまゐり給ふ程」段で春宮妃や天皇が来訪している中宮方は果たして「私」の空間なのであろうか。あるいは宮廷外のさまざまな行事は「私」であろうか、「公」であろうか。例えば寛仁三年（一〇一九）二月二十九日、故三条院皇女禔子内親王の着裳（初笄）儀が母娍子の御所で行なわれた際、左大臣藤原顕光は直衣で参入したが、「指したる召」がなかったため、あわてて朝衣を取りよせて着たという（『小右記』同日条）。顕光は朝儀等における失敗が多いことを道長や実資等に頻繁に批判されたことで知られ、この記事にもその一端が表われているが、同時に「時宜」が必ずしも明確に共有されていなかったことも示している。

　「時宜」は時に曖昧であったから、右の「召」が示唆するように、服装が指定される場合もあった。例えば治安元年（一〇二一）十二月、道長室源倫子の主宰で法成寺西北院供養に伴う三日間の不断念仏会が実施された際には、公卿・殿上人に三日とも「優美宿装束」を着て参入すべしと指示があり、これに対して公卿達ははなはだ「鮮明」な直衣を着て参集したという（『小右記』同月四日・五日条）。このような記事は、摂関家の行事をはじめ、多くの公卿・殿上人が参加し、政治的にも重要な意味を持つ宮廷外の行事が増える中で、朝廷の規範に必ずしも縛られず、むしろ朝廷内とは異なる装いを求められる場面が増え、事前の指示も行なわれるようになっていたことを明らかにしている。

また、この時に宿装束が選ばれたのは、通夜の不断念仏のためと考えられるが[20]、美しい高級生地を用いて仕立てられた直衣は、「宿衣」を超えて社交服としても機能したことであろう。第一章で触れたように、直衣は酒宴や歌会、また参詣や競馬など活動量の多い行事でも着用され、社交服として重要な役割を果たしてもいた。財力のある官人たちによって宮廷外で美しい直衣や狩衣が多く用いられたことは『うつほ物語』や『枕草子』『源氏物語』等に端的に描かれており、ここで改めて繰り返すまでもない。そのことを踏まえて例えば定子方への親族の公卿の参入を考察すれば、后妃方は、内裏にありながら、宮廷外の社交服で訪れることができる場であったとも言える。

第二項　清涼殿の服装規範

宿所や后妃在所では日中も広く着用されていた直衣であるが、清涼殿ではどうであっただろうか。これについては先行研究も注目しており、特に吉川真司は「清涼殿で直衣（雑袍）を着用し、台盤所に出入するのは外戚のみに聴された殊遇」とし、摂関の内裏直廬での執務という摂関制の重要な現象と一連のものとして、十世紀後半に成立した可能性を指摘している[21]。

しかし、吉川が直衣着用と台盤所出入を外戚の特権とした根拠は『禁秘抄』と『大鏡』であった。確かに『禁秘抄』の台盤所参入と直衣参内の勅許に関する記述は、これらの問題に関わる最重要史料として長いこと広く使われており、「よそ人の関白」である藤原頼忠が直衣での参内を憚ったという『大鏡』の逸話も有名であるが、これらは後代の史料である。十一世紀以前に直衣での参内を明示的に許す勅許が下された証拠はなく、それどころか、本書冒頭で取り上げた『小右記』の記事において、左大臣道長が白昼に直衣で御前に参候し雑事を定めたことを実資は厳しく批判していた。佐藤早紀子が紹介したように、『小右記』には他にも公卿の日中の直衣祇候を批判した記事が複数あり、㉒しかも一条朝までは、日中の殿上や昼御座での宿衣・直衣祇候は史料上にほとんど確認できない。

例えば、寛弘二年（一〇〇五）十一月十五日の月蝕の夜に内裏が焼亡し、神鏡も焼損するという大事件の直後、一時的に太政官朝所に内裏が置かれていた間のこととして、『小右記』同月二十日条には「左府〔藤原道長〕参内〈着㆓直衣㆒〉、相㆓逢宮内省坤角㆒」と見え、二十二日条にも「左右臣着㆓直衣㆒候㆓殿上㆒、相会合。〔脱アルカ〕仍直廬」とある。佐藤早紀子はこれらを内裏焼亡後の時宜にあわせて直衣が着用された事例として取り上げているが、㉓焼亡後とはいえ五日以上たっており、その間には特に人々の服装を注記していないことが注意される。とりわけ十六日・十七日には公卿が道長の宿所や殿上で神鏡焼損への対応等を協議しているが、それらの日の『小右記』には服装が記されていない。

そこで改めて検討してみると、まず二十日条は直前に「黄昏退出」とあり、夕刻以降でかつ殿上以外の出来事であるから、一般的な宿衣での参内の範疇にある。また二十二日条は難解で、時刻も不明であるが、記事の初めに道長を含めた諸卿の祇候や御卜等の対応について記されており、その後に改めて「左右〔大〕臣着㆓直衣㆒候㆓殿上㆒」とあることから、左大臣の道長と右大臣の藤原顕光が夕刻になって殿上で会合した（あるいはその後、直廬に移動したか）とも解釈されるのであり、㉔そうであるならば、やはり従来の服装規範を大きく逸脱した行為ではなく、外戚の特権とも認め難い。

しかも、宿衣が規制される白昼とは午刻の供膳から酉刻の供膳までであり、昼御座と殿上間の外ではその規制はより緩やかであるという知見を踏まえれば、本書冒頭『枕草子』「清涼殿の丑寅の隅」段の記述も、道長等の直衣姿を批判した『小右記』の記事等と矛盾なく理解できる。すなわち、大納言伊周が直衣を着て清涼殿に登場するのは、「日の御座《おまし》のかたには、御膳《おもの》まいる」直前であり、そして伊周は弘徽殿上局の前の板敷に祇候した後、一条天皇が中の戸〔萩戸〕を通って昼御座に移動するのを廂から送り、昼御座や殿上間には入らずに上局に戻っているのであり、昼御膳の供膳後は昼御座や殿上間に宿衣でいてはならないという規制を犯すことなく振る舞っているのである。したがって、この場面における伊周の描写は、その直衣姿そのものによって彼の特権的立場が表現されているという単純なものではなく、白昼の昼御座に宿衣で祗候してはならないという規範を正しく守るという折り目正しさや、直衣や衣、指貫の上質な生地や趣味のよさを称賛し書き留めたものなのだろう。

日中の殿上に直衣姿でいるべきではないという認識は道長にもあったらしい。

参内。〔中略〕即帰二参陣一之間、大閤下〔藤原道長〕被二参内一。其後卿相参入。大納言道綱〔藤原〕在レ陣之間、頭弁定頼〔藤原〕来云、「大殿命云、有二可レ示之事一。可レ参二殿上一」者。仍参入。ア可レ参二鬼間方一者。即参入。命云、「依二装束無一レ便〈直衣〉、於二殿上一所レ不レ謁」。抑可レ奉レ寄二賀茂之郡一、上下御社各有下可レ被レ寄二一郡一之御願書上。〔中略〕復レ陣之間、氷室事問二大外記文義一。〔中略〕イ更参二上殿上一、以二右将軍〔左カ、教通〕一可二奉謁一之由令レ申二大閤下一。即於二初処一謁談。申二氷室事一。〔中略〕即復レ陣、着二南座一。〔中略〕ウ此間秉燭。（『小右記』寛仁元年（一〇一七）十一月二十三日条）

賀茂社行幸を二日後に控え、摂政頼通が急病に倒れた状況下で、大殿道長が参内し、賀茂社への寄進のこと等を差配しているのだが、実資を清涼殿に呼んだ道長は、直衣という装束がふさわしくないので殿上で会うことはできないといって、鬼間で会った〔傍線部ア〕。陣座と清涼殿を往復する実資は、二度目に殿上に来た時には、左大将教通を通して道長に面会を申し込み、再び鬼間で会談している（イ）。時刻は秉燭前であった（ウ）。それ以前に直衣での祗候をたびたび批判されている道長が、この時に殿上間を避けたのは、作法に厳しい実資を尊重したことや、後述するように、後一条朝になって道長自身が綱紀粛正に努めていたためである可能性が高いが、それだけに原則として殿上間の服装規範は公卿にも及ぶ一方、鬼間はこれが適用されない空間であったことが窺われる。

清涼殿内の部屋の区別に関して、もう一つ事例を上げよう。長和元年（一〇一二）七月、三条天皇が瘧を病むが、この時に実資は、複数の公卿が直衣や宿衣で台盤所や鬼間に祗候していたことを記している。

廿二日、戊子。今日御当日也。仍早参〈巳四剋〉。ア中納言頼通〔藤原〕・隆家〔藤原〕、参議懐―〔藤原懐平〕・通任〔藤原〕等祗候。彼是在二鬼間一。予進到問二案内一。人々云、一昨従二巳剋一有下可二発給一之気上。而今日已無二気色一。自二早旦一御修法阿闍梨等及有レ験僧綱已下廿余人候二御前一、奉二仕加持一、転二読法花経一。イ左相府〔藤原道長〕参入。於二鬼間一良久清談。ウ其後予候二殿上一。エ午四剋発給。相府出二殿上一、被レ命云、御手許振給、似二軽発給一。〔中略〕オ右大臣〔藤原顕光〕、大納言公任〔藤原〕、中納言俊賢〔源〕・行成〔藤原〕・忠輔〔藤原〕、参議兼隆〔藤原〕・実成〔藤原〕・頼定〔源〕等候二殿上座一。カ三位中将二人〔藤原教通・頼宗〕着二直衣一在二台盤所一。〔中略〕

廿四日、庚寅。今日御当日。仍参入〈午四剋〉。御加持声甚高。彼是侍従云、午二剋発給、従二一昨一亦軽発給。未剋中醒給。〔中略〕今日参入卿相、右大臣、大納言斉信・公任、中納言俊賢・隆家・行成・時光、参議懐―・経房・実成・通任・頼定等也。キ隆家・懐―・通任三人、着二宿衣一候二鬼間辺一。斉信卿依レ行二御読経事一、発願以前参入云々。予申剋退出。(『小右記』同月二十二日・二十四日条)

二十二日の午前に実資が参入すると、多くの公卿が鬼間に祗候しており(傍線部ア)、実資もそこに加わって様子を聞いていると、道長も鬼間に入ってきた(イ)。その後、実資が殿上に祗候していると(ウ)、午四刻に発作が始まり、道長が鬼間(もしくは台盤所か御前)から殿上に出て状況を伝えた(エ)。多くの公卿は殿上に祗候したが(オ)、道長の二人の息子は直衣にて台盤所に祗候していた(カ)。二十四日も、公卿の多くは殿上間に祗候したと思われるが、隆家・懐平・通任の三名は日中に宿衣で鬼間の辺に祗候した(キ)。

このような場合における日中の宿衣・直衣での祗候の是非については、例えば前年の一条天皇の病の時には『小右記』本文が欠けていることもあって服装の記録が伝わらないなど、先行する類例が乏しく、はっきりしない。ただ、実資は特に批判をしておらず、このような緊急時には認められていた、あるいはむしろ求められていたらしい。二年後の内裏焼亡時にも、数名の納言・参議が「近習」として直衣で祗候している(本書一五九頁参照)。それでも彼らは殿上間以外の場にいる。すなわち、この時点では、このような場合にも日中の殿上間には宿衣で祗候できないという規範が及んでおり、それゆえに日中に宿衣・直衣で祗候する人々は鬼間や台盤所にいるのではないか。

ただし、これらの空間、特に台盤所に入れるかどうかには別の原理が働いていた。例えば寛仁元年十一月の例（本書一五一頁）では道長が台盤所にいたと推測されるが、実資は道長の在所に入らず、教通を通じて面会を請うている。あるいは長和元年七月の例では、台盤所に祗候したのは道長の息子たちである。台盤所は鬼間の奥、朝餉間の隣に位置し、女性官人の詰所として、男性官人にとっての殿上間に相当した。[25] ここへの祗候は清涼殿の中でも天皇のより私的な生活空間に立ち入ることを意味し、この頃には天皇外戚や「近習」が祗候する空間ともなっていた。例えば『小右記』正暦四年（九九三）十一月十二日条には、実資が殿上間に行くと「内府〔伊周〕及近習公卿等自㆓女房㆒出来」とあり、外戚の伊周や「近習公卿」が台盤所に祗候していたことがわかる（ただしここでの「近習」の定義は定かでない）。

天皇外戚の台盤所への祗候は、后妃親族の直廬が後宮内に置かれていたこととも直結しよう。秋山喜代子によれば、当時「表」と「奥」の概念は未成熟であったとはいえ、清涼殿において台盤所や上御局は、「奥」側、後宮側に属する空間だった。[26] 后妃や天皇の親族は、后妃在所や直廬という「奥」の空間を経由することによって、清涼殿の「奥」である台盤所や上御局に日中も宿衣や直衣で祗候できたのだろう。

結論として、十世紀後半から十一世紀初頭にかけ、後宮では直廬や親族の后妃方において直衣での活動が頻繁に行なわれており、さらに天皇外戚や近習の場合、清涼殿でも台盤所や鬼間、上御局といった「奥」の空間では日中も直衣での祗候が可能であったが、殿上間や昼御座では、公卿も殿上人同様、日中の宿衣での祗候は憚られたと考えられる。

第二節　内裏での直衣着用の拡大

前節では、十一世紀初頭の内裏において、直衣は公卿にとっても基本的には宿直装束であり、日中は殿上間や昼御座を避けるという規範が及んでいたこと、一方で「奥」に属する空間では日中も直衣・宿衣を着用できたことを確認した。同時に、すでにいくつかの史料が示唆していたように、この時期には「表」の空間での直衣祇候も徐々に増加していく。本節では、まず摂関の簾中への祇候から、天皇の仰せを根拠としてより「表」に近い場での直衣着用が増えていった様を確認し、次いで危急時の祇候に乗じた内裏での直衣着用の広がりを見ていきたい。

第一項　簾中の祇候から天皇の命による祇候へ

『小右記』長徳元年（九九五）正月十一日条によれば、この年の県召除目の初夜、関白藤原道隆は直衣にて簾中に祇候した（「関白着二直衣一候二御簾内一也」）。管見では、この記事が公的儀式において臣下が直衣を着用した初例である。この着用の背景にはまず、道隆の体調不良という事情があった。この年の四月に亡くなる道隆は、前年末より体調を崩しており、この正月の朝覲行幸は所労により不参、五日の叙位も不調を理由に簾中に祇候した(27)。束帯することが困難な程重い病を押して叙位・除目に祇候したのは、これらが人事に関わる朝廷の最重要行事であるためであろう(28)。

当時の叙位等の重要性について山本信吉は、はじめ関白の職を父から譲り受けた道隆が就任半月程で摂政に転じたのは、人事権を確実に掌握するためであり、その結果、人事は天皇御前の儀ではなく摂政直廬の儀として行なわれたと論じている(29)。これは一条天皇の元服した正暦元年（九九〇）のことで、同四年四月に道隆が再度関白に転じると、その七月からは一条天皇が除目に臨むようになっていた。人事に介入できる立場を維持するために、道隆としては不参の例を作ることだけは避けたかったと考えられる。しかし、いくら不調のためとはいえ、除目や叙位における関白の簾中祇候は異例であったらしく、実資は五日の簾中祇候を「時□有二如レ此事一、為レ奇々々」と評している。[30]

摂政の例では、早くは承平三年（九三三）正月元日に藤原忠平が不調により簾中に祇候しており、同年の新嘗会でも南殿の簾内に祇候、[31]またその前年より相撲召合における簾中祇候も繰り返し確認できる。[32]より近くは兼家が永祚元年（九八九）の賭弓や賀茂臨時祭にて簾中に祇候し、道隆も正暦四年の石清水臨時祭試楽において簾中に祇候した。[33]これらの簾中の祇候は、末松剛の指摘した「御後」への祇候と深く関わる事象と考えられる。氏によれば、御後の祇候は早くは忠平等の事例が認められるが、寛和二年（九八六）に摂政となり、右大臣を辞して大臣より上位の地位を獲得した兼家は、翌年以降の節会において、臣下として参列するのではなく、天皇側の一員として天皇の「御後」に祇候することで、儀礼における摂関の行動に大きな転換点をもたらし、道隆もこの参加形態を引き継いだという。[34]兼家によって摂関の地位が高められ、簾中祇候を含め、他の臣下とは一線を画した振る舞いが常態化しつつあったことは、道隆が簾中に祇候した背景として見逃せない。

また、御後・簾中の祇候は、前節で見た台盤所の祇候とも関連していただろう。この時代の事象を解釈する際に『禁秘抄』を根拠とすることには慎重であるべきだが、同書では台盤所への参入を許すことを「聴二簾中一」とも表現している。[35]「簾中」がどの空間を指すのかは状況によって変化したと考えられるが、台盤所への参入と簾中の祇候は、ともに天皇の後見や近習という立場を背景にした特権的な行為であり、十世紀末の段階でも強い関連性があったと思われる。

とはいえ、関白に移ってからの叙位や除目への簾中祇候、なかんずく直衣での祇候には、それまでの摂政の簾中祇候から相当の飛躍が認められる。すなわち道隆は、完全には一致しないもののある程度類似する先例と重い不調を理由に、簾中の天皇の隣で直衣姿にて人事に関わるという、関白としての新しい作法・立場を開いたとも評価できる。

この後に続く除目への直衣祗候は確認できず、道隆の例は例外に止まったが、それでもなお、天皇の後見として台盤所や簾中に祗候する中で、公的な場面で直衣が着用されたことは重要な事件であった。

道隆と続く道兼の死により藤氏長者を継いだ道長は、関白にはつかず、内覧左大臣に長年とどまったが、行事での簾中祗候の機会は徐々に増えていった。例えば寛弘三年（一〇〇六）の駒牽では、上卿を右大臣に譲りつつも、天皇の仰せを受けて簾内に祗候しており（本書一四四頁、八月十六日条、傍線部イ）、その前年八月の釈奠内論議においても簾中に祗候したことを、実資は先例を知らないとしている（『小右記』三日条）。こういった例外的な振る舞いを正当化するために、道長は天皇からの指示を多用し、それは服装にも及んだ。

例えば寛弘三年正月五日には、天皇の仰せを受けて宿衣にて参内した（『御堂関白記』）。同年の駒牽で宿衣を理由に参仕を渋ったことにも同じような態度が認められ、翌年には更に、除目の日に宿衣のまま御前に参入している。

左頭中将〔源頼定〕仰云、「早可レ参」者。有レ除〔障カ〕非レ可レ参由、奏レ先了。而依二雲〔重〕召一、非レ可レ申二左右一。然今年以二他〔人カ〕一可レ被レ行、重問。又被レ仰云、「若不レ参、今日非レ可レ行二除目一。先尚可レ参者也」者。従二宿所方一宿衣参入。仰云、「不二奉仕一可レ行二二月一歟。〔後略〕」（『御堂関白記』寛弘四年正月二十六日条）

この頃、物忌や病が重いことを理由に不参を繰り返していた道長は、除目への出仕も重い物忌を理由に渋る。これに対し、一条天皇がまずは参れと命じたため、宿所の方から宿衣で参入したというのである。宿衣姿は、物忌中のため除目には参仕しないという意志表示であっただろうが、その姿で御前に参入する行為には天皇の度重なる仰せという根拠が与えられている。

一条天皇と道長の間で、除目のたびに出仕を促すやりとりが繰り返されたことはよく知られているが、そういった過程で道長は、天皇の命を一つの根拠として、簾中の祗候や宿衣・直衣での参仕を自らの特権的地位を表象する振る舞いや服装として確立し、その範囲を拡大していったと見られる。そしてそれは、寛弘八年六月の一条天皇の譲位後に加速していったとも思しい。例えば同年九月のある日、実資が殿上間に行くと、台盤所から直衣姿の道長が出てきて公卿達と即位式や大嘗会について話をしたという。

> 参内。〔中略〕陣頭無レ人、仍参二上殿上一。左相国着二直衣一、従二台盤所一出二居殿上侍所一。内大臣〔藤原公季〕・中納言俊賢〔源〕・隆家〔藤原〕・行成〔藤原〕、参議懐ー〔藤原懐平〕・実成〔藤原〕候二殿上一。左府被レ談二御即位・大嘗会事等一。秉燭退出。（『小右記』九月二十一日条）

特筆に値する出来事として記録されたのだろうが、諒闇中であり、また二十五年振りの即位式・大嘗会の準備に追われる状況の中、道長が直衣姿で殿上間に出てきたことに対して、もはや実資は批判の辞を副えてはいない。

そして一年半後には、天皇と道長が直衣姿で並んで射的を行なうという象徴的な出来事が起きる。

> 参二大内一。奏二官奏一。今年初度也。〔中略〕事了参二上御前一。出二弓場殿一。上達部十許輩候。余依レ仰直衣候。五度許止二御射一給。候御〔ママ〕。雨下。日暮止了。入レ夜退出。（『御堂関白記』長和二年（一〇一三）二月七日条）(36)
>
> 資平云、「昨日左大臣候二官奏一。其後改二朝服一着二直衣一、供二奉御射一。主上着二御直御衣・御指貫一。御射五度。左大臣・中宮大夫〈道綱〉・左衛門督〈頼通〉・左近中将〈経房〉・右近中将〈兼隆〉・大蔵卿〈正光〉等射之。」（『小右記』同八日条）

両記事によれば、官奏の後、道長は天皇の仰せにより直衣に着替え、弓場殿での御射に供奉した。これに先立つ資平からの伝聞によれば、この催しは道長が内輪で企画したもので、前日に中宮妍子の御所（斉信の郁芳門第）で行なわれた饗饌への参席者には密々に召集がかけられたらしい（『小右記』同月五・六日条）。

三条天皇と道長の関係は複雑で、特に前年に道長の女妍子に続いて寵妃娍子を立后したことで険悪な局面もあったが、妍子懐妊中のこの時期には融和的な場面が多かった。一方でこの御射は、正月十七・十八日を式日とする射礼や賭射が延引されるなかで行なわれたものであった。前年の正月は諒闇中で節会は全て取り止められており、三条天皇にとりこの年が即位後初めての射礼・賭射となるはずであった。しかしそれらが延引されるなかで、道長の差配で、しかも中宮御所の宴の続きを内裏に持ち込むような形で、弓場殿で射的を行なうことになったのである。その御射において、天皇の命によって道長が天皇と同じく直衣を着用し、天皇に次いで矢を射たことには、相当の政治的意義が認められよう。弓場殿における密々の儀という側面に、道長を取り込もうという三条天皇の意図が加わって、このような着用が認められたのであり、勅許による直衣の着用が特権的地位を表わすものとして機能しはじめた一つの画期と評価できる。

第二項　危急の祗候

禁中での直衣参仕拡大のもう一つのきっかけとなったのが、内裏焼亡や天皇不豫等の危急時である。この点については、「非常事態であることを表す、時宜に適った装束として」直衣が選ばれたという佐藤早紀子の指摘があるが(37)、全面的には同意し難い。というのも、このような場面でもしばしば実資等の批判が加えられており、それを裏返すと、共有された「時宜」よりも、こういった事態を口実として直衣着用の場を拡大していくという一部貴族の戦略的な動きを読み取ることができるからである。なお、佐藤は内裏焼亡後を限定的に指摘するが、氏もいくつか事例を取り上げた天皇不豫時も異常事態として焼亡後と同様の解釈が可能であるので、あわせて検討したい。

まず、危急時には服装を問わず参入することは確かに認められていたらしい。しかし、前節で確認したように、一条朝においては、異常事態でも宿衣の人々は日中の殿上間を憚る様子がおおむね認められ、服装規範の逸脱は、危急時に駆け付けるために止むを得ず認められるという意識が窺われる。

本書冒頭で取り上げた寛弘二年（一〇〇五）二月に道長が直衣で御前に参入した一件でも、そもそも実資は、「同剋終大蔵省幷大哥所焼亡云々。仍参二上殿上一」と、大蔵省と大歌所の火事のために殿上に参上したところに道長に出会い、はじめその直衣姿は火事のためと思ったらしい（八日条）。ところが「依二火事一非レ所二参入一、為レ定二申今上（一条天皇）

男一親王〔敦康親王〕御対面幷女一親王〔脩子内親王〕着裳事一、所二参入一云々」、すなわち道長は火事のためではなく、天皇と親王との対面等について定めるために参入したのだと聞いて、白昼の直衣姿を「事渉二平懐一」と非難する。実資の筆致では、道長は火事と無関係に参入したように読めるが、実際には道長としても、内裏近傍の火事を理由に直衣のまま御前に参入した可能性もあるのではないか。

しかし、一条朝から三条朝にかけて、天皇の許可によって直衣を着用する場が増加していったのと並行して、危急時の宿衣や直衣の着用事例にも明らかな増加傾向が認められる。特に、三条朝の長和三年（一〇一四）二月九日の内裏焼亡時には、複数の公卿が御前や殿上間に直衣で祗候したことが、『小右記』に繰り返し記録されている。

参内。大納言斉信〔藤原〕・公任〔藤原〕、中納言行成〔藤原〕・懐〻〔藤原懐平〕、参議通任〔藤原〕参入。此外近習卿相着二直衣一祗候。愚晩頭退出。（二月十一日条）

参内。於二殿上侍所一謁二左府〔道長〕一、談二雑事一。（中略）相府清談後、参二上御前一。右大臣〔藤原顕光〕、中納言俊賢〔源〕、参議経房〔源〕・通任〔藤原〕参入。大納言道綱〔藤原〕、参議道方〔源〕・公信〔藤原〕着二直衣一祗候。依二近習人一歟。相府帰二直盧一〈造曹司〉。予詣向。卿相同参。有レ食。（中略）黄昏退出。（同十三日条）

参内。〻大臣〔藤原公季〕、大納言斉信・公任参入。内府退出後、左大臣着二直衣一参入。清二談雑事一（中略）。大臣参二上御前一。其後退出。（同十九日条）

参内。資平在レ車。依レ未レ着レ陣、参二上殿上一。中納言懐〻、参議道方・通任・公信候二殿上一。左大臣従二御前一出二居殿上一〈着二直衣一〉。談二雑事一之次、談二去夜怪異一。（中略）丞相帰二参御前一。中納言行成参入。予黄昏退出。（同二十一日条）

参内。先参二東宮一蹔候。参二上内殿上一。中納言俊賢・懐〻、参議経房・道方・通任候二参上〔殿カ〕一。権大納言頼通〔藤原〕着二直衣一参入。候二台盤所一歟。（同二十三日条）

この焼亡時も内裏は一旦、太政官朝所に置かれ、二十日には太政官松本曹司に移った。繰り返し記される直衣参入は非常時ゆえではあろうが、約十年前の寛弘二年の焼亡時や、一年前の三条天皇瘧の時（本書一五二頁）と比べても、より多くの公卿が、より長期にわたり直衣で祗候している。とりわけ、三条天皇の瘧の時には直衣や宿衣姿の下位公卿数名が台盤所や鬼間に控えていたが、長和三年の焼亡では同様の人々が御前や殿上間にいることが目立つ。実資は、道長が直衣で御前や殿上間にいることにはもはや何の評価も加えていないが（十九日・二十一日条）、それ以外の公卿が直衣で御前にいることについては、「近習」であることに理由を求めており（十一日・十三日条）、焼亡十四日後の頼通の直衣参入については台盤所に候ずるためかと推測している（二十三日条）。

すなわち、この記事群からは、異常事態を背景に、外戚や近習の台盤所・鬼間における日中の直衣祗候が、御前・殿上間にまで進出しはじめていると解釈できる。このような変化の背景としては、過去約十年の間に道長が自らの地位を強固なものとした上に、道長と三条天皇の対立が深まり、譲位を迫るまでに至っていたことが想起される。遠藤基郎は、過差とその禁制をめぐる考察において、一条天皇時代には禁制の違反行為に遠慮を見せた道長が、三条天皇時代には露骨に禁制破りを奨励し、天皇に打撃を与えようとしたことを指摘しているが[38]、殿上間・昼御座における服装規範の変化にも同じ傾向が認められる。

同時期の規範の逸脱は服装についてだけではなく、『小右記』十五日条では、道長が郁芳門や待賢門から内裏（太政官）近くまで車で乗り入れていることを資平が実資に伝え、批判している。ここで問題となっていることが何であるか必ずしも明確ではないが、牛車で参内する場合、摂政・関白は上東門を使用する例となっていたこと[39]等と関連しているのであろう。また芳之内圭は、長和四年秋、三条天皇の眼病を理由に、三カ月にわたって大床子御膳が供じられなかったことを述べているが[40]、宿衣祗候の是非の指標である朝夕御膳が取り止められる事態が日中の宿衣祗候に影響したことは容易に想像される。

長和五年、三条天皇の譲位によって後一条天皇が即位すると、道長は摂政に就任し、翌寛仁元年（一〇一七）には頼通に摂政を譲り、大殿となる。この頃には、道長は頻繁に直衣で参内するようになっていたと見られるが(41)、例えば、先に取り上げたように、実資と会談するのに殿上間を避けたりもしている（本書一五一頁）。再度、遠藤基郎の論によれば、後一条天皇が即位すると、道長は過差の禁制に転じ、天皇の地位の安定を図ったという(42)。これを踏まえれば、自らの直衣参内を常態化する一方で、殿上間の服装規範を含む風紀引き締めがなされた可能性も想定できよう。

しかし、道長出家後の寛仁四年九月には、後一条天皇の不豫という事態を背景に、再度、この規範を逸脱する動きが見られる。

早朝宰相〔藤原資平〕来云、「広業候レ内。送レ書云、『只今〈巳始〉主上発御。可二早参内一由可二伝示一』」者。自二大納言〔藤原公任〕御許一同有二此旨一、新宰相〔藤原経通〕来。即参内。（中略）参内〈未三〉。宰相乗二車後一。陽明門編代車二両立〈一両大納言斉信〔藤原〕車、今一両〈不レ知〉〉。往古不レ見事也。一車者立二四条大納言〔藤原公任〕車一歟。今一両立二其下一。ア斉信卿着二直衣一在二殿上一。大納〔言〕之公任卿、参議道方〔源〕・通任〔藤原〕・経通〔藤原〕同在二殿上一。イ見二余参入一、斉信卿退。ウ陽明門車幷白尽〔昼〕殿上着二直衣一交二坐上達部中一等事、太奇怪由示二公任卿一。エ答云、「極奇事也。初出二居御読経僧後一、々又来二殿上一。不レ知二物情一歟」云々。（『小右記』同年九月十六日条）

天皇が瘧の発作を起こしたという緊急事態を受けて実資が参内したところ、殿上には公卿が幾人かいたが、そのうち、直衣を着ていた大納言藤原斉信（傍線部ア）は、実資の姿を見て退席した（イ）。実資が藤原公任に向かって、斉信が直衣姿で白昼の殿上にいたことや、陽明門に網代車を停めていたことは甚だ奇怪ではないかと問うと（ウ）、公任は同意しつつ、斉信は天皇の側で読経をする僧侶の後に祗候した後、又殿上に来たのだと説明した（エ）。実資の姿を見て斉信が退出したことからは、実資に是があったのだろうが、斉信自身は確信を持って直衣で祗候しているらしく、実資以外の公卿に対しては憚る様子もなかったらしい。四日後に、公任が実資に語ったところによれば、斉信は天皇の発作日ごとに直衣で読経僧の後に祇候し、人々の嘲笑を買っているとのことであった。

今日御当日、仍参内。宰相〔藤原資平〕乗二車後一。陣頭無レ人、参二上殿上一。斉信卿着二直衣一居二御読経僧後一如レ例。足レ為レ奇。公任卿在二殿上一。斉信卿毎二御当日一着二直衣一居二僧後一。公任卿再三傾レ奇云、「諸人驚嘲遍満」者。入道相府〔道長〕・関白〔頼通〕及御傍親卿相候二御所一。行成卿・経房卿・公信・経通・資平或候二殿上一、或候二鬼間一。教通卿招二公任卿一清談。即復二殿上座一。（同二十日条）

天皇御前に祇候している頼通、教通等の服装は、確証はないもののおそらく直衣であり、その他の公卿は束帯姿だったのだろう。(43)

ところが、後一条天皇の病が続く中、今度はその公任がとった行動に藤原行成から強い批判が寄せられている。

□〔資平カ〕云、昨帥中納言行成〔藤原〕・皇太后宮権大夫経房〔源〕□宜陽殿。有二菊酒事一。不レ異二散楽一云々。入道殿〔藤原道長〕被レ候二御□〔物カ〕忌一。御悩昨日不二発御一、□発給云々。ア昨大納言公任卿、着二直衣・半靴一白昼従二□〔前カ〕□〔門カ〕一参二入道殿御宿所一。イ帥〔藤原行成〕納言云、「有レ事之日着□也。前日按察斉信卿着二直衣一候二御□一事、公任卿再三驚難。而准二今日事一彼劣是勝。尤□〔足カ〕為レ奇」者。ウ帥納言難尤□エ日参二入道殿御宿所一、依三時服未二調出一、着二直衣一。御薬晦日重発御。有令二立願一給。故式部卿親王〔敦康〕霊出来者。□〔又カ〕種々物気顕露云々。（同十月二日条）

欠字が多く難解ではあるが、前日、公任が旬の平座に不参の上、白昼、直衣に半靴姿で道長の宿所に参入し（傍線部ア）、これに対し行成は、公任は先日の斉信の直衣御前祇候を度々非難していたのに、今日の振る舞いはこれよりもなお悪いと厳しく批判したらしい（イ）。行成が最も批判しているのは、公任が公事を欠席しながら直衣で内裏を往来していたことであろう。前年四月の旬でも、大納言藤原道綱が旬儀を欠席しつつ、宿衣で台盤所に参入したことを周囲から批判されている。(44) なお、ウにはこの非難に対する実資の感想が記されていたものと思われるが、欠損により、その内容は定かでない。エには、更衣後の服（時服）が調わないために直衣で宿所に参入したと述べられており、実資の公任擁護、あるいは公任の弁明とも解釈し得る。

以上の記事群は、焼亡や天皇の病などの緊急事態をきっかけに、通常の規範では認めがたい服装・行動をとる人々が現われ、結果として規範が変化していく瞬間を捉えている。『小右記』に端的に記されているように、そうした規範の逸脱には周囲から批判が向けられているが、裏から見れば、これらは危機を好機として既存の規範を克服し、特権の表象物を獲得していく過程の記録とも言える。そして、このような現象は、服装や作法に関して実資とはかなり異なる思想を持つ、道長や斉信のような人物が主導しているという点も、服装の社会的機能を考える上では極めて重要である。そこで、次にこの点を検討することとしたい。

第三項　複数の思想、複数の眼差し

周知の通り、『小右記』には他者に対する批判が多く記されている。その中で服装、特に直衣の着用に関して、藤原道長と並んで突出して批判されているのが藤原斉信である。

例えば、『小右記』長和五年（一〇一六）四月九日条によれば、資平を通して道長に呼び出された実資がその直廬へ行くと、「按察大納言〈斉信〉着二直衣一在二於直曹一」、すなわち斉信が直衣でそこにいた。記事では続けて左衛門督教通と左三位中将道雅も束帯せずにおり、道長と話をしていたとある。ここでは明確に批判する文言はないものの、記事の前半には陣座に諸卿が不参であったことが記されており、服装の記載には、彼らの公事の怠慢や道長への追従への批判が籠められていたと想像される。

続く時期、後一条天皇の不豫に乗じて、斉信が近親同様に直衣で天皇身辺に候じ、周囲の顰蹙を買ったことは、前節で見た通りであるが、それから約十年後の長元四年（一〇三一）九月二十九日条にも、斉信が白昼に直衣で中宮方に祇候し、御膳や嗜好品を献じていることが話題となっている。

〔藤原〕資高云、民部卿斉信卿、昨今頻着二直衣一参二〔藤原威子〕中宮御方一、亦献二淡柿一、備二供御一。白昼着二直衣一出二入禁中一、并淡柿・御膳更不レ可レ供。伺二〔頼通〕関白城外一、表二謁忠節之由一歟。掩レ口可レ咲。外人直衣極奇恡也。

「口を掩ひて咲ふべし」「極めて奇怪也」と書き連ねているように、実資一族の目からは、このような斉信の振る舞いは非難されるべき「外人」の直衣祗候であり、㊺関白一族に取り入ろうとする嘲笑すべき行為であった。

ところが、このような斉信の行動に全く別の評価が有り得たことを伝えているのが、これから遡ること三十五年前の斉信の直衣姿を描く『枕草子』「かへる年の二月廿余日」段である。長徳二年（九九六）二月末、前月十六日に発生した伊周・隆家の花山院奉射事件の動乱の中、定子が凝華舎より職御曹司へ移った翌日から翌々日の出来事として描かれている段であるが、頭中将斉信は、鞍馬寺の参詣から方違を挟んで帰京し、その明け方に目もあやなる直衣姿で凝華舎を訪れている。

桜《さくら》の綾《あや》の直衣《なをし》のいみじう花〴〵と裏《うら》のつやなどえもいはずきよらなるに、葡萄染《えびぞめ》のいとこき指貫《さしぬき》、藤の折枝《おりえだ》おどろ〳〵しく織《を》りみだりて、紅の色、うちめなど、かゝやくばかりぞ見ゆる。白《しろ》き、うす色など下《した》にあまたかさなりたり。せばき縁《えん》に、かたつかたは下《しも》ながら、すこし簾《す》のもとちかうよりゐ給へるぞ、まことに絵《ゑ》にかき、物語《がたり》のめでたき事にいひたる、これにこそは、とぞ見えたる。㊻

斉信は更に職御曹司を訪れ、中宮の前にも参じているが、夕刻になって清少納言が中宮御前に参上し、女房等と物語の善し悪しについて論じていると、中宮は「この事どもよりは、ひる斉信《たゞのぶ》がまいりたりつるを見ましかば、いかにめでまどはまし、とこそおぼえつれ」と、斉信の姿を話題にしたという。㊼

ここに描かれた、日中に中宮方へ直衣で祗候するという状況は、長元四年九月とほとんど同じであるが、それに対する定子や清少納言達の評価は、「絵に描かれ、物語に称賛される姿とはまさにこれ」であり、更には物語の登場人物よりも素晴らしいというものであり、実資の示した「外人の直衣は極めて奇異」というような認識は微塵も見受けられない。こういった評言には、道隆が死去し、伊周・隆家の失脚も明白となりつつあるこの状況においても我が方に親しく参入することへの好意的評価も含まれると想像されるが（ただし周知の通り『枕草子』はこのような状況をほとんど描かない）、折を捉えては直衣で宮中に祗候し、特別に着飾った自らの服装をわざわざ披露してまわる斉信に対する態度が批判的なものだけではなかったことも示している。

長元四年の出来事にしても、実はこの時は上東門院の石清水・住吉御幸中で、これに頼通が同行するのに伴い、右大臣の実資や斉信に対して権限の代行が依頼されていた（『小右記』同月二十五日条）。関白の不在中に、親族に代わって中宮に奉仕することも、斉信にとっては、頼通からの依頼に応えての行動だったのかもしれない。そもそも、ここまでに引いた複数の記事から明らかなように、この当時、摂関直廬や中宮方に直衣で祗候することはすでに決して珍しくなかった。

直衣姿への肯定的な眼差しは、もちろん斉信だけに向けられたものではない。宮廷外のことではあるが、例えば『栄花物語』は、治安二年（一〇二二）七月の法成寺金堂供養の翌日の様子について、次のように描く。

またの日、ゝ〔日〕さし出《い》でゝ巳《み》の時ばかり、昨日《きのふ》の上達部《かんだちめ》参らせ給。昨日《きのふ》は麗《うるは》しき御よそひなりしに、今日《けふ》は殿《との》ばら・君達皆直衣《みななほし》にて参《まい》り給《たま》へり。昨日《きのふ》よりは今日《けふ》の御有様《ありさま》、いみじくなまめかしくおかしきに、御香どものしみかへり給《たま》へる程《ほど》も、物《もの》めでせん人は消《き》え入《い》りぬべし。(48)

この日の公卿の服装については、新編日本古典文学全集の頭注等が指摘するように、『小右記』は束帯と伝えていて、(49)『栄花物語』やこれを踏襲する『大鏡』の記述は信頼性を欠くものの、前日の束帯（麗しき御よそひ）よりも今日の直衣のほうが「いみじくなまめかしくおかし」という評価は注目に値する。

中村義雄が指摘したように、直衣姿はしばしば「なまめかし」と評され、(50)特に『枕草子』では「なまめかしき物」の筆頭に「細《ほそ》やかにきよげなる君達の直衣姿《なをしすがた》」をあげている。(51)なまめかしの意味するところは時期や作品によって幅があるものの、平安中期には官能美というよりは、みずみずしさ、ほそやかさ、あるいは高貴さ、そして未熟さを残した優雅さ等を称賛する語であったというが[52]、武田佐知子は、とりわけ男性に向けられた時には至上の美を示したことを論じている[53]。このような評価からは、夜の服であり社交服である直衣のはらむ性的魅力を読み取ることも可能であろう。

直衣に対する肯定的な評価はそれだけではない。再び時を遡って寛和二年（九八六）、花山天皇出家直前に北白川の藤原済時山荘で行なわれた法華八講を描く『枕草子』「小白河といふ所は」段では、大規模な私的行事において交わされる鋭くも肯定的な視線と、それを意識した人々の服装や振る舞いを捉えている。

六月十よ日にて、あつきこと世にしらぬ程なり。池の蓮を見やるのみぞ、いと涼しき心ちする。左右のおとゞたちをおき奉りては、おはせぬ上達部《かん》なし。二藍《ふたあゐ》の指貫《さしぬき》・直衣《なをし》、あさぎ〔あさましき〕のかたびらをぞすかし給へる[54]。すこしおとなび給へるは、青鈍《あほにび》の指貫《さしぬき》、しろき袴《はかま》もいと涼しげ也。佐理《すけまさ》の宰相なども、みなわかやぎたちて、すべてたうときことのかぎりもあらず、おかしき見物なり。

廂《ひさし》の簾《す》たかうあげて、長押《なげし》のうへに、上達部《かんだちべ》はおくにむきてなが〳〵とゐ給へり。そのつぎには殿上人・わか君達《きんだち》、狩装束《かりさうぞく》・直衣《なをし》などもいとおかしうて、〔中略〕

すこし日たくる程に、三位中将とは関白殿〔道隆〕をぞ聞《きこ》えし、香《かう》〔唐カ〕の薄《うす》物の二藍《ふたあゐ》の御直衣《なをし》、二藍《ふたあゐ》の織物《おりもの》の指貫《さしぬき》、こき蘇枋《すはう》のしたの御袴《はかま》に、はりたるしろきひとへの、いみじうあざやかなるを着《き》給てあゆみ入《い》り給へる、さばかりかろび涼しげなる御中に、暑《あつ》かはしげなるべけれど、いといみじうめでたしとぞ見え給ふ。〔中略〕義懐《よしちか》の中納言の御さま、常よりもまさりておはするぞかぎりなきや。色あひのはな〴〵と、いみじうにほひあざやかなるに、いづれともなき中《なか》の帷子《かたびら》を、これはまことにすべてたゞ直衣《なをし》ひとつを着《き》たるやうにて、つねに車どものかたを見おこせつゝ、ものなどいひかけ給ふ。おかしと見ぬ人はなかりけん[55]。

酷暑の中、参集した公卿の涼しげな直衣姿そのものが限りなく尊く、「おかしき見物」であったとする右の記述は、参列者の美しく豪華な服装が、行事を飾る重要な要素として、主催者からも参列者・見物者からも求められていたことを再確認させる。

そして、それに応える貴族達の装いはといえば、皆、二藍の薄地の直衣に下の帷を透かせ、二藍や青鈍の指貫を組み合わせる中でも、三位中将道隆は舶来（唐）の羅の直衣に白の張り単衣を透かせ、織物という最高級の生地の指貫に濃蘇芳の下袴と、暑苦しくも立派な装い[56]、義懐は直衣の下にほとんど見えない帷を着て、まるで直衣だけを着ているかのような、誰もが称賛する装いであったという[57]。萩谷朴等が指摘するように、直後に花山天皇を追って出家してしまう天皇外戚の義懐と、その退位によって外戚の地位を得て栄華に昇りつめていく道隆との対比はあまりに鮮やかで[58]、作為も含まれるかもしれないが、同じ二藍の上衣という制限の中で取り得る正反対の着こなしの発想を示しているという点でたいへん興味深い。そしてこのような、いわば洒落者達の行動とそこへ向けられる眼差しは、絵画や物語とも相乗的に作用しながら、朝廷社会における服装文化の隆盛に大きく寄与しただろう。

これらの段を含め、一般に『枕草子』や『源氏物語』等に描かれる直衣姿は、美しく優美な印象を読者に与える。鎌倉時代初期成立と推定される『無名草子』に早くも次のように見えているのは、『枕草子』の世界における直衣の地位をよく捉えているように思われる。

その『まくらさうし』こそ、心のほど見えて、いとおかしう侍。〔中略〕はかゞしきよすがなどもなかりけるにや、めのとの子なりけるものにぐして、はるかなるゐなかにまかりてすみけるに、あをなどいふものほしにとにいづとて、「むかしのなをしすがたこそわすられぬ」とひとりごちけるを見侍ければ、あやしのきぬきて、つゞりといふものぼうしにして侍りけるこそ、いとあはれなれ[59]。

田舎で零落した生活を送る清少納言のせりふが、束帯でも狩衣でも女房装束でもなく、直衣姿が忘れられない、というものである点は、後宮の女性達を魅了する貴族的な装いとして直衣姿が作品中に描かれていることを裏付けよう。また、このような印象は「直衣は上位貴族の私服」という現代の通説を強固に支えてもいる。

一方、『小右記』等を読むと、宮中で直衣を着ている人々は、しばしばひどく不作法で、嘲笑の対象であるように記されており、宮廷外の行事における優美な直衣姿ですら、時には批判的に記されている。このような対極にあるとも言える二つの評価は、もちろん、いずれかが正しいというものではない。宮廷という、物質的に恵まれた少数から構成される社会において、服装や規範に対して異なる思想を持つ人々が、互いに鋭い目を向けあい、その視線を意識しながら、自身の社会的・政治的立場も勘案しつつ服装を選択する様を、そしてその結果として服装様式や規範が形成され、変化していく様相を、別の位置から切り取った断面に過ぎない[60]。この社会の全体像を捉えることは困難ではあるが、清少納言の称賛を想い浮かべながら『小右記』を読み、実資の嘲笑を思い出しながら『枕草子』を読むことで、朝廷社会の中に交差するさまざまな眼差しを認識し、特定の場面における特定の服装が何故、選択され、周囲にどのような効果を及ぼしたのか考える手がかりとできる。

斉信の例で言うならば、明らかに彼は直衣姿で親しく時の権力者の直廬や后宮方、更には天皇の側に祇候することや、華やかな装いを披露することを重視したのであり、その選択の背景には、実資をはじめとする同僚からの嘲笑だけでなく、后妃や女房、あるいは権力者側からの好意的な視線があったはずである。告井幸男は、賢才と称される斉信が時に失礼と非難されているのは、決して矛盾することではなく、彼の強い政治的野心の表出と評価している[61]。積極的な直衣での参内は、彼が宮廷社会で生き残っていくための一つの戦略であったのだろう。

道長についても、大蔵省焼亡後の直衣参入にせよ、天皇の命を受けての宿衣参入にせよ、実資との面談に殿上間を避ける配慮にせよ、規範と自らの服装の政治的意味を十分に理解した上で、戦略的に行動している様が窺われる。このことに関連しては、例えば山本信吉が、『小右記』の評語を根拠にただ故実を無視する人物として道長を捉えることは誤りと指摘し、先例に通じた上で、政治的判断に基づいて戦略的に新儀を創出していった道長の姿を紹介している[62]。道長だけでなく、不調を理由に除目に直衣で祇候した道隆や、昼時の上御局を直衣で訪れる伊周にも、従来の規範で許される範囲の境界線上にある、またはそれをやや超える服装によって自分の存在を際立たせるという共通点を認めることができる。

一方の実資の先例・節度を守り、華美を避けることを是とする思想は、時には「正しい」ものとして尊重されただろうが、時には無骨なものとして逆に際立ち、上位の者の不興を買っただろう。実資本人について不興まで判明する事例はあまりないが、万寿二年（一〇二五）の関白頼通の息通房の五十日の祝において、多くの参加者が直衣や宿衣を着る中、実資養子の資平は束帯で参会したことを頼通に咎められており[63]、実資自身が同じように、周りに同調せずに服装を選択した記事は多数残されている。早い例では、寛和元年（九八五）の円融院の子日御幸にて、殿上人が皆綾羅を着ていたことに疑問を呈しつつ、自分は白褂に薄色狩袴であったと記し、後年においても、例えば長和二年（一〇一三）正月の夜間に中宮在所の東三条殿が焼亡した時には、多くの公卿が烏帽子直衣で駆け付けたのに対し、朝服を着て参入、治安三年（一〇二三）十二月、法成寺薬師堂に大仏が安置された際にも、参会の公卿はことごとく直衣であったが、自らは布袴であったと記している[64]。その場面を思い描いてみれば、結果として自分の存在を際立たせているのは実資も同じであり、彼へ向けられた視線は決して肯定的なものばかりではなかっただろう。

もう一点確認しておく必要があるのは、以上の状況を斟酌して斉信等の行動を見ると、改めて、この時期に直衣で宮中に出入りすることがどれほど特権的な行為であったかには疑問が残るということである。除目での道隆の簾中直衣祇候や、道長の御射での直衣祇候は確かに彼らの特権的地位を背景とした服装であり、その地位を表象し得たであろうし、道綱や頼通等の台盤所参入も摂関子弟としての立場を背景にしていたかもしれないが、斉信の后宮方への直衣参入や、源道方・藤原公信の近習としての祇候（本書一五九頁）、あるいは公任の道長直廬への参入（一六二頁）等については、外戚の特権と捉えることはできない。実際には、後宮を中心に、『小右記』を通して見るよりも広範囲に、肯定的に評価される直衣姿の参入が行なわれていたのではないだろうか。そして、彼らの行動の背景には、実資等とは違う認識、論理があったと考えるべきであり、「外人の直衣参入は奇異」という認識を社会全体が共有していたかの判断には慎重でなければならない。

したがって、関白藤原頼忠が直衣での参内を憚ったという『大鏡』の逸話についても、多層的に見る必要があろう。

> この頼忠のおとゞ、一の人にておはしましゝかど、御直衣にて内にまいり給事侍らざりき。奏せさせ給べきことあるおりは、布袴にてぞまいり給。さて殿上にさぶらはせたまふ。年中行事の御障子のもとにて、さるべき職事蔵人などしてぞ奏せさせ給、うけたまはり給ける。又、或おりは、鬼間にみかどいでしめ給て、めしあるおりぞまいり給し。関白し給へど、よその人におはしましければにや。[65]

藤原兼通と兼家の不仲のために、兼通の後を継ぐ形で、天皇との外戚関係がないままに関白となった頼忠は、直衣ではなく布袴にて参内し、（台盤所や昼御座ではなく）殿上間や鬼間で天皇に奏聞し、それは「よその人」であったためだろうかと語るこの逸話は、その明快さもあって広く史料とされてきた。山本信吉は「関白藤原頼忠論」を右の引用から始め、小野宮家の謹直さを描いたものとも読めるが、むしろ「外戚の地位になかったため、天皇に対して臣下としての立場を厳格に守っていた様子を伝えている」と評価している。[66] 吉川真司は更に踏み込み、清涼殿における直衣着用と台盤所への出入を「外戚でなかったために勅許されなかった事例」としてこの説話を読み、これらが外戚の特権であることを示す初見と解釈した。[67]

吉川がここに「勅許」を想定した根拠は、『禁秘抄』「被レ聴二台盤所一之人」に「花山院御時、三条関白（藤原頼忠）不レ被レ聴。尤可レ有二秘蔵一事歟」とあることだろう。[68] しかし、『禁秘抄』の記述は『大鏡』の「殿上にさぶらはせたまふ」の背景を説明し得るものではあるが、直衣参内の勅許を説明したものではないし、そもそもはるか後の言説であり、伝承経路も明らかではない。頼忠の時代に直衣参内の勅許が確認できないのはもちろんのこと、頼忠以前の摂関が直衣で参内した事例も現在のところ見出されていない。

確かに花山天皇は親政意識が強く、先代の円融天皇も政治に深く関与する一方、両方の関白を務めた頼忠は除目から排除される等、政務にほとんど与からなかったという。[69]その背景として外戚関係の不在は大きく影響していたと推測され、それが内裏や清涼殿での行動にも反映されていた可能性は十分に想定できる。が、道隆や道長等が機会を捉えて徐々に直衣での参仕を広げていったことを踏まえれば、一の人なのに直衣で参内しなかったという描写は、十一世紀前半を通じて直衣参内が広がった後、少なくとも『大鏡』が舞台を置く万寿二年（一〇二五）の朝廷社会からなされたものと考えるべきである。仮に元となる史実があったとしても、夜間や宿所も含め、どんな時にも直衣では参内しなかったというような内容であった可能性もあり、外戚でないためにそれ以前の摂関と同等の待遇を得られなかったと断定的に解釈することは難しい。

また、この話が小野宮流らしい逸話として描かれている可能性にもやはり留意しなければならない。これには二つのレベルにおいて検討が必要である。つまり、解釈の第一段階においては、右で主張したように、実際に実資等、小野宮流と、斉信等のいわゆる九条流の間に考え方の違いがあり、「よその人におはしましければにや」とは「外人の直衣参入は奇異」という認識を持つ小野宮流の発想に寄り添った評価であるという可能性、そして第二段階においては、兼家や道長等との対比を鮮やかにするという作品上の要請から、小野宮流らしさが誇張して描かれているという可能性である。

『大鏡』の文脈に沿えば、頼忠が直衣にて参内しなかったという話の前段は、花山天皇出家と一条天皇即位によって関白を退いた頼忠の居所の前を、摂政兼家の孫隆家が、上衣の頸上を解き放ち、大勢の雑色に前を追わせながら逸る馬で憚ることなく通るのを、あさましく思いつつも為す術なかったという話であり、[70]頸上を解くことを憚らない兼家一族と、直衣での参内すら憚る頼忠という対比が仕掛けられている。しかも、頸上を解くことは、第四巻の兼家本人の評伝でも改めて語られるのである。

　内にまいらせ給には、さらなり、牛車にて北陣までいらせたまへば、それよりうちはなにばかりのほどならねど、ひもどきていらせたまふこそ。されど、それはさてもあり、相撲のおり、内〔一条天皇〕・春宮〔三条天皇〕のおはしませば、二人の御前になにをもをしやりて、あせとりばかりにてさぶらせたまひけるこそ、よにたぐひなくやむごとなきことなれ。すゑには、北方もおはしまさゞりしかば、おとこずみにて、東三条どのゝ西対を清涼殿づくりに、御しつらひよりはじめてすませたまふなどをぞ、あまりなることに人申めりし。[71]

ここでは内裏の中を頸上を解いたまま往来するだけでなく、相撲節会にて汗取りだけになって天皇・春宮の前に祗候し、邸宅を清涼殿と同じ作り・設いにして住んだ、と兼家の人物像が描かれているが、仮にそれぞれに元となる史実があったにせよ、それが兼家の全てであったわけもない。[72] 頼忠の布袴参仕についても、逆方向に誇張されていると考える必要があろう。

『大鏡』の説話は劇的で魅力的であるが、そこから確実に言えることを絞り込めば、十一世紀半ばには摂関の直衣参内が常態化していたということに留まる。そしてそれは、道隆から道長政権にかけて徐々に宮中での直衣着用が拡大し、後一条天皇時代には道長や頼通による直衣での台盤所および御前祗候が常態化したという、他の史料から得られる知見とも矛盾しない。

以上、宮中において宿直装束の位置付けにあった直衣が、十一世紀初頭に徐々に着用の場を広げていったことを見てきた。その過程で、「はじめに」で提示した『枕草子』と『小右記』の記述の「ずれ」についても一定の答えを得ることができた。その要点をまとめるならば、（一）清涼殿の中には空間の区別があり、日中の殿上間・昼御座は宿衣での祗候が規制される一方、後宮側に属する上御局や台盤所にはその規制は及ばなかった、（二）『枕草子』と『小右記』には、同時代に併存していた異なる思想・視線がそれぞれ反映されており、内裏への直衣参入にはさまざまな評価がありえた、ということになろう。そして道隆から道長政権期、特に後者の時期に、日中の直衣での祗候は外戚関係を背景とした摂関一族や「近習」の特権的立場を表象する行為となっていった。すなわち伊周や道長、あるいは斉信等の宮中での直衣着用は、それぞれの政治戦略とも深く結びついていたのである。

第三節　政治活動の場の多様化と直衣参仕

ここからは、十一世紀半ばから十二世紀前半にかけて、朝廷の政治体制とともに直衣や宿衣に関わる服装規範が変容していった様を追っていきたい。十一世紀中盤は相対的に記録が少なく、服装を含めて、朝廷社会の動向は不明なことが多い。しかし、断片的な史料や十一世紀末の様子から、内裏および朝廷社会での直衣着用は拡大していったと推測される。特に内裏での服装規範の基準となる空間や時間が変容し、また摂関家や院・女院御所の重要性が高まるとともに、直衣で活動する場も広がったと見られる。そこで、摂関（内覧）の内裏への参入、それ以外の公卿の参入、そして殿上人の直衣着用の三つの角度より当該期の様相を検討することとする。

第一項　摂関（内覧）の直衣参内

寛仁元年（一〇一七）から五十年にわたる藤原頼通の摂関在任期間において、その服装が記された史料は限られているが、先に見たように、後一条朝初期には大殿道長や摂政頼通が清涼殿、特にその「奥」の空間に直衣で祗候することは常態化しており、後宮の重要行事等で直衣を着用した例も見られる。例えば『小右記』寛仁三年六月二十二日条によれば、一条院の忌日に円融寺で法華御八講が営まれた際、頼通以下はそこに参列した後、内裏に移動し、弘徽殿にて彰子主催の法華経供養に参席したが、この時に「摂政改二着直衣一、出二居卿相座一。如何々々」と、頼通はわざわざ直衣に着替えて公卿の座に出た。実資はこの行為を批判的に記しているが、頼通としては摂政の立場を表象する意図があったのだろう。

その後も、頼通は機会を捉えて、一の人を表わす服装として直衣を着用することを戦略的に確立していったと見られる。例えば長久元年（一〇四〇）九月九日に内裏（京極院）が焼亡した際、三日後の御前定に関白頼通は直衣で参仕した。御前定は緊急の重要事項に関する公卿の会議を天皇御前で開くもので、この時は焼亡、特に神鏡焼失への対応等が議題であった。美川圭によれば、公卿の合議の場としては、道長の内覧時代にその積極的な主導によって近衛陣で行なわれる陣定の重要性が増し、御前定は稀になる(73)。陣定においては、摂関は議題を指示し、報告を受けて裁断を下すだけで、会議に参加しない(74)。したがって、御前定が開かれ、頼通が公卿の会議に参席すること自体、特殊な状況であったが、そのような重要会議の場において、「主上着二御々直衣一、出二御御座一。関白着二直衣一〈〔如脱カ〕何々々〉、又在二御簾中一」と、頼通は天皇と同じく直衣姿にて簾中に祗候したのである（『春記』長久元年九月十二日条）。この直衣での簾中祗候は、他の公卿と明確に異なる立場を表象するものであったろう。それと同時に、資房が「〔如〕何々々」と付言していることからは、直衣で御前定に臨むことにはっきりとした先例はなかったことが示唆される。

では陣定が開かれる時の頼通の服装はどうだったのだろうか。この一月ほど前、大風により伊勢の豊受大神宮が転倒し、その対応について陣定が開かれた際には、頼通は直衣で参内し、陣定の議題を指示し、天皇に奏する文書を内覧している。すなわち『春記』同年八月四日条には、まず「此間関白参入給〈直衣装束〉」と見え、その後に特に記載がないことから、この日は終始直衣であったと推測される。しかも、記主資房は蔵人頭として陣座と関白頼通と後朱雀天皇の間を往還しており、その間に関白や天皇の在所は移動したと見られるが、その中で「於二朝干飯方一奏レ之」とか、「予先経二内覧一〈於二鬼間一令レ覧レ之〉」といった記述が見え、天皇が朝餉間、頼通が鬼間にいる時間もあったことがわかる。ちなみに朝餉間にある時の天皇については、「主上、先レ是着二御直衣一。自二定初一及二事終一不二解御一也」と著されており、一連の定の間は天皇が直衣を着用したことや、定等がない時にはしばしば異なる装いで過ごしていたことが窺われる（可能性としては袿姿等が考えられよう）。一方、陣定に参加する他の公卿の服装は、明記されないが束帯だったはずである（次項参照）。すなわち、ここでも頼通は天皇と同じ、かつ他の公卿とは異なる直衣姿をとっている。彼が他の公卿とは別格の存在であることは、この服装によって視覚的に強調されていた。

このような政務に関わる場だけでなく、晴の場に頼通が直衣で参席した記録もある。すなわち、永承四年（一〇四九）十一月に開かれた内裏歌合である。この歌合は、花山朝以来六十三年振りの内裏歌合ではあったが、天皇が万事を主導した村上朝・花山朝の内裏歌合とは本質的に異なり、簾中の頼通が実質上の主催者であった[75]。そして、この時の『殿上日記』には、「関白左相府直衣候二御簾中一。講歌未レ始之間、相府先覧二左右文台・員刺具等一。賞歎之美不レ可レ得レ称」と見えるのである[76]。この場に直衣で簾中に祗候し、天皇に先んじて文台等を覧じるという行動は、天皇に准ずる、あるいはほとんどそれを置き換えるような地位を表象する重い意味を帯びていたと推測される。

このように頼通が簾中や台盤所、鬼間等で天皇を補佐する場合や、後宮の行事に参席する時に頻繁に直衣を用いたこと、特に他の公卿が束帯して会議や行事に列席する時に、直衣を着用し、別の席や別室に身を置いたことは、諸卿と隔絶した摂関の地位を視覚的に表象する意図があったと見られる。末松剛によれば、頼通は大臣の地位を保ちつつも、節会内弁や除目執筆等の大臣の務めには就かず、一貫して天皇の御後への祗候を選ぶことで、摂関の地位を諸卿とは隔絶したものへと一段と飛躍させたという[77]。定や歌合での直衣の着用は、このような頼通の方針を実現する有効な手段であったに違いない。

そしてこのような服装や振る舞いは、その後の摂関にも継承され、摂関にのみ許されるものと広く認識されるようになっていった。このことを端的に表わす史料として、十二世紀後半における二つの言説を取り上げたい。一つめは、

『山槐記』応保元年（一一六一）十二月二十三日条の次の部分である。

秉燭之後出〔二条天皇〕二御仁寿殿一。依三之修二御修法一也。其儀如二去廿七〔一カ〕日一。右中将実宗〔藤原〕朝臣候二御共一。宰相中将実国〔藤原〕朝臣着二直衣一候二御後一。頗似二関白一。如何々々。[78]

ここでは、御修法のために仁寿殿に出御する二条天皇の後に参議の藤原実国が直衣姿で従ったことを、記主中山忠親が、関白のような振る舞いと批判している。もう一つは、『三長記』建久七年（一一九六）十二月十二日条である。

〔首書〕坊門中納言候二台盤所一、仰二事於候職事一不レ常事

次参二殿下一。有二内覧文書一。次参内、奏二文書一〈弁掌侍奏レ之〉。頭亮〔藤原定経〕参会、語曰、去比坊門中納言〔藤原親信〕祇二候台盤所一。頭亮候二鬼間一、開二中障子一出二直衣袖一、七条院御移徙間事示二子細一。摂籙之外不レ見二此儀一之由、所二密談一也。可二以目一々々々。

こちらでは、記主三条長兼と蔵人頭藤原定経の会話の中で、台盤所に祇候していた後鳥羽天皇外戚の藤原親信が、鬼間との仕切りの障子を開け、直衣の袖を出して定経に対し指示したことを、摂籙のほかにこのような振る舞いは見たことがないと噂している。[79] いずれの記事も、この頃には多くの公卿が直衣で天皇の近くに祇候したことを伝えつつも、直衣で天皇出御の後に従うことや、台盤所から直衣の袖を出して蔵人に指示をすることは、依然として摂関の象徴的行動であったことを示している。

摂関の服装として日常的に直衣が用いられるようになると、彼らが束帯を着用するのは主に儀礼の時間のみとなり、内裏への出入に際して束帯を着るのは元三や拝賀等に限られるようになる。例えば長元六年（一〇三三）の年始に際し、頼通は腫物が辛いことを理由に、医師丹波忠明に元三に束帯して参内すべきか、元三に参仕せずに五日の叙位に参入すべきか尋ね、後者が上計との返答を得ている。

又云〔藤原経任〕、「今日召〔頼通〕二忠明宿祢一、被レ問下元三日束帯可二参内一事上。申云、「所労給可レ無二事恐一。但令二参内一給左右只可

レ在二御心一。又被レ問云、「元三日不二束帯一、五日叙位議参入如何」。申云、「上計」者。大略不レ可レ有二臨時客一歟。

（『小右記』長元五年十二月二十九日条）

このやりとりからは、元三は束帯の着用が必要な一方で、頼通の通常の参内は直衣姿が多かったことが裏付けられる。元三の束帯着用については、長元二年の年始に際しても興味深い記録が残されている。この時の頼通は万寿四年（一〇二七）十二月の道長死去に伴う服喪がちょうど明ける時にあったが、そのため束帯を着る必要のある元三の参仕は取り止め、正月四日に直衣で密々参入することについて、源経頼を使者として藤原実資に相談し、賛同を得ているのである。

有レ召重参二関白殿〔藤原頼通〕一。仰云、「詣二右府〔実資〕一、可レ申二明日入内之不レ定也。其故者、軽服人有レ召之時着レ吉参内。而従二来月一者十三箇月之外已非二正服一、准二心喪礼一也。公家不レ可レ被レ仰下着レ吉可二参入一之由上。無レ召者又着レ吉不レ可二参入一。若不二参入一者此案如何。又明年必可レ行二叙位一之由有レ仰。而四日雖二国忌一已吉日也。彼日乍二直衣一密々参入始天、六日欲レ申二行叙位議一。而六日申日也、又四日廃務日也。此日々可レ忌歟如何。又如レ此語ヒ天、明日家拝礼可レ有哉否之由可レ問」者。〔中略〕右府被レ申云、「明日節会不レ可下令二参入一給上之旨尤可レ然。四日始令二参入一給天、六日令レ申二行叙位儀一給、是上計也。廃務・申日共不レ可レ令レ忌給一。又殿拝礼不レ可レ被レ行。其故者依二心喪一不レ可下令二参内一給上、何於二私亭一令レ受二人臣之礼一給哉。〔中略〕」者。参入、申二此由等一。（『左経記』長元元年十二月三十日条）

このやりとりの背後にある論理を完全には解き明かせないが、叙位の前には年初の参内をする必要がある一方で、元三の参内は束帯である必要があったと見られる。そして、心喪期間にある頼通は、召を必要とする吉服（喪服ではない通常の服）での参内は望ましくないため、元三は不参とし、四日に心喪直衣で年始の参内をするという案を示している。頼通はこの後の正月十七日に心喪の鈍色装束を通常の色に改めているので、四日の参内は鈍色直衣であったと見られる(80)。

後に康和四年（一一〇二）の年始に、内覧の地位にあった藤原忠実は、祖父師実（康和三年二月没）の服があけていないために年始の参内を憚り、五日の叙位に先駆けて直衣で密々参内した。

申剋許、着二直衣一蜜々ニ参内。須レ参レ着二束帯一也。雖レ然年始服者頗有レ憚、仍参二蜜々一。其儀先以職事奏二案内一参。是依二服憚一先奏也。職事為隆還来、早可レ参。則参内、参二御前一。戌剋許下二宿所一、則着二束帯一参二御前一。則召。
（『殿暦』康和四年正月五日条）

七十年以上の間があり、状況も全く同じではないが、叙位の前に直衣で密々に参内し御前に祗候する必要があるという認識は継承され、忠実は一旦直衣で御前に祗候した後、宿所に下って束帯を着用し、再度御前に上がって叙位に臨んでいる。父師通の服喪中であった康和二年の年始においても、直衣での年始初参は記録されていないが、元日節会等には参入せず、叙位前日の夜に参内して内裏に宿侍しているので、おそらく同様に直衣で参内したものと推測される。

直衣で参内をし、必要な場合には内裏で束帯に着替えて参仕する、内裏を退出する際にも、その前に宿所で直衣に着替えるといった記録は、師通や忠実の時代には散見される。任意にいくつか示しておく。

辰時許、於二直衣一参内。不レ参二御前一。着二束帯一。有レ頃中宮大夫〔源師忠〕被レ参。已及二午時一。参二御前一。（『後二条師通記』永長元年（一〇九六）正月七日条）

降雨。於二直衣一参内。着二束帯一参二殿上一。左大臣以下左大弁以上参二着右仗一、諸国条事被レ定、已了参二殿上一。（中略）晩頭事了候レ宿。（『後二条師通記』康和元年（一〇九九）五月二十六日条）

辰剋参二御前一。頃之下二宿所一。午剋許着二束帯一参二御前一。講初間如二昨日一。（中略）酉剋許了。則退出。先下二直廬一、着二直衣一退出。（『殿暦』康和四年五月二十七日条）

最初の例は白馬節会の日で、関白師通は直衣で参内し、直廬で束帯に着替えて御前に参入し、下名や節会を行なっている。次の二例はともに最勝講に関わる記事で、前者では師通が直衣で参内し、束帯に着替えて殿上に参入して最勝講に参列している。後者は内覧忠実の日記で、前日から内裏に留まっており、朝に一旦御前に上がり、直廬で束帯に着替えて最勝講に参仕し、終わると直廬に下って直衣に着替えて退出している。これらの記事もやはり、内裏での行事において束帯の着用が必要であっても、その行事の時以外、また内裏を出入りするときには直衣が一般的であったことを裏付ける。

この点で注目されるのが、長治二年（一一〇五）正月の除目に際しての忠実の参内に関する、次の『永昌記』と『殿暦』の記事である。

今日除目也。〈中略〉未剋殿下（忠実）参御〈御直衣〉。被レ仰レ予云、「初為二執筆一、着二束帯一可レ参歟」。申云、「朝間令レ参給者、御直衣何事候。若遅々者、尤可レ有二御束帯一。御堂御執筆之時、兼前二三ヶ日見二御参内之由一」。然者可レ着二直衣一之由有レ仰。（『永昌記』長治二年正月二十五日条）

ア巳剋許着二直衣一参内〈しのひて参也、用二北陣一〉。先参二御前一。頃之下二宿所一。イ酉剋許着二束帯一、参二御前一〈桜下襲、紺地平緒。故大殿（師実）康平四年二月始令レ候二除目執筆一給、而着二御桜下襲一。見二二条殿（師通）寛治八年御記一〉。（『殿暦』同日条）

この除目において、忠実は初めて執筆を務めることになった。『永昌記』によれば、忠実はそれにつき参内を束帯とすべきかを記主藤原為隆に尋ね、「朝間」であれば直衣で問題ないだろう、道長の時には数日前から参内していた、との返答を受け、直衣での参内を選択し、一度御前に参仕した後に、束帯に着替えて除目に臨んだ。「朝間」であればという為隆の返答に対して、実際の参内が未刻であった点には、現代的な感覚からは若干の疑問も生じるが、第二章第三節第二項でも触れたように、ほぼ同時期に成立した藤原重隆（為隆弟）の『蓬萊抄』には「凡未二点以後、着二束帯一可二参内一」とあって、[81]この頃には未刻が一つの区切りであった。また、『殿暦』の傍線部アによれば忠実の出立は巳刻であり、何らかの事情により企図していたよりも到着が遅れたことも想定される。[82]

　師通の死去により藤氏長者となったものの、若年のために関白に任じられず、苦境に立たされていた当時の忠実にとって、この初めての執筆の持つ意味は非常に大きく、寺社に祈禱し、何日も籠って練習を重ねて臨むほどであった。服装についても、批判を受けることのないよう、また吉例を踏襲するよう配慮していることが、『殿暦』の傍線部イからも読み取れる。この状況において直衣での密々参内を選んだことには、為隆から道長の例を示されたことが決定的であり、前日以前より参内していた状態に擬したものであったと想像されるが、同時にまた、摂関家嫡流として、特別な理由がなければ束帯での参内を避けたいという意識も反映されていたのではないだろうか。

　元永元年（一一一八）に当時関白の忠実が初めて牛車にて参内をしようとした時の次の記事も興味深い。

臨時祭也。雨脚猶盛、全無二晴気一。今朝従二殿下（忠実）一給二御消息一云、「今日初駕二牛車一雖レ可二参内一、甚雨之間於事有レ煩。明日又日次宜也。仍可レ用二明日一也。今日ハ先着二直衣一参内、臨時祭事等可レ催二懈怠一」者。（『中右記』元永元年三月二十四日条）

この日、忠実は牛車での初参内を予定していたが、大雨のためにこれを延期し、直衣で参内して臨時祭の業務にあたることとした。牛車での参内は、結局十一月の臨時祭まで持ち越されたが、その時には束帯し、特に下襲を打下襲とし、道長の剣・平緒を帯びて容儀を整え参内している。[83]これらの記事は、束帯での参内は、参内そのものを儀礼とするような特別な機会に限られるようになっていたことを示す。そして、このような状況を背景に、直衣での初出仕が「直衣始」として儀礼化していくことにもなるのであるが、これについては後章で詳しく論じることとする。

第二項　十一世紀後半における公卿の直衣参内

では、摂関以外の公卿の直衣での参内の実態はどのようなものであったのだろうか。

まず、後宮への直衣での参入は、十一世紀初頭から引き続き、拡大の傾向にあったと推測される。前節では、宮中での直衣着用に対する実資の批判的意識について詳しく見たが、この意識は孫の資房が継承しており、時に実資以上と思える強さで宮中における直衣着用を攻撃している。例えば、長暦二年（一〇三八）に、後朱雀天皇中宮嫄子方で菊を進ずる宴が開かれた時には、「傍親」以外も直衣で中宮方に参集したことを批判している。

　左衛門佐経季《藤原》自レ内退出、来談云、昨夜依レ召参二中宮《嫄子》一。関白《頼通》・東宮大夫《藤原頼宗》・中宮大夫《藤原長家》・東宮権大夫《源師房》・権中納言信家《藤原》・四条中納言《藤原定頼》〈依レ召参。但直衣云々。太無レ便事也〉・二位中将《藤原兼頼》・左兵衛督《藤原公成》・新宰相中将《藤原良頼》・新宰相《藤原俊家》等也。皆着二直衣一祗候。〈不二御傍親一之公卿直衣候レ内之事、近代之作法也。〉（『春記』長暦二年十月十七日条）

また、長久元年（一〇四〇）十一月にも、祐子内親王（嫄子所生）の着袴および准三后宣下の儀に関連して、「外戚」「戚里」ではない公卿が直衣で後宮に参入していることを繰り返し厳しく弾じている(84)。

　関白、早旦率二親々公卿已下一参内、於二北対一有二装束事一。長家・師房・隆国・公成・経輔等也。皆以着二直衣一。奇怪事也。外戚人是例事也。其外豈可レ然哉。任意之代也。（長久元年十一月二十日条）

　今日故中宮《藤原嫄子》第一女宮《祐子内親王》着袴日也。御神楽《賀茂臨時祭》了後、相引参二関白殿三条第一。上達部多参入云々。寅一刻寄二御車一云々。予已下着二御車一。（中略）於二内裏東面北小門一移二御輦車一。本御二檳榔御車一也。（中略）御輦車寄二北対東妻戸一也。即下御。了各々分散、予不二退出一。于レ時寅三刻許。今夜可レ有二御着袴事一也。辰刻許参二若宮御方一。関白殿下幷相親上達部等参候〈公成・良頼直衣候レ之。非二戚里一之人、専不レ可レ然事也〉。（同二十三日条）

　入夜関白〈直衣〉・東宮大夫〈直衣〉・皇后大夫《藤原能信》〈東帯〉・長家・師房・通房・信家卿〈以上皆直衣〉已下参二候宮御方一、着二饗饌一。盃酌無レ算、有二詠歌之興一。又有二今様歌之戯一。重尹卿依レ有二其譴一発二今様歌一、満座解レ頤。大納言已下発レ此由太以軽々也。惣人心之追従尤甚也。亥時許事畢、各々分散。予即退レ私。（中略）関白気色已以和解、是依二准后事一歟。後聞、師房・信家・通房・隆国・俊家・経長・行経等留候、酔歌酔舞宛如二酒狂一云々。

（同二十五日条）

しかし、資房の批判からは、彼の考え方はむしろ少数派であり、この頃には後宮の儀式に直衣で参入することは「近代の作法」（長暦二年十月十七日条）として確立していたことも如実に浮かびあがる。

更に『春記』によれば、後宮だけでなく、清涼殿での直衣祗候も、天皇不豫等を契機に一層拡大していったようである。例えば永承七年（一〇五二）六月末から後冷泉天皇が半月ほど病に臥した際には、多くの公卿が連日殿上間や頼通宿所に詰める中で、一部は直衣で祗候している様子を伝えている。

人々云、「主上御熱物昨今有二減気一」云々。「頗縮二水口一」云々。中宮権大夫経輔（藤原）・左兵衛督経任（藤原）・右大弁経長（源）・右兵衛督経成（源）等候二殿上一也。ア此間兼頼（藤原）卿着二直衣一通二御前一、経二長橋一到二南殿一。人々側レ目。雖二戚□（里カ）人一、任レ意通二尽御座一、古今未レ聞事也。其次、能長（藤原）卿又如レ之。件兄弟三人当世之凶乱人也。天下莫レ不二歎息一。京中悪事出レ自二此三人一。イ凡近来枝葉之権門各相凌之間、尋常人已失レ処、無レ方相訟。乱世而已。（『春記』永承七年七月四日条）

未時許参内。先参二関白（頼通）御宿所一。左衛門督隆国（源）・左大弁経長・右兵衛督経成祗候。殿下臥二母屋内一云々。源大納言師房参候、申云、「医師等申云、「玉体頗減気御坐」云々。沃水猶不二止御一」云々。左金吾已下相引参二候殿上一。公房（藤原）来云、「相成（和気）朝臣申云、「玉体更不二平御一。猶令レ沃レ水不レ可レ止」者。去夜、終夜汲レ水無二間断一」云々。「大納言師房・信家（藤原）候二御所一、供二奉沃水之事一。構他戚里之者敢不レ可レ入二御所一」云々。「仍枝葉之群戚皆着二直衣一候二戸外一」云々。「右府（教通）参候。内府（頼宗）日者痢病不レ能二参候一」云々。（同八日条）

督殿（藤原資平）参内給。予同参入。被レ候二殿上一之上達部、中宮権大夫経輔・左兵衛督経任・左大弁経長・右兵衛督経成・宰相経季（藤原）等也。良久相引参二関白御宿所辺一〈皇后宮（藤原寛子）御方也〉。民部卿長家（藤原）・小野納言兼頼（藤原）着二宿衣一来二加此座一。

先レ是、源大納言〔師房〕着二直衣一自二御所一来、又参上了。暫可レ居二此座一也。無二堤防一者也。（同九日条）

この時の後冷泉天皇の病には、水を注ぎ続けるという治療法が採られ、関白頼通及び「御傍親人々」が側に祗候してこれにあたった[85]。これらの天皇親近の公卿は直衣や宿衣であったと見られるが[86]、それ以外の公卿等も直衣で天皇在所の近くに立ち入ることが続いたと見え、七月八日には「その他の外戚（戚里）は決して御所に入ってはならない」と制限され、そのために「枝葉の群戚」は皆、直衣を着て戸の外に祗候するという事態に至っている（傍線部）。ただ、制限されたのは天皇の寝所に入ることであって、直衣での祗候ではなかったことは注意される。

『春記』のこれらの記事では、繰り返し外戚（戚里）あるいは傍親であるか否かが問題となっている。『小右記』では藤原斉信の直衣での祗候が「外人」のものとして批判されていたが、この時期にはどのような人々がその位置に該当したのだろうか。まず長暦二年の中宮嫄子方の宴の例について見ると、嫄子は敦康親王（藤原定子所生）と具平親王女の間に生まれ、頼通養女となっているので、名前の見える公卿のうち、確実に「傍親」にあたるのは養父頼通、その猶子で具平親王男の師房、同じく頼通猶子の信家（教通男）と推測される。逆に「不二御傍親一之公卿」として資房が考えているのが確実なのは、同じ小野宮流として特に批判を注している藤原定頼のほか、藤原公成（閑院流）・良頼（道隆流）だろう。公成と良頼は祐子内親王の着袴の時にも批判の対象となっている。

一方、永承七年の後冷泉天皇不豫の例からは、頼通猶子の源師房や藤原信家は寝所に祗候できる天皇傍親であるのに対し、頼宗（頼通異母弟）の息子である兼頼・能長・俊家は「枝葉の群戚」に含まれると考えられる。特に四日条傍線部アでは、兼頼・能長が直衣姿で御前を突っ切り、清涼殿と紫宸殿をつなぐ長橋を通って紫宸殿へ向かったことを、外戚であっても先例のないことと批判し、「当世の凶乱人」等と強く非難している。

このように直衣での参候に対する批判は、特に閑院流の公成や道隆流の良頼・経輔兄弟、頼宗の息子達等が標的となっているが、これは資房の世情批判の一環でもあった。よく知られるように、資房は御堂流の専横や過差、そしてそれに追従する他流の人々に批判的で、日記には激しい言葉を度々連ねている。例えば祐子内親王着袴の記事では、その過差の程度や、准后宣下を求めた頼通の方針を繰り返し批判し、二十三日条末尾には「非二王事一無二術計一之代也。末代之滅亡、只在二如レ此之事一云々」と書いている。また、源子の進菊の宴については、自らが招かれなかったこともあってか、この企画自体に極めて批判的で、発案者である公成や経輔等を非難し、特に公成に対しては検非違使別当でありながら風流過差を率先している等と厳しく糺弾している（長暦二年十月十六・十七日条）。資房の批判する直衣での参入は、このような御堂流への追従や、過差への志向と通底していた。

しかし、永承七年七月四日条傍線部イで枝葉の権門がそれぞれ互いに凌ぎあっていると資房自身が指摘するように、彼らは公家社会での生き残りをかけて、天皇や頼通等との距離を縮め、そのことを顕示するために直衣で参候していたのであり、直衣着用の是非に対する認識は資房と大きく隔たっていたと推測される。資房と同じ小野宮流の定頼でさえ、ちょうどその父公任が日中に直衣で道長直廬に参入したように、実資一族よりも柔軟に「近代の作法」に順応しているのであり、こうして宮中の直衣着用は広範に広がっていったと見られる。

第三項　十二世紀初頭における公卿の直衣参内

十二世紀転換期になると、公事がある場合には束帯での参仕が求められたものの、それ以外の場面ではいわゆる衣冠や直衣での参内が多くなっている。このことは、例えば『中右記』において、束帯を着用したと明記される記事は陣での公事や、節会、法会等に関わる場合が多いことに端的に表われている。陣公事については、例えば次のような記事である。

午剋許参内、候二御前一。晩頭着二束帯一着二仗座一。左大臣〔源俊房〕除二軽服一之後初被二着陣一。（康和四年（一一〇二）閏五月十日条）

終日候二御前一。晩頭着二束帯一参二仗座一。政并陣定雖レ可レ被レ行、上卿不レ参延引。（康和五年十月二十一日条）

巳時許参二殿下一。為二御共一参二広隆寺一。晩頭帰洛給。但於二西門辺一申二案内一、参内。於二直廬一着二束帯一参二陣座一。（長治元年（一一〇四）二月十日条）

あるいは法会に関しては、次のような記事である。

晩頭参二鳥羽一。今夜節分夜也。為二御方違一、上皇〔白河院〕依レ可レ有二御幸一也。戌剋御幸。〔中略〕入洛之間院仰云、「供奉公卿早着二束帯一可レ参二内御仏名一」者。依レ仰、従二三条大宮辻一馳参。於二六角〔宗能宅〕一着二束帯一、参二入御仏名一。公卿七八人被二祗候一。（康和四年十二月二十一日条）

未時許着二直衣一参内。為二御使一二个度参レ院。是昇殿・侍中等事也。夜陰以後参レ院。仰云、「今夜可レ御二幸白河一也。至レ汝者早可レ参二御斎会一。公卿相分可レ参二八省一由仰下了。汝其一也」者。承レ仰、先参内、申二院御返事一〈于レ時御前各院〔斎カ〕御方〉。次退二下直廬一、着二束帯一、参二八省一。大極殿講筵事了。（長治元年正月十四日条）

前者では院御幸に供奉、後者では使として院と天皇の間を往反していたところに、いずれも白河院の仰せを受け、束帯に着替えて内裏または大内裏での法会に向かっている。これらの記載は、それ以外の時には束帯を着用しなくなっていることを示唆する。

それでは何を着て参内していたのかというと、毎日の服装が全て記録されているわけではないので、この問いに答えるのは容易ではない。右の最後の記事のように直衣の着用を明記する場合もあるが、これが例外的な服装として記録された可能性も排除できない。その中で、正月四日の直衣参内を記録した記事がいくつかあることに注意が引かれる。

巳時許参内〈直衣〉。終日候二御前一。初宿仕。（承徳元年（一〇九七）正月四日条）

未剋許着二直衣一参内。次参二両一条殿一。次入レ夜参二入法成寺阿弥陀堂修正一。（康和四年正月四日条）

晩頭着二直衣一参内。入レ夜参二関白殿一。（嘉承元年（一一〇六）正月四日条）

参内の時刻も、参内後の行動もそれぞれ異なるが、いずれも元三の後、その年初めての直衣での出仕として服装を明記したと推測される。このような正月四日の直衣参内は後代の記録にも散見され、遅くとも院政期には一般的な慣習として定着していた。

類似の性格を持つと思われるのが、長治元年、堀河院への遷御翌日の出仕の記録である。

早旦着二直衣一参内。終日候二御前一。是新所旁御覧之間也。（長治元年十二月六日条）

ここでも新しい御所への直衣での初参内を記録していると考えられ、それ以後は直衣での参内もままあったと想像される。すなわち、前項で摂関（内覧）が限られた行事以外では直衣で参内したことを確認したが、この頃にはより下位の公卿も束帯で参内するのは特定の場面に限られるようになり、直衣での参内も日常的に行なわれていた。

この特定の場面には、先述の通り、節会や法会等の大規模な行事のほか、陣定等の公事が含まれた。特に陣定のある日には束帯で参仕しなければならなかったことについては記録に散見される。例えば、嘉保元年（一〇九四）五月に源俊房が父師房追善のために法華八講会を開いた際、初日・三日目（五巻日）・最終日は束帯、残り二日は直衣と決められていたにもかかわらず、二日目に陣定があったために、公卿達はこの日も束帯で参席した（『中右記』二・三日条）。また長治元年四月に中宮御所にて和歌管絃会が開かれた際に、公卿のうち源雅俊のみが束帯であったことについて、『中右記』は「已上直衣。但左衛門督〔源雅俊〕一人束帯。依二陣公事一也」と注し（二十四日条）、天仁元年（一一〇八）六月に堀河院にて堀河天皇供養の仏事があった際には、同日に陣定があるにもかかわらず直衣で参席した公卿がいたことを「任意」と批判している（二十四日条）。

しかし、殿上僉議等、この頃より増加する、より機動性の高い会合では直衣姿が認められる。公卿の会議には、近衛陣での陣定、天皇御前での御前定の他、殿上間で行なわれる殿上定（殿上僉議）、摂関の直廬で行なわれる殿下直廬僉議等、多様な形態があった。美川圭によれば、道長・頼通期には陣定が主要な場であったのに対し、後三条朝以降、天皇御前での議定が増加し、堀河朝においても御前定や殿上定において緊急の重要事項を決定する事例が見られる[87]。陣定は上卿が公卿を召集し、太政官官人（上官）が実務を担当して行ない、天皇・摂関は参席しない。これに対し御前定・殿上定は、天皇が蔵人を通じて直接公卿を召集して開かれ、議題によっては特定の少数のみを召し、また摂関も会議に参加する。したがって、天皇の主導する性格が強く、機動性も高かった。この内、御前定は天皇臨席の昼御座で行なわれるのに対し、殿上定は殿上間において臣下のみで行なわれるという違いがある。そして、鳥羽天皇践祚後、白河院政が本格化すると、陣定と殿上定の役割は多くが院御所での院御前定・院殿上定に吸収されていくことになるという[88]。

次に取り上げる史料は、ちょうど殿上定・御前定の重要性が増した堀河朝のもので、最初の三つの記事は嘉保元年十月二十四日に発生した内裏（堀河院）焼亡への対応、最後の記事は翌年十月の延暦寺大衆強訴への対応をめぐるものである。

暁暫帰レ家、逐電参内。ア公卿多被二参内一、於二殿下《師通》御直廬一有二僉議一〈公卿直衣〉。イ但依レ為二重日一明日可レ有二陣定一由、被二仰下一了。（『中右記』嘉保元年十月二十五日条）

暁大殿《師実》令二参内一御。ウ午時許公卿多以参集〈束帯〉。エ於二殿上一有二此定一。関白殿《師通》〈直衣〉御二坐御倚子前一、大殿御二坐御殿南庇一。公卿、帥大納言《源》〈経信〉・民部卿《源》〈俊明〉・右衛門督《藤原》〈公実〉・左兵衛督《源》〈俊実〉・新中納言《藤原》〈通俊〉・江中納言《大江》〈匡房〉・左大弁季仲朝臣《藤原》等也。自余人々不レ関二僉議一。（中略）オ又未レ有二公卿座一。仍以二西中門廊一仮為二公卿座一。但不レ取二簀子敷一。（中略）カ帥大納言着二陣座一、召レ予〈不レ置二膝突一、依レ有二簀子敷一也〉。則従二簀子敷一参入。命云、「令三陰陽寮勘二申上件五个条日時一」。則於二陣腋一令三道言朝臣勘レ申〈上官等仮以二此処一為二床子座一〉。（同二十六日条）

キ於二殿上一有二公卿定一。関白殿〈御直衣〉・帥大納言〈経〉・中宮大夫〈師〉〔源師忠〕・新大納言〈家〉〔藤原家忠〕・民部卿〈俊〉・右衛門督〈公〉・左兵衛督〈俊〉・新中納言〈通〉・江中納言〈匡〉・皇太后宮権大夫〈公〉〔藤原公定〕・左大弁〈季〉未時許参集。大殿令レ候二御殿一給。〔中略〕僉議了後、依レ仰公卿皆悉廻二見西対・北対等一。殿下同御覧。〔中略〕ク今夜帥大納言於二仗座一召レ予。（同三十日条）

早旦参二結政一。依レ為二要日一也。入二陽明門一間上官等相逢云、「只今延暦寺大衆依レ有下可二訴申一事上可二参闕一由有二風聞一。仍雖二剋限不一レ満、忩参内」者。則引渡参レ陣。頭弁又来二加於床子座一。弁侍直申〈頭弁与奪〉。ケ暫候二御前一程、両殿下〔師実・師通〕以下公卿着二直衣一済々参集。於二殿上一有二僉議一。「大衆一定可二参洛一」者。「先差二遣検非違使幷武士等於河原辺一可レ禦一」者。（同嘉保二年十月二十三日条）

ここで開かれている会議と公卿の服装を順に整理すると、次の通りとなる。

①殿下直廬僉議―公卿直衣（ア）
②殿上定―関白直衣、公卿束帯（ウ・エ）
③陣での日時定―同前か（カ）
④殿上定―関白直衣、公卿束帯か（キ）
⑤陣での日時定―同前か（ク）
⑥殿上僉議―公卿直衣（ケ）

注目したいのは、同じ殿上での会議であるにもかかわらず、②・④は公卿が束帯で参集しているのに対し、⑥は直衣である点である。この違いの最大の理由は、②・④においては、続いて陣座での手続きが行なわれていることだろう。より正確に言えば、②・④の殿上定は、実質的には陣定に代わるものとして開かれている。すなわち、②については前日に陣定が開かれることが決まっていたが（イ）、実際には公卿の会議は②の殿上定で行なわれた。③では上卿の源経信が陣座に着き、②において決定した内容にそって陰陽寮からの日時勘申を命じ、上ってきた勘文を奏聞する手続きを行なっているだけで（カ）、僉議は行なわれていない。④・⑤も全く同じ状況である。

この背景の一つとしては、焼亡により緊急に避難した大炊殿では陣座が整わず、僉議を行なうには不適当であったことが推測される。カでは、陣座に簀子敷があるために、通常とは異なって膝突を用いなかったことや、官人の座が仮であったことが見える。オには「公卿座」がまだ定まっていないためにこれを西中門廊に置いたとあるが、この後の記事には西中門廊に陣座・公卿座を作り直したことが見える。[89] その一方で、治暦四年（一〇六八）十二月の焼亡でも、陣定のために参集した公卿が殿上で議定を行なっており（『師記』同月十六日条）、焼亡時に殿上で僉議を行なうのは、実際の便宜だけでなく、慣例によっていた可能性もある。

これに対し⑥は、緊急事態に対応するために公卿が殿上で会議したことのみが記され、陣定に代わる僉議という性格は認められず、公卿が直衣で参集したのはそれゆえと考えられる。参考として、約十年後に同じく延暦寺強訴への対応のために開かれた殿上の議定についても見てみたい。

ア早旦従レ内有レ召〈頭弁〔源〕重資送二書状一〉。乍レ驚着二直衣一馳参。是山大衆奏状事可レ有レ定者。〔中略〕イ未時許、於二殿上一有二議定一。左大臣〔源俊房〕・右大臣〔藤原忠実〕・内大臣〔源雅実〕〈已上直衣、不レ及レ広也〉・治部卿〔源俊実〕〈俊〉・下官〔宗忠〕・左大弁〔源基綱〕〈基、束帯〉。頭弁重資朝臣仰云、「山僧申請旨、「以二貞尋僧都一可レ被レ処二流罪一。凡一山濫行在二此人一之故也」者。又山僧乱二入京都一成二悪事一、如レ此之間何様可レ被レ行哉。」人々被レ申旨。〔中略〕以二頭弁一件趣被レ奏。ウ頃而三丞相有レ召、被レ参二昼御座方一。皆被レ候二広庇一。於二御前一各有二重議一歟。人無二得而知一。〔中略〕僉議了後、酉剋許人々退出。予独宿侍。（『中右記』長治元年六月二十四日条）

この議定は、陣での定ではなく大臣のみを御前に召しての議へと進行して終了しており、やはり、②・④の殿上定とは異なる性格を持つ会議であったと考えられる。そして、ここでも三大臣が直衣で参席しており（傍線部イ）、参議である記主宗忠も、議定の際の服装は明記されていないものの、アに召を受けて直衣を着て参内したとあることから直衣であったと推測される。イの「不レ及レ広也」の注記や、左大弁源基綱が束帯であった点から、全員が直衣で参集しているわけではないが[90]、⑥同様、束帯を着用する必要性はなかったのであろう。

殿上定について、美川圭は開催頻度が少なかったために儀式化が進んでいなかったと指摘し[91]、安原功も、院政期の殿上定は形式性を著しく欠いていたと指摘している[92]。それは、一つには右のように陣定に代わる会合とそうではない会議が含まれているからであろう。空間は同じ殿上でも、会議の性格によって参席者の服装は異なっていたのである。

一方、①の殿下直廬での直衣での僉議は、内裏焼亡直後という事情もあろうが、殿下直廬に公卿が直衣で集まることは、すでに道長政権期から見られることであった。また、『中右記』には摂関忠実からその直廬に呼び出され、直衣で急いで参内したとする記事が度々見られる。例えば天永二年（一一一一）正月二十二日条には「午時許自二殿下一給二御消息一云、「只今着二直衣一可レ参也」。大切有下可二云合一事上」。則逐電参二直廬一」と見え、同年八月二十八日条にも、「欲二参内一之処、従二殿下一被レ仰云、「着二直衣一只今可レ参」。則参入」とあり、忠実から直衣で来るようにと服装まで指示のあったことがわかる。これらの記事は、殿下直廬という空間が前代から引き続いて摂関の私的空間として位置付けられ、直衣を着用しての内密の打ち合わせの場として用いられていたことを裏付ける。

それにしても、直衣での殿上の僉議が開かれていることは、直衣での日中の殿上や昼御座への祗候が忌避された十一世紀初頭とは大きく異なる。しかも、長治元年の例では、三大臣が直衣姿のまま昼御座に参上し、内覧の忠実はその一人に過ぎない（ウ）。同じ御前の議でも、長久元年（一〇四〇）の御前定においては頼通だけが直衣で簾中に祗候していたこと（本書一七四頁）と比較する時、まさに政治体制の変化は服装によって可視化されていたと言えよう。

その背景としては、天皇の身内を主張できる公卿の増加、摂関家の相対的な勢力低下等、複数の要因が考えられるが、決定的な影響を及ぼしたのは、院御所の重要性の高まりと考えられる。院御所での基本的な服装は、直衣や狩衣

（布衣）であった。特に、嘉承二年以後に白河院政が本格化すると、院御所での議定が主要な政務決定の場となっていったと言われるが、その場の服装は以下に見るように直衣であった。

酉時許頭弁〔藤原実行〕送レ書云、「只今可レ馳二参院一。是依二急事一聊有二僉議事一」者。着二直衣一馳参也。及二秉燭一於二北渡殿方一有下被二議定一事上。殿下〔忠実〕・民部卿〔源俊明〕・予・別当〔藤原能俊〕・修理権大夫為房〔藤原〕、皆着二直衣一参仕。（『中右記』天永二年十一月四日条）

巳時許依レ催参レ政。（中略）次参レ院。殿下仰云、「晩頭着二直衣一可レ参レ院。聊依レ在下可レ被二議定一事上也。」帰レ家休息之後、及二晩陰一参レ院。（同天永三年六月十三日条）

はじめの例では院御所議定への参加者が全員直衣を着用している。また、二つめの例では、朝に官政があり、その上卿を務めた宗忠は束帯を着用し、そのまま参院していたと推測され、それゆえに晩刻の院議定には改めて直衣を着て来るように忠実から指示を受けている。このように、院御所という主要な政務決定の場の服装が直衣となったことは、人々の服装に対する意識に変化をもたらしただろう。

また、十一世紀末より公卿・殿上人を含む多くの人間が院へ日常的に奉仕し、各種事項について院の意向を確認する必要が生じるようになってくると、内裏と院御所、更には摂関邸宅やその他の邸宅との間を頻繁に往来する必要が高まった。例えば右で引いた『中右記』長治元年正月十四日条（本書一八五頁）では、宗忠は使として院と天皇の間を直衣で一日に三往復している。

使の服装については、藤原忠実が同時期に次のように述べている。

辰剋許参二御前一。頭弁〔源重資〕自レ院於御使参入。着二直衣一。御使多束帯也。雖レ然蜜々時如レ此常事也。故殿〔藤原師実〕御時常事也。
（『殿暦』長治元年五月九日条）

すなわち、使は本来は束帯であるが、密々の場合は直衣が一般的であり、師実の時代からそうであったというのである[93]。しかもここで話題となっているのは殿上人の使であり、公卿の場合は直衣での往反がより多かったと見られる。

宗忠の例でも、例えば嘉承元年五月の最勝講に束帯で参仕していた際には、「問答之間、依レ仰為二御使一参二鳥羽殿一。退二下直廬一、着二直衣一参入」と、鳥羽殿の院への使を務めるためにわざわざ直廬で直衣に着替えたことが記されている（『中右記』十六日条）。

このように官人達の活動の場が多様化し、服装規範が複雑になると、天皇や院、あるいは摂関等からの服装の指示も増加したと想像される。例えば康和四年三月に白河院五十御賀が開かれるに際し、その準備として内裏（高陽院）で繰り返された舞御覧（習礼）においては、堀河天皇が楽人の服装を指示している。

ア巳時許参内〈直衣〉。於二東対南庭一御二覧御賀舞共一。南池辺立二大鼓一、左右立二鉦鼓一。其前立二左右桙一。東透廊南四間引レ幔為二楽人候所一。イ新中納言〈国信〉・下官許〈皆直衣、依レ仰也〉祗候、殿上人束帯。舞二六曲一〈中略〉事畢終夜御遊。中宮同御二此対一也。ウ御賀舞習練之間、如レ此習礼毎日之事也。及二深更一退出。（『中右記』康和四年二月十二日条）

ここでは、楽人のうち、公卿の源国信と記主宗忠は仰せによって直衣の着用を許され、殿上人は束帯を着用している（傍線部イ）。更に、傍線部ウに習礼が連日であることが記されているが、同様の舞御覧に人々が直衣で祇候したことが、二十日・二十五日・二十八日・三月五日条にも見えている[94]。これは、建前上内密の習礼であるためと推測され、また宗忠が毎回、直衣であることを書き留めていることからは、このような天皇臨席の御遊での直衣着用が常に許されていたわけではないことも知られるが、同時に、やはり公事以外の場での直衣着用がかなり広範に行なわれていたこと、そして朝廷内の服装に対して天皇が積極的に関与していることを示している。

第四項　殿上人の直衣祗候

ここまで摂関および公卿の直衣参内について検討してきたが、実のところ、十二世紀には公卿だけでなく、殿上人も直衣で参内し、内裏に祗候する時間が長くなっていた。そのことを最も端的に伝えているのが、平治元年（一一五九）初頭に成立した[95]藤原俊憲『貫首秘抄』に見える、平範家の次の言談だろう。

直衣事、常時参内無レ憚。但陪膳参時立隠云々。給二文書一之時、直衣無レ憚。又依レ召参二昼御座一、無レ憚。但不レ奏二文書一也。院参亦无レ憚。故民部卿顕頼〔藤原〕頭時、院中文書常直衣奏レ之。冬直衣、十月七八日計可レ着レ之。維摩会、弁不二下向一之以前可レ着也。[96]

『貫首秘抄』は蔵人頭に就任した俊憲が、蔵人頭経験者から注意すべきこと等を聞き取って記した書であるが[97]、その一人平範家によれば、蔵人頭の直衣での参内は通常は支障なく、ただ陪膳の時に身を隠し、文書を奏することを憚るばかりというのである。

これは十二世紀後半の文献であり、蔵人頭に限定した言談ではあるが、私見ではすでに十二世紀に入る頃には、蔵人頭だけでなく殿上人も直衣もしくはいわゆる衣冠で宮中の日常業務にあたっていた。例えば前項で正月四日の直衣参内の例として引いた『中右記』承徳元年（一〇九七）正月四日条（本書一八五頁）は、実際には藤原宗忠が殿上人時代の記録であり、直衣で参内し、終日祗候したことを伝えている。

このことをもう少し詳しく見るために、十二世紀初頭に成立した藤原重隆『蓬萊抄』の「被レ聴二昇殿一後進退事」の記述を改めて検討したい。

次択レ日宿侍。ア夕台盤以後、着二直衣・奴袴等一、参宿。〔中略〕至二明日一、々給之後、退二出直廬一。着二尋常宿装束一、昇殿。朝台盤以後、随二形勢一可二退出一歟。〔中略〕イ凡未二点以後、着二束帯一可二参内一。着二宿装束〔ママ〕一之時、不レ給レ日之上、已忘二隄防一者也。ウ況朝夕供膳之時、宿衣人、縦本自雖二祗候一、逐電可レ退二下便所一。努々粗見二近例一、近習之英雄頗黷二朝威一、猥以往反、不忠之基也。エ凡両貫首束帯之時、雖二非職雲客一、着二宿衣一者、不レ得レ候二殿上一。但見二相憚之気色一、若優レ之者、強不レ可二退

去ᅳ。然而当㆓陣中公事㆒及卿相束帯之時、宿装束之人、不ㇾ可ㇾ候㆓殿上㆒矣。(98)

第二章第三節第二項等で確認したように、十一世紀初頭の内裏では、朝御膳から夕御膳の間は宿衣で祗候してはならないという原則があったが、『蓬萊抄』では、天皇への供膳ではなく、殿上人に供される台盤と日給が区切りとなっている。すなわち、夕台盤の後に直衣を着て宿直し、朝の日給の後は尋常宿装束を着用して祗候、そして朝台盤の後に折を見て退出すべしというのである（傍線部ア）(99)。その背景としては、芳之内圭が指摘するところの、十一世紀には朝夕御膳を夕刻にまとめて供することが多くなったという点が想起される(100)。天皇への供膳が一日一回となり、行動の基準として機能しなくなった結果、朝夕の台盤と日給が着替えの目安となったのだろう。

この変化のもう一つの結果として、清涼殿に宿衣で祗候してはいけない時間帯は、天皇の供膳の間だけになった。『侍中群要』では、日給の後、宿所で束帯に着替えて再度昇殿することになっていたが、『蓬萊抄』では直衣から「尋常宿装束」に着替えることになっている（ア）。また、イに未二点以後は束帯で参内すべきとされてはいるが、続けてウに朝夕供膳の間は宿衣の人は殿上間を下がらなければならず、朝威を汚し、猥りに往反する「近習の英雄」の近例に倣ってはならないとあることからは、むしろ実際には未刻以後も宿衣での祗候が多かったことが知られる(101)。

したがって、事実上宿衣で祗候してはならないのは、供膳の間と、エにあるように、蔵人頭が束帯の時、陣公事の時および公卿が束帯の時のみと考えられ、更に蔵人頭が束帯の場合でも、遠慮する気色を見せて許されればそのまま退去しなくてもよかった。右で見たように、十二世紀後半の平範家の説では、蔵人頭は直衣での参内を憚らず、直衣であっても陪膳の間のみ身を隠せばよいことになっていた。半世紀の間に殿上人の直衣での祗候が更に増加したと考えられるが、想像するに、他の蔵人・殿上人に服装のことで負担をかけず、かつ蔵人頭の権威を保つために、蔵人頭は率先して直衣であることが望まれたのではないだろうか。

内裏・清涼殿での束帯着用が減り、宿衣での祗候が日常化したことを裏付ける変化の一つが、「尋常宿装束」（『蓬莱抄』傍線部ア）にあたると考えられる、位袍を用いた宿衣が、十一世紀末頃から広く「衣冠」と呼ばれるようになったことである。衣冠という語は古代から見られるが、十一世紀前半までの用法では、「袍と冠（の着用）」と同義、あるいは史生・随身等の服装を指している。これに対し十一世紀末頃からは、それまで主に宿衣・宿装束と呼ばれていた公卿・殿上人の着用する位袍と指貫の組み合わせが、衣冠と呼ばれるようになる。(102) 例えば、あかね会編『平安朝服飾百科辞典』や東京大学史料編纂所「古記録フルテキストデータベース」によれば、『小右記』には「衣冠」が九例あるが、この中に「宿衣」に相当、あるいは公卿・殿上人の特定の服装形式を指すと解釈できる用例は含まれない。同時期の主要文学作品でも、『大鏡』の「布衣・衣冠なる御前」という前駈の一例を除き、「衣冠」の用例はない。これに対し、『中右記』や『殿暦』では特定の形式を指す「衣冠」の用例が多数ある一方で、『小右記』等に公卿・殿上人の服装として数ヶ所用例がある「宿装束」は、ほとんどが僧侶の服装を指す語として用いられている。

この変化を端的に説明していると思われるのが、次の『後二条師通記』の記事である。(103)

辰剋許参二於三条殿一。（師実）仰云、「五節之間何等事候覧」。「何事無レ之」云々。「大臣家中可レ着二宿装束一」云々〈謂二之衣冠一云々〉。（『後二条師通記』寛治四年（一〇九〇）十一月十六日条）

予直二宿装束一了〈謂二之衣冠一云々〉。（寛治五年三月一日条）

『後二条師通記』の記述は簡潔かつ難解ではあるが、この二つの「これ（宿装束）を衣冠と謂うと云々」という注記は、宿装束を衣冠と称することが当時の常識ではなかったことを示唆する。すなわち、この頃から位袍を用いた宿装束が、本来は正式な装いを意味した「衣冠」と呼ばれるようになったのであり、それはこの形式が日中の参内・祇候に広く用いられるようになったためと推測されるのである。

また、殿上宿直に関わる習慣の変化は、天皇への供膳の回数だけでなかった。十一世紀初頭には日常的に行なわれていたと見られる殿上名対面、すなわち宿衣での点呼も、十一世紀末には行幸・仏名会等、決まった折以外にはほとんど行なわれなくなっている。

今日主上〔堀河〕初有二御湯殿一〈御薬平復之後未レ有也〉。仍大殿〔師実〕・々下〔師通〕・北政所〔源麗子〕令レ候給。山座主参二御湯殿一被レ候。昼御膳ニ初て令レ付御也。今夕人々多宿仕、両貫首以下済々。仍有二名対面一。蔵人宗仲〔藤原〕問レ之。夜半退出。（『中右記』嘉保二年（一〇九五）十月十二日条）

右の記事によれば、この日は病から回復した堀河天皇が初めて湯を使い、昼御膳に着くに際し、両蔵人頭以下、大勢の殿上人が宿仕したため、名対面が行なわれた。このような記録は名対面の実施自体が稀になっていたことを示している。『蓬萊抄』でも、名対面（名謁）については新嘗会の中院行幸と仏名会にのみ記されている。

この頃の通常の宿直がどのようなものであったかは、次の『中右記』嘉保元年十月二十四日条が垣間見させてくれる。

参内。（中略）雖レ非二当番一供二夕膳一。ア而蔵人宗佐〔藤原〕依二殿下〔師通〕仰一云、「人々慥可二候宿一」者。仍宿仕。イ夕大盤了後、予与二左京権大夫俊頼〔源〕朝臣・蔵人兵部大輔通輔〔藤原〕一三人、脱二束帯一休二息直廬一。ウ互以清談間、漸及二亥剋一大風頻吹、忽聞二西陣方雑人走叫之声一。而大風盛吹程、存下成二諠譁一之由上不レ驚之処、弥以大叫。エ三人出二直廬一見レ之、西陣方小屋等焼亡、火炎高盛、飛燼満レ天。則入二直廬一、着二衣冠一走二参御前一。于レ時主上〔堀河〕従二中宮〔篤子内親王〕御方一忩還二御本殿一。（中略）

オ今夜候宿事、奉公之志深所レ致也。人々不レ参前、走二散東西一、随二心及目及一沙汰之間、神心迷乱、身体依違。

但今夜候逢レ事、誠夙夜在レ公之徴歟。

これは本書一八七―一八八頁で取り上げた内裏焼亡が起きた際の記事であるが、これによれば、当時右中弁の宗忠は当番ではなかったが夕御膳の供膳にあたり、その後、夕台盤が終わると、源俊頼・藤原通輔とともに宿所に下って束帯を脱いで休息し、談話しながら夜を過ごした（傍線部イ）。本来、名対面のある亥刻にもそのまま直廬にいる点

（ウ）からも、名対面が行なわれていないことが確認できよう。そして、雑人の大声で直廬を出て火事を認め、急ぎ戻り入って衣冠を着ているところ（エ）からは、宿所では袍を脱いでいることが示唆される。

しかも、この日の宗忠は、たまたま関白師通に命じられて宿仕することとし（ア）、そのために内裏焼亡に居合わせて、人々が参集する前に対応に奔走できたことを、自らの奉公の志が深いためかと感懐を記している（オ）。この記事や、その前に引いた嘉保二年十月十二日条からは、そもそも通常の宿直が限られた数人以下で行なわれていたことが知られる。少し後の時期のことではあるが、藤原定家によれば、崇徳朝の保延（一一三五―四一）の頃に、昼夜奉公する近臣に天皇が唐絹の直衣・奴袴を下賜することがあったといい[104]、このような逸話も頻繁に祗候・宿直する殿上人が近臣に限られるようになっていることを示唆する[105]。

また、永暦元年（一一六〇）十月三日に蔵人頭となった藤原忠親は、十一月三日になってようやく宿衣にて参内し、その際に、当時内裏であった大炊御門高倉殿には宿仕に適切な場所がないため宿直をまだ遂げていないが、近例にも従って日次を選んで宿衣での参内を始めたとしている。

巳剋着二宿衣一〈堅文織物籠括〉参内〈須宿侍後朝可レ着二宿衣一也。然而此内裏無二可レ然所一。去月廿九日行二幸大内一夜不レ期宿了。且付二近例等一以二宜日一所二着始一也〉。（『山槐記』永暦元年十一月三日条）

蔵人頭すら一月以上宿仕をしておらず、里内裏には宿直の場所がないという状況からは、殿上人の職務における宿直の重要性が大幅に低下していたことが窺われる。

宿直を行なう殿上人が限られていたという仮説は、雑袍宣旨に関わる史料として広く知られる以下の『長秋記』元永二年（一一一九）十一月十一日条に新たな光をあてるものでもある。

五節参入。〔中略〕今夜丹波守家保〔藤原家保〕任朝臣・侍従公隆〔藤原〕昇殿、各初参。中宮六位進範隆補二蔵人一。中納言〔藤原実隆〕問二下官〔源師時〕一云、「侍従明日装束如何」。下官答云、「[ア]五節殿上人不レ待二雑袍宣旨一直着二直衣一云々。不レ知二子細一。可レ被レ尋二問時儀一者也」。仍以レ侍尋二遣藤中納言〔藤原宗忠〕許一。返事云、「イ尋常儀三ヶ日間所レ着二束帯一也」者。「着二束帯一令レ候給何事有哉。不レ待二雑袍宣旨一着二直衣一事、不二知給一者也」者。中納言又問二下官〔衍カ〕一、々々答云、「只依二彼人命一着二束帯一可レ被レ候也。是尋常儀也。ウ着二直衣一参事不レ慥二覚悟一。但々丹波前司季房〔源〕朝臣五節昇殿、不レ待二宣旨一着二雑袍一云々。下官又如レ此。共非二吉例一、不レ可レ被二准拠一。重相尋可レ有二左右一事也」者。後日以二此旨一申二左大臣〔源俊房〕殿一。仰云、「猶三ヶ日着二束帯一参事尋常儀。エ於レ汝者、三月昇殿、初参三ヶ日已過了。而及二五節一着二束帯一事無二便宜一。又着二衣冠一無二指故一。仍触二中故大殿〔藤原師実〕一之処、「雑袍宣旨不レ可レ被レ待。只今着何事有哉。随可レ被レ下二其宣下一也」者。仍随二彼命一所レ令二着用一也。於二季房朝臣時事一者不レ知二子細一」者。

この記事は『新野問答』以来、雑袍宣旨や五節の直衣参内に関わるものとして度々引かれているが、改めて内容を整理すると、まず、藤原実隆が記主源師時に問い合わせ、五節丑日に昇殿を許された息子公隆が、翌日の殿上淵酔に何を着用すべきかを尋ねてきた。師時は、五節には雑袍宣旨を待たずに直衣を着てよいと聞くが、よくわからないので、時儀を調べたほうがよいと返答し（傍線部ア）、更に藤原宗忠に尋ねることになった。その返答は、通常は昇殿後の三日間は束帯を着るものであり(106)、五節の特例については知らない、というものであった（イ）。そこで、師時は実隆に対して、宗忠の言うとおり束帯を着るのがよい、宣旨を待たずに直衣で参入した例として、源季房と自分の例を知っているが、吉例ではない、更に尋ねてはっきりさせるべきであると回答した（ウ）。そして、後日、父俊房に尋ねると、師時の時は五節の時点ですでに昇殿から半年を経ており、関白師実の了解も得て、追って宣旨を下すものとして直衣で参入したのだと判明した（エ）。

この中でまず注目したいのが、先例として言及される師時自身の例（エ）である。このことがあったのは、師時が初めて昇殿を許された寛治七年（一〇九三）のことと推測されるが(107)、当時十七歳の兵衛佐であった師時には、三月に昇殿してから半年の間、雑袍宣旨が下されておらず、五節になるまで特にそれで支障もなかったと判明する。ところが、先に取り上げたように（本書九三頁）、康和元年（一〇九九）、蔵人を務めあげての四位昇叙後の還昇では、すぐに宿仕に伴って雑袍が許されたとおぼしい。このことはすなわち、五位殿上人時代にはほとんど宿仕を務めることはなく、そのために雑袍宣旨の必要性が生じなかったことを意味するのではないだろうか。

それと同時に、雑袍宣旨の手続き自体も形骸化しはじめ、多くの殿上人にとって、宣旨を受けているかどうかが意識されるのは、五節の直衣や諒闇の橡袍等の特殊な場合に限られるようになってきていることも示唆される。また、『蓬莱抄』には英雄（清華家）の人々が殿上を宿衣で往反することが記されているが（一九三―一九四頁）、十一世紀後半から家格の分化が進行するのに伴い、殿上人の中でも出自によって処遇が大きく異なるようになっていった。先に見たように、安元元年（一一七五）には、藤原長方が清華家の殿上人にわざわざ雑袍宣旨を下す必要があるか疑問を抱いており（六四頁）、十三世紀初頭の『禁秘抄』に至ると、「花族人不レ入二結番一云々」等と、清華家の殿上人は職務につかず、渡殿や下侍に祇候せず、台盤にも着かないとされている。(108)

これらの点を踏まえて、改めて記主宗忠が殿上人時代の『中右記』からいくつか記事を見てみたい。殿上人時代もやはり毎日の服装を記載しているわけではないが、次のような束帯での参仕を明記する記事は、束帯着用の機会が限定的であることを示唆しよう。

従二夜半一殿下（師通）俄令レ労二御喉一給。（中略）早旦馳参〈直衣〉。人々参集済々。（中略）午時許参内。着二束帯一催二儲陰陽寮一。未時許中宮大夫（源師忠）参二仗座一。（嘉保元年（一〇九四）七月十六日条）

今日復任之後初出仕。未時許着二束帯一先参二法王（白河院）御所一〈八条〉。次参二関白殿（師通）一〈二条〉。晩頭参レ内〈閑院〉。（承徳元年（一〇九七）七月二十一日条）

前者では、師通の不例を聞いて直衣で駆け付け、おそらくそのまま参内した後、大神宮地鎮祭日時定のために束帯に着替えている。後者では父宗俊の服喪後の忌み明けの初出仕として束帯を着用しており、いずれも特別な事情があって、束帯を着けている。

逆に直衣での参内がままあったことは、右からも明白であり、次のように、わざわざ直衣に着替えて参内したことを記す記事もある。

予今日勤二仕女院〔郁芳門院〕前駈一。依レ為二伊勢遷宮行事一、与二江中納言〔大江匡房〕一相具従二西門一退出〈不レ見二余儀一〉。参二大納言殿〔藤原宗俊〕一、改二成直衣一、参内。終日候二御前一。宿仕。（永長元年（一〇九六）二月二十二日条）

この日は師実主宰の京極堂供養への白河院・郁芳門院の御幸（午刻に出立）があり、宗忠は女院の前駈として束帯で参仕の後、自身が伊勢遷宮の行事であるところから仏事への参仕は憚って退出し、父宗俊の邸宅で直衣に着替えてから参内、御前に祗候している(109)。

ただし、これらの記事は恒常的な直衣参内まで立証するものではない。永長元年の例は、御幸供奉を中座して内裏に祗候しているために、憚りの意識から直衣を選んでいる可能性もあり、次のような記事も、直衣の着用によって密々の参内であることを示したものと考えられる。

仰レ天伏レ地不レ堪二欣感一。仍密々則着二直衣一、従二北陣方一馳二参禁中一、見二参女房一。（嘉保元年六月十三日条）

これは宗忠が右中弁に任じられた時の記事の一部で、正式な奏慶前であるため、密々であることを示すために直衣を着用し、北陣から参内し、女房を通じて堀河天皇に謝意を表している。類似の例は他にも見出されよう。例えば、応保元年（一一六一）、蔵人頭の藤原忠親は、病のために参内しない日が続いていることを問題として、内侍を通じて事情を伝えるために、不調を押して直衣で参内している（『山槐記』九月十五日条）。

つまり、十一世紀末には束帯での参内は陣公事や行事がある時、陪膳当番等、特定の場合にほぼ限定され、「衣冠」や直衣での参内・参仕が一般的になっていたが、直衣は密々であることを意味し得るものであり、特に天皇への陪膳や奏聞などに携わることはできない服装であったということになる。

第四節　直衣参内の作法

ここまで検討してきたように、十一世紀末には、摂関だけでなく、公卿・殿上人ともに広い範囲で日常の参内や清涼殿祗候が直衣あるいは衣冠で行なわれるようになっていた。その結果、この頃までに直衣で参内する場合の作法等もできあがってくる。本節では、参内の経路と更衣に際しての直衣・宿衣の着用の二点を題材として、当時の直衣参内に関わる作法の存在を確認したい。

第一項　参内の経路

まず、宿衣・直衣での参内においては、原則として束帯の時とは違う経路が用いられた。大丸弘が紹介したように[110]、当時の慣習をわかりやすく説明しているのは、やはり『蓬莱抄』である。

凡宿衣之時往反路、自㆓待賢門㆒経㆓修明門・陰明門〈右兵衛陣〉㆒参㆓殿上㆒。衣冠之時、巳剋以後敢不㆑通㆓陽明門㆒。但覃㆓夜陰㆒之間、無㆓其妨㆒。束帯之時、自㆓和徳門㆒経㆓露台㆒、入㆑自㆓南殿中戸㆒、出㆓明義・無名・神仙等門㆒参入也。和徳門中不㆑入㆓僮僕㆒。又留㆓剣笏㆒矣[111]。

すなわち、宿衣の場合は内裏東面の陽明門から建春門を通る路を避け、南寄りの待賢門から西南の修明門に廻り込み、陰明門から殿上に至る。日が昇って巳刻以降には陽明門を通ってはならないが、夜陰に及べば支障ない。一方、束帯の時は、建春門から直進し、紫宸殿を通り抜けて、清涼殿に至るという[112]。

ここでの最大の要点は宿衣の時には陽明門を避けるという点だろう。この点は後の故実書等にも見られ[113]、具体例としても以下の『殿暦』の記事等に見られる。

戌剋許参内。此間雨甚降、密々ニ参レ自ニ陽明門一。侍宿。（康和五年（一一〇三）八月二十六日条）

戌剋許参内。此間雨甚降。雖レ着ニ直衣一、偸用ニ陽明門一。依ニ御物忌一不レ参ニ御前一、参ニ宮御方一。頃退ニ宿所一、宿侍。

（同九月十日条）

戌剋許参ニ京極殿一。次参内。依ニ御物忌一不レ参ニ御前一、候ニ中宮御方一。頃之退出。女房不例間不ニ候宿一。雖レ着ニ直衣一、密自ニ陽明門一出入〈亥剋許〉。（同月二十日条）

右の記事はいずれも戌刻から亥刻という夜の参内であり、かつはじめの二例は甚雨が加わる中で、ひそかに陽明門を用いたという内容であって、本来は直衣の時には陽明門を使ってはならないことが前提となっている(114)。またこれより先、永承七年（一〇五二）に、内大臣藤原頼宗が直衣で和徳門から南殿を通過して清涼殿に至る経路を通過しているが、この振る舞い等を知った兄の関白頼通は怒りを示したという。

今日有ニ内御論議一云々。内府有レ召参入。着ニ直衣一入ニ火徳門一、通ニ南殿一参ニ御前一、候ニ簾中一評ニ定論議一云々。又源大納言〔源師房〕同有レ召参入、同候ニ御在所一云。件両人日者服ニ蒜蚕等一、不レ供ニ奉仏事一。而御論議之間、候ニ仏後一定ニ論議一、奇怪事也。主上遣レ召、已非ニ明主之心一歟。又参入之人太以非常也。後聞執柄腹立給云々。世之乱如何為哉。

（『春記』永承七年八月二十七日条）

ただ、直衣で参内する際の経路については、『蓬萊抄』の示す修明門等を通るものではなく、北陣（朔平門・玄輝門）を通る例が目立つ。すでに上で引いた史料の中でも、直衣での参入に北陣を通る例が見られたが、いくつか史料を追加しておこう。

右大将〔源雅実〕今日着ニ直衣一、従ニ此〔北〕陣方一初参内。（『中右記』寛治七年（一〇九三）十二月十日条）

右大臣〔源顕房〕又被レ返ニ給辞表一之後、自ニ北陣方一初参内〈直衣也〉。（同二十二日条）

今日始参内。着ニ直衣一、蜜々儀也。自ニ北陣一参入。（『殿暦』長治二年（一一〇五）七月二十九日条）

はじめの二つは一種の直衣始に相当し、その詳細については第五章で論じるが、それぞれ任大将、あるいは大臣の上表が返却された後の初度の直衣での参内で、その経路として北陣と明記されていることが注目される。三つめの記事もやや重複する性格を持つ記事で、病により長く自邸に籠っていた後の初参内に際して、「密々儀」を用いて北陣から参入している。これは公卿に限らず殿上人でもそうであったらしい。例えば前節の最後に取り上げた『中右記』嘉保元年六月十三日条では、宗忠が北陣から密参している。

このように、儀礼的性格を帯びる直衣始や籠居・任官後の初参で北陣が用いられていることは、直衣での参入と北側を用いることの強い関連性を示す。北陣は女性の出入に用いることで知られ、后妃の入内の際や、五節舞姫の参入などにも用いられた[115]。また、秋山喜代子によれば、中世において御所の北側は「奥」・裏側にあたり、北からの参入経路は女房、僧侶のほか、近臣が身分にかかわらず用いたという[116]。

遡る時期においても、例えば『大鏡』では兼家が北陣から「ひもときて」参内したことが語られていた（一七二頁）。史実として兼家が北陣を利用したことについては、『局中宝』の引く『小右記』万寿三年八月十五日条逸文に、「禅閤〔道長〕今朝被二参内一。乗車入レ自二朔平門一致二玄暉門一。是故大入道大閤〔兼家〕例也云々」と見えているが、これは出家後の作法の可能性が高い。あるいは、北陣を通る例ではないが、長元元年（一〇二八）二月、道長没後の忌み明けの初参に際し関白頼通は、「御直衣、経二春花門等一、従二御湯殿方一参入給」と、直衣を着用し、南の殿上間側からではなく、北の御湯殿側から御前に参入している[117]（『左経記』九日条）。十二世紀転換期においても、北からの参入は密々の性格を持つものであり、それゆえに褻の性格を持つ直衣での参入にふさわしい経路であったと考えられる[118]。

ただし、これらの「密々」にはかなりの幅があったことにも留意したい。同じ「密々」でも、例えば嘉保元年六月の宗忠のように、正式な拝賀の前であるゆえの、文字通りの内密の参内もあれば、前頁に引いた諸例のように、ほとんど儀礼化された「密々儀」もある。後者の場合は、大丸弘が指摘するように、掲焉と密々に大別される作法の形式の一方であって、[119]語義矛盾のようではあるが、正式な密々の参内とでもいうべきものであったと考えられる。更には、本来は、直衣での参内は密々であるために北陣を使うという論理であったはずが、本書二〇二頁の『殿暦』の例のように、陽明門を使うという原則に反する行為を、密々という理由で正当化する事例まであって、同じ「密々」「偸か」「しのびて」等の表現が含む意味の幅広さが知られる。

なお、陽明門からの直衣の参内は憚られるという認識は、十二世紀末には薄れたようで、後鳥羽天皇の著した『世俗浅深秘抄』には、次のように「近代」には皆、直衣を着て陽明門から参内していることが見えている。

一、公卿着二直衣一参内、入レ自二陽明門一事不レ可レ然歟。但近代皆然。昔網代車立二陽明門一事、惣以不レ然事也。自二上東門一参由見二旧貫一。但古儀歟。（下巻百十二）

第二項　更衣と宿衣・直衣の着用

次に、宮中での衣冠・直衣着用と更衣の関係について見てみたい。四月と十月の更衣の際に、束帯は朔日より替え、殿上人の宿衣は蔵人頭の更衣を待って替えることは十世紀よりの慣習であったが、十一世紀末以降の記録には、このことに関連する記事が散見され、まま彼らを悩ませたことがうかがわれる。

はじめに更衣の概要を確認すると、朝廷における四月・十月朔日の更衣は、不明瞭ながら九世紀前半に始まったとされる。『養老令』には夏冬で衣服を替える規定は見られず、『西宮記』によれば、更衣が始まったのは滋野貞主（七八五―八五二）の提言によるという。[120]黒川真頼が指摘するように、[121]『伊呂波字類抄』宇部「袍」に「夏袍事、滋相公伝云、弘仁十四年夏、縠袍参二冷泉院一。太上皇〔嵯峨上皇〕聞レ之、甚賜二美詭一。明年夏御熱盛発、不レ得レ着二厚衣一、試着二縠袍一、極合二御意一。天下自レ此悉着レ之。是縠衣始レ自二貞主一」と見え、[122]『西宮記』の典拠も同祖のものかもしれない。四月・十月朔日には衣服を替えるだけでなく、天皇の御座を替えることになっており、『延喜掃部寮式』には「凡四月一日撤二冬座一、供二夏御座一、十月一日撤二夏座一、供二冬御座一」と見え[123]、『醍醐天皇御記』延喜十六年（九一六）十月二日条（『西宮記』勘物所引）にも「此日殿上冬装束、昨日依二物忌一不レ供二奉之一」と見えているから、遅くとも十世紀初頭には更衣の習慣は確立していた。

更衣に際しての殿上人の宿衣の取り扱いについては、まず『西宮記』直衣条に「更衣之後、殿上人、頭未レ服二新直衣一之前、以二旧時袍若直衣一為二宿衣一」と見えているが[124]、より詳しくは『蓬莱抄』の記述が参考となる。『蓬莱抄』では四月と十月に「朔日更衣事」の項目を置き、その中で宿衣について次のように説明する。

ア今日以後宿衣之時、暫不レ着二直衣一、并〔着カ〕冬袍着二同指貫一。イ蔵人頭着二夏直衣一之後、非職改レ之。ウ御禊之比多改レ之歟。（四月）

其儀同二四月一。エ抑於二宿衣一者、蔵人頭着二冬直衣一後、非職雲客改レ之。オ貫首二人之内、雖二一人一相改之後、無レ憚着二用之一。而近代両貫首被レ着之後、非職所二着用一也。カ十月以後、着二直衣一以前、夏宿袍、同奴袴用レ之。キ又称二紫苑色一、自二去月晦日一用二冬指貫一也。夏袍雖レ用二冬指貫一、冬袍不レ着二用夏指貫一也。ク当初或雲客十月一日着二冬直衣一云々。是准二公卿一歟。衆人断腸、一身招レ耻云々。此事能可二用心一也。（十月）[125]

はじめに確認しておきたいのは、傍線部クに窺われるように、この規定は公卿には適用されないという点である。ここではある殿上人が、公卿に倣ったのか、十月一日に冬直衣を着たことにより、衆人に笑われ大恥をかいたことが記されているが、すなわち公卿は四月と十月の一日からその季節の直衣に替えることになっていた。この点については、後の史料にはなるが、例えば『吉記』建久四年（一一九三）記に「於二公卿一者自二更衣之日一所レ改レ着也」と明言されている[126]。

この一日の公卿直衣更衣の習慣の成立時期については、松殿基房が「比較的新しいのではないか」という説を示している。

右大弁〔藤原実綱〕参二大盤所一、称下参二殿下〔基房〕一之由上。御語之間及二公事一云々。被レ仰云、「公卿四月一日無二左右一着二夏直衣一、十月一日着二冬直衣一事、近代法歟。ア古人伝云、「大二条関白〔藤原教通〕四月一日着二夏直衣一令レ参二御堂〔道長〕一。而入道殿〔道長〕殊不情〔請〕気御坐。二条殿雖レ不レ得二其心一、成レ憚退出。人又不レ知二何故一。其後宇治殿〔藤原頼通〕着二冬直衣一〈不二楚々一〉参仕。御堂殊以有二感気一。其時人知下二条殿着二夏直衣一不快之由上」云々。有レ興事歟。イ又凡者老人如レ此」云々。爰知、故殿〔三条公教〕褻時必不レ着二給更衣直衣一。是古実、予壮年之時見レ之、粗所二覚語一也。（『愚昧記』仁安二年（一一六七）九月六日条）

すなわち基房は、道長時代のある四月一日に教通が夏直衣を着てきたところ、道長は不快の意を示し、兄頼通が冬直衣を着てくると、感気を示したという伝承を述べ（傍線部ア）、一日に直衣を替えることは「近代の法」かと述べたという。しかし、この話は、季節が逆転しているものの、『中外抄』に見える以下の話と酷似している。

康治二年五月七日。祇二候御前一。被レ仰二雑事一之比言上云、「陰陽師道言、四月一日着二冬束帯一由承候、如何」。仰云、「有二急速召一者、衣装不レ可レ論二夏冬一也。御堂の不例ニ御坐したる十月一日、宇治殿ハ夏直衣のなえたるにて令二参入一御けり。二条殿ハ冬直衣にて令二参入一給けれハ、不例人ノ傍にかくて見ゆる白物や有ルトソ仰事ありける。以二件例一、我も堀川院不例ニ御座せし時、四月一日冬直衣にて参入したりしかとも、故院ともかくも不レ被レ仰、又他人も無二云事一。我前駆なとそ奇気ニ思たりし。[127]」

これによれば、頼通と教通の夏冬直衣をめぐる逸話は、道長が病に臥せっている時に、それにもかかわらず衣更えをしてやってきた教通に対して道長が不快を示したという内容であって、むしろ逆に十一世紀初頭には朔日の直衣更衣が定着した習慣であったことを示唆する。ただし、イに述べられているように、老人は四月を過ぎても冬直衣を着用する場合があった。[128]

一方、殿上人は蔵人頭の更衣を待って着替えるが（『蓬莱抄』イ・エ）、朔日から宿衣の更衣までの間は直衣は着られず、前の季節の位袍と指貫を着るという（同ア・カ）。『西宮記』では「旧時袍もしくは直衣」を宿衣とするとあったことからすると、朔日から実際の更衣までの間は直衣を着てはならないという慣例は、十世紀末以降に成立したものと推測されるが、十二世紀には定着した規範であった。『蓬萊抄』には朔日に新しい直衣を着て恥をかいた殿上人の例が示されているが、『明月記』には四月を過ぎて冬直衣を着て参入して追い出され、前途を失った事例が見えており、かなり強い規範となる場合もあった[129]。ただ、例えば『山槐記』応保元年（一一六一）四月一日条には「宿仕人々或冬直衣、或冬衣冠」と見えており、規範がどの程度守られるかは時期によってかなり揺らぎがあったようである。

更にキによれば、十月更衣の場合は、指貫だけは九月晦日（「以前」が脱落しているか）から冬物に替えてもよいが、四月更衣においては指貫だけ先に夏物に替えることは許されなかった。この点は『侍中群要』や『助無智秘抄』『次将装束抄』等にもほぼ同じ内容が見えており、この後も広く共有された認識であった[130]。

蔵人頭を待って衣を替える時機について、『蓬萊抄』のオでは、二人の蔵人頭のうちどちらかが替えれば着用してよいが、近代は二人とも替えるのを待つとしている。実際の記録でこの点を確認するのは難しいが、例えば長久元年（一〇四〇）十月の更衣で蔵人頭藤原資房は冬直衣を着用したことを同輩の信長に伝え（本書八九頁）、また嘉応元年（一一六九）十月に、頭弁平信範は頭中将藤原実守の二日後に冬直衣に替えたことを記しており（『兵範記』十一日条）、一般的には二人の蔵人頭の間である程度連携して更衣を行なっていたと推測される。

ただこのような理想的な状態が常に保たれていたとは限らない。例えば、蔵人頭が出仕していないために、更衣の時機を図れずに混乱が生じるという事態も見受けられる。

此間両貫首有㆓故障㆒不㆓参内㆒。但一夜火事之間、頭中将（源国信）被㆑参㆓陣外㆒、頭弁（源師頼）初着㆓冬宿袍㆒被㆓参内㆒了。其後不㆑被㆑参。仍五位蔵人奉㆓行万事㆒。人々或冬直衣、或夏宿衣相雑。（『中右記』嘉保元年（一〇九四）十月二十八日条）

すなわち、この冬、蔵人頭の源師頼・源国信は共に障りがあって参内していなかったが、十月二十四日に内裏（堀河院）が焼亡した際に、師頼が冬の宿袍（衣冠か）で参内したことを受けて[131]、冬直衣に替える者、夏の衣冠を使い続ける者が混じっているというのである。

また、『蓬萊抄』のウに御禊の頃に改めるとあるように、毎年恒例の行事として宿衣の更衣のおおよその時期が定まってはいた。この点については、四月の更衣のほうがややわかりやすく、『蓬萊抄』だけでなく他の文献も四月中旬、中酉日の賀茂祭の前に行なわれる御禊を目安とするとしており、この区切りは更衣の際に用いられる白重の着用の区切りともほぼ共通していた(132)。

一方、十月の更衣はより複雑で、記録では十月中旬に蔵人頭が冬直衣を着用した例が散見される一方で、源雅亮の『満佐須計装束抄』（一一七六年頃成立）に「十月一日よりふゆ〔冬〕のそくたい〔束帯〕なれども、又いくわん〔衣冠〕は五せちのころまではなつ〔夏〕のなり」とあるように(133)、衣冠は十一月中旬の五節頃まで夏袍を用いるという言説も見られる。この点について、同時期の史料である『吉記』仁安二年（一一六七）十月十二日条（『吉部秘訓抄』所引）に、次のような記述が見える。

女御殿〔平滋子〕自二熊野一今日可レ有二御入洛一、為二前駈一可レ参之由、依レ蒙二其催一参二草津一。及二申剋一御船到二着草津岸一。

余〈衣冠〉

着二冬袍一。殿上侍臣至二于五節一着二夏袍一。但貫首着二直衣一之後、雖レ不レ限二彼期一、先以着用者例也。頭中将〔藤原〕〈実家〉去八日已着二冬直衣一畢云々。仍用二冬袍一也。於二地下佐一者可レ有二其儀一歟。

すなわち、殿上人は五節までは夏袍を用いるが、蔵人頭が直衣を着た後は、五節を待たずに冬袍を着るのが例であり、頭中将藤原実家がすでに十月八日に冬直衣を着たと聞いたので、冬袍を着用した、というのである。

『満佐須計装束抄』と『吉記』の記述からは、五節まで夏袍を着用することが原則であるかにも思われるが、『蓬萊抄』等にはこのような内容は見られず、この慣習はそれほど古くは遡らないことが疑われる。この点で興味深い内容を提供しているのが、『餝抄』に引かれたちょうど同年の『源通親記』の記事である。

仁安二九十八殿〔源通親〕記曰、「参レ殿〔雅通〕。尋申曰、「夏指貫何比マデ可二着候一哉」。被レ仰曰、「五節マデハ令レ着也。故入道殿〔源雅実〕

御教命ニハ、着㆓夏指貫㆒、色々ノ衣可㆑透也。冬指貫、維摩会行事弁下向ニ着。其前貫首着㆑之。雖㆑然、好事人者十月籠居、五節着也。来月上旬衣冠、猶着㆓夏指貫㆒也。雖㆓廿日比㆒可㆑着㆓衣冠㆒」。（奴袴・夏冬指貫更衣事[134]）

ここでの焦点は指貫であるが、通親の問いに対し父雅通は、五節までは夏指貫を着てよく、祖父雅実の教命によれば、（五節には）夏の指貫を着て、色々の衣を透かせるとした上で、維摩会の勅使弁が下向に冬指貫を着るために、蔵人頭はその前にこれを着るが、好事家は十月に籠居して五節に夏指貫を着ると説明している。十三世紀初頭の『次将装束抄』でも、「若五節着㆓夏之衣㆒之輩、相㆓待其程㆒不㆑改㆓冬衣㆒」と、五節に夏の装束を着ようとする者は、五節を待って冬装束に替えないと説明している[135]。これらのことは、五節まで夏袍・夏指貫を着るという説が古くからの原則ではなく、五節に人目を引く美装をするためのもので、十二世紀頃から広まったことを示唆する。

更に、『吉記』に記された藤原実家が冬直衣を着用した十月八日という日付にも意味があった。それは、『源通親記』等にも記されているように、十月十日より南都興福寺で行なわれる維摩会に派遣される勅使弁が冬の装束を着用できるようにという配慮から来るのである。このことは十一世紀前半以前には見られないが、勅使弁の記録として重視される『中右記』承徳二年（一〇九八）記に萌芽が確認できる[136]。

辰時許出洛。着㆓直衣㆒〈是殿上弁故実也。但先内々可㆑着㆓直衣㆒由触㆓両貫首㆒。殿上之□〔辺〕直衣未㆓出来㆒之故也〉。

（『中右記』承徳二年十月九日条）

ここでは、勅使として赴く藤原宗忠は、殿上間ではまだ冬直衣への更衣が済んでいないが、勅使の殿上弁の故実として直衣を着て下向するため、予め両蔵人頭にその旨を通知している。

そして十二世紀中盤には、このことを織り込んで、蔵人頭は十月八日頃に冬直衣を着ることが原則となったらしい。『貫首秘抄』は「冬直衣。十月七・八日計可㆑着㆑之。維摩会弁不㆓下向㆒之以前可㆑着也」としている[137]。また仁安二年には実家と同僚の頭弁平信範の日記も残り、ここにも維摩会への勅使弁下向への配慮であることが明記されている。

着二直衣一出行。先春宮、次殿下、次北政所、次大内。入レ夜帰華。

維摩勅使左中弁俊経〔藤原〕朝臣着二冬宿装束一明日可二下向一。仍其前今日着二冬直衣一参内也。頭中将同参内云々。此後雲客等可レ着二冬直衣一也。（『兵範記』仁安二年十月八日条）

その他、やや毛色の変わった史料として、鎌倉時代初頭成立と言われる『十二月往来』には、勅使弁が下向にあたって夏冬いずれの袍を着用するべきかを知るために、頭中将が冬直衣を着用したかどうかを尋ねる文例が収められている。

維摩会弁明日定下向歟。用二夏袍一者。貫首更衣令レ成二不審一歟。頭中将已被レ用二冬直衣一歟。縦雖レ未レ被レ改、任レ例可レ有二披露一之条、如レ件。

十月八日　　右大将

一﨟守殿

被二仰下一之旨跪承候畢。頭中将冬直衣未二見給一候。然者如二今仰一、早可レ触二申右中弁一候。某恐惶謹言。

十月八日　　左衛門尉源[138]

意味の取りにくい部分もあるものの、ここにも維摩会勅使弁の下向と蔵人頭の更衣の関係が反映されていることは疑いない。

以上をまとめると、十二世紀頃には、蔵人頭は維摩会に勅使弁が下向する前の十月八日頃に冬直衣を着用することが期待され、遅くとも十月中旬には冬直衣を着用することが一般的で、他の蔵人・殿上人もそれを受けて冬の宿衣に替えたが、五節に薄物の装束を着ようとする者は、五節まで夏物の衣冠を着用した、ということになる。なお、右は内裏での着用規範であったが、おおむね院御所等にも援用されていたと見られる[139]。

このようにして十一世紀末頃には、直衣を着用しての参内の際の経路や、更衣に際しての制限等、内裏で直衣を着用する上での細かい作法が成立していた。その他にも、『蓬萊抄』にあるように、上﨟が束帯の時には宿衣・直衣を憚る等の慣習もあった[140]。『蓬萊抄』は殿上人に関する文献であるが、公卿の間でもこれは同様であった。例えば天仁元年（一一〇八）正月、忠実直廬での僉議に衣冠で参入した権中納言藤原宗忠は、上位の権大納言源俊実が籠居後の着陣のために束帯であったことから、同席を憚る旨を述べ、忠実の許可を得てから座末に加わっている[141]。行事や場の性格、自分の立場、同席者、家伝、近例等、多くの要素に配慮を必要とする公卿・殿上人は、極めて複雑化した服装規範の中で生きていたのであった。

（1）新日本古典文学大系『枕草子』二九三段（大納言殿まゐり給て）、三三二頁。
（2）『小右記』長徳元年三月十日条、長和五年二月六日条等。
（3）『左経記』長和五年三月二十七日条（道長作文会）等。
（4）『御堂関白記』寛弘元年八月二十三日条「早朝宿衣参内」、同三年正月五日条「依レ仰早朝宿衣参内」等。
（5）佐藤早紀子「平安中期の雑袍勅許」『史林』九四巻三号、二〇一一年五月、八一頁。
（6）国譲下、新編日本古典文学全集『うつほ物語』三、二六一頁。
（7）清少納言が宮仕えを始めた時期については、正暦二年冬から同四年冬までの説があり、昨今の通説は正暦四年春または冬であったところ、近時、五味文彦が正暦二年説を支持し、本段の「大納言殿」は伊周でなく道長との説を提唱した（『枕草子』の歴史学――春は曙の謎を解く』朝日新聞出版、二〇一四年、六二―六五頁）。刺激的な説であるが、本段に描かれた内容、特に調度や服装に諒闇の影がない点や、『枕草子』に正暦三年から四年にかけての道隆周辺の大きな出来事に関する記事がない点等を重視すると、従いがたい（萩谷朴『枕草子解環』同朋舎出版、一九八一―三年、第四巻、一三一―一三四頁参照）。ここでは、通説通り、時期は正暦四年冬、「大納言殿」は伊周と考える。一方、「おなじ直衣の人」については、近年は道隆とする説が多いようだが、清少納言の筆致からは道隆とは考えにくい。臼井美保「宮にはじめてまゐりたるころ――「同じ直衣の人」考」（『枕草子探求』四、一九八三年）では隆家説を唱えているが、臼井が伊周との疎遠な関係を根拠に否定した異母兄道頼の可能性も十分ある。そもそも本段には兄弟の仲睦まじさは特に描かれていないし、道頼は『大鏡』

第四巻に「御かたちいときよげ」で、「ざれをかしくもおはせしか」と記されており（日本古典文学大系『大鏡』一八一頁）、本段に「猿楽言などし給」とある点と合致する。「淑景舎、東宮にまゐり給程」段でも、「山の井の大納言《〔道頼〕》は、いりたゝぬ御せうとにては、いとよくおはするぞかし。匂ひやかなるかたは、此大納言《〔伊周〕》にもまさり給へる物を」（一〇〇段、一四四頁）と記されている。また、直衣を着用している点は隆家でも問題はないであろうが、先を追わせている点、四位中将の隆家よりは権中納言右衛門督の道頼のほうがふさわしい。

(8) 新日本古典文学大系『枕草子』一七七段、二二四—二二五・二二七頁。

(9) 『御堂関白記』長保元年三月十二日条・寛弘四年十月六日条、『小右記』寛和元年六月十日条・治安三年九月七日条等。

(10) 新日本古典文学大系『枕草子』一〇〇段、一三九—一四五頁。

(11) 佐藤早紀子「平安中期の雑袍勅許」（注5）、八六・九〇頁。類似の見解は大丸弘『平安時代の服装——その風俗史的研究』（成美社、一九六一年）、六二—六三頁等でも示されている。

(12) 岡村幸子「職御曹司について——中宮職庁と公卿直廬」『日本歴史』五八二号、一九九六年十一月、吉川真司「摂関政治の転成」『律令官僚制の研究』塙書房、一九九八年（初出一九九五年）。

(13) 一方、吉川は、『日本三代実録』を根拠に、良房の時点ですでに内裏内に直廬を有していたが、公的執務は職御曹司で行なわれたとした。ただ、良房の内裏直廬は後宮ではなく宜陽殿東庇にあったと見られるので（『三代実録』貞観十四年三月七日条・同年四月一日条、『西宮記』臨時五、六四二頁（「一大臣宿所」））、近親の后妃の在所に直廬を置いたのは岡村の説くように忠平が嚆矢となろう。

(14) 瀧浪貞子「議所と陣座——仗議の成立過程」『日本古代宮廷社会の研究』思文閣出版、一九九一年（初出一九八七年）。

(15) 「後見」については、倉本一宏「『栄花物語』における「後見」について」『摂関政治と王朝貴族』吉川弘文館、二〇〇〇年（初出一九八八年）、加藤洋介「「後見」攷——源氏物語論のために」『名古屋大学国語国文学』六三号、一九八八年一二月。倉本によれば、後見とは本来、世話・養育・保護・援助などを意味する語であり、後見となる人物は被後見者の親族とは限らない。

(16) 岡村幸子「職御曹司について」（注12）、一二頁。根拠となるのは『小右記』寛和元年正月二十八日条。

(17) 土田直鎮「摂関政治に関する二、三の疑問」『奈良平安時代史研究』吉川弘文館、一九九二年（初出一九六一年）、三〇〇頁。

(18)　栗原弘『高群逸枝の婚姻女性史像の研究』高科書店、一九九四年、同『平安前期の家族と親族』校倉書房、二〇〇八年。
(19)　角田文衛「日本の後宮の特色」『日本の後宮』学灯社、一九七三年。
(20)　『栄花物語』巻第十六「もとのしづく」によれば、この時には延暦寺・興福寺・仁和寺・三井寺から集めた十五歳以下の小法師を十五人ずつ結番し、道長が準備した「宿直姿《とのゐすがた》」をさせて念仏を読ませたといい、その贅を尽くした服装も詳しく語られている（日本古典文学大系『栄花物語』下、五〇―五二頁）。
(21)　吉川真司「摂関政治の転成」（注12）、四一一―四一二頁および「平安時代における女房の存在形態」（同書、初出一九九五年）、四三二頁。
(22)　佐藤早紀子「平安中期の雑袍勅許」（注11）、八一―八二頁。また本章成稿後に孟瑜「平安貴族の勤仕の「場」と装束――着替えを中心に」（『広島大学大学院教育学研究科紀要　第二部　文化教育開発関連領域』六五号、二〇一六年）が発表され、そちらでも佐藤の紹介した事例のいくつかが改めて論じられている。
(23)　同前、八〇頁。
(24)　当該箇所は「左右臣」の原態が「左大臣」であるか「左右大臣」であるかで大きく意味が異なってくるが、「相会合」とあることから、「左右大臣」と解釈した。「左大臣」である場合には、後段で論じる道長の直衣着用戦略の一環と捉え得る可能性も出てこよう。
(25)　吉川真司「平安時代における女房の存在形態」（注21）、秋山喜代子「台盤所と近臣・女房」『中世公家社会の空間と芸能』山川出版社、二〇〇三年（初出一九九三年）等。
(26)　秋山喜代子「台盤所と近臣・女房」（前注）。
(27)　『小右記目録』正暦五年十一月十三日条、『小右記』長徳元年正月二日条、同五日条。
(28)　道隆の病が束帯できないほど重く、直衣を着用したという描写は、『大鏡』の伊周に内覧を譲る段（史実としては三月十日頃のこと）に、「御やまひいたくせめて、御装束もえたてまつらざりければ、御直衣にて御簾のとにゐざりいでさせたまふ」と見える（日本古典文学大系、一七八頁）。
(29)　山本信吉『摂関政治史論考』吉川弘文館、二〇〇三年、二九―三〇頁。
(30)　『西宮記』所引『貞信公記』承平三年正月一日条逸文。
(31)　『吏部王記』承平三年十一月二十一日条。

(32) 『貞信公記』承平二年七月二十八日条、『吏部王記』承平三年七月二十四日条、『九暦』承平六年七月二十八日条等。
(33) 『小右記』永祚元年正月二十日条、同年十一月二十日条、正暦四年三月十六日条。
(34) 末松剛「節会における内弁勤仕と御後祗候」『平安宮廷の儀礼文化』吉川弘文館、二〇一〇年（初出一九九六年）。また摂関政治の展開における兼家期の重要性については、橋本義彦「貴族政権の政治構造」『平安貴族』平凡社、一九八六年（初出一九七六年）、玉井力「十・十一世紀の日本――摂関政治」『平安時代の貴族と天皇』岩波書店、二〇〇〇年（初出一九九五年）、吉川真司「摂関政治の転成」（注12）、山本信吉『摂関政治史論考』（注29、特に第一部・第三部）等。
(35) 群書類従二六、三八六―三八七頁。はじめに「被レ聴二台盤所一之人」の項目があり、次の「聴二直衣一事」の項で「聴二入立一之人定聴二直衣一」と「聴二台盤所一」を「聴二入立一」と表現した後、「近習事」の項で、「公卿如レ注レ前〈聴二簾中・直衣一類也〉」と記す。なお、天皇が簾の中に座すことの意味および絵画作品における表現について、山本陽子「天皇と御簾」（『絵巻における神と天皇の表現――見えぬように描く』中央公論美術出版、二〇〇六年（初出二〇〇〇年））がある。
(36) 大日本古記録『御堂関白記』二、三二〇頁の古写本の本文による。
(37) 佐藤早紀子「平安中期の雑袍勅許」（注11）、八六頁。
(38) 遠藤基郎「過差の権力論――貴族社会的文化様式と徳治主義イデオロギーのはざま」服藤早苗編『王朝の権力と表象――学芸の文化史』森話社、一九九八年、一一一―一一二頁。奢侈・過差とその規制をめぐる事象は服装規範と深く関連する重要な論点であり、他に西村さとみ『平安京の空間と文学』（吉川弘文館、二〇〇五年）、第二―四章（初出一九九一―九八年）、佐々木文昭『中世公武新制の研究』（吉川弘文館、二〇〇八年）等も参考とした。
(39) 『御堂関白記』寛弘八年八月二十三日条、『小右記』治安元年七月二十五日条等。
(40) 芳之内圭「平安時代における内裏の食事」『日本古代の内裏運営機構』塙書房、二〇一三年、二五二―二五三頁。
(41) 本文で取り上げた史料のほか、例えば『小右記』寛仁元年十二月五日条には「太相府被二参内一〈被レ着二直衣一〉」（御馬御覧）と見える。
(42) 「過差の権力論」（注38）、一一二頁。
(43) 十六日条の末尾には、権左中弁が勘文を持参したが、実資は束帯のため会わずに指示だけ与えた旨が記されている。なお、同日条に「入道相府被二祈申一声如二験者一云々」とある道長は法服であったと推測される。
(44) 『小右記』寛仁三年四月二日条。佐藤早紀子は当該記事を外戚が宿衣で台盤所にいて批判された例外的事例として取り上げているが（注11論文、八一頁）、前日の旬についての資平の報告中の話題であり、むしろ宜陽殿に着さずに台盤所にいたことを問題にしている可能性が高い。後代にも、久安四年（一一四八）四月に、平座を欠席した権大納言藤原実行が、直衣で摂政直廬での議定に参席したことについて、「久不二出仕一之故歟」と疑問が示されている（『本朝世紀』二日条、大丸弘『平安時代の服装』（注11）、一四九頁、本章注141も参照）。

(45)「外人」は十二世紀末頃からは主に近臣の対義語となるというが（秋山喜代子『中世公家社会の空間と芸能』（注25）、一二—一四頁）、ここでは近親・身内の対義語と考えられる。先述の通り、この時代の記録では、物忌中に会うことができるかどうかと「外人」の関係を窺わせる記事が多い。

(46) 新日本古典文学大系『枕草子』七九段、九四頁。

(47) 同前、九六—九七頁。

(48) 巻第十七、おむがく、日本古典文学大系『栄花物語』下、七六頁。

(49) 新編日本古典文学全集『栄花物語』二、二九〇頁、注二。『小右記』治安二年七月十六日条に「明日〔昨カ〕三后・姫宮・尚侍令レ乗二輦車一拝二見法成寺諸堂一。関白・内大臣・諸卿束帯扈従」とある。

(50) 中村義雄「御直衣姿なまめかしう——王朝の服飾美感」『陽明叢書国書篇　源氏物語　月報』六、一九八〇年六月。

(51) 新日本古典文学大系『枕草子』八五段、一一五頁。

(52) 北村英子『なまめかし——平安美的語詞「なまめかし」の研究』桜楓社、一九七五年、梅野きみ子「「なまめく」「なまめかし」考」『えんとその周辺——平安文学の美的語彙の研究』笠間書院、一九七九年（初出一九七五および七八年）。なまめく、なまめかしの用例は梅野きみ子『王朝の美的語彙——えんとその周辺続』（新典社、一九九五年）でも広範に論じられている。

(53) 武田佐知子「男装・女装——その日本的特質と衣服制」脇田晴子、S・B・ハンレー編『宗教と民俗　身体と性愛』（ジェンダーの日本史　上）東京大学出版会、一九九四年、二一九—二二二頁。

(54) 三巻本系が「あさましきかたひらともそかし給へる」とある所を、多くの校訂は能因本によって「あさき〔中略〕すかし給へる」に変更しているが、同時代の他の用例も乏しく、なお検討を要する。

(55) 新日本古典文学大系『枕草子』三三段、四三—四四頁。

(56)「かうのうす物」の解釈については諸説あり、新日本古典文学大系等では香（丁子染）と解釈しているが、「唐」と解釈する説に従った（萩谷朴『枕草子解環』同朋舎出版、一九八一―三年、第一巻、三二五―三二六頁等）。織物については、髙田倭男「平安時代の染織」『月刊文化財』二八九号、一九八七年、同「『類聚雑要抄』の装束（服装）について」川本重雄・小泉和子編『類聚雑要抄指図巻』中央公論美術出版、一九九八年、宇都宮千郁「平安の織物について」河添房江編『王朝文学と服飾・容飾』竹林舎、二〇一〇年等。髙田によれば、織物は先練り・先染めの染織品を指したという。

(57) 「ただ直衣ひとつを着たる」については、衣を袴の中に着籠めたこととする説もあるが、直衣の下に透かせた帷子の色合いの華やかさを話題にしていることから、帷子が直衣に馴染んでほとんど見えないこととする説に従った。

(58) 萩谷朴『枕草子解環』（注56）、第一巻、三四三―三四九頁。

(59) 『無名草子』輪読会編『無名草子――注釈と資料』和泉書院、二〇〇四年、九六―九七頁。『枕草子』能因本の奥書にも同趣の内容が見える。

(60) 服装・作法と視線の関係については、ファッション・モード論の重要な論点であり、「はじめに」で触れたように、例えば平芳裕子はファッションとは「身体を他者のまなざしのもとに」さらす装置であると定義している（「ファッション――まなざしの装置」『服飾美学』三九号、二〇〇四年九月、五〇頁）。当該期の視線（眼差し）の政治・文化・社会的意味については、儀礼や美術等の方面からも研究されており、特に佐野みどり『風流　造形　物語――日本美術の構造と様態』（スカイドア、一九九七年）、末松剛「宮廷儀礼における公卿の「見物」」（『平安宮廷の儀礼文化』（注34））等からは多くの示唆を得た。

(61) 告井幸男「摂関期の有職故実――御堂流の検討から」『摂関期貴族社会の研究』塙書房、二〇〇五年（初出二〇〇一年）、三二七頁。

(62) 山本信吉「藤原実資と鳳輿・葱花輿」『摂関政治史論考』（注29、初出一九七〇年）。

(63) 『小右記』万寿二年三月一日条。この記事については、石埜敬子・加藤静子・中嶋朋恵「平安時代の容儀・服飾」山中裕・鈴木一雄編『平安時代の信仰と生活』至文堂、一九九四年（初版『国文学　解釈と鑑賞』別冊、一九九一年）、一三〇頁や、佐藤早紀子「平安中期の雑袍勅許」（注11）、八八頁等でも注目されている。

(64) 『小右記』寛和元年二月十三日条、長和二年正月十六日条、治安三年十二月二十三日条。

(65) 第二巻「太政大臣頼忠〈廉義公〉」、日本古典文学大系『大鏡』九二頁。

(66) 山本信吉「関白藤原頼忠論」『摂関政治史論考』（注29）、一三九―一四〇頁。

(67) 吉川真司「摂関政治の転成」(注12)、四一一―四一二頁。逆に、新編日本古典文学全集『大鏡』(橘健二・加藤静子校注)の頭注では、「勅許があれば、この直衣で参内できた。関白頼忠は当然勅許があったはず」とし(一〇九頁)、勅許されながらも遠慮したと解釈している。

(68) 群書類従二六、三八七頁。詳しくは第四章第一節参照。

(69) 山本信吉「関白藤原頼忠論」(注66)。

(70) 日本古典文学大系『大鏡』九一頁。

(71) 同前、一六七頁。兼家が内裏で頸上を解く行為と小野宮流との対比という題材は、『古事談』において、蔵人頭実資の揖に会って頸上を指したという説話に結晶している(巻第一、二四、新日本古典文学大系、三七頁)。『古事談』ではこの前話においても兼家が衽を放って幼い一条天皇を抱き、南殿の公事に臨んだことが語られる。

(72) 兼家が政治的戦略として故実や新儀を利用したことについては、告井幸男「摂関期の有職故実」(注61)や末松剛『平安宮廷の儀礼文化』(注34)等で論じられている。

(73) 美川圭「公卿議定制から見る院政の成立」『院政の研究』臨川書店、一九九六年(初出一九八六年)、特に四三―四四頁。

(74) 橋本義彦「摂関政治論」『平安貴族社会の研究』吉川弘文館、一九七六年(初出一九六八年)、八八頁。

(75) 萩谷朴編著『平安朝歌合大成』二、同朋舎出版、増補新訂版、一九九五年、九五二・九六四・九六八―九六九頁。

(76) 同前、九五二頁(永承四年十一月九日条、十巻本『類聚歌合』所引)。この時の頼通の直衣での祇候が注目すべき事例であったことは、藤原清輔『袋草子遺編』中に殿上日記を引いて言及されていることからも窺える(続群書類従一六、八二四頁)。

(77) 末松剛『平安宮廷の儀礼文化』(注34)、特に「儀式・先例からみた藤原頼通」(初出二〇〇四年)。

(78) この記事は『達幸故実抄』に「主上出二御御修法御座一之時、着二直衣一候二御後一不レ可レ然事」として引かれる(群書類従二五、三八六頁)。

(79) 秋山喜代子「台盤所と近臣・女房」(注25)、三七―三八頁。ただし秋山は頭亮を藤原宗頼と同定している。この記事は後鳥羽天皇外戚として坊門一族の多くが入立を許されていた傍証としても貴重である(第四章参照)。

(80) 『左経記』類聚雑例、長元二年正月十七日条。喪服として色の異なる直衣を着用する例については、第二章第四節第一項で触れた。

(81) 群書類従七、四五九頁。
(82) 『中右記』同日条にも忠実は未刻に直衣で参内した旨が記されている。
(83) 『殿暦』元永元年十一月二十五日条。当該条および『中右記』同日条等に記されるように、忠実は嘉承二年(一一〇七)七月の鳥羽天皇践祚の際に、摂政に就くとともに自らに牛車宣旨を下していたが、いまだ若年であるとして元永元年まで牛車で宮門内に入ることは控えていた。
(84) この時、内裏は二条殿にあり、着袴等の儀場となっている北対は常寧殿代として用いられている(『春記』長久元年十月二十二日条)。
(85) 『春記』永承七年七月一日・二日条等。引用は二日条「人々云、「関白・御傍親人々被ㇾ候」云々。「沃ㇾ水御無二間断一云々」より。
(86) 七月九日条傍線部のほか、『春記』同月二日条には「源大納言等皆宿衣候二御所一云々」と見える。前章で見たように、天皇が病の時に近親・近習が直衣・宿衣で近侍することは、三条天皇や後一条天皇の時にも見られ、十一世紀前半には慣例となっていたと考えられる。院政期に入っても、例えば堀河天皇の病時に、摂関家や天皇外戚の村上源氏、藤原宗忠の直衣での祗候が記録されている(『殿暦』長治二年九月八日条「申剋許参二御前一。此間右大弁〔藤原宗忠〕於二院〔白河院〕御使一参内、候二御前一。予〔忠実〕此間有二鬼間一。宰相顕通〔源〕・同忠教〔藤原〕・同顕雅〔源〕等着二直衣一候。余今夜侍宿。右大弁着二直衣一常候」)。
(87) 美川圭『院政の研究』(注73)、特に第二章「公卿議定制から見る院政の成立」、第三章「公卿議定制の類型とその性格」(初出一九九一年)、第五章「摂関政治と院政」。
(88) ただし、安原功によれば、二条親政期には再び内裏の殿上定が活発になるという(安原功「殿上定について——坂本賞三・美川圭説の検討」『日本歴史』五六七号、一九九五年八月)。
(89) 『中右記』嘉保元年十一月一日・三日条。「公卿座」は内裏では宜陽殿の西廂北側にあり、左近陣座に隣接していた(福山敏男「公卿座」『国史大辞典』)。
(90) 例えば嘉承二年(一一〇七)七月、堀河天皇崩御によりその葬送の定が殿上で開かれた時には、上位の公卿は直衣、中納言以下は衣冠が多かった(『中右記』嘉承二年七月二十二日条)。
(91) 「公卿議定制から見る院政の成立」(注73)、四八頁。
(92) 注88、八—九頁。

(93) 永暦元年（一一六〇）、蔵人頭に就任した藤原忠親は、前関白と内裏との間の使を務めた際に、直衣では「不便」かもしれないが、御使が遅れるのはよくないので、宿衣のまま赴いたと記しており、依然として本来は束帯だが実際には直衣が多い状況であったことが窺われる（『山槐記』永暦元年十一月三日条）。

(94) 『中右記』二月二十日条「今日於二北渡殿上一御二覧御賀舞共一。殿上人束帯、新大納言〈公〉・新中納言〈国、直衣〉被レ候二御前一」、二十五日条「晩頭参内。如レ例御二覧御賀舞共一。人々直衣。今夜宿仕」、二十八日条「晩頭参内。入夜御二覧御賀舞共一〈人々直衣〉。及二深更一退出」、三月五日条「参内。御二覧御賀舞共一〈人々直衣〉」。また二月十六日条には行幸中の白河院御所の鳥羽殿において殿上人が直衣にて舞と楽を試みたことが見える（「於二南透廊一殿上人舞曲〈皆直衣〉」）。

(95) 川上恵三「『貫首秘抄』の成立年代」『皇学館論叢』八巻三号、一九七五年六月。

(96) 群書類従七、四五一頁。

(97) 俊憲は保元三年（一一五八）八月十日、二条天皇受禅前日に蔵人頭となったが、『貫首秘抄』本文によれば、十一日に平範家、十二日・二十六日に舅の内大臣藤原公教から教えを乞い、また左大臣藤原伊通、権大納言藤原経宗等の蔵人頭経験者から広く情報を集めて本書を成している。引用部分の情報源である平範家は久寿三年（一一五六）九月から保元二年十月まで蔵人頭を務めており、また藤原顕頼蔵人頭在任中（大治五年（一一三〇）十月―天承元年（一一三一）十二月）の一時期、六位蔵人であった。俊憲は同時期に範家から弁官の作法についても教わり、『新任弁官抄』を著している（五味文彦『書物の中世史』みすず書房、二〇〇三年、一〇〇―一〇一頁）。

(98) 群書類従七、四五八―四五九頁。

(99) 『蓬萊抄』では朝台盤の時刻は定かでないが、『侍中群要』巻四では巳刻（上古は辰刻）とあり（一〇八頁等）、東山御文庫本『日中行事』でも、辰刻の日給の後に殿上に台盤を立てることになっていることから（二三三頁、本書第二章注227参照）、日給よりは後と考えられる。しかし、建武年間（一三三四―三六）頃完成したと見られる後醍醐天皇の『日中行事』に至ると、朝台盤の後、宿直装束を改め、日給という展開になっている。すなわち、「あしたのほど、日給よりさきは、皆とのゐ姿」とあり、その姿で殿上にて台盤を行ない（和田英松注解『新訂建武年中行事』講談社学術文庫、三七七頁）、「台盤はてゝをのこども、各宿直装束をあらたむ。蔵人まちにおりてかへりまゐ」り、日給を付け（三八三頁）、「此のち、宿直すがたの人、殿上にのぞまず」という（三八五頁）。また、申刻の夕御膳の後、夕台盤があり、夕刻に火を灯して日給簡を封じると、「此後、とのゐすがたの人はゞかりなし」という（四〇〇頁）。

なお、『蓬莱抄』は、宿仕に際し、朝夕の供膳に奉仕した後に日を選んで直衣を着て行なうとするだけで、直衣着用に先んじて雑袍宣旨が必要であるとは記していない。この点は、第二章第三節で論じた宿仕での直衣着用が雑袍宣旨の主目的であったという説の反証となり得るが、当然のこととして記されなかったか、十二世紀頃から雑袍宣旨を下すことが次第に稀となっていったことと関連するものと考えておきたい。

(100)「平安時代における内裏の食事」(注40)。

(101)『蓬莱抄』では束帯で参内する理由として宿装束では日給に与かれないとしているが、『侍中群要』等によれば、日給簡は未三点には封じられてしまうので(志村佳名子「平安時代日給制度の基礎的考察――東山御文庫本『日中行事』を手がかりとして」『日本古代の王宮構造と政務・儀礼』塙書房、二〇一五年(初出二〇〇九年))、もし『蓬莱抄』の時代も同じ頃に封じられていたのであれば、ごく限られた時間帯に参内しなければ意味のない理由となる。なお、本書第二章注130でも触れたように、『古今著聞集』(一二五四年成立)第九十話に、殿上日給に束帯で臨む起請が藤原頼宗の行為によって御破算になったことが語られている。

(102)大丸弘『平安時代の服装』(注11)、一一四―一一五頁。

(103)寛治五年三月一日条は、早くは野宮定基が『新野問答』の中で宿衣および衣冠の説明に引いている(『新井白石全集』第六巻、五八四頁)。

(104)『明月記』建保元年七月二日条「先人語云、「保延之比、調二唐絹直衣・奴袴一、賜二夙夜近臣一。雖二麁悪一各着レ之」云々」。

(105)昇殿制が機能不全となり、近臣という原理によって官人の再編が進んだことについては、秋山喜代子『中世公家社会の空間と芸能』(注25)、特に一一九―一二二頁等。

(106)三日間は束帯で参仕するという点は例えば『蓬莱抄』でも示されている(群書類従七、四五八頁「三箇日着二束帯一参仕」)。

(107)『中右記』寛治七年三月六日条の「今日被レ聴二昇殿一人々」の中に「兵衛佐源師時〈左大臣〔源俊房〕子、今日舞人〉」と見える。『新野問答』では師時昇殿の「三月」を「三日」と引き、十一月三日に昇殿を許されたと解釈している。確かに文脈からは五節直前に昇殿を許されているほうが類例としてふさわしいが、師時の官歴中に該当する記録は見当たらない。師時の叙爵はちょうど五節丑日であった寛治二年十一月十七日ではあるが、昇殿は寛治七年三月であり、その後の昇叙の日も該当しない(嘉保元年正月五日従五上、永長元年正月十一日正五下)。承徳元年正月には五位蔵人となっている。なお、源季房については、康和三年(一一〇一)十一月十九日、五節丑日の前日に昇殿を許され、翌日には参内して奏慶したことが『殿暦』に見えているので、この時のことであろう。

(108) 群書類従二六、三八九―三九〇頁。『禁秘抄』では、殿上人の服装については直衣や衣冠の着用の是非ではなく、内裏に直垂で参入することが問題とされている（中井真木「公家の直垂――定家の頼実批判」『明月記研究』一一号、二〇〇七年）。

(109) 他にも束帯を脱いでから参内したことを記す記事として、『中右記』永長元年十月二十九日条に、大江匡房邸で伊勢遷宮の沙汰を行なった後、「未時許参二大納言殿幷一条殿一。脱二束帯一、入レ夜参内。勤二女房陪膳一、宿仕」とあることが上げられる。

(110) 大丸弘『平安時代の服装』（注11）、六三頁。

(111) 「被レ聴二昇殿一後進退事」、群書類従七、四六〇頁。

(112) ただし、初参の時は紫宸殿を通過することを憚り、後宮の北を大きく迂回して清涼殿に至るとも記している。「初参内之時、経二陽明門・建春・宣陽等門一。従二御湯殿介一〈初参人不レ通二南殿一故実也〉、参二腋陣一〈以二殿上口一号二腋陣一〉」（同前、四五八頁）。

(113) 例えば『局中宝』「大臣直衣時不二平伏一事」では、永暦元年（一一六〇）十一月十七日（童御覧の日）の記事として、右大臣徳大寺公能が述べた「直衣之時公卿不三出二入陽明門一」という説を伝えている（尊経閣善本影印集成『局中宝』一九五―一九六頁。当該部分は遠藤珠紀の解説（表二二頁）によれば、外記日記と推測される）。

(114) 『殿暦』の中の例外的な記事として、長治元年十二月十二日条の裏書に「未剋許参内〈着二直衣一、用二左衛門陣一〉」とあって、未刻という時間に、左衛門陣（建春門）から直衣で参内したと見えている。この日は除目があり不審であるが、あるいは内裏が堀河院に移ったばかりであることと関係しているか。後考を俟ちたい。

(115) 朧谷寿「朔平門」『国史大辞典』等。ただし皇后の行啓では、陽明門から朔平門、またはその逆の経路を用いる例が見られ（『小右記』寛弘二年二月二十日条、『中右記』長治元年二月十八日条等）、女性と男性では北陣に至る経路や、経路の持つ意味は同じではない。

(116) 秋山喜代子「空間と公家社会の編成原理」『中世公家社会の空間と芸能』（注25、初出一九九五年）、五六―六〇頁。

(117) 地位や状況に応じた清涼殿への出入の方法については、有富純也「平安時代における清涼殿の出入方法――建築空間からみた摂関期の成立」（武光誠編『古代国家と天皇』同成社、二〇一〇年）がある。

(118) 平安中期に、内々・密々であることを表示する形式として、直衣での参入や別室にての参加が行なわれたことについては、大丸弘『平安時代の服装』（注11）、六二―六三頁、佐藤早紀子「平安中期の雑袍勅許」（注5）、八六・九〇頁等。密々を示すための直衣着用・簾中参加の象徴的事例としては、万寿二年（一〇二五）正月の皇太后妍子の大饗への内大臣藤原教通の参席があり、このことは『栄花物語』にも取り上げられている。この時、北の方（公任女）の喪にあった教通は、障りを申しつつも、直衣で参入し、簾中から女房に紛れる形で見物した（『左経記』万寿二年正月二十四日条、『栄花物語』巻二十四、わかばえ、日本古典文学大系、下、一七八頁）。

(119) 前注に同じ。

(120) 臨時三喪服条「当朝元無二夏冬衣一、依二滋相公赴〔起カ〕請一、夏冬更レ衣」（五五一頁）。臨時四喪服条もほぼ同文。

(121) 『日本風俗説』三六六頁。

(122) 大東急記念文庫善本叢刊中古中世篇別巻二『伊呂波字類抄』汲古書院、二〇一二年、第三巻、一八三頁。嵯峨上皇は弘仁十四年（八二三）四月に譲位している。なお、『日本後紀』弘仁五年閏七月二十五日条には「聴三内外諸司人着二薄朝服一」と見え、『西宮記』四月冒頭の勘物にこの時の符（『政事要略』巻六十七所載）が収められていることもあって、黒川真頼は弘仁五年から夏の薄地の朝服が許されるようになったのであり、『伊呂波字類抄』所載の逸話は信用し難いとしているが、この官符は生地の厚さではなく色に関わる可能性もあり、この点については後考を俟ちたい。

(123) 神道大系『延喜式』下巻、五一一頁。

(124) 神道大系『西宮記』五四八頁。

(125) 群書類従七、四六五・四七一頁。

(126) 『吉記』建久四年三月十二日条（『吉部秘訓抄』所引）。当該部分は従三位に昇進した藤原光範からの夏直衣の着用に関する質問に答えたものである。

(127) 上巻第五十三話、新日本古典文学大系『中外抄』二八五・五五五頁。『古事談』巻第二第十七話にも同話が収められている。なお、堀河天皇が不例の時に忠実が夏直衣で参入した年について、新日本古典文学大系『中外抄』（山根対助・池上洵一校注）および新日本古典文学大系『古事談』（川端善明・荒木浩校注）はともに堀河天皇の崩御した嘉承二年（一一〇七）のことかと注しているが（各二八五・一四三頁）、この時期を記録した『中右記』『永昌記』はいずれも五月十日から天皇の病を記している。長治二年（一一〇五）三月から四月にかけて疫病が流行した際に堀河天皇も病んでおり（『中右記』『殿暦』）、あるいはこの時のことかと愚考する。

(128) 『愚昧記』記主の三条実房の父公教は永暦元年に五十八歳で没しており、この時実房は十四歳で蔵人頭であった。老人が冬直衣を着ることについては、源通方『餝抄』「直衣・初夏老卿着㆓冬直衣㆒事」にも見え、『源通親記』仁安三年記に見える源雅通の説と、通方自身が西園寺公経から聞いた父実宗の伝える藤原師長の説として、宿老公卿が四月に冬直衣を着ることは常のこととしている（群書類従八、一四〇頁）。

（129）建久七年（一一九六）四月三日、右少将藤原宗国は冬直衣で参内し、左中将藤原親能に追い出されたといい、定家は後年に、宗国（後に宗経と改名）はこれが原因で前途を失ったとしている（『明月記』建久七年四月六日条、寛喜二年（一二三〇）四月二十一日条）。寛喜二年四月二十一日条は、従三位に昇叙して間もない平親長が冬袍で連日参内し、近衛次将達も冬直衣で参内していると聞いた定家が、その不適切さについて関白道家に注進に及んだことに関する記事で、宗経の例のほかに、承元二年（一二〇八）四月に冬束帯で陪膳して除籍となった少将藤原実経の例（『明月記』承元二年四月二十六日条・閏四月二日条、『猪隈関白記』閏四月二日条に詳しい）、承久元年（一二一九）四月に従三位に昇叙した藤原範基が冬衣冠で参内したのを順徳天皇が改めさせた例をあげている。

なお、宗経は定家の猶父宗家の子で、近衛府でも長い間定家の同僚であったが、服装規範に対して無頓着、あるいは急進的な思想の人物だったらしく、『明月記』にはその不備が度々記されている（建久三年三月十三日条（後白河院崩御に際し直衣垂纓で参内）、建久九年正月三日条（節会に際し、袿と袖を異文にした袍を着用）、正治二年十月十一日条（藤原定能主宰の仏事に赤色狩衣で参入）等）。

（130）『侍中群要』奴袴の項「冬奴袴従㆓九月㆒着用〈上古用㆑単云々〉。冬奴袴雖㆑具㆓夏袍㆒、以㆓冬袍㆒具㆓夏奴袴㆒一切不㆑見事也。〈中略〉春末夏初〈猶着㆓夏宿衣㆒間〉着㆓平絹奴袴㆒云々」（神道大系、一七四頁）、『助無智秘抄』六位更衣「更衣ノ後宿装束ヲキル《〔着〕》ハ、マヅ貫首直衣ヲキラル。又一臈ノ蔵人着テノチ、フユ《〔冬〕》・ナツ《〔夏〕》ノ装束ヲキルベシ。タヾシ冬ノ更衣ノアイダ、ナツノ袍ヲキル《〔テ〕》冬ノサシヌキ《〔指貫〕》ヲキル、ツネノコトナリ。ナツノ更衣ノトキ、夏ノ袍ヲキテ冬ノサシヌキヲキルベカラズ」（群書類従八、九九―一〇〇頁）、藤原定家『次将装束抄』（一二一〇年頃成立）「四月・十月更衣之後、不㆑着㆓直衣㆒〈此間宿衣用㆓位袍㆒也〉。及㆑着㆓改指貫㆒之時、始着㆓直衣㆒也」（群書類従八、二五五頁）。

特に『次将装束抄』は指貫に関して詳しく記しており、「更衣を過ぎてしばらくは前の季節のものを着る」という表現ではなく、維摩会のある十月十日頃から四月の賀茂祭御禊までは（冬用の）練指貫、四月の御禊から十月維摩会までは（夏用の）生指貫とし、また冬の初めに夏袍に冬指貫を組み合わせる場合は九月晦日以前に紫苑色指貫を着用する必要があり、そうしない場合は夏指貫を着続け、十月上旬が過ぎてから冬指貫に替えるとしている。紫苑色指貫と瑠璃色指貫については源雅亮『満佐須計装束抄』（一一七六年頃成立）にも詳しく記される。

(131)「宿袍」の用例は十一世紀半ば頃から見受けられ、「已上直衣、但左兵衛督宿袍」（『兵範記』保元元年七月八日条）等の表現から、基本的にはいわゆる衣冠を意味すると考えられる。

(132)『満佐須計装束抄』「そくたい〔束帯〕は四月一日よりなつ〔夏〕のをきれども、いくわん〔衣冠〕は五ゐ〔五位〕も六ゐ〔六位〕もごけい〔御禊〕のほどなどまでは冬のをきるなり。ふゆ〔冬〕のうへのきぬ〔袍〕をきるべし。さしぬきもなつのさしぬきはごけいのころよりきるなり」（群書類従八、四七頁）、注130所引『次将装束抄』等。

白重は白無文の薄物の下襲・衣に白無文の袴、無文冠等を用いる服装で、『西宮記』にも更衣の際に着用することが見えている。専論として成田汀「平安朝服飾における直衣と雑袍の諸相——白襲の下衣・下襲を中心として」『服飾美学』二五号、一九九六年三月があり、その独創的な論旨には異論もあるが、史料を多く紹介して有用である。白重の構成は時代や文献によって異なり、例えば『満佐須計装束抄』（群書類従八、四七頁）や『山槐記』応保元年四月一日条では半臂も含むとするが、『助無智秘抄』等では半臂への言及はない（同九八頁）。『禅中記抄』嘉応三年四月一日条によれば、有文の表袴を用いることが近例となっているという。また、『侍中群要』『満佐須計装束抄』『助無智秘抄』では衛府・儀式官は無文装束（すなわち白重）を着ないとするが（夫々一六六頁、四七頁、九九頁）、『次将装束抄』では「不レ論二職事・非職、文・武官一、殿上人着レ之。雖二地下一上官着レ之」とあって（二五五頁）、この頃には衛府も着用するようになったらしい。

朔日からいつまで着用したかについて、『枕草子』「ころは」段に賀茂祭の頃に上達部・殿上人が皆同じように白重を着用しているとあるほか（新日本古典文学大系、第二段）、『春記』長暦二年（一〇三八）十月二十三日条に「予猶着二白重下襲等一。更衣後未レ着二綾衣一也」とあって、十一世紀前半には半月程は着用していたようである。十一世紀後半以降の史料では、『侍中群要』二季更衣に「後有二可レ然事一日、着二改綾装束一〈夏似〔御〕灌仏・御禊、冬射場始等類也〉」（一六六—一六七頁）、『助無智秘抄』では「御禊ノ日マデハアラタメザルニヤ」（二孟旬、九八頁）、「夏ノ更衣ノトキハ以二灌仏日一、有文装束ヲ着ルベシ。冬ノ更衣後、以二射場始日一キルベシ。タヾシ灌仏・射場始ナキトシ〔年〕ハ、相二慮其程一テ、只可レ着二有文装束一歟」（六位更衣、一〇〇頁）、『次将装束抄』白重事では「四月・十月朔日出仕之人着レ之。或説、朔日雖レ不二出仕一着レ之云々。及二祭前日一多着レ之。或灌仏日改レ之。仮令随二可レ然事一、着二尋常装束一日、必可レ改歟。冬十月中旬之間斟酌可レ改レ之」（二五五頁）と見える等、夏は御禊もしくは四月八日の灌仏会、冬は射場始が区切りと認識されていた（射場始は十二世紀には衰退したため、『次将装束抄』では十月中旬としている）。

(133) 群書類従八、四八頁。

(134) 群書類従八、一四二—一四三頁。

(135) 群書類従八、二五五頁。

(136) 高山有紀「中世興福寺維摩会における勅使房番論議」『中世興福寺維摩会の研究』勉誠社、一九九七年。

(137) 群書類従七、四五一頁。また注130に引いたように、十三世紀初頭の『次将装束抄』では維摩会を冬指貫に替えるタイミングにあげている。

(138) 群書類従九、四六三頁。

(139) 『永昌記』天治元年四月八日条によれば、院御所では院司上臈の更衣、または御禊を待って衣を更えるのが原則であった（「夏宿衣・薄色指貫。内殿上待二貫首一着。院辺又待三院司上臈着了、或及二御禊一者。然而地下人更衣後早可レ用二時服一之由有二遺訓一之上、頭中将今日依レ可レ改、人々又可レ着二夏衣一之由依レ有二其訓一也」）。

(140) 大丸弘『平安時代の服装』（注11）、五七—五八頁。

(141) 『中右記』天仁元年正月十九日条。また、久安四年（一一四八）四月二日に摂政忠通の直廬での僉議に直衣で参入した権大納言藤原実行は、上位者の内大臣頼長を含む他の参席者が旬儀（日蝕により一日延引していた）のために束帯であることに対して憚りの意を示し、やはり忠通の許可を得てから、席に加わっている（『本朝世紀』同日条所引『伊通卿記』）。なお、この実行の直衣での参入については、『本朝世紀』本文に「久不二出仕一之故歟」と記されており、大丸弘は「散位者が束帯出仕を憚るという心とおなじで、威儀をととのえ、諸卿とならんで公事の席に列する栄誉を憚る心」で直衣を着用したと指摘している（『平安時代の服装』（注11）、六一・一四九頁、引用は後者）。実行はこの二日前の摂政直廬僉議に直衣で参入しており（『本朝世紀』所引『経宗記』三月二十九日条）、このことから「出仕」とは内裏への参入や僉議への参加ではなく、公事への参仕を意味することがわかる。『今鏡』ふじなみの下に語られるように、実行は保延五年（一一三九）に弟実能、翌年に下臈の源雅定が近衛大将に任じられたことから籠居していた。この日に旬儀を欠席して直衣で摂政直廬僉議に参入したのも、昇進が停滞している自らの立場を訴える意味もあったと推測される。同じ久安四年二月の列見の日に、「権大納言藤実行卿雖レ不レ被レ参入二見参一。優二宿老一矣」と見え（『本朝世紀』十一日条）、宿老（当時六十四歳）の実行を優遇する動きもあり、翌年七月には遂に右大臣に任じられることになる。

第四章　直衣参内勅許の成立

第一節　『禁秘抄』の再検討

十一世紀末には公卿・殿上人ともに、広範に宮中で直衣を着用するようになっていた中で、十二世紀に入ると公卿に直衣での参内を許す制度の存在を示す史料が登場してくる。ただ、史料が散在的なために、直衣参内勅許の起源や初期の全体像ははっきりしない。これに対し、広く知られるように、順徳天皇『禁秘抄』には直衣参内の勅許に関するかなり包括的な記載が収められている。『禁秘抄』は承久三年（一二二一）の乱直前に、それまでに書きためたものをまとめて成立したと推測され(1)、天皇のあるべき姿や禁中の作法について平易かつ詳細に伝えるが、「直衣を聴す」ことについても基準や実例をあげて記しており、当時の理想・実態をある程度伝えているのである。そこで、十二世紀初頭から一世紀の間に、度重なる政治体制の変動に連動してさまざまな変化があったであろう点はひとまず留保し、一つの着地点として『禁秘抄』の記述を検討し、直衣勅許制度の概要を把握するとともに、その始まりを探る手がかりとしたい。

第一項　近習の標識としての直衣勅許

『禁秘抄』の中で、直衣参内勅許に直接関わるのは、「被レ聴二台盤所一之人」「聴二直衣一事」「近習事」の一連の項目である。台盤所の勅許と近習については、すでに秋山喜代子や佐藤厚子による詳細な分析があり(2)、学ぶところが多いが、直衣勅許を考える上では不十分な面もあるため、長くなるが、全体の大半を引用した上で改めて整理することとする。

一、被レ聴二台盤所一之人

無レ何万人乱入、尤不レ可レ然事也。A執柄人幷子息ナドハ勿論、B其外殊難レ去大臣・納言之間両三人ニテ可レ足。而近代旁子細面々所望之間、及二数輩一。①御乳父人必聴。②御外舅勿論。③乳父子一人などは聴。③院〔後鳥羽〕御時高能〔一条〕、新院〔土御門〕隆衡〔四条〕、当時範朝〔高倉〕類也。②崇徳・後白川御時、実行〔藤原〕兄弟不レ及二左右一。又高倉院御時時忠〔平〕、院信清〔坊門〕、当時範茂〔高倉〕ナド、雖レ難レ比二彼等一聴レ之。④御師匠人依レ召参、例也。⑤侍読人候二鬼間一、依レ召参、常事也。④院御時実教〔藤原〕為二御笛師一参。依二彼例一、近日定輔〔二条〕度々召入。後々ハ又雖レ不レ召参入。ア八条左府〔九条良輔〕幷教家〔九条〕卿ナドモ良久不レ聴、依二所望一聴レ之畢。近日聴人々、ア関白〔近衛家実〕・八条左府・左大臣〔九条道家〕・右大臣〔近衛家通〕・良平〔九条〕・教家・基家〔九条〕・教実〔九条〕、此人々、云二事寄一云二其人一、不レ及二左右一。B頼実〔大炊御門〕又勿論。忠経〔花山院〕・公継〔徳大寺〕、又師経〔大炊御門〕坊司也。信清以二時権勢一参入。④定輔、①乳父範光〔高倉〕・資実〔日野〕・光親〔葉室〕・有雅〔源〕、範朝・範茂、皆有レ謂。然而済々無レ極。花山院御時、三条関白〔藤原頼忠〕不レ被レ聴。尤可レ有二秘蔵一事歟。③院御時、御乳父聟公経〔西園寺〕参入云々。

一、聴二直衣一事

㋐聴二入立一之人、定聴二直衣一。㋑其外侍読聴レ之。不レ然人不レ聴、㋒可レ然人少々聴レ之也。㋓五節帳台御共人、一向上古近臣也。而近代偏二清花一。㋓崇徳御時、実隆〔藤原〕・通季〔藤原〕・実行〔藤原〕・実能、一夜聴レ之。准レ之、高倉院御時、時忠候二帳台御共一。世人嘲レ之。近日入立外聴人々、㋓太政大臣〔三条公房〕・内大臣〔久我通光〕・公経〔西園寺〕・家嗣〔大炊御門〕、依二帳台御共一聴レ之。㋒又忠信《坊門》為二上鞠一聴レ之。実氏《西園寺》参二東宮《仲恭》一之間聴レ之。頼平《鷹司》宰相之時無レ何聴、上皇《後鳥羽》有二御後悔一。無レ何人宰相時不レ聴。崇徳院御時、宗能《藤原》夙夜奉公、聴。世人恠レ之。忠頼直衣始着レ之如何。御乳父・㋑御侍読皆聴レ之〈頼範・為長《高辻》・範時類也〉。聴二昇殿一、近代不レ謂二是非一、上古不レ輙、中古猶有レ勅。上古周侍臣昇殿、中古両頭ナド為《触カ》二其人一歟。康保具平着袴日、民部卿《藤原在衡》奉レ仰云、「参議重光《源》昇殿」。民部卿伝宣、重光下レ殿舞踏。仙院・東宮同レ之。在衡中納言始聴二昇殿一、依二親王参上時一也。

一、近習事

万機被レ任二叡慮一。如レ此事繁多也。イ公卿如レ注レ前〈聴二簾中・直衣一類也〉。只夙夜侍臣等不レ可二疎遠一、付二其能一参二御前一。事不レ謂二親疎一、只旦暮括上候也。高倉院御時、近習猶不レ上レ括、又或束帯也。自二院御時一、以二上括一謂二近習一也。③

まず、「近習事」より、台盤所への参入（入立・簾中）を許された公卿と直衣を許された公卿、そして日夜祗候する上括の侍臣が「近習」であると解釈される（波線部イ）。入立を許された人々は直衣も許されるので（傍線部㋐）、御前での直衣着用はそのまま近習公卿の標識として機能した。

一方、近習殿上人の「上括」は奴袴の着用を前提としており、衣冠もしくは直衣姿と考えられるが、前章で見たように、すでに十二世紀初頭には殿上人が直衣で清涼殿に祗候する時間帯はかなり長くなっていた。特に、建保元年（一二一三）二月に順徳天皇の近臣が整理された際の『明月記』二月七日条の記述は、当時、殿上人の間でも直衣の着用が近臣の証と考えられたことを窺わせる。

此間禁中番殿上人済々伺候。蔵人教実《藤原》止二近習一、束帯候二殿上一。少将親通《藤原》御鞠時許被レ召二加一云々。宗長《難波》朝臣着二直衣一伺候、天気密々無二御甘心一云々。

この時、天皇の近臣は藤原範朝・藤原範基・藤原知長（重長）・藤原為家の四人を残してその地位を止められたために、その一人であった六位蔵人藤原教実（教房男）は束帯で殿上に祗候し、また直衣で祗候した難波宗長（後鳥羽院の蹴鞠師範）に対し、天皇は不快感を持ったという。[4] しかも、七月二日には、近臣に残った為家に対して、その奉公に報いるためとして突然、後鳥羽院から直衣が届けられ、同十五日に、為家はこの「恩賜直衣」を着用して行幸の警固にあたった。[5]

したがって、順徳天皇の考えでは、直衣で清涼殿に祗候できるのは近習殿上人と近習公卿ということになる。すなわち、この時期の直衣は、官位や公卿の標識ではなく、天皇の近習であることを示すものであり、御前で直衣を着用できることが、殿上人・公卿の中でも特に天皇に近いことを示したと考えられる。これは直衣という服装の歴史を考える上で重要な点の一つである。それと同時に、有文の直衣の着用は公卿と禁色勅許者にのみ認められたことも見逃せない。禁色と組み合わさることによって、直衣は着用者の情報を豊かに表示する衣服として機能していた。

さて、直衣が許される公卿には、入立の他に五節の帳台試の供等が上げられている。記述には重複や難解な部分もあるが、一覧にして整理すると、次のようになろう（記号は傍線部に対応）。

- 近習
  - 聴直衣公卿
    - ㋐聴入立
      - A執柄とその子息
      - B外せない公卿（坊司等）
        - ①乳父
        - ②外舅（母の兄弟）
        - ③乳父子（一人）
        - ④師匠（召のある時）
        - ⑤侍読（召のある時）
    - ㋑侍読
    - ㋒しかるべき人少々（上鞠、東宮近臣等）
    - ㋓五節帳台御供（清華）
  - 上括侍臣

以上の概論にあわせて、順徳天皇の示す具体例を整理すると以下の通りとなる（点線部）。

㋐A　**執柄とその子息**　近衛家実・九条良輔・九条道家・近衛家通・九条良平・九条教家・九条基家・九条教実

B　**外せない公卿**　大炊御門頼実（東宮時代の傅）、花山院忠経・徳大寺公継・大炊御門師経（東宮時代の大夫）、坊門信清（権勢、後鳥羽院外舅）

B①　**乳父・乳母夫**　高倉範光・日野資実・葉室光親・源有雅

B②　**外舅**　藤原実行・実能（崇徳・後白河朝）、平時忠（高倉朝）、坊門信清（後鳥羽朝）、高倉範茂（順徳朝）

B③　**乳父子**　一条高能（後鳥羽朝）、四条隆衡（土御門朝）、高倉範朝（順徳朝）、西園寺公経（土御門朝か、乳父〔一条能保〕聟）

B④　**師匠**　藤原実教（後鳥羽朝）、一条定輔（順徳朝）

㋑（B⑤）**侍読**　藤原頼範・高辻為長・高倉範時

㋒**しかるべき人**　坊門忠信（上鞠）、西園寺実氏（東宮乳父子・権大夫）、鷹司頼平（後悔）、藤原宗能（崇徳朝、昼夜奉公）

㋓**五節帳台御供**　藤原実隆・通季・実行・実能（崇徳朝）、平時忠（高倉朝）、三条公房・久我通光・西園寺公経・大炊御門家嗣（順徳朝）

順徳天皇の規定する入立を許される人々とは、秋山喜代子によれば、天皇の若年からの側近を中心とした「天皇と親密な関係にある者」である[6]。具体的には、政治機構上、天皇を後見もしくは代行する執柄とその後継者、そして天皇の実質的な後見として、親王・東宮時代より彼を支え育てる外戚・乳父・坊司等であった。B「殊に去り難き大臣・納言」の具体例には、まず、東宮傅や東宮大夫であった人々と、父後鳥羽院の外舅として権勢を振るった坊門信清があげられている。また、乳父・乳母夫については秋山の詳しい分析があり、①の高倉範光・日野資実・葉室光

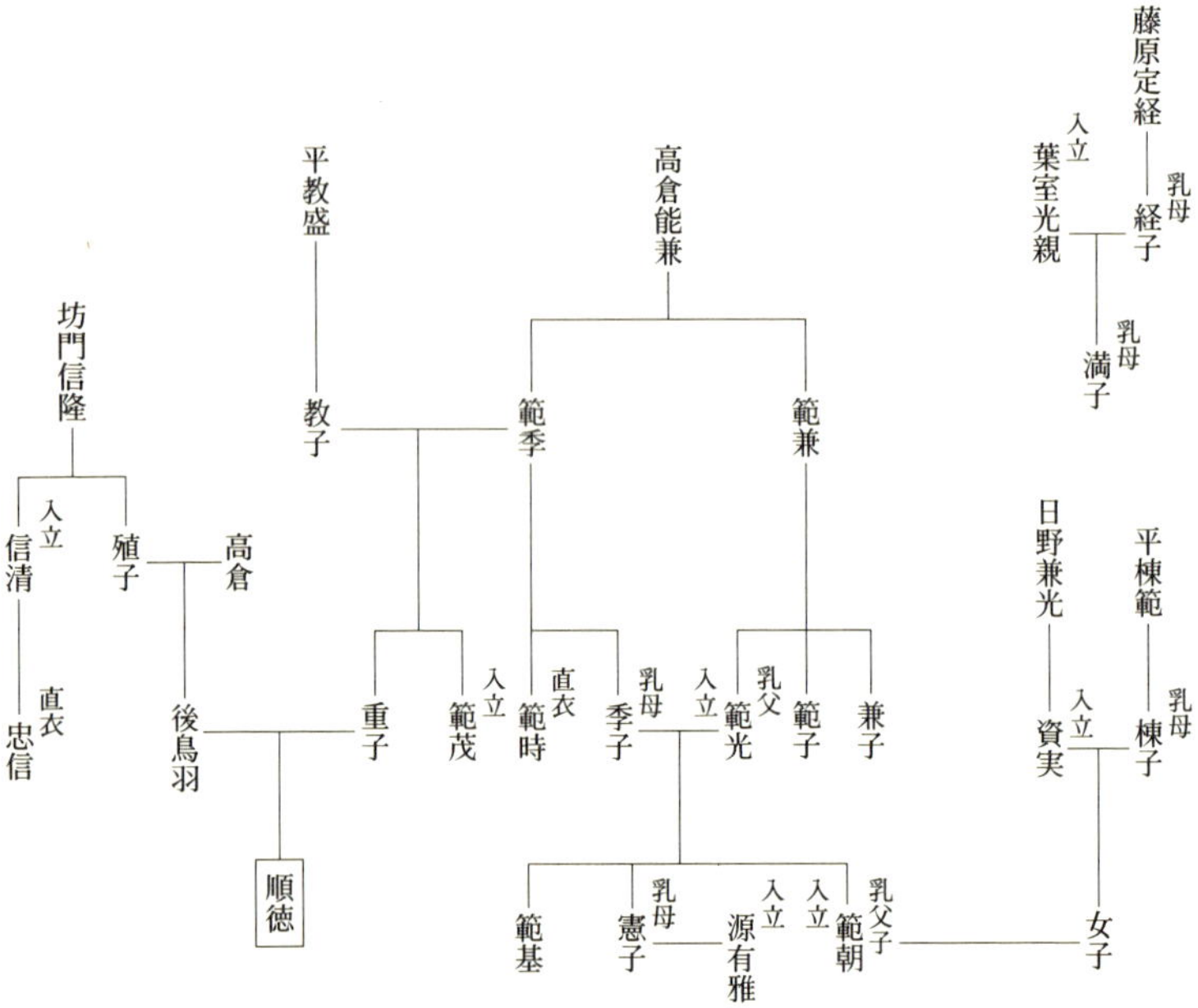

図2 順徳天皇の外戚と乳母

親・源有雅は全員、順徳天皇乳母の夫であることが明らかにされている（図2参照）[7]。資実は侍読でもあった[8]。

一方、直衣を許される人々は、入立の次段階の近習として位置付けることができる。具体的には㋓五節帳台試の夜に天皇の供をする清華家の公卿と、㋒侍読や上鞠といった天皇の師にあたる人々等が上げられている。このうち侍読は㋐⑤において天皇の召があれば台盤所へ参入できる立場として位置付けられており、④の管絃師匠についても、もともとは同様であったことがわかる。上鞠については、奉仕する職務の性格上、台盤所への参入は必要なかったと推測され、待遇としては侍読・管絃師匠とおおよそ同じと思われる。

つまり、直衣勅許の対象者は天皇の身内・近習であり、その内訳は、後見（摂関とその後継者および外戚・乳父・坊司など幼少期からの身内）、そして後見ではないが近習である清華家の公卿および侍読・師匠などの教師等ということになる。大丸弘は雑袍勅許の性格として禁色よりも「天皇との私的親近さ」が重要であると指摘しているが（第二章第一節参照）、これは実際には直衣勅許に対してあてはまるものであった。

大丸はまた、「比較的末流の家の出の多いこれらの人々〔乳父や侍読等〕が、権門の卿相と並んで、直衣して禁中を出入することは、禁色の性格との明らかな距りをものがたる」とも指摘しており、卓見であろう[9]。後見・近習としての乳父の重要性は、歴史学では指摘されて久しいが、服装史一般にはこの重要な点が十分浸透していない。第一章にて直衣参内が許される範囲についての代表的な説をいくつか紹介したが、例えば増田美子は「天皇と姻戚関係のある者および関白・大臣クラスの公卿」と定義している。確かに現職大臣は全て『禁秘抄』に名が見えるが、大納言以下にも勅許者が存在し、彼らは必ずしも天皇と姻戚関係にあるわけではない（表3参照）。順徳天皇が基準とするのは官職や姻戚関係ではなく、実際に天皇を身内として支える人物かどうかであり、その中に外戚、そして乳父・侍読等が含まれる点の重要性は看過できない。

秋山喜代子によれば、この時期の乳父は親族の乳母（妻とは限らない）と対になって養君を養育・扶持（経済的支援）し、後見・執事として養君の家政・雑務を取り仕切る存在で、養君の親の身内や近臣から選ばれ、奉仕の見返りとして昇進や所領等を得た[10]。右の①の乳父・乳母夫達もみな後鳥羽院の重要な近臣であり、また順徳天皇外戚にあたる高倉流の存在も際立つ（図2参照）。すなわち、外戚・乳父は養君の実質的な養育者・後見であり、それ故に天皇からの近さとしては摂関と同じ待遇に処される存在であった。

そして、侍読ならびに管絃等の師匠は、天皇の教育者としてその身辺に侍する立場であり、推測するに天皇が軽装で朝餉間等にいる時にも頻繁に祗候することから、直衣が許されたと考えられる。『禁秘抄』では、侍読について説明する「召二侍読一事」と「御侍読事」の二項目があるが、前者では、御膳の前の巳時に侍読を召すとする『寛平蔵人式』と未時とする『清涼記』を引いた上で、「只如レ此事可レ在二御意一。御学文殊沙汰之時、更不レ可レ及二時刻沙汰一事也」として、時刻を問わず召すものとし、その際には、侍読が「朝餉中間縁」に祗候し、天皇は御簾を巻き上げて、

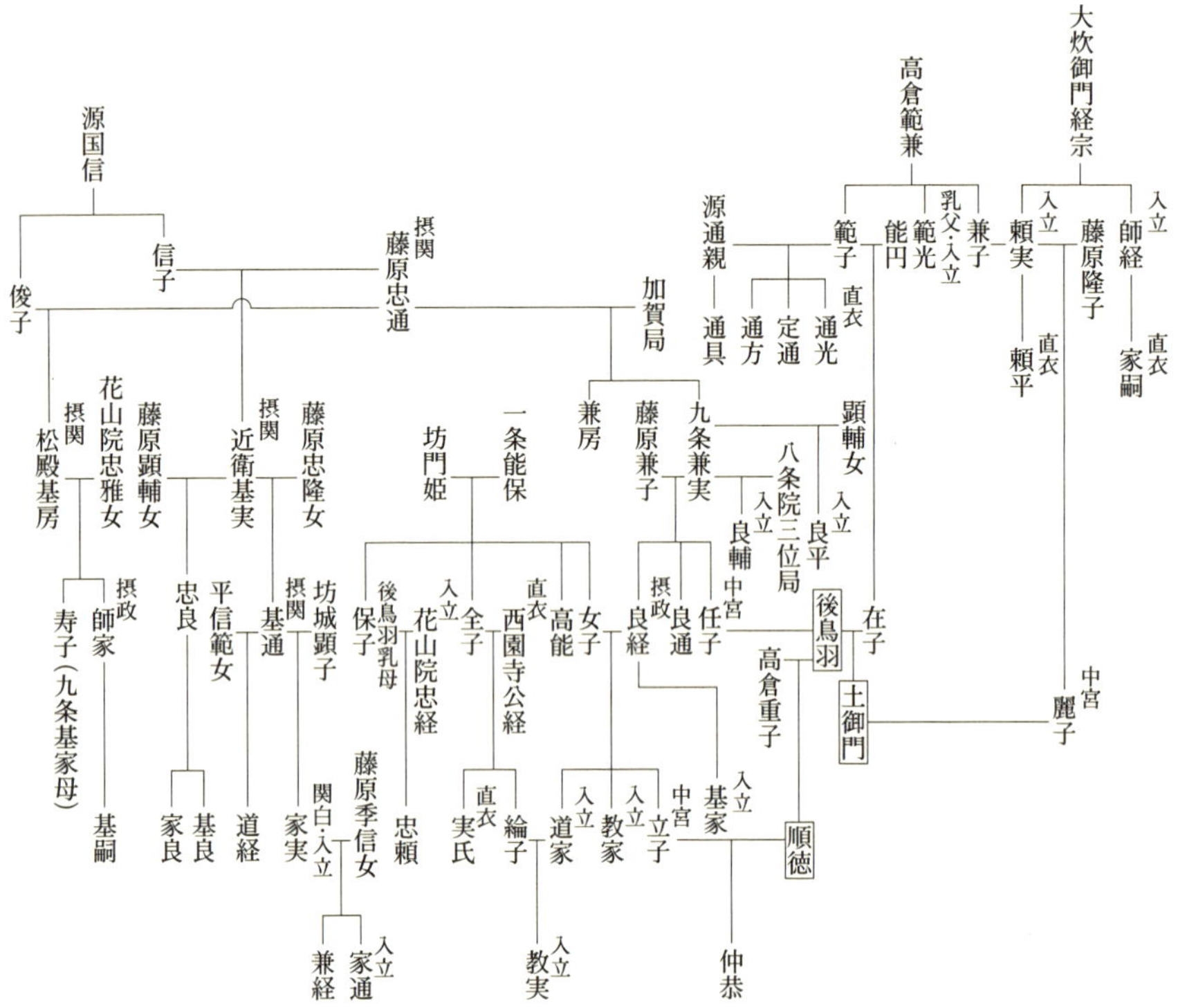

図3　順徳天皇と摂関家・清華家（一部）

書物を繰り返し誦習（音読）するとしている。[11]また、「御膳事」の項目では、「旧記説」では御膳の時に宿衣の人は殿上に祗候してはならないと記した上で、「但執柄無レ憚、又侍読人聴レ之云々」とする。[12]天皇の供膳の間は宿衣で祗候してはならないという規範については繰り返し述べてきたが、『禁秘抄』の時代にはこの点が「旧記の説」と化しているとともに、摂関と並んで侍読にこの規律への違反が認められるとする説を伝えている点は極めて興味深い。

更に、順徳天皇の場合、外戚高倉流が儒者の家であること等から、侍読には外戚に連なる人物も含まれた。具体的には、順徳天皇の侍読には「聴二直衣一事」に名の上がる藤原頼範・菅原（高辻）為長・高倉範時の三名の他に、日野資実と源仲章がいたが、[13]このうち、最も早くから仕えたのは、正治二年（一二〇〇）四月に守成親王（順徳）が四歳で立坊した際に東宮学士となった範時であり、彼は守成生母重子の異母兄であった[14]。翌年十二月からは頼範が東宮学士に加わり[15]、建仁三年（一二〇三）十二月の御書始では侍読を務めたが[16]、彼は代々文章博士や侍読を輩出した家の出身であるとともに、遠縁ながら、範時と五代前の祖（実範）を同じくしてもいる。更に、後に侍読となった日野資実は、妻棟子を順徳の乳母とし、娘を順徳乳父子の範朝に嫁している。

以上のように、乳父・乳母夫や侍読は、家格や官位では摂関家・清華家に劣るが、幼少時から天皇の身辺に近侍する存在であり、彼らが対象となる点において直衣勅許は禁色勅許と異なる原理を持つという大丸の指摘はもっと評価されなければならない。直衣参内の勅許については、雑袍勅許との混乱もあって、「禁色よりも厳重」とか[17]、「殿上人にとっての禁色勅許に相当」するといった説明がなされがちであるが[18]、禁色勅許と過度に関連付けることは、当該期における直衣参内勅許の意義を見失わせてしまう。承久三年当時の公卿を示した表3に、『公卿補任』をもとに禁色勅許の経歴の有無を示したが、禁色人が直衣を許されるとは限らない一方で、外戚や乳父・乳母夫、侍読等であることを理由に入立や直衣を許された人々は禁色勅許の経歴を持たない。禁色勅許も、十世紀においては天皇との近さを示す標識という側面があったが、対象者は大臣の子か孫という原則があり、この時期には基本的に摂関・清華の家格の標識となっていた（対象の家門が完全に固定されてはいなかった点については後述参照）。入立や直衣参内勅許の重要な性格の一つは、禁色勅許とは異なり、家格や官職でははるかに劣る家の人々が、天皇との近さによって摂関家に匹敵する処遇を許され得る点にある。

第二項　家格と距離

前項では、『禁秘抄』の規定する直衣勅許は、天皇の身内・近習の公卿に対する処遇であり、家格だけでなく、天皇との近さによって与えられるものであることを確認した。この家格と天皇との距離という二つの基準は、具体的にはどのように適用されていたのだろうか。

　まず注目されるのは、直衣勅許と入立勅許それぞれに、この二つの基準が用いられていることである。すなわち、家格という点からは、摂関家は入立、これに次ぐ清華家は直衣（ただし五節帳台試への供をきっかけとする）という基準があり、天皇との距離という点からは、外戚・乳父や坊司等、天皇を多方面から支える身内は入立、天皇への教育に携わるなどして支える専門職近臣は直衣および召による入立という基準が認められる。もちろん、公卿たちはこのうちどちらか一方だけに該当するわけではないが、家格と実際の近さという二つの基準の併用は、当該社会について考える上で重要な点であろう。

　家格という基準に関して注意したいのは、嫡流という視点である。Aには執柄とその子息と表現されてはいるが、当然ながら、摂関経験者やその子息であれば誰でも許されるというわけではなかった。極端な例を言えば、松殿師家

	職	位	姓名	勅許理由	禁色
70	非参議	従三	坊門親輔		
71	非参議	従三	源雅行		
72	非参議	従三	四条隆仲		
73	非参議 刑部卿	従三	藤原宗長		
74	非参議	従三	白川業資		
75	非参議	従三	藤原長季		
76	非参議	従三	中山兼季		
77	非参議	従三	四条隆宗		
78	非参議	従三	三条公俊		
79	非参議	従三	藤原頼房		
80	非参議 左中将	従三	近衛基輔		○
81	非参議	従三	藤原保季		
82	非参議	従三	藤原資家		
83	非参議	従三	持明院家行		
84	非参議	従三	藤原能成		
85	非参議	従三	藤原公長		
86	非参議	従三	藤原伊時		
87	非参議 右兵衛督	従三	藤原公雅		
88	非参議	従三	六条知家		
89	非参議	従三	高階経時		
90	非参議	従三	高倉範時	侍読	
91	非参議 治部卿	従三	高倉範基		
92	非参議 右中将	従三	久我通平		○
93	非参議 左中将	従三	徳大寺実基		○
94	非参議	従三	藤原家信		

注）禁色勅許の経歴は公卿補任尻付による．蔵人として許されたものは含めなかった．

『禁秘抄』に言及がある承久三年より前の出家・死没者
前太政大臣従一位　大炊御門頼実（建保四年出家，勿論）
左大臣従一位　九条良輔（建保六年没，執柄子・所望）
前右大臣正二位　花山院忠経（建保元年出家，坊司）
前内大臣正二位　坊門信清（建保三年出家，権勢）
前中納言正二位　日野資実（承久二年出家，乳母夫）
前権中納言従二位　高倉範光（承元元年出家，乳父）

『禁秘抄』に言及のない順徳天皇の治世中の大臣
前左大臣従一位　藤原隆忠（承久二年出家）
右大臣正二位　源実朝（承久元年没）

表3　承久三年正月一日の公卿補任（入立　直衣）

	職	位	姓名	勅許理由	禁色
1	関白	従一	近衛家実	執柄	○
2	太政大臣	正二	三条公房	五節帳台供	○
3	左大臣	正二	九条道家	執柄子	○
4	右大臣 左大将	正二	近衛家通	執柄子	○
5	内大臣	正二	久我通光	五節帳台供	○
6	大納言 右大将	正二	西園寺公経	五節帳台供	
7	大納言	正二	大炊御門師経	坊司	○
8	権大納言	正二	九条良平	執柄子	○
9	権大納言	正二	堀川通具		
10	権大納言	正二	松殿忠房		○
11	権大納言	正二	土御門定通		○
12	権大納言	正二	九条教家	執柄子所望	○
13	権大納言	正二	坊門忠信	上鞠	
14	権大納言	正二	源雅親		○
15	権大納言	従二	九条基家	執柄子	
16	中納言	正二	姉小路公宣		○
17	中納言	正二	滋野井実宣		
18	権中納言	正二	松殿基嗣		○
19	権中納言	従二	鷹司頼平	無	○
20	権中納言	従二	西園寺実氏	東宮権大夫	
21	権中納言	従二	三条実親		○
22	権中納言	従二	大炊御門家嗣	五節帳台供	○
23	権中納言	正三	三条公氏		
24	権中納言	正三	中院通方		
25	権中納言	従三	藤原定高		
26	参議 民部卿	正三	京極定家		
27	参議 左兵衛督	正三	二条親定		
28	参議 右衛門督	正三	藤原経通		
29	参議	従三	飛鳥井雅経		
30	参議 左中将	従三	藤原国通		
31	参議 左中将	従三	藤原信成		
32	参議 左中将	従三	高倉範茂	外戚	
33	参議 左中将	正四下	一条信能		
34	前右大臣	正二	徳大寺公継	坊司	○
35	前右大臣	正二	近衛道経		○
36	前内大臣	正二	松殿師家		○
37	前大納言	正二	近衛忠良		○
38	前大納言	正二	中山兼宗		
39	前大納言	正二	鷹司兼基		○
40	前権大納言	正二	二条定輔	師匠	
41	前権大納言	正二	四条隆衡		
42	前権中納言	正二	藤原教成		
43	前権中納言	正二	葉室光親	乳母夫	
44	前権中納言	正二	藤原親兼		
45	前権中納言	正二	源有雅	乳母夫	
46	前権中納言	正二	高倉範朝	乳父子	
47	前権中納言	正三	藤原顕俊		
48	前権中納言	正三	葉室宗行		
49	前参議	従二	藤原公清		
50	前参議	正三	藤原公頼		
51	前参議	正三	中山忠定		
52	非参議	従二	藤原高通		
53	非参議 右中将	従二	衣笠家良		
54	非参議 左中将	正三	松殿基忠		
55	非参議	正三	大中臣能隆		
56	非参議	正三	平光盛		
57	非参議	正三	藤原有能		
58	非参議	正三	藤原忠行		
59	非参議 兵部卿	正三	菅原在高		
60	非参議 右中将	正三	近衛基良		○
61	非参議	正三	藤原定季		
62	非参議	正三	六条家衡		
63	非参議	正三	藤原家隆		
64	非参議 右中将	正三	九条教実	執柄孫	○
65	非参議	従三	藤原基行		
66	非参議 式部大輔	従三	高倉頼範	侍読	
67	非参議	従三	藤原盛経		
68	非参議	従三	藤原能季		
69	非参議 大蔵卿	従三	高辻為長	侍読	

は摂関子息であり本人も前摂政だが、子の師嗣や異母兄弟の藤原隆忠・松殿忠房も含め、入立のみならず直衣勅許においても名前がない（図3・表3参照）。治承・寿永の乱で失脚した松殿家は摂関家の家格を維持できず、清華家にも劣る勢いであったことが反映されているのであろう。また、兼実庶子の九条良輔や良経庶子教家について、順徳天皇は、勅許を長く保留し、所望があったので許したとしており（波線部ア）、自動的に勅許の対象となる立場にはなかったらしい。つまり、「執柄ならびにその子息」とは、実際に摂関として天皇を支える人物とその後継者を身内として厚遇するということであって、摂関家一族に形式的に与えられる特権ではなかった。

同時に、出自だけでなく、姻戚関係や奉仕による実際の近さもやはり重要であったらしい。摂関家の近衛流と九条流を比較すると、前者は家実と嫡男家通が許されているだけなのに対し、後者は良経嫡男の道家だけでなく嫡孫教実、更には右の良輔・教家を含む兼実・良経の庶子各二人まで言及があり、この時期、二代続けて立后に成功し、東宮まで得ている九条家の優勢が窺える。

清華家の公卿についても、家格と天皇との距離の両方が影響している。清華家は大臣まで昇進できる家格であり、この時期にはおおよそ転法輪三条・西園寺・徳大寺（以上、閑院流）・花山院・大炊御門（以上、花山院流）・久我（村上源氏）の諸家が該当したと考えられるが、[19]入立と直衣をあわせてみると、各家の嫡流からバランスよく名前があがっているものの、坊司の職を得た徳大寺公継、花山院忠経、大炊御門頼実・師経は入立を許され、それ以外は五節をきっかけに直衣を許されるという差別がある。

このような家格、嫡流、実際の距離という基準のありようがよく窺えるケースとして、坊門忠信、鷹司頼平、西園寺公経の三名についてもう少し考えてみたい。まず、坊門忠信は後鳥羽院外舅坊門信清の嫡男であり、承久の乱では院方の大将軍を務めた近臣であるが、『禁秘抄』によれば上鞠として直衣を許されている。順徳天皇は信清についても「時権勢」によって入立を許したとしており、家格が不足する坊門家にとっては、実質的な身内関係や特別な奉仕がなければ入立や直衣参内の権利を維持することは難しかったことが窺える。

次に宰相のうちに直衣勅許を与えて後鳥羽上皇が後悔した（点線部㋒）とある頼平であるが、入立を許すこと「勿論」とされる大炊御門頼実の二男（母は平時忠女）であり、勅許も実際にはその「権勢」によるものと推測されるが⒇、大炊御門家の嫡流は頼実弟で猶子の師経の流れにあった。傍流であり、かつ侍読や上鞠といった特殊技能もない頼平は、本来は直衣を許すべき存在ではなかったと考えられる。

そして西園寺公経については、『禁秘抄』の記述に従えば、かつて乳父聟として入立を許された経験がありながら㉑、坊司や外戚、乳母夫といった関係を欠く順徳天皇の朝廷においては直衣までしか許されなかった。このことからただちに想起されるのが、公経が異例ずくめを押して懐成親王（仲恭天皇）の乳父となったという秋山の指摘である。すなわち、それまでの皇子女には一般的に乳母が複数人つき、その出自も四位・五位の中級貴族の関係者であったのに対し、懐成の乳母は公経女一人が独占し、またこの時点で公経はすでに大納言であり、このことが乳母・乳父の地位上昇の画期となったという。更に懐成が立坊すると公経は東宮大夫となり、一年程でこれを辞して嫡男実氏を権大夫に申任し、二代にわたる坊司としての地位を押さえた㉒。実際に、実氏はこの地位を理由に直衣を許されている（点線部㋒）。公経は莫大な経済力を持つ院近臣であり、幕府とのつながりも深く、父祖を失った婿九条道家の庇護者でもあったが、それでも順徳朝では入立勅許を得られなかったのであり、次代以降の地位を磐石なものとするためには、更にさまざまな手段を講じる必要があったのである。

しかも、当時の西園寺家は禁色の家ではなかった（表3・図4参照）。すこし横道に逸れるが、服装による家格等の表象という点で直衣勅許とも関連する事項であるので、この点について補足しておきたい。先述の通り、禁色は摂関・清華の家格の標識の一つであったが、同じ閑院流の徳大寺家が実能以降、三条家が実房以降、禁色勅許を得ていたのに対し（花山院・大炊御門・久我はそれ以前より禁色の家）、西園寺家では実氏男の公相に至ってようやく禁色勅許が確認できる。西園寺家の権勢を考えると、公経や実氏が禁色勅許を得ていないことは意外にも感じられるが、禁色勅許は原則として大臣大将の子か孫かつ権大納言以上の子に与えられるものであり(少数ながら中納言の子の例もあり)[24]、西園寺家にはずっとその機会がなかった。

そもそも、小川彰が指摘したように、閑院流への禁色勅許は公成以降、約百年間絶え、しかも公成は中納言、その子実季は大納言、その子公実は権大納言を極官に没したにもかかわらず、保安元年(一一二〇)四月に公実の子実能へ禁色勅許が下されたことは、大きな驚きをもって公家社会に迎えられた[25]。実能の父祖で大臣大将であったのは五代前の公季であり、祖父実季が鳥羽天皇の外祖父として嘉承二年(一一〇七)に太政大臣を追贈されたことが一応の根拠となったとは想像されるが、この勅許は明らかに異例であった。その背景に、閑院流の台頭、とりわけ実能同母妹の璋子が元永元年(一一一八)に鳥羽天皇中宮となり、翌年五月には顕仁親王(後の崇徳天皇)を産んだことがあったのは疑いない。顕仁の誕生により、すでに白河・鳥羽の外戚であった閑院流は数代にわたる皇嗣の外戚・乳母の地位を得た。また、実能等の母で堀河・鳥羽天皇乳母の藤原光子の存在も鍵であったと思われる。

しかし、難波めぐみが論じたように、顕仁誕生の頃には実能の兄たちはすでに公卿に達しており、兄弟の中では実能だけが禁色勅許を得た[26]。そして、その実能が子に禁色勅許の権利を伝え[27]、自身も近衛大将を経て左大臣に至り禁色の家としての地位を確立できたのとは対照的に、同腹の兄で西園寺家の祖通季は、公実の正嫡と定められたにもかかわらず権中納言で早世し、その子公通も権大納言で終わった[28]。その間、三条家では実行が太政大臣に、次いで公教が左大将を経て内大臣に至り、それを背景に実房が禁色勅許を得た。実行が大臣に昇る前に公卿となった公教は禁色が許されなかったが、公教の任大臣の後には、当時少将の実房が許されたのである[29]。

このことに引き合わせると、西園寺家では、公経・実氏ともに禁色人となる条件が不足していた。公経父の実宗は内大臣まで昇進したが、その前に公経は蔵人頭になった。実氏も公経が大臣となる前に公卿に至った。実氏が内大臣

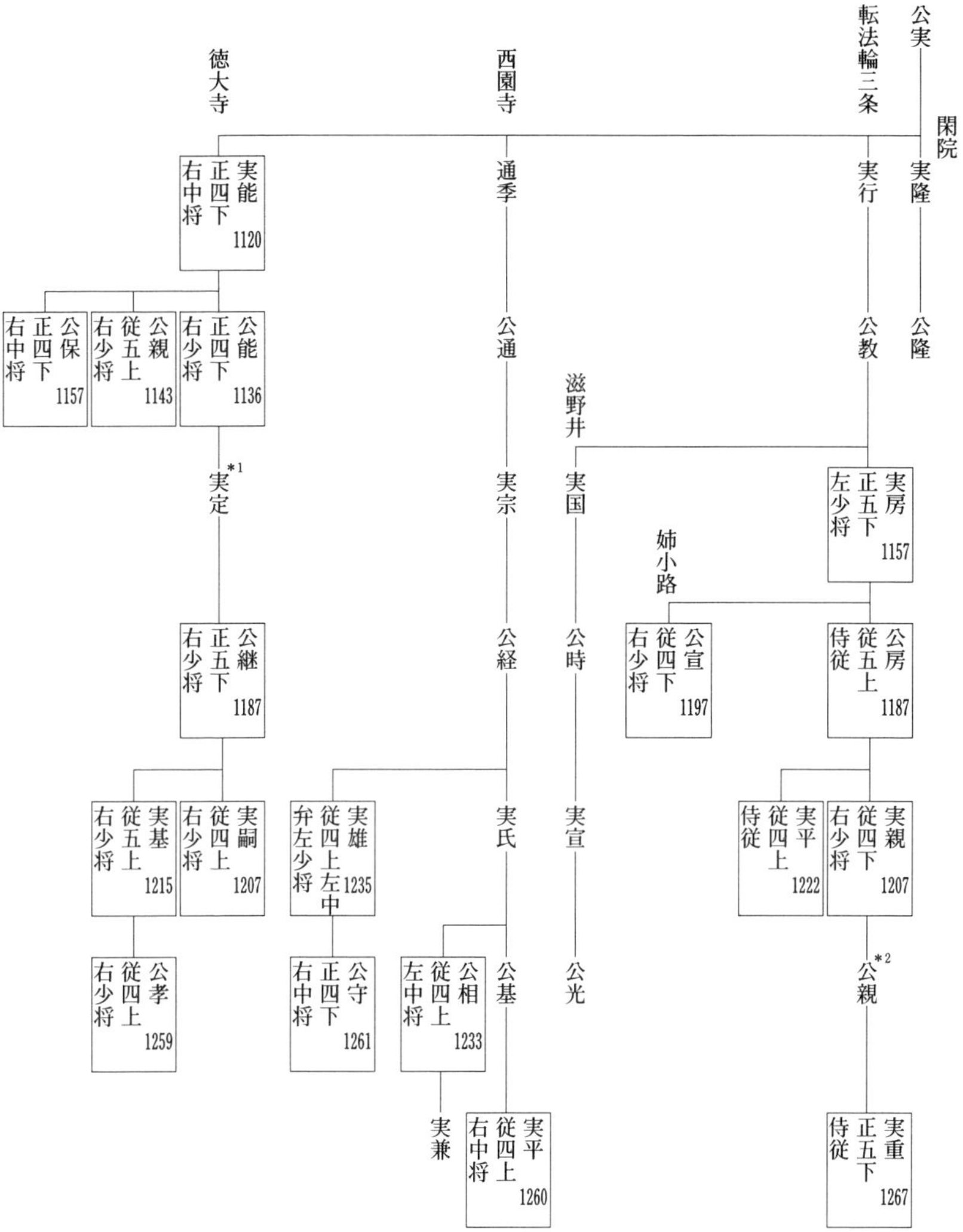

図 4　閑院流と禁色勅許

注）勅許の経歴が明らかな人物を枠でかこみ，勅許当時の西暦と官位を示した．作図の都合上，一部，長幼の順が厳密でないところがある．

＊1　実定に禁色の経歴がないのは，あるいは父公能の任権大納言（保元 2 年）の前年にすでに従三位に叙せられているためかもしれない．

＊2　公親に禁色の経歴がないのは，おそらく父実親が四条天皇の践祚した貞永元年（1232）10 月より籠居していることと関係していると推測される．実親は嘉禎 4 年（1238）に参陣し，すぐに右大臣となるが，公親はその前年に従三位に叙されている．

に至った後にようやく、その子の中将公相に禁色勅許が下されたのであり、この時、実能への禁色勅許からはすでに百年以上が経過していた(30)。すなわち、公経以前の西園寺家は、実際の地位の面でも家格の表象という面でも、清華家の中で劣位にあり、野心と実力を持つ公経・実氏が、源通親・一条能保・坊門信清・大炊御門頼実といった人々の戦略にも学びながら、幾重にも網を張りめぐらすことによって、後代まで続く西園寺家の地位を築いたことが、禁色や直衣をめぐる事象にも表われているのである。

以上のように、執柄家に入立が許され、清華家に直衣が許されるという構造には家格意識が強く反映されているものの、複数の家が並立する中でその地位を維持・増強するためには、実際の奉仕や姻戚関係によって院や天皇との近さを保つ必要があった。執柄家にしても、九条流と近衛流が並立する中で、娘を入内・立后させ、次代の天皇の外戚になることは優位に立つ有効な手段であったし、清華家以下に至っては、財力や技能、才覚等によって目立った奉仕をしなければ、入立や直衣参内の地位を維持することはできなかった。直衣勅許や禁色勅許はそういった家格や天皇近習であることを表象する制度であったが、父祖の官位が絶対的な条件であった禁色勅許に対して、直衣勅許（更に入立勅許）は天皇との身内関係や奉仕によって得ることができるものであり、新しい勢力が参入する余地の大きいものであった。

逆に天皇の側からの入立や直衣勅許の制度の意義としては、一方では家格に従い嫡流に限定して許しつつ、また別のルートとして実際の距離や奉仕の内容に応じて近臣を厚遇することで、階層的な秩序を維持しつつ、特権層に競争を発生させ、天皇や院の権威・権力を守ることができる。『禁秘抄』の叙述は順徳天皇の理想論であって、例えば台盤所への参入にしても、「無レ何万人乱入」が実状であったという評価もある(31)。確かに時にはそのような場面もあったかもしれないが、頼平や公経の事例を踏まえると、恒常的に誰でも参入するような事態はそう頻繁にはなかったのではないだろうか。しかも、万人の乱入で最も不利益を被るのは入立という特権の享受者である。直衣の勅許は極論すれば公卿の政治的立場を表象するに過ぎないが、台盤所への参入は天皇に近侍し、諸事を申し次ぐという実質的に大きな意味を持つ。順徳朝における公経の立場から考えれば、短期的には乱入できた方がよいかもしれないが、長期的に見れば、入立の特権性を侵害せず、次代以降にその特権の対象となる地位を独占するための布石を打つ方が利益はより大きいだろう。総じて天皇近習は特権の価値が下がらないように動いたと想像されるのであり、入立や直衣参内に関する限り、『禁秘抄』の記述は相当程度、実態に即していたのではないだろうか。

第三項　歴史的展開への見通し

ここまで『禁秘抄』に記される十三世紀初頭の直衣勅許の様相について検討してきた。それでは、このようなありかたに至る歴史的展開については、『禁秘抄』からどのような示唆が得られるだろうか。

まず一つに、摂関とその後継者にほぼ自動的に直衣参内・入立が許されている点は、道長政権において、道長やその子息たちが台盤所に直衣で祗候していたことからのほぼ直線的な延長と予想できる。また、道長たちのこういった行動が、親族の后妃の存在や、天皇の外戚であることを足場にしていたことを踏まえると、『禁秘抄』において外戚および乳父・坊司・侍読・師匠などの身内・近臣への厚遇として直衣・入立が許されるのも、道長期のありかたから、摂関の地位と外戚の分離の過程を経て成立したという筋道が予想される。すでに『小右記』において、台盤所への参入や直衣着用に関連して外人や近習という概念が示され、『春記』には「枝葉の権門」の公卿が競って直衣で病床の天皇の近くに立ち入る機会を得ようとしていた様子が記録されていた。

一方、道長政権期から十一世紀末にかけては、単発的な天皇の仰せによる直衣着用は確認できるものの、直衣参内や入立が勅許されるという史料は見られないのに対し、『禁秘抄』では、かなりはっきりとした基準に沿って勅許されており、この間に入立や直衣参内の勅許制度が成立したことが想定される。この点で注目されるのが、『禁秘抄』

の記述に院の存在が見え隠れする点である。例えば頼平の直衣勅許を後鳥羽上皇が後悔したという記述は、実際の勅許が天皇ではなく上皇によってなされたことを窺わせる。頼平は承元四年（一二一〇）十一月、順徳天皇の即位と同時に蔵人頭となり、二十日余りで正四位下参議に任じられ、建保六年（一二一八）に権中納言に転じているから、勅許は確かに順徳天皇の代の出来事であるはずだが、後悔したのは上皇なのである。しかも、第二章第二節第三項で触れたように、十二世紀の直衣参内勅許は摂関御教書や院宣として残されている。これは文書形式の問題ではあるが、実質においても勅許の主体が天皇ではなく摂政や治天の君である場合が少なくなかったと推測される。

　ここから更に注意されるのが、『禁秘抄』に崇徳朝および高倉朝の例が引かれていることである。『禁秘抄』では、知見が及べば『寛平御遺誡』等の古い例もよく引かれており、「聴二直衣一事」条でも、末尾に村上朝の事例を引いて、公卿の昇殿もかつては勅が出された根拠とし、入立条では花山朝の頼忠の例を示す。しかし、直衣参内に関しては崇徳朝以前の事例は引かれず、また入立条と直衣勅許条の双方に崇徳朝の閑院流と高倉朝の平時忠の事例が引かれる。このことは、まず、順徳天皇の利用できる情報の中にこれを遡る適切な事例がなかったことを示唆する。更に、崇徳朝の閑院流への処遇が外舅への入立許可や、五節をきっかけとした清華家への直衣勅許の前例となったという認識が存在していたことが窺われる。すなわち、直衣勅許・入立勅許は院政期の所産であり、閑院流や平氏の台頭、また天皇・上皇の政治戦略と深く関わって制度化していったことが強く疑われるのである。そこで、次節以降、十二世紀初頭に時間を戻し、『禁秘抄』の認識の妥当性を含めて、この見通しについて検討することとする。

第二節　白河院政と直衣参内勅許

　前述の通り、十一世紀末までは直衣参内の勅許制度が確認できない一方で、この頃には直衣参内の拡大によって、内裏での直衣着用の特権性は揺らいでいた。時代は院政期に入り、摂関家の勢いが衰えるとともに、実権をめぐってさまざまな勢力が台頭し、戦乱の時代へと向かっていく。そのような中で直衣での参内が勅許されるようになったことは、公卿の中の一部の人間の地位を可視化するために、直衣の着用を特権として保護する動きがあったことを予想させる。その経緯はどのようなものだったのだろうか。『禁秘抄』の記述を検証するところから議論をはじめたい。

第一項　『禁秘抄』と『今鏡』と史実

前節において、『禁秘抄』に引かれた入立および直衣勅許の最も早い例が崇徳朝にあることを指摘したが（頼忠の入立不勅許の逸話を除く）、まずこれらの記述について検討する。

『禁秘抄』によれば、閑院流の実行・実能兄弟は崇徳天皇・後白河天皇の外舅として入立が許され（本書二二八頁点線部②）、更に崇徳朝には、直衣勅許に絡んで、実隆・通季を含む四兄弟が五節帳台試への出御の供を一夜に許されたという（同㊁）。崇徳天皇は保安四年（一一二三）正月に践祚したが、兄弟のうち実隆が大治二年（一一二七）十月に、通季も翌年六月に没しているから、十一月に行なわれる五節において四名ともに供を許されたのが事実とすれば、大治元年十一月以前の四年間のこととなる。

ところが、この四年間に『禁秘抄』に記されたような五節帳台試への祇候が実際にあったかには大きな疑問がある。というのも、この時期の崇徳天皇は元服前であり、院政期には元服前の天皇は帳台試に出御しないからである。先例として、堀河天皇は寛治三年（一〇八九）に元服し、その翌年の五節において初めて帳台に出御、[32]鳥羽天皇も永久元年（一一一三）に元服し、その翌年に初めて出御した[33]。そして崇徳天皇も大治四年（一一二九）に元服し、天承元年（一一三一）の五節において初めて帳台試に出御している。

五節参。〔中略〕次有二帳台試一。御出者。〔中略〕次舞姫・童女装束了。有二御出一。ア御直衣〈引三出御尻如二例人直衣一〉、紅打掛、紫織物御奴袴〈霰地窠文〉、浅御沓。殿上人〈直衣〉取二帋燭一前行〈〔藤原頼長〕殿中将殿令レ従給〉。無二御剣一。イ是密々相二交侍臣一入二御大師局一之儀也。ウ〔忠通〕殿下・民部卿〈〔藤原〕忠教〉・左兵衛督〈実能〉被二扈従一。頭中将宗能・預〔源〕盛定等立二帳台北戸口一。次舞姫昇。依レ次四人昇了。〔中略〕エ伝聞、〔忠実〕大殿令レ申二関白殿一給云、「主上御奴袴霰地丸文定事也。仍凡人雖レ用二表袴一、〔此脱カ〕文不レ用二奴袴一。又御二于大内一之時召二深御沓一〈無二蟾膚一〉、里内裏之時召二浅御沓一」者。（『時信記』天承元年十一月二十日条）

ここには初めての出御と記されてはいないが、前二年は出御の無かったことが確認でき㉞、また傍線部ア・エにおいて天皇の服装が話題となり、イでもこの服装や御剣役が付かない理由が補足されていることは、この出御が崇徳天皇の初例であったことを裏付けている㉟。

となると、閑院の四兄弟が同時に崇徳天皇の供を許されたという出来事が実際にあった可能性は極めて低くなる。残された可能性としては、鳥羽天皇時代の出来事、または幼い崇徳天皇の代わりに摂政が帳台試に臨んだ際に四兄弟が扈従したということになるが、例えば右の『時信記』にて天皇の扈従者が関白忠通、その大叔父にあたる忠教、そして実能の三名であるように（傍線部ウ）、扈従者は三―六名の事例が多い。原則的にはその中に摂関家の人物が含まれ、特に摂政出御の場合はその近親者が扈従することから（次項及び巻末表参照）、そこに四兄弟が一度に入ったこともなかなか考えにくい。残念ながら、保安四年から大治元年にかけての記録が乏しいため、四兄弟の扈従が史実である可能性を完全には否定できないが、私見では『禁秘抄』の内容が順徳天皇の誤解である可能性のほうが高い㊱。また、同じく帳台試への扈従について触れられている時忠については、史実としての直衣参内勅許は三月のことで（本書六九頁参照）、帳台試とは別の機会に出されており、帳台試への供を理由に直衣を許すことは、順徳天皇が考えていたよりも新しい慣習であったと推測される。

しかし、興味深いことに、閑院流の四兄弟に直衣が許されたこと自体は、次に引くように『今鏡』でも話題となっている。

御母《はゝ》女院〔璋子〕ならぶ人なくておはしましゝかば、御せうとの侍従の中納言実隆《さねたか》、左衛門の督通季《かみみちすゑ》、衛門の督実行《かみさねゆき》、左兵衛の督実能《かみさねよし》など申て、帝《みかど》の御をぢにて、直衣許《なをしゆる》さりて常《つね》に参《まい》り給。その君達《きむだち》近衛《このゑ》のすけにて、朝夕侍《あさゆふさぶら》ひ給。

（すべらぎの中　はるのしらべ㊲）

右の内容には、『禁秘抄』に見られる帳台試への言及はないが、待賢門院璋子の権勢下、四兄弟が直衣を許され、子息達も近衛次将となって日夜祗候したと述べている。あるいは「常に参り給」という表現は入立を許されたことまで包含するものかもしれない㊳。なお、ここに記される四兄弟の肩書は崇徳天皇の践祚した保安四年正月時点のものに合致するので、『今鏡』からは践祚直後より彼らが直衣で祗候していたと解釈可能である。

更に注目されることに、『禁秘抄』が言及するもう一つの崇徳朝における直衣勅許の事例である藤原宗能への勅許も『今鏡』に語られている。

中御門〔宗忠〕のをとゞの御子《こ》は、宗能《むねよし》の内大臣と聞《きこ》え給《たま》ふ。〔中略〕宰相の中将など申し程《ほど》に、内《うち》に直衣許《なをしゆる》さりてをはしけるとかや。讃岐の御門の御時、御身親《した》しき上達部《かむだちめ》にもをはせぬに、思《をも》ひかけずなど聞《きこ》えき。わきの関白かなぞあざける人などをはしけるとかや。おほかたは事にあきらかに、はか〴〵しくをはして、御さかしらなどもし給《たま》へばなるべし。（ふぢなみの下　から人のあそび㊴）

宗能が宰相中将時代に直衣を許され、「脇の関白」と嘲られたというこの逸話は、『禁秘抄』「聴二直衣一事」の㋒に引かれた、宗能が昼夜の奉公によって直衣を許され、世人がこれを怪しんだという話と重複する。以上の点は、『今鏡』が『禁秘抄』の典拠の一つであった可能性を示唆しているが、『今鏡』には帳台試や宗能の昼夜奉公への言及はなく、ほかにもこれらのことを語る文献または人物があったことも窺わせる。

ただ、宗能への勅許について、同時代の記録から裏付けることはできない。とりわけ、宗能の父宗忠の日記『中右記』に直衣勅許に関する話題が見えないことは不審である。宗能は天承元年（一一三一）十二月二十二日、宗忠が内大臣に任じられたのと同時に参議となり、長承三年（一一三四）二月二十二日に権中納言に転じているが、この間、『中右記』は長承二年冬を除いてほぼ揃っているにもかかわらず、史料大成本による限り、該当する記事や、宗能が特別な待遇を受けている様子は窺われないのである。もちろん、『中右記』の欠けている間に勅許があった可能性は否定できず、特に長承二年冬は他の記録類も乏しく、勅許がなかったと断定はできないが、その後も含めて、宗能が特権的に直衣を着用している史料は管見になく、疑問が残る(40)。

しかし『禁秘抄』や『今鏡』の記述がまったく史実に反するかというと、そうとも言い切れない。というのも、直衣勅許の初見史料が鳥羽朝、すなわち白河院政期にあるからであり、この時期から直衣参内の勅許が強く意識されるようになり、特に崇徳朝ころから摂関家以外の人々に対する直衣勅許が大きな意味を持つようになって、制度として機能しはじめたことが、『今鏡』や『禁秘抄』の記述に反映されていると考えられるからである。

その直衣勅許の初見史料は、管見では『殿暦』永久三年（一一一五）十一月十三日条、五節寅日の記事である。

辰剋許参二御前一。午剋殿上人於二殿上一如レ例有二盃酒事一。其後付二五節所一。但於二内府〔藤原忠通〕五節所一有二朗詠一。参二宮〔令子内親王〕御方一。而余・右府〔源雅実〕・内府・右大将〔藤原家忠〕・次々上達部十人許参会、有二酒肴事一。不レ被レ免二直衣一人皆着二束帯一。〔中略〕余已下袒褐朗詠。遊事畢、右府以下退出、余退二下直廬一。入レ夜有二御前試一。其儀如レ恒。余着二直衣一参二御前一。事了舞姫出、退下。余候宿。今日内府有二出掛一。余例浅黄指貫、無二出掛一。

殿上淵酔の後、殿上人が五節所を廻る時に、皇后令子内親王の方には十数人の公卿も参会し、饗宴（中宮淵酔）が開かれたが、その中で直衣を許されていない公卿は束帯を着たという。

その次に直衣勅許の存在を伝える史料は、大丸弘が紹介した『長秋記』の二つの記事と思われる(41)。

内裏有二舞楽一云々。未刻参内。如二先々一於二北面一有二此事一。主上〔鳥羽〕御二簾中一。権僧正〔行尊〕并仁実法眼被レ候二御前一。新中納言〔藤原〕実隆・宰相中将〔源〕雅定候㆓簾下㆒。〈雅定未㆑被㆑免㆑袍、仍着㆓束帯㆒〉。両貫首以下人々済々焉。但不㆑及㆑広、近習人等也。（元永二年（一一一九）八月十七日条）

入㆑夜参内。依㆓日来召㆒也。参㆓入北面御所㆒。于㆑時〔源〕俊隆・〔源〕雅重・〔源〕師仲候㆓御前㆒。連歌十余。随㆑被㆓尋仰㆒、舞事・和歌事少々奏聞。及㆓暁更㆒退出。予着㆓束帯㆒。不㆑被㆑免㆓直衣㆒之人、雖㆓夜陰㆒尚着㆓束帯㆒例事也。（保延元年（一一三五）四月九日条）

前者では鳥羽朝の内裏舞楽御覧に参集した人々のうち、同年二月に参議となった源雅定について、「袍」をまだ免ぜられていないために束帯を着たと注す。「袍」とあって直衣勅許とは別の可能性もあるが、よって束帯を着したとあること、前年九月に同じような舞楽御覧があった際には、公卿数人と殿上人が直衣で祗候していることからは、(42)やはり直衣の着用に関わる記事であろう。後者では、崇徳朝の内裏で夜に開かれた歌会に参入するにあたり、師時自らが束帯を着用した理由を、直衣を許されていない人は夜でも束帯を着用することが例だとしている。ここでは、すでに直衣勅許が定着し、その規制が夜間の行事にまで及び得ることを伝えている。そして十二世紀後半には直衣勅許についての史料はかなり増え、第二章第二節第三項で触れたように、直衣での参内を許す院宣や摂政御教書も伝わっており、制度としてほぼ確立している。

ここで、『殿暦』の記事が五節に、また『長秋記』の記事が内裏での歌会に関わる史料であることはたいへん注目される。これらはいずれも、後に直衣勅許の有無が頻繁に問題とされる場であったからである。特に五節は『禁秘抄』でも言及されており、毎年恒例の行事ということもあって、変遷をたどりやすい。そこで次に、五節に焦点を合わせ公卿の直衣着用について検討することとする。(43)

第二項　五節における公卿の直衣着用制限

『禁秘抄』に語られる閑院流の四兄弟への直衣勅許と帳台試扈従の関係が史実そのものでなかったとしても、十二世紀頃から五節が直衣勅許の有無を明確に意識する主要な場の一つとなっていったことは間違いない。例えば、よく知られた史料であるが、仁平元年（一一五一）の五節において、藤原頼長は息子師長（当時参議左中将）が直衣を許されていないために、五節における束帯姿を恥として参内しなかったことを記している。

今夕五節参内。師長未レ蒙下聴二直衣一之宣旨上。束帯参入似レ無二面目一、仍不二参内一。（『宇槐記抄』仁平元年十一月十七日条）

また、治承四年（一一八〇）には、直衣を許されていない権中納言藤原実家が童女御覧への祇候に召集されたものの、直衣を着てきたために追い返されたという噂が流れている。

入レ夜光長〔藤原〕来。五節之間、実家〔藤原〕卿蒙下可レ参二童女御覧一之催上、直衣・出衣参上之間、依レ未レ被レ聴二直衣一、被二追帰一了。職事未練之所レ致歟。尤不便云々。（『玉葉』治承四年十一月二十五日条）

この年の五節は福原京で行なわれたもので、扈従の公卿が揃わないという混乱の中で生じた椿事であり、また兼実の聞いた話がまったくの事実かも定かではないのだが[44]、五節、特に帳台試・童女御覧への扈従と直衣着用、そして直衣勅許の関係が浅くないことを明らかにしている。

ここで平安中・後期における五節のおおよその流れを確認しておくと[45]、まず新嘗祭の二日前の丑日夜に四人（大嘗祭の年は五人）の舞姫一行が玄輝門より内裏に参入し、これを主に直衣姿の殿上人たちが迎え、常寧殿に設けられた五節所へ誘導する。時にはこの様子を天皇や后妃が密かに見物することもあったが、十一世紀後半以降は、一二名を除いてこの「参入」の儀を省略し、事前にひそかに参内する「暁参」とする場合が多くなった。この夜、五節所では帳台試が行なわれるが、原則として、舞姫が塗籠内の帳台に入る前に、天皇は直衣姿で数名の公卿と蔵人頭等を連れて常寧殿に渡り、大師（舞姫の師）の局に入って試を密覧する。帳台試の間、殿上人も周囲に参集し、常寧殿南の后町廊において「鬘多々良」等を歌う。翌日の寅日には、昼から夕刻に殿上淵酔が行なわれ、直衣姿の殿上人が殿上間にて酒肴を賜り、朗詠・今様等を舞い歌い、肩を脱いで、その後、五節所や后宮方を巡る。寅・卯日には五節所・后宮方等でも酒宴が設けられ、后宮方のものは中宮淵酔とも称された。寅日の夜には、舞姫が清涼殿に参上して御前試が行なわれるが、この時には殿上人は束帯に着替えて参候する。卯日には、殿上で直衣姿の殿上人に酒肴が供された後（史料によってはこれも淵酔と称される）、童女御覧があり、各舞姫に随行する童女・下仕が天皇御前に参上して、顔を見せる。この時には后宮等が同席することも多く、また選ばれた公卿が主に直衣にて祗候する。そして、卯日の夜の新嘗祭を経て、辰日（大嘗祭の年は午日）に豊明節会があり、魚袋を付す盛装の束帯での正式の宴席において、五節舞等が披露され、一連の行事は終結となる。

この間、丑の夜から卯日にかけて、殿上人は主に直衣で各所を巡って飲み歌うが、この様子は先述の通り『枕草子』等にも見え、『源氏物語』には夕霧が五節にかこつけて直衣で参内したという設定が用いられている。殿上人（行事蔵人や大歌垣下等を除く）が五節に直衣にて参集することは、遅くとも十世紀末には慣習として成立していたと見られ、並行して「宿衣」等の表現が見られることから(46)、直衣が宿直装束であることがその前提にあったと考えられる。また、遅くとも十一世紀末には、この時に出衣をするかどうか、どのような直衣や出衣等を身につけるかが参列者の重大な関心事となっていた。第三章第四節第二項でみたように、五節に夏用の薄物等を着るために、十月の更衣の後も夏物を着続けたり、出仕を控えたりすることも行なわれたらしい。また、十二世紀初頭成立の『蓬萊抄』によれば、禁制がなければ寅日と卯日には直衣装束を替えたという。『蓬萊抄』では、五節の間の行動や服装について詳しく記した上で、「四箇日之間、雲上之交如レ踏二薄氷一。能可レ慎之」と注意を促しており、酔い騒ぐ中にも互いの姿振る舞いに厳しい視線が向けられていたことが知られる(47)。

このような中で、十二世紀以降、直衣の着用が問題となるのは、むしろ主に公卿であった。永久三年の『殿暦』では、殿上淵酔から五節所巡行というほぼ全ての殿上人が直衣を着用する場面において、公卿に関しては直衣勅許を得ていなければ束帯を着るべしとされており（本書二四八頁）、仁平元年に師長が参内を控えた際には、彼がこの年公卿に列したからこそ、五節への直衣での参入に直衣勅許が必要となっている（二五〇頁）。つまり、殿上人は直衣での祗候が当然・必然であるのに対し、公卿となった後には直衣姿で五節に参集することが特権的な行為となったのである。このような変化はいつ頃から生じたのだろうか。

まず永久三年の『殿暦』で問題となっている淵酔への参集について検討すると、約八十年前の長暦二年（一〇三八）の五節では、中宮淵酔ではないが、卯日の垸飯（殿上の間でのものか）に多くの公卿が直衣で参集したことを、藤原資房が「不レ宜事」と批判している。

童御覧日也。〔中略〕俊家〔藤原〕卿儲二垸饌一。未剋許、経宗〔藤原頼宗〕・長家〔藤原〕・師房〔源〕・兼頼〔藤原〕・隆国〔源〕・良頼〔藤原〕・通房〔藤原〕・俊家着レ饌。但良頼卿一人束帯、自余皆直衣。不レ宜事也。盃酒数巡後、有二朗詠事一。畢各々分二散四所一。（『春記』長暦二年十一月二十三日条）

しかし、勅許には触れておらず、内裏、特に後宮での直衣着用の広がりと連動して、十一世紀半ばには五節に参入する公卿は直衣の着用が慣習となっていったと推測される。

約四十年後の永保元年（一〇八一）の五節では、卯日に直衣姿の公卿達が中宮藤原賢子方に参集しているが、そこにも直衣勅許の影響は見受けられない。

阿波守良綱〔藤原〕送二書状一云、「大殿〔師実カ〕御消息也。ア未刻可レ参二中宮御方一、可レ着二直衣一」者。示二承由一了。次又自二弁許一示二送同趣一。仍申刻許着二冠直衣一乗レ車。〔中略〕下レ自二中門一欲レ参二宮御方一、五節童参上間也。仍向二南殿一、自二檀子一窺二御前儀一。イ殿下傍二御簾一令レ候給。（〔頭書〕或人云、先例傍レ簾祗候云々。）右大将〔源顕房〕・春宮大夫〔藤原実季〕・左大将〔藤原師通〕・

左衛門督〔源師忠〕等自レ端廻居。〔中略〕次参二宮御方一。殿上人群二立細殿辺一。予〔藤原宗俊〕見座人未レ着。仍参二殿〔師実〕御直廬一。ウ有レ頃殿下令レ参二宮御方一。人々同参。右大将・春宮大夫・左大将・予・新中納言・左衛門督・別当〔源俊明〕・右兵衛督〔源俊実〕・宰相中将〈公実〔藤原〕、但依レ可レ参二新嘗祭一、早退出了〉・三位中将〔藤原家忠〕参着。両頭被二召着一。依二座狭一敷レ畳、被レ召二着殿上人等〈十余人許〉一。先有二盃酒一。已及二淵酔一。朗詠・唱歌、又有二酔舞事一。夜半事了退出。（『師記』永保元年十一月二十一日条）

童女御覧之後、殿上侍臣参二宮御方一。殿下出御、坐二座上一。右大将〈顕房〉・春宮大夫〈実季〉・左大将〈師通〉・民部卿〈経信〉・二位中納言〈宗俊、一人束帯〉・左衛門督〈師忠〉・権大夫〈俊明〉・左兵衛督〈家賢〉・宰相中将〈公実、依レ為二小忌宰相一、即罷出〉・右兵衛督〈俊実〉・三位中将〈家忠〉・両蔵人頭〈基忠・通俊〉候二于藤壺東又庇一。自余雲客候二東簀子敷一。依レ仰追敷レ畳。先献二肴物一勧レ盃。〔中略〕凡盃雀無レ筭。朗詠・今様・神歌・神楽歌・妙舞・散楽・種々雑芸不レ被レ尽。□外之佳遊也。夜半事訖。（『為房卿記』同日条裏書）

ここでは中宮賢子の養父関白師実、実父顕房を筆頭に、参議を含む多くの公卿が集まっており、『為房卿記』によれば、中納言藤原宗俊のみが束帯であった。『師記』からは、師実より記主経信（当時権中納言）へ直衣にて参集するように連絡があったことがわかり（傍線部ア）、宗俊以外の公卿は直衣であったと見られる。

二十年後の康和四年（一一〇二）の五節でも、依然として中宮淵酔に多くの公卿が直衣で参集している。

未剋許依レ召参内。是可レ候二中宮〔篤子内親王〕御方一之由、依レ有二御気色一也。申剋許権大納言〔藤原家忠〕〈家〉・新大納言〔藤原経実〕〈経〉・左衛門督〔源雅俊〕〈雅〉・権大夫〔藤原能実〕〈能〉・源中納言〔源国信〕〈国〉・宰相中将三人〈忠教〔藤原〕・顕通〔藤原〕・顕雅〔源〕〉・左京大夫〈顕仲〔源〕〉、皆着二直衣一参集。（『中右記』康和四年十一月二十一日条）

『中右記』には嘉承元年（一一〇六）の五節においても、中宮篤子内親王の方に公卿達が直衣で参会した様子が記されているが、ここでは大弁である記主宗忠（当時参議）のみが衣冠であったことが記されるだけで、やはり直衣着用が勅許のある公卿に限定されている様子は見えない。

暁頭依レ召参二中宮御方一。新大納言〈経〉・源中納言〈顕通、出衣〉・左宰相中将〈忠〉・左京大夫〈顕〉、皆直衣被二参会一。予独衣冠、依レ為二大弁一也。（『中右記』嘉承元年十一月十四日条）

宗忠は殿上人時代の承徳二年（一〇九八）の五節でも、中宮淵酔に参議左大弁藤原季仲が直衣で参会したことに対して、大弁としてふさわしくないという批判があったことを伝えているが、[48] 直衣勅許については触れていない。

このように、堀河朝までは五節に参入する公卿の間で直衣勅許の有無は特に問題とされていなかったのであり、永久三年（一一一五）の五節において、直衣を許されていない公卿が束帯を着用したと記されたのは、新しい事象であったと考えられる。残念ながらこの時に直衣を許された公卿の範囲は明らかでないが、『殿暦』の翌日の記事には、童女御覧へ加わった公卿について「右大将〔藤原家忠〕・別当〔藤原宗忠〕・右兵衛督〔藤原忠教〕等被レ過〈別当・右兵衛督皆着二束帯一〉」とあり、ここに束帯と記される宗忠や忠教等は「不レ被レ免二直衣一人」に含まれていた可能性が高い。

この永久年間が、鳥羽天皇が元服し、藤原忠実が関白となった時期であることは、決して偶然ではないだろう。服藤早苗が指摘したように、この年の五節に際して、忠実は天喜五年（一〇五七）の関白頼通の例の踏襲を随所で行なっており、[49] 例えば、天皇物忌により帳台試への出御がないにもかかわらず、関白として密々に帳台試を見ている。また、この年は内大臣忠通が舞姫を献上しており、その差配は『類聚雑要抄』に詳細に記録された。服装の上でも、忠実は童女御覧の日に「紅梅浮文織物直衣、皆紅衣、同色浮文織物出衣、青打指貫、紅下袴」という、贅の限りを尽し、かつかなり派手で特異な装いをしているが、この紅梅の直衣は御堂流にとって特別な意味があったと思しい。[50] そのような中で新たに導入された公卿の直衣着用の制限は、関白忠実をはじめ御堂流の特権的地位を可視化する目的を持っていたと考えられるが、この許可を与えたのはいったい誰なのだろうか。

忠実は関白であったとはいえ、その立場が頼通とはかなり異なっていたことは周知の通りである。頼通以降、御堂流の女性に皇嗣が生まれなかったことに加え、師通の早世とこれに次ぐ師実の死去により、十二世紀初頭の御堂流の地位は揺らいでいた。忠実は父の死後に内覧の地位を与えられ、堀河朝最末期に関白に任じられてはいたが、嘉承二年（一一〇七）七月の堀河天皇崩御の夜、自らそのまま摂政となって代替わりの手続きに入ることはできず、なかなか届かない白河上皇の指示を待って半日近くを過ごさざるを得なかった[51]。『愚管抄』によれば、この間、鳥羽天皇外舅の藤原公実が白河院に対して摂政の座を求めたために、困惑した院は籠って寝てしまい、内裏から派遣された院別当源俊明の催促により、ようやくもとの如く忠実を摂政とするよう命じたという[52]。

この状況によって白河上皇は積極的に政治に介入する運びとなったのであり、橋本義彦はこれを院政成立の第一段階と位置付けた[53]。多方面から検証されているように、これ以後、人事への院の介入が進み、院近臣が重職に登用され、院御所での公卿議定が重要な政務決定の場となる等、公家社会のありかたは大きく変わっていく。この一件はまた、摂関の地位と外戚の分離を決定付けたのであり、摂関家の家格成立の面からも画期とみなされている。

忠実の摂政の地位は院の権威によってようやく得られたものであったが、院の側でも幼帝を戴く朝廷を運営するために、さまざまな知識や資源を持つ御堂流の後見を必要としていた[54]。天皇家・摂関家がお互いを必要としていたこの時期、両者は協力してそれぞれの安定を模索し、白河院は宮廷の行事に多様な形で関与しながら、忠実親子を支援した。忠通は院の猶子となり、永久年間前半には白河院養女の璋子（公実女）との縁談が、忠実女泰子（勲子）の鳥羽天皇への入内話と並行して進められていた[55]。

この協力体制を朝廷社会内に明示し、天皇家・摂関家双方の地位を安定させる上で、服装は極めて有効な手段だったろう。この時期の院と忠実の談話はまま装束に及び[56]、院の指示で行事の服装が決まることもあった。内裏の行事ではないが、天永三年（一一一二）三月に白河院六十御賀が開かれた際、賀宴の後に高陽院で皇后篤子内親王に童舞が披露された際には、院の指示で大納言以上は直衣、中納言以下は束帯と決められ[57]、同年五月に院御所にて皇居新造の定があった時には、やはり院の指示により忠実のみ直衣を着用した。

左大臣〔源俊房〕・内大臣〔源雅実〕以下皆着㆓束帯㆒参入。余着㆓直衣㆒参入。〈今朝余装束条奏㆑院之処、依㆑仰着㆓直衣㆒。先例於㆓殿上㆒有㆑定時、一人多着㆓直衣㆒。依㆓其例㆒被㆑仰歟。又於㆑陣有㆑定時不㆑着㆑陣〉。（『殿暦』天永三年五月十五日条）

忠実は殿上定の時に一の人が直衣を着る例によるかと記しており、白河院の指示によって、一の人としての特権的服装の慣例が再生されたことが窺われ、特に注意される。また、天仁二年（一一〇九）の五節において、殿上人として参加する右中将の忠通に直衣装束を贈る等、院はさまざまな行事に際して忠通に装束を贈っており、その装束も院と忠実父子の蜜月を演出したことだろう(58)。

したがって、内裏における公卿の直衣着用も、白河院の介入によってこの頃から勅許の対象となり、当初は主に摂関家の権威を守る手段として考えられたのではないだろうか。もちろん、この制度は何も無いところから生まれたのではなく、もともとあった慣習を制度化したという側面もある。第三章第三節第一項で見たように、内裏で公卿・殿上人の直衣着用が広範に行なわれるようになっても、天皇の後に直衣で従うこと等は原則摂関にのみ認められた行動であったし、内裏の和歌会で摂関家と外戚のみが直衣で祗候する例は鳥羽朝より前から見える。『中殿御会部類記』に収集された内裏和歌会の記録を見ると、白河朝の応徳元年（一〇八四）三月十六日の例（『江記』『宗俊卿記』）では、関白藤原師実・左大臣源俊房・右大臣源顕房・内大臣藤原師通・春宮大夫藤原実季のみが直衣を着用し、その他は束帯とある。また、堀河朝の永長元年（一〇九六）三月十一日の例（『中右記』）では、師実・師通・中宮大夫源師忠・左大将忠実のみが直衣であり、長治二年（一一〇五）三月五日の例（同前）でも、左大臣俊房・右大臣忠実・内大臣源雅実のみが直衣であった。しかし、直衣着用が「免」や「聴」によって明確に特権として守られることが明らかになるのは鳥羽朝からである。

この点において注目されるのが、永久二年の五節において、鳥羽天皇の初めての帳台試出御に扈従する公卿を白河院が指定したことである。

今年主上始有㆓帳台御出㆒〈御直衣、蒲萄御指貫、紅出衣、浅御沓〉。其儀如㆑常。〈右大将〔藤原家忠〕・中納言忠通、此外不㆓参仕㆒。是上皇仰也。〉（『殿暦』永久二年十一月十八日条）

その内容は、関白忠実とその嫡男忠通、そして師実次男の家忠の三名に限定するというものであり、忠実が摂政に任じられた時と同様、上皇の介入によって御堂流の摂関家としての権威が守られるという構造であった。この指名の意義をよりはっきりと明らかにするために、一旦、直衣参内から離れ、帳台試・童女御覧への祗候について詳しく検討してみたい。

第三項　帳台試と童女御覧への公卿扈従

帳台試は先述の通り、五節丑日に常寧殿の五節所（舞殿）で行なわれる舞姫の試演であり、童女御覧は卯日に舞姫に従う童女・下仕を天皇等が見る行事である。いずれも十世紀末には天皇が深く関与し、これに近しい公卿が祗候するものとなっており、その服装も天皇・公卿ともに直衣が原則であったと推測される。院政期において、五節は直衣勅許の有無がもっともはっきり意識される行事であったが、なかでも帳台試と童女御覧への祗候は、家格と天皇との近さの双方を備え、直衣参内を許されている公卿に限定されるようになり、貴族の地位を可視化する主要な場の一つとなっていった(59)。その結果の一つとして、『禁秘抄』において清華家の公卿への直衣勅許と帳台試への供が関連付けて説明されていたことは、第一節で見た通りである。帳台試・童女御覧はどのようにしてこのような場となったのだろうか。経過を十世紀から順に追っていこう。

五節舞姫参入について詳しく論じた佐藤泰弘によれば、帳台試の原型は舞姫たちの調習だという(60)。もとは舞姫が子日に内裏に参入して二日間の調習が行なわれていたところ、十世紀前半から舞姫参入が丑日にずれる事例が見られ、調習は参入前に各家で行なわれるようになっていく。そして、『西宮記』に丑日の常寧殿の試が立項されていることから、十世紀半ばには帳台試が成立していたと見られる。一方の童女御覧は、円融天皇（在位九六九―八四年）が始め、恒例化したと伝えられる。(61)

童女御覧はその性格上、最初から天皇が関与する儀礼であったと考えられるが、帳台試に天皇がいつから関わるようになったかは定かではない。すでに『西宮記』の常寧殿の試の条にあるいは天皇が舞師宿所に入ると記されているが、(62)確実な初見史料は、佐藤等が指摘したように、『小右記』永観二年（九八四）十一月十九日条に花山天皇が物忌にもかかわらず出御を強行したとあるもので、ここから先代の円融朝までにはすでに出御が定着していたと推測される。(63)三年後の永延元年（九八七）には、幼い一条天皇の五節出御の可否について議論があったらしく、『小右記目録』第七に「永延元年十一月十七日、幻〔幼〕主五節必不レ可二出御一事／同日、五節参事／同日、五節試御装束依二承平五年例一事」と見える。この十七日は子日であり、「不可出御」には帳台試への出御も含まれたと想像される。(64)より確実なところでは、『枕草子』に帳台試について「上《うへ》にもおはしまして、をかしと御覧じおはしますらんかし」と見えており、(65)遅くとも一条天皇元服数年後の正暦四年（九九三）頃には帳台試への出御は常態となっていた。古記録では、『御堂関白記』寛弘六年（一〇〇九）十一月十四日条に「無レ御二舞殿一云々。仍不レ参」とあり、天皇出御と道長の扈従が恒例化していることがわかる。

帳台試への扈従の様子がもう少し明らかになるのが、寛仁元年（一〇一七）の五節である。

> 入レ夜帰二参内一。五節舞姫等於二舞殿一舞〈大□〔師〕候二弓場殿一〉。主上〔後一条〕幷東宮〔敦良親王〕出二御舞殿師宿所一、御二覧舞殿一。〈前摂政〔藤原道長〕幷摂政〔頼通〕・左大将〔藤原教通〕・新中納言〔藤原能信〕御共令レ参給。女房兼候二此所一。御出之間、御二幷〔共〕東宮一人々奉レ物。〉事畢還御。（『左経記』寛仁元年十一月十九日条）

ここでは後一条天皇および東宮（後朱雀天皇）の舞殿への出御に、前摂政道長と、その息子の摂政頼通・左大将教通・

中納言能信の三人が従っている。後一条天皇が即位して二年目のこの年の五節は新儀が多かったようで、服藤早苗等が指摘するように、藤原実資は東宮の同席を未聞のこととするほか、前摂政の同席も、その存在自体が新しい故当然ながら、特記しているが、道長子息の扈従については特に問題とされておらず、すでに恒例化していたと推測される[66]。そして、道長の外孫二人に道長本人と息子三人が同行するというこの状況からは、すでに帳台試は、血縁関係をもとに天皇を支える公卿メンバーを可視化する儀礼という一面を備えていたと評価される。

このことを端的に表現しているのが、約二十年後の長暦二年（一〇三八）の帳台試において、扈従者を「御傍親公卿・侍臣」とする『春記』長暦二年十一月二十一日条である。

亥終許、四所五節参入畢〔注略〕。予為二御使一参二東宮一、啓下可二昇御一之由上。即昇御畢。少時主上御二祥寧殿一〈着二御直衣一、又着二例浅御沓一、有二御出掛一〉。関白〔藤原頼通〕・内府〔藤原教通〕幷御傍親公卿・侍臣等扈従。先例、公卿不二供奉一事也云々。是微行之故也。

なお、ここで記主資房は公卿の扈従は先例と違うという説を伝えているが、実際には『左経記』寛仁元年記の通り、後一条朝初期には外戚公卿の扈従が確認できる。この時期に帳台試への同道についてわかる年は少ないため[67]、この記述の意味を正確に判断することは難しいが、あるいは資房の言う「先例」は寛仁よりも前を指し、その頃から帳台試への傍親公卿の扈従が始まった傍証となり得る言説なのかもしれない。

いずれにせよ、天皇に近しい公卿、より具体的には道長一族が帳台試出御への扈従者となることは長暦二年の時点で確立していた。続く長久元年（一〇四〇）の帳台試では、資房は「関白幷東宮大夫〔藤原頼宗〕已下相引参入〈外家上達部不レ参〉」と記しており（『春記』十一月十四日条）、やはり道長一家のみが祇候している（長暦三年は天皇物忌により出御なし）。

童女御覧の同席者についても史料は多くないが、三条朝の長和三年（一〇一四）に、藤原道長が御前に、藤原頼通・藤原教通・藤原頼宗・藤原能信・藤原公信が殿上に祇候したことが伝わる（『小右記』十一月二十一日条）。この中で公信だけは九条流とはいえ道長の子でないが、三条天皇の近習であり（本書一五九頁参照）、またこの年、舞姫を献じていることも関係していたかもしれない。下って天喜五年（一〇五七）の童女御覧では関白頼通・教通・頼宗が参入、康平三年（一〇六〇）には教通が祗候しており、⑱帳台試同様、原則として道長流の公卿が祗候するものであったと推測される。帳台試と童女御覧は、ともに献上された女性を後宮内もしくは天皇の居所において天皇が密覧するという性格の行事であり、それゆえに祗候者は血族が選ばれたのであろうが、結果として、外戚（傍親）の立場を明確に表示する機会の一つとなったのである。

これら扈従者の服装については、残念ながらこれを伝える史料が管見にないが、天皇の外戚として同行していることと、遅くとも十一世紀半ばの五節には多くの公卿が直衣で参集していたことを踏まえると、直衣であったことはほぼ疑いない。『小右記』や『春記』に台盤所への祗候や直衣での後宮参入に関連して「傍親」「外人」といった表現が散見されることは先に確認したが、天皇の身内であることを表象するという帳台試・童女御覧の場の性格は、直衣を着用することによって一層強められたであろう。

ちなみに帳台試の天皇の服装については、『春記』長暦二年記のほか、その二年前の帳台試について記録した『範国記』の記事が早い史料とみられ、⑲両者あわせて後朱雀天皇の装いが直衣・指貫・出掛に浅沓という、後々まで基本となる服装であったことを伝えている。ただ、常寧殿への出御が密覧という性格であったことを踏まえれば、その服装は当初より直衣であったろう（第一章第二節第二項参照）。なお、『時信記』天承元年十一月二十日条（本書二四五―二四六頁）に見えるように、院政期以降には、引直衣（長袴を着用し直衣の裾を長く引く）ではなく、いわゆる上直衣《あげのうし》に指貫を着用することや、筵道を敷かないこと、帯剣者を同行させないことなどは、天皇が殿上人に紛れるためという言説が広く見られるようになるが、⑳摂関期にはそもそも引直衣の存在が確認できず、㉑十二世紀以降生じた言説と考えられる。

さて、長久元年を最後に、帳台試への扈従者がわかる史料はしばらく見出せなくなり、童女御覧に関する史料も乏しくなるが、天皇の身内が扈従するという両行事の性格は継続していたと推測される。しかし問題はその身内の内容が変化していったことである。長久元年の次に帳台試の扈従者が判明するのは、約四十年後の永保元年（一〇八一）であるが、この時は白河天皇の出御に八人もの公卿が従った。

今夕五節参入。〔中略〕子剋渡㆓御帳台㆒。御差貫、紅打出掛如㆑例。但召㆓浅御履㆒〈先々或召㆓半靴㆒〉。殿下〔師実〕并右大将〔源顕房〕・春宮大夫〔藤原実季〕・左大将〔藤原師通〕・左衛門督〔源師忠〕・右兵衛督〔源俊実〕・宰相中将〔藤原公実〕〈公〉・三位中将〔藤原家忠〕被㆑候㆓御後㆒。（『為房卿記』永保元年十一月十九日条）

また同年の童女御覧では、師実が簾中に、源顕房・藤原実季・藤原師通・源師忠が御前に祇候したことが『師記』から判明する（二五二―二五三頁傍線部イ）。

扈従者はその人数が増えただけでなく、出自も多様化していた。『為房卿記』に名が見える公卿の系譜を整理すると、関白とその息子として道長流の師実・師通・家忠、白河天皇中宮賢子に連なる村上源氏の顕房（賢子実父）・師忠、天皇外戚（閑院流）の実季・公実、そして醍醐源氏の俊実となる。このほとんどが天皇の傍親・近習と考えられるが、[72]十一世紀前半の道長一族にほぼ限定されていた状況とは大きく異なっている。摂関と天皇の外戚関係がなくなる一方で、養子や乳母等、貴族社会の複雑な人間関係の発達によって天皇の身内が多様化したことが反映されているのである。また、後に『禁秘抄』に帳台試への供を理由に直衣が許されると記される清華家（花山院流（師実子孫）、村上源氏、閑院流）の父祖たちがすでにここに揃っていることも注目されるが、『禁秘抄』に記載される状況がこの永保元年から一直線に成立したわけではない。

まず、白河天皇から堀河天皇への譲位にともない、一旦、この肥大化した状況を整理する企みがなされたとおぼしい。すなわち、応徳三年（一〇八六）の新嘗祭の後に堀河天皇が践祚すると、翌年・翌々年の五節では、摂政師実が天皇に代わって帳台試に出御し、扈従者はその身内となったのである。

> 五所五節舞〔姫〕始参〈治部卿〔藤原伊房〕《伊》・新宰相〔藤原公定〕《公》二人暁参、右大臣〔源顕房〕・美作守清長〔源〕・備前守季綱〔藤原〕《参入義〔儀〕如レ例》〉。有二帳台試一。但依二御物忌一無二御出一。摂政殿〔師実〕自二御宿所一相替出御。内府〔師通〕以下親昵上達部等扈従。殿上人候二脂燭一。其儀宛如二主上之御出一。（『中右記』寛治元年（一〇八七）十一月十七日条）

> 五節参入。〔中略〕無レ御二出帳台一。依二幼主一也。殿下〔師実〕相替御出。内大臣〔藤原師通〕・二位中将〔藤原経実〕・三位侍従〔藤原能実〕被レ候也。（同寛治二年十一月十七日条）

> 五節参夜也。先レ是朔旦叙位儀如レ常。〔中略〕裏書〔朱書〕／「帳代試」／事了内大臣師〔通〕罷出。着二直衣一帰二参之一。召二蔵人一、舞姫装束了被レ問之後、令レ渡二師信殿〔紫宸殿〕一云々。丑刻許事了帰云々。（『後二条師通記』寛治二年十一月十七日条）

堀河天皇以前の幼主は後一条天皇であり、この時は出御があった[73]。その前の一条天皇については、先述の通り、出御の可否が議論となったが詳細は不明である。寛治元年に一条朝以前の例が参照された可能性も否定できないが、少なくとも後一条天皇は先例として選択されず、摂政代行が選ばれた。佐藤泰弘は寛治二年〔堀河〕と天永三年〔鳥羽〕を例に幼主の不出御を指摘した上で、後一条の出御は「出御儀として定まっていないために摂政ではなく幼主が出御した」と推測しているが[74]、むしろ師実による摂政出御こそが新儀であり、その意義を評価すべきである。しかも『中右記』寛治元年記に「その儀あたかも主上の御出の如し」とあるように、儀式次第は天皇出御の場合と同様とされた。この措置は、天皇の代行という摂政の立場の表象の機会として、戦略的に帳台試が利用されたことを示唆する。

平安時代の儀礼文化について分析した末松剛は、師実・忠実が父祖の例を収集・遵守するとともに、状況によっては柔軟に新儀を形成することで摂関の政治的立場を維持し、中世王権の一角を占めるに至ったと評価し[75]、なかでも即位式における摂関の祇候について、それまでは摂関座は大極殿北廂の幔内にあったところ、堀河天皇即位式において師実が高御座の帳の中に祇候して幼帝を補助したことを画期と位置付け、忠実が鳥羽天皇即位式においてこれを踏襲したこととあわせて、「白河院仰を根拠として「摂関家」の役割を可視化しようとする師実・忠実の政略と評価」している[76]。

寛治元・二年の帳台試への摂政出御もまさにこの流れに位置付けることができる。しかも帳台試は毎年繰り返される行事であり、摂政自身が天皇とほぼ同じ服装で天皇と同じ行動を取り、更に「親昵上達部」は天皇の多様な身内ではなく、摂政の身内に限ることが可能になる。寛治元年の扈従者は師通以外不明であるが、翌年は師実の三人の息子のみが従っており（『中右記』）、おそらく前年も同じであったろう。永保元年の帳台試と比べると、その違いは歴然としており、摂関家という家門が他家とは隔絶した立場にあることを表象する効果は抜群であったろう。

一方、清涼殿で行なわれる童女御覧は摂政が代行できなかったらしく、あくまで簾中での補佐にとどまり、祗候者も寛治元・二年ともに、師実親子のほか、天皇外戚の源顕房・師忠・雅実等も列したようである（巻末表参照）。そして、寛治三年に堀河天皇が元服すると、村上源氏の公卿達は帳台試への扈従にも加わり、同五年には関白では天皇の代行ができないという認識も示された[77]。ただし、永保元年の白河天皇出御に加わっていた閑院流の姿はない。確認できる限り、堀河朝前半には帳台試・童女御覧ともに祗候するのは御堂流と村上源氏に限定される。村上源氏と違い、この時期の閑院流は御堂流と深い姻戚関係等もなく、何より堀河天皇とは外戚関係になかった。

しかし、閑院流はそのまま脱落してはいかなかった。康和元年（一〇九九）に関白師通が、同三年に大殿師実が相次いで死去すると、翌四年の帳台試と童女御覧への祗候には約二十年振りに藤原公実の名が登場する。時あたかも、妹の堀河天皇女御苡子が後の鳥羽天皇を懐胎していた。対照的にこの年の童女御覧で、忠実は堀河天皇の仰せによってそれまでの摂関の定位置であった簾中の座に着くことができず、他の公卿と同様に広廂に祗候した。

余於二広廂一召二頭中将顕実朝臣一、仰下可レ参二人々一之由上。内府以下参進。余候二広廂一、依レ仰也。摂政・関白多被レ候二御簾中一。雖レ然余〈ひめのためニ〉不レ候二御簾中一。（『殿暦』康和四年十一月二十二日条）[78]

帳台試と童女御覧は、かように朝廷の勢力が可視化される場であったのである。翌年の忠実は物忌を押して帳台試に参内し（童女御覧は苡子の心喪のため中止）、さらにその次の年には童女御覧に元服前の嫡男威徳（忠通）を同行させている[79]。御堂流衰亡の危機を脱するための必死の努力がここにも向けられたのだろう。

この状況下において、嘉承二年（一一〇七）、堀河天皇が没し五歳の鳥羽天皇が位を継ぐことになったのであり、忠実は白河院の仰せによりかろうじて摂政の地位を確保した。そして、諒闇があけて天仁元年（一一〇八）以降の帳台試・童女御覧への祗候者からは、天皇外戚である閑院流が徹底的に排除された（巻末表）。忠実は、師実に倣って摂政の間は天皇の代わりに帳台試に出御し、この後、幼帝の間の摂政出御は慣例として踏襲されていくことになる[80]。しかし、師実の摂政時代は童女御覧に天皇外戚の村上源氏の姿が見えていたのに対し、忠実の時には童女御覧にも閑院流の姿はない。『殿暦』や『中右記』によれば、この時期に帳台試・童女御覧への参入が確認できるのは、天永三年（一一一二）に内大臣源雅実が両行事に祗候したのを除いて、忠実・忠通父子と家忠・経実・忠教（師実男）のほか、忠実叔父の藤原宗通と従兄の藤原宗忠（永久三年のみ）であり、師実の子孫とその近縁がほぼ独占している[81]。

更に永久二年（一一一四）、鳥羽天皇が帳台試に初出御するに際しては、白河院の仰せによって、扈従者は忠実・家忠・忠通に限定された（本書二五七頁『殿暦』永久二年十一月十八日条）。寛治四年の堀河天皇の初出御の際には村上源氏も扈従していたのであり、白河朝も含め、先例を踏まえれば閑院流にも扈従が認められたはずである。御堂流の建て直しに協力的な白河院の指示を得ることで忠実がこれを阻止したことはほぼ疑いないだろう。また、鳥羽天皇践祚と同じ嘉承二年に公実が死去し、閑院流のうち公卿に列していたのが、権中納言の仲実（公実弟）と四位参議の実隆（公実男）のみであったことも、御堂流には有利に働いたと推測される。

ここで改めて、永久三年の直衣勅許の初見史料がこの文脈に位置付けられることを強調しておきたい。中宮淵酔における直衣着用に勅許による制限が及んだのは、帳台試・童女御覧への祗候を師実期よりも一層徹底して一門で独占する等、御堂流を他家と差別化し、その権威を建て直そうとする忠実の企ての一環と評価できるからである。この時期の摂関家確立に関する論考は数多いが、例えば告井幸男は、道長や頼通は全公卿に同じ故実を守らせることで彼らを権勢下に置こうとしたのに対し、忠実は、摂関家に限定された作法によって家嫡を特別扱いするために「御堂流故実」を利用したと指摘している(82)。そして、帳台試への祗候や五節での直衣着用の制限は、その企てが「故実」だけでなく、院の命や勅許によって実行されていたことを明らかにしている(83)。

　しかし、上皇・天皇の指示に専ら依存するがゆえに、五節における扈従独占や直衣勅許は、摂関家以外を利する制度となり得るものでもあった。このことを示唆するように、早くも永久四年の五節においては、忠通に催しが送られず、参入できないという事件が起きた。

　今夜五節参。又帳代試也。仍戌剋許参内。儀如レ常。但主上出御間敷二筵道一、未レ聞事也。了及二丑剋一退出。内府〔忠通〕依レ無レ召不レ被レ参。但顕隆失歟。（『殿暦』永久四年十一月十二日条）

忠実は不参の経緯と蔵人頭藤原顕隆の失かと短く記すだけであるが、この一件は帳台試・童女御覧への扈従があくまで毎回の蔵人を通じての召によって認められており、主導権は院・天皇にあったことを示している。忠実は顕隆の失錯を度々批判しているが(84)、顕隆が後に「夜の関白」と称される白河院近臣中の近臣であったことを考え合わせると(85)、忠通に召が無かったのは単なる失錯とは限らない。忠通の扈従については、まず、忠通が公卿に列した天永元年（一一一〇）に白河院の指示で実現しており、奇しくもその指示を取り次いだのも顕隆であった（『殿暦』十一月十三日条）。白河院は永久二年の扈従者を決めるだけでなく、同三年の帳台試への天皇出御中止も決めており（同十一月十一日条）、その翌年に忠通への催しが届かなくても、想像するに、それが院の意向なのか、手違いなのか、確認することすら憚られたのではないだろうか。

　まさにこの頃から白河院と忠実の関係はこじれていく。忠通と璋子の縁談とともに泰子の入内が流れ、永久五年十二月に璋子が鳥羽天皇に入内、翌年正月に立后される。翌々年五月には早くも顕仁親王（後の崇徳天皇）が誕生し、保安元年（一一二〇）十一月には忠実の内覧が停止された。この事件は、白河院の熊野御幸中に泰子の入内を鳥羽天皇と直接進めようとしたことをきっかけとしてはいたが、より大局的には、御堂流が勢力を回復する中で、政治面・経済面を含めさまざまな面で利害が衝突するようになり、院として御堂流の特権的地位を保護するだけでは済まなくなった結果と言える[86]。

院の対応は、摂関家の力を直接削ぐと同時に、その他の勢力、なかでも外戚の閑院流や院近臣を優遇する方向に向かった。璋子の着帯儀の行なわれた元永二年（一一一九）正月には、突然、実行が従三位へ昇叙され、実隆が上﨟三人を超越して権中納言に任じられるという異例の人事があった[87]。その翌年には、実能への禁色勅許が公家社会を驚かせた。この後実能は三位中将、権中納言直任、近衛大将という、御堂流・賜姓源氏のみに認められていた昇進を遂げ、玉井力はこれを清華家の家格確立の契機として注目している[88]。

実能への禁色勅許がよい例であるが、服装や儀礼はこういった人事を視覚的に確認し、強化する手段として最適である。『今鏡』『禁秘抄』に収められた崇徳朝における閑院流への直衣勅許の逸話も、まさしくこの流れを語るものに違いない。五節においても、ちょうど忠通が帳台試に参入できなかった永久四年から、童女御覧に仲実が列席し、二年後には公実嫡流とされた通季も参仕するようになる。永久年間前半までは五節において御堂流の特権的地位を守る施策が見られたことと比較する時、これらの措置は、閑院流を御堂流に対抗し得る存在として再興させる実際的な方策の一つであったと見られる。

保安四年の崇徳天皇践祚前後の記録が乏しいため、崇徳朝における閑院流四兄弟の服装や振る舞いを裏付ける史料は少ない。しかし、大治二年（一一二七）の童女御覧への祗候者には通季・実行の、大治五年には実行・実能の名があり、特に後者では直衣を着用していたことも明らかである。

次童女御覧事。其儀垂二東庇御簾一、副二立御几帳一〈便用二昼御座一〉、南第三間敷二大床子円座一為二御座一。次出御。内大臣〔源有仁〕・民部卿〔藤原忠教〕・別当〔藤原実行〕・左兵衛督〔藤原実能〕〈已上各直衣〉候二弘庇一。雖レ候二菅円座一、今度不レ召レ之。（『時信記』大治五年十一月十六日条）

大治二年の五節においても、童女御覧の日の服装は不明ながら、前日の禧子内親王方の淵酔に通季・実行・実能の三兄弟が直衣で参会している（道隆はこの直前に死去）[89]。そして、天承元年（一一三一）、崇徳天皇が初めて帳台試に出御した時、その扈従には、御堂流の関白忠通・権大納言忠教に、まだ権中納言に過ぎない実能が加わった（本書二四六頁）。鳥羽天皇の際には実現しなかった天皇外戚としての参席が、崇徳朝には否定できない権利として認められたのである。

以上のような帳台試・童女御覧への祗候や五節における直衣着用の記録を踏まえると、この時期は、入立や直衣参内、帳台試への祗候等における天皇外戚の処遇、そして閑院流の地位が確立した画期と評価できる。家格の成立に関しては、実能の異例の昇進や大将任官を清華家確立の契機と見る玉井力の説に対し、佐伯智広が、実能の昇進は遅れていたものを兄弟等と同格に引き上げたに過ぎず、嫡子にも継承されていないのであり、徳大寺家の家格確立とは直結させられないと指摘している[90]。確かに、この時期に閑院流もしくは徳大寺家の家格が一気に確立したわけではなく、特に平氏政権が本格化した高倉朝以降には閑院流の存在感はかなり薄まる。また閑院流への禁色勅許や帳台試・童女御覧への召集は、かつて認められていたものが、中断を経て、再度、あるいは再々度許されたという面もある。

しかし、それでもなお、鳥羽朝末期から崇徳朝にかけての閑院流の台頭（再興）の著しさは明らかであり、その政治史上の意義は小さくない。大治四年の白河院崩御に伴い院政を開始した鳥羽院は、白河上皇に対する反発を政策の基調としたと言われ[91]、忠実の地位も回復していくことになるが、五節への扈従や禁色勅許・直衣勅許等を見る限り、摂関家に次ぐ立場という閑院流の地位はすぐには揺らがなかった。特に、帳台試・童女御覧への扈従については、扈従者の大勢が判明する年を見る限り、以後約四十年間にわたって必ず閑院流の公卿が加わっており（巻末表）、この時期に閑院流の家格確立の一つの画期があることは間違いないだろう。

また、直衣勅許の意義について見れば、永久年間に見られた御堂流を保護するような着用制限は、道長以来の直衣での参内・台盤所への祗候といった振る舞いを上皇・天皇の権威によって正当化するものに過ぎない。御堂流以外の外戚や近臣に新たな特権を付与するために用いられるようになった時にこそ、直衣勅許や入立勅許は朝廷社会の勢力関係に影響を与える制度として機能し始めた。だからこそ、閑院流への入立や直衣参内の勅許は、公家社会において画期として記憶されることとなったのだろう。そして、『禁秘抄』に示唆されていたように、閑院流が外戚として獲得した帳台試への扈従や入立・直衣参内といった特権は、やがて特定の家の出身者だけでなく、天皇の身内・近習にも与えられるようになり、次の時代において特に平氏政権に有効に利用されることになる。この意味においても、直衣参内の勅許は白河院政期の所産と結論されるのである。

第三節　動乱の時代と直衣参内勅許

十二世紀半ば以降、鳥羽院政を経て、朝廷社会、そして日本全体が戦乱の時代に入っていく。この動乱の影響は生活や文化に大きく及び、服装においても、強装束や奇抜な服装の流行、直垂に代表される新しい装い等が見られるようになるが、この時代は直衣勅許が政治的にもっとも有効に利用された時期でもあった。このことは、この時期に直衣勅許に関する記録が急増することに端的に表われている。本節では、この鳥羽院政期以降の直衣参内勅許の展開について、引き続き五節における公卿の祗候の動向も参考にしながら、考察していくこととする。

第一項　直衣勅許と五節祇候に見る忠通と頼長の対立

大治四年（一一二九）七月、白河院が亡くなると、鳥羽院による院政が始まった。鳥羽院政期前半には、直衣勅許に関わる史料は決して多くはない。特に鳥羽院政開始直後は、むしろ公卿の直衣参内に対する規範が若干緩む傾向にあったのではないかとも推測される。例えば、大治五年、鳥羽院政が始まって最初の五節では、舞姫を献じた公卿等が鳥羽院の催しによって寅日の中宮淵酔に直衣で参入している。

　未時許参二中宮〔藤原聖子〕御方一。新中納言〔藤原〕長実卿・右衛門督〔源〕雅定卿・宰相中将〔藤原〕忠宗被レ参〈直衣〉。是依二〔鳥羽院〕院御気色一被レ参云々。

（『中右記』大治五年十一月十五日条）

　夜半許頭弁〔藤原顕頼〕送二消息一云、「明日中宮御方殿上人可レ参者。可二参会一。是上皇仰」云々。申二所労由一畢。（『長秋記』同十四日条）

直衣で参入した公卿の中に藤原長実の名があることは、永久三年の中宮淵酔とは異なり、この場には直衣勅許の影響が及んでいない可能性を示唆する。また、同じく鳥羽院から召集を受けた『長秋記』の記主師時は、保延元年（一一三五）四月九日条で自らが直衣を許されていないことを示している（本書二四九頁）。師時が不調を理由に参入していないため、参入した場合に直衣を着用できたのかは判断不能ながらも、この院からの召集は、直衣の着用を含めた催しだったのではないかとも想像され、もしそうであれば、直衣勅許の有無は問題とされなかったと言える。先述の通り、鳥羽院の政策は白河院に対する反発をその基調とすると言われる。永久三年から十五年間のうち、淵酔への参会者やその服装がわかる年がわずかな中で確定的なことは述べられないが[92]、あるいはこの淵酔での服装もそのような方針の表われなのかもしれない。

また、次のような記録も、いずれも中宮藤原聖子の方での密々の催しにおいてではあるが、参入の公卿・殿上人が皆直衣を着ていたことを伝えており、依然として後宮では直衣が広く着用された様を伝えている。

内〔崇徳〕於二中宮御方一密々御二覧舞共一云々。上達部・殿上人直衣。不レ及レ広者。（『中右記』長承元年（一一三二）二月四日条）

於二中宮御方一有二小弓興一云々。中納言〔頼長〕中将・中宮権大夫〔忠宗〕・左宰相中将〈宗能〉・殿上人済々参入。俄相二分前後一小弓興。事了被レ舞二竜王・納蘇利一。楽人・舞人候二南庭一。次有二御遊一。宰相執二拍子一。呂律歌数曲云々。人々皆直衣。（同長承二年三月二十六日条）

しかし、永治元年（一一四一）十二月、鳥羽院が崇徳天皇に代えて若き寵妃藤原得子所生の近衛天皇を即位させ、また、康治二年（一一四三）に摂政忠通に男子（基実）が生まれ、弟で猶子の頼長との関係が悪化すると、直衣の着用や五節への祗候も政争の具に転じていった。例えば頼長の子師長は、仁平元年（一一五一）二月二十一日に参議に任ぜられた後、十一月に至っても直衣を許されず、五節への束帯での参入を恥として参内を中止した（本書二五〇頁）。師長の直衣参内が許されていなかったことに関しては、もう一つ記事が知られる。

辰刻直衣、伴二師長一参内〈小六条。師長同直衣也。件人未レ蒙下聴二直衣参内一之勅上。仍偸歴二西小門一入二直廬一。不レ臨二殿上方一〉。候二殿上一。（『宇槐記抄』仁平元年九月二十七日条）

この日は除目の初日で、頼長は執筆を務めることになっていた。したがって頼長の直衣での参内は、第三章第三節第一項で見た忠実の先例等を踏まえたものと推測されるが、これに師長を同行させるにあたって、直衣勅許を蒙っていないことを問題とし、師長にはひそかに内裏小六条殿の西小門から入って直廬に向かわせ、殿上に顔を出させなかったのである。

左大臣頼長の子かつ大殿忠実の猶子である師長が、直衣での参内をなかなか許されなかった背景には、この年の正月より頼長の内覧と忠通の関白が並立する緊張状態があった。師長は、任参議後、五月二十二日に至るまで内昇殿も許されなかったが（『宇槐記抄』同日条）、昇殿や直衣勅許は内覧の力で得ることはできず、諸勢力の均衡を維持することを主とした鳥羽院の方針のもと、留保されていたと想像される。

五節への祇候にも興味深い傾向が見られる。五節の帳台試と童女御覧への公卿扈従の一覧（巻末表）に示したように、近衛朝のほとんどの年において帳台試については参仕者が不明で、童女御覧のみある程度判明するが、これは情報源が頼長の日記『台記』であるためである。『台記』には童女御覧のことは記されるが、帳台試のことはほとんど触れられていない。すなわち、頼長は童女御覧にのみ召され、帳台試には呼ばれなかったのである。例えば天養元年（一一四四）十一月十六日条では、「光房〔藤原〕来云、「童御覧可レ参」者。対曰「唯」」とあり、童女御覧にのみ召集されている。また、久安三年（一一四七）の催しについては、十一月十七日条に「頭中将経宗〔藤原〕朝臣来曰、「童御覧日可二参内一、法皇之命也」者」とあって、この差配が鳥羽院によるものであることが判然とする。

久安五年以前は近衛天皇が未成人であり、帳台試に出御があるとすれば、摂政の忠通が出御したことはほぼ疑いない(93)。頼長は摂政が差配する帳台試には呼ばれず、形式上は天皇、実質的には鳥羽院が差配する童女御覧にのみ呼ばれていたのだろう。頼長のほうにも童女御覧への不参（康治二・天養元）・遅参（久安三・四）が目立つが、あるいは童女御覧にのみ召されることへの反発だろうか。一方の忠通の名が童女御覧に確認できるのは久安三年のみであり、近衛天皇の元服の頃には、帳台試には忠通、童女御覧には頼長が祇候することがほぼ慣例化していたと見られる。仁平三年には、頼長本人以外の証言によって、童女御覧へは頼長と閑院流の三人の公卿のみが参じ、忠通は九条殿にいて、しかも近衛天皇も出御していないことが判明する。

> 童御覧。相公之外不レ献レ之。少将公親・中将隆長・少将公保朝臣等。実定付二童女一、散位俊通・右衛門佐信隆・右兵衛佐信頼・散位長雅付二下仕一云々。左〔頼長〕・内〔実能〕両府、新大納言〔公教〕〈公〉、別当〔公能〕等参入。但主上〔近衛〕不二出御一云々。殿下〔忠通〕御二座九条殿一云々。（『兵範記』仁平三年十一月十八日条裏書）

翌久寿元年の童女御覧でも、忠通の姿はなく、頼長が御前の座（簾中か）に付き、蔵人頭に指示をするなど、従来、摂関が行なう役に従事している。

未刻伴二右大将〔兼長〕一参内。〔中略〕及二酉刻一殿上淵酔了。頭弁〔藤原光頼〕已下来二五節所一。即余・別当〔公能〕・右大将着二殿上一。次余参二着御前座一。仰二頭弁一召二両卿一。即参上。次童女参上。（『台記』久寿元年十一月十八日条）

これに対し、帳台試への天皇出御がある時には忠通が扈従し、頼長は扈従していない(94)。帳台試と童女御覧を忠通と頼長で分担するようなこの措置は、鳥羽院の勢力均衡策の具体例と理解できよう。

更に、当時、摂関家の見任公卿は忠通・頼長と頼長の息子たちだけであった。その両者が鋭く対立し、また公卿に近衛天皇の外戚がいない中で、その隙を埋めたのは宗通流や閑院流であった。摂関家ではなく、天皇と外戚・姻戚関係にもない公卿の五節祗候は、源雅実・雅定父子、源有仁等、これ以前にも確認されるが、近衛朝において、閑院流と藤原宗通の子息達が同時に複数、かつ毎年、祗候していることは、やはりそれ以前と比較して目立つ（巻末表）。そして、久安六年（一一五〇）に立后した近衛天皇の二人の后がそれぞれこの二つの流れの出身であったことは、もちろん偶然ではないだろう。

第二項　信西政権から平氏政権における直衣参内勅許の政治性

師長の例に見たように、さまざまな勢力間の緊張が高まる中で、直衣勅許は政治的に利用され、その重要性を増した。しかし同時に、当時の史料からは直衣勅許のありかたが必ずしも確立されていなかったことが窺われる。まず、近衛天皇の崩御により後白河天皇が践祚した約半年後、保元元年（一一五六）正月の『兵範記』の記事を見てみたい。

今日御出以前、殿下〔忠通〕仰云、三位中将殿〔基実〕着二直衣一未下令二参内一給上如何。下官〔信範〕申云、「先朝〔近衛〕御時令レ聴二直衣一給了。当今〔後白河〕又去年七月受禅日、公卿昇殿・勅授帯剣・禁色・雑袍如レ元由被二宣下一云々。已其中候歟」者。仰云、尤可レ然由、有二御定一、無レ儀。（『兵範記』保元元年正月四日条）

この記事では、正月四日恒例の直衣での参内にあたり、忠通が息男の三位中将基実を直衣姿で同行させることについて、直衣での参内をまだ行なっていないがいかがなものか、と平信範に尋ねている。質問中の「いまだ」とは後白河天皇践祚後の意味であろう。信範は、前年の受禅の際、各種特権の一括更新にともなって直衣参内が更新されているのではないかと答え、忠通もこれを受けいれて「無儀」となった。「無儀」とはおそらく、直衣勅許の申請や、直衣始として特に儀を整えることはしなかったのであろう。

この時の忠通と信範の応答からは、当時の人々もいったい直衣参内の勅許とはいかなるものなのか計り兼ねているようであるが、直衣勅許は践祚時に自動的に更新されるという結論が妥当とされる雰囲気ではあった。ところが、同じ『兵範記』でも、十二年後の高倉天皇受禅（一一六八年）の時には、まったく逆の認識が示されている。

　候レ内。右京大夫邦綱〔藤原〕卿着二直衣一可二参内一之由、遣二御教書一畢。件人雖レ蒙二先朝〔六条〕免一、依二旧例一当今〔高倉天皇〕又仰也。譲位夜所レ仰者侍臣也。於二公卿一者新帝又被レ仰之故也。（同仁安三年三月十日条）

ここでは正三位前参議で高倉天皇の乳父である藤原邦綱に対して直衣参内を許す御教書を遣わしたことを記した上で、前の六条天皇の治世に（その乳母夫でもあった）邦綱は直衣を許されていたものの、「旧例」によって改めて勅許を下したこと、また、高倉天皇への譲位の夜に更新された勅許（雑袍宣旨を指すか）は殿上人に対するものであって、公卿に対する勅許は新帝が改めて命じるのだ、との説明が付されている。

保元元年正月四日条と仁安三年三月十日条の違いは、信範が先に示した認識が誤っていたか、その間に直衣勅許のありかたが変化したかのいずれかと考えられるが、信範が仁安になって勅許を改めて下した理由を詳しく説明していることからは、後者の可能性を考えたい。もしそうであれば、「旧例」とは二条天皇または六条天皇を指すと考えられ、この変化が保元の乱とその後の信西政権、続く二条親政や平氏政権の影響であることを強く示唆する。

この仮説を補強する第一の史料が、『達幸故実抄』雑例の「被レ聴二直衣一事」に抄出された、次の『山槐記』の記事である。

保元二五廿二、新宰相〈実長〉今日被レ聴二直衣一云々。同廿三日、実長朝臣始着二直衣一参内。又中宮権大夫公親朝臣被レ聴二直衣一。少納言入道〔信西〕依二〔後白河天皇〕内々御気色一、遣二消息於彼人許一云々。(95)

ここからは、ともに正四位下参議中将の三条実長と徳大寺公親に相次いで直衣参内が許され、それは後白河天皇の意を奉じた信西の消息によるものであったことがわかる。両名とも蔵人頭から参議に転じてまだ半年から一年程度の新任公卿であるが、天皇外戚の閑院流として許されたものであろうか。しかし、それ以上に注意されるのは、保元の乱後の信西政権下で、その消息によって直衣勅許が下されていることである。後白河天皇や信西の政策の傾向からいっても、直衣勅許は公卿の統制手段として利用されたのではないだろうか。

『達幸故実抄』の記事としては、同時期の記事を引く次の項目も、参内の服装に関わるものとして注目されてきた。

ア大弁幷大理之外公卿、着二衣冠一参内不二庶幾一事 イ〈不レ被レ聴二直衣一人、雖下非二公事一日上着二束帯一事〉

保元二五三。〔藤原忠雅〕左金吾殿着二束帯一参内給。無二公事一、只令二参内一給也。被レ仰云、「大理之時被レ聴二衣冠一了。然者可レ用二衣冠一之処、大弁・検非違使別当着二衣冠一之例也。自余頗不レ異レ如二御厨子所預一。仍着二束帯一也」者。(96)

この項目は、直衣や衣冠を許されていない人々は常に束帯で参内しなければならなかったことを意味する史料としてしばしば利用されてきた。確かにここには、大弁と検非違使別当以外は衣冠で参内することを庶幾《こいねが》わないとあり（傍線部ア）、更には直衣を許されていない人は公事のない日でも束帯を着るのだ、とも注されている（イ）。しかし、これらは十五世紀前半に『達幸故実抄』を編んだ中山定親の付けた見出しおよび注と見られ、引かれている『山槐記』本文から「直衣を許されていなければ常に束帯で参内すべし」という内容を抽出することは難しい。

そこに記されているのは、兄の忠雅が公事のある日でもないのに束帯を着て参内するに際し、大弁・検非違使別当の他は、御厨子所の預に異ならないようなものだから、束帯を着て参内するのだ、と述べたという話である。忠雅はこの年の三月末に別当の職を辞しており[97]、そのことを踏まえての行動と思われるが、御厨子所の預という下級官人に異ならないからという発言は、別当を辞した身をひどく卑下している。そもそも、前章で見たように、公事のない日に束帯を着て参内することは相当異例のことであり、当時少将の忠親がこの記事を記したのは、兄の行動を不思議に思ったからであろう。その上で、この記事も信西の主導する朝廷の刷新が行なわれていた時期のものであることは注意されるのであり、当時の公卿の服装を取り巻く雰囲気を示唆する。

公卿の服装を統制する政策は、平治元年（一一五九）十二月に信西が乱に倒れた後も継続・強化されたと思しい。そして、二条朝までには、近習に認定する手続きとして直衣参内の勅許が定着し、「直衣参内を許された者」という概念が公卿内の一つの集団を表わすものとして確立した。藤原伊通が応保二年（一一六二）頃に二条天皇のために記した『大槐秘抄』には、天皇に近侍する存在として「直衣ゆりてまいる」上達部という表現が見える。

> 君は我御座ならぬ所にゐさせおはしまさず。（中略）弓場殿にわたらせおはしまして、しかるべき上達部〈直衣ゆりてまいる人〉、殿上人などして、ままき弓御覧ずる、恒例なり[98]。

こうして、直衣勅許が天皇の側近公卿の編成と直結するようになり、それゆえに、天皇の代替わり後には個別に改めて勅許を下す必要が生じ、またこの時期の記録に直衣勅許に関わる記述が急増するのではないだろうか。

関連して、応保元年十二月、入内した藤原育子のもとに二条天皇が初めて渡るに際しては、扈従の公卿を「五節童御覧之時被レ召人々」から選ぶべしとの見解が大殿忠通より示され、その全員が従っており（『山槐記』二十三・二十七日条）、童女御覧への祗候が天皇の近習を選ぶ基準として用いられた。同年の童女御覧では祗候人数について議論があり、忠通が「三四人参候歟、多時不レ過二四五人一候」、すなわち三から五人が適切という見解を示している（同十一月十六日条）。前年の童女御覧では、中納言四人の祗候は「太多、上古無二此例一」と書き付けられており（同永暦元年十一月十七日条）、人数の増加が問題となっていた[99]。応保元年の五節では、平清盛が初めて帳台試に参入したことも注意される（ただし、別当であるためか束帯を着用、また童女御覧は欠席）。

さて、「直衣ゆりてまいる」上達部の構成員については、二条朝や六条朝では確認が難しいが、高倉朝については様相がかなり判明する。まず、『兵範記』仁安三年三月十日条（本書二七三頁）で直衣参内を許されている藤原邦綱は高倉天皇の乳父である。また、第二章第二節第三項で取り上げたように、同時期の直衣勅許の文書例が『兵範記』に残されているが（本書六八—六九頁）、その一例の平時忠は高倉天皇外舅であり、もう一例の藤原成頼は邦綱の婿として高倉天皇の乳母夫となっていた。

治承四年（一一八〇）二月に内裏近くに火災があった際の次の記事も、当時、直衣参内を許されていた範囲をある程度伝えていて貴重である。

亥終剋東南有レ火。禁裏〈五条南・東洞院〉近辺云々。仍着二直衣一馳参。少将兼宗同乗、着二直衣上括一、相二具狩胡籙一、柏挟等。予不二上括一。火起二高辻北・万里小路西一、失火云々。北至二于綾小路東一、指レ巽、出二京極南一、至二于五条北一。予先参二東宮〔言仁〕御方一、以二蔵人時経一申二女房一。又参二中宮〔徳子〕御方一、以二同蔵人一触二亮〔平〕通盛朝臣一。参二内御方一。関白〔近衛基通〕〈直衣〉被レ候二鬼間一。源大納言〈定房〉・帥〈隆季〉・藤大納言〈実国〉・別当〈時忠〉・右宰相中将〈実守〉・五条宰相中将〈実宗〉・三位中将〈頼実、已上直衣、源大納言・五条宰相中将・三位中将未レ聴二直衣一、然而火事之時定事也〉・藤宰相〈定能、衣冠〉等参入。火滅之後左大将〈実定、直衣〉又参入。（『山槐記』治承四年二月十四日条）

これによれば直衣を許されていたのは、関白近衛基通、権大納言藤原隆季（後院別当）、権大納言滋野井実国（閑院流、天皇の笛の師匠）、別当平時忠、参議徳大寺実守（閑院流）、記主の中納言中山忠親（東宮大夫）と、おそらく末尾の左大将徳大寺実定であり、権大納言源定房、参議西園寺実宗、三位中将大炊御門頼実は許されていなかった。

以上からは、摂関家、清華家の一部と、外舅、乳母夫、師匠等の近習へ直衣が許されるという、『禁秘抄』に示された規則が、高倉朝には確立していたことが判明する。また、侍読についても、例えば次の記事により、直衣が許されていたことが推測される。

定長曰、未剋許参レ内。依二御作文一也。題云「詩境多二脩竹一」〈題中〉。ア左近衛督〈〔藤原〕成範、束帯〉・宮内卿〈〔藤原〕永範、直衣〉・左大弁〈〔藤原〕俊経、直衣〉・殿上人〈七八人〉応製。〔中略〕御製落句云、「豈忘三一字勝二金徳一、可下愍二白頭一把中巻師上」。イ宮内卿・左大弁垂レ涙〈両卿為二師読一也〉。講了雲客退之間、宮内卿降二東対〈閑院御也〉南階一。左大弁又借二請左武衛笏一、同降レ階、去二於一許丈一拝礼〈宮内卿二拝、左大弁舞踏〉。経二南庭一出二東門北戸一。其気色忽如レ蒙二恩賞一云々。（『山槐記』治承二年五月三十日条）

定長の語った内裏での作文会の様子を伝える記事であるが、参加者のうち宮内卿永範と左大弁俊経は直衣を着ており（傍線部ア）、そしてこの二人は侍読（師読）であった（イ）。この時、天皇の御製に籠められた老師への労いに二人は涙をこぼし、再拝あるいは拝舞して感謝を表わしたといい、直衣という服装を含めて、朝廷における侍読の位置付けを考える上で示唆に富む記事である。

邦綱が六条天皇の代にも直衣を許されていたこと等から、家格はあまり高くないが天皇の身内や侍読、師匠等である公卿が直衣を許される慣例は、高倉朝より前に成立していたと見られるが、それがはっきりと確認できるのが高倉朝であること、そしてそこに平時忠や、藤原邦綱・藤原隆季等、平氏と極めて近い関係にあった人々が多く含まれていることは注目される。前節で述べたように、『禁秘抄』には崇徳朝の閑院流への処遇と、高倉朝の平時忠への処遇が入立勅許・直衣参内勅許制度の画期であったことの記憶が刻まれていた。平時忠への処遇の新しさは、彼が外舅となった事象そのものの新しさに付随するものであるが、平氏政権はそれ以前に比して直衣参内を厳しく統制しつつ、一門やそれに近い公卿を勅許の対象とすることで、自派の地位を固めようとしたのではないだろうか。

このことは、治承四年二月二十一日に安徳天皇が践祚した後の動向に特に強く表われている。というのも、次の

『山槐記』の記事によれば、受禅から一カ月を経た時点で、藤原邦綱・平宗盛・平時忠の三名だけが直衣参内を許されていたというのである。

> 申終剋着二直衣一自二東山一参二新院〔高倉〕一〈土御門北、東洞院東〉。〔中略〕帰二三条一改二着束帯一〈此御時未レ被レ聴二直衣一。去比前大納言邦綱卿・前右大将宗盛卿・大理時忠卿三人被レ聴云々。此外不レ然〉参レ内。〔三月十六日条〕

「此外」に摂政や大臣が含まれるかには疑問も残るが、平氏政権の中枢にある人々が優先的に直衣参内を許されていることは明白である。[100]

しかも、記主忠親はこの状況に違和感ないし不満を持っていた。忠親が先代高倉天皇の時に直衣参内を許されたことは右に引いた記事からも窺えるが、『山槐記』によればそれは治承四年正月二十一日という、ちょうど安徳天皇への譲位一月前のことであった（二月五日条）。この時忠親は権中納言であったが、平清盛が後白河院を幽閉し、関白基房をはじめ多くの公卿を解官した治承三年十一月の政変により、言仁親王（安徳天皇）の春宮大夫の地位を得ており、直衣参内の勅許もそれゆえと見られる。そして、忠親としては、安徳天皇の践祚後には坊司としてすぐに直衣参内を許されてよい立場だと自任していた痕跡がある。すなわち、すでに践祚三日後の二月二十四日の日記に「当今未レ聴二直衣一也」と注記し（束帯すべき三日間の後も束帯であることに関わる記述か）、更に三月八日条にも「参内〈五条殿、此御時未レ被レ聴二直衣一。仍着二束帯一〉」と記しており、三月十六日条はこの問題に関する三回目の記載なのである。そのような忠親の期待にもかかわらず、政権中枢の三名以外への勅許が留保されていることは、直衣参内の認可が朝廷内の新しい権力構造を可視化するものとして利用されたことを裏付ける。

この時期には直衣勅許の有無が影響する場も拡大したと見られる。保元の乱以前、『台記』において師長が直衣勅許を得ていないことは五節と除目の日の参内に関してのみ記され、『長秋記』においても、直衣勅許に関わる記事は内裏での舞御覧や和歌会に関するものであった。このことは、このような場面以外では直衣での内裏参入に勅許の有無が問題とならなかったことを示唆するが、それに対し右の『山槐記』の諸記事からは、この時期には日常的な内裏への参入にも直衣勅許の有無が問われるようになっていることが窺われる。

例えば治承四年二月十四日条（本書二七六頁）には、内裏近辺の火事の際には直衣を許されていない者も直衣で参入できるということが記されている。このことは次に引く『禁秘抄』の「内裏焼亡」の項にも見え、通時代的に、直衣を勅許されていない者は通常は直衣で参内できなかったことを意味すると考えられてきた。

装束。直衣・衣冠・布衣無レ難。不レ聴二直衣一人着二直衣一無レ憚。准レ之火未レ及二近隣時一如レ此作法、尤無レ由。[101]

しかし、このような内裏焼亡に関連して直衣勅許に触れる史料は、この時期になってはじめて見られる。内裏やその近隣の火災の記事は十二世紀前半以前にも多数残されているが、その中で直衣勅許に言及する記事は管見にはない。ところが十二世紀後半には、『山槐記』だけでなく、例えば近年紹介された藤原長方の日記抄出『禅中記抄』にも、次のような記事が見える。

未剋内裏近辺焼亡（炎上）事。殿御直廬南庇上一度、陣座上両度燃上、打二消之一。寄二腰輿於南殿一。（中略）宸儀〔高倉〕出二御南殿一〈御引直衣・張御袴〉、内侍候二剣璽一〈理髪如レ常〉。公卿殿下〔基房〕〈御直衣、随身冠・括・壺、本自可レ有二御出仕一之故也〉已下済々〈卿相候二簀子敷辺一〉。不レ聴二直衣一之輩モ皆着二直衣一祗候。右大将〔平重盛〕直衣・垂袴ニテ被レ参後、更柏夾、上久々利、負二随身狩胡簶一。大理〔藤原成親〕〈直衣〉負二白羽一〈夾レ前〉、昇二堂上一〈先例不レ憚歟云々〉。

（『禅中記抄』安元元年（一一七五）十一月二十日条）

この火事はちょうど五節の卯日、すなわち典型的に直衣勅許の有無が問題とされる場で起きているので、慎重な解釈が必要ではあるが、やはりこの時期に直衣勅許の有無が日常的に問題とされるようになったことを示しているのではないだろうか。

次の『禁秘抄』「御膳事」の記載も、間接的にではあるが、内裏での公卿の直衣着用習慣がこの時期に変化したことを伝えている。

又公卿候二陪膳一、上古常候也〈直衣常事也〉。高倉院御時、中山太政入道常候也。其後絶畢。御膳時宿衣人不レ候二殿上一、是旧記説也。但執柄無レ憚、又侍読人聴レ之云々。[102]

ここでは、公卿が直衣にて陪膳に祇候することが高倉朝までは見られたが、その後は絶えたとしており、やはり平氏政権、特に治承三年の政変と続く安徳天皇践祚によって、宮廷での直衣の着用場面や作法が大きく変質したと理解できる。

平氏政権下で直衣参内が厳しく管理されたことは、政権崩壊後の出来事からも認められる。すなわち建久二年（一一九一）三月二十八日、藤原忠親が内大臣に任じられ、同日に大饗、四月二十八日に院等への拝賀が行なわれたが、『玉葉』によれば、五月になって直衣始を行なうにあたり、忠親は摂政兼実のもとに息子の忠季を送り、直衣参内の勅許を求めてきたという（傍線部ア）。

ア今日忠季朝臣来、召レ前談二雑事一。其次申云、来十四日内大臣〔忠親〕着二直衣一可二出仕一云々。而内裏可レ被レ免二直衣一之由内々申云々。イ丞相直衣更不レ可レ及二異儀一之由答之。（『玉葉』建久二年五月十一日条）

内大臣今日着二直衣一可二出仕一。而被レ免二直衣一欲二参内一之由、先日以二忠季朝臣一被レ示レ之。ウ大臣被レ免二直衣一事、頗事新歟。エ然而仰二宗頼一遣二御教書一了。此旨又奏聞了。（同十三日条）

忠親の要請に対し兼実は、大臣の直衣着用に異議はないと返答し（イ）、このことは新儀であるとの認識を示しつつも（ウ）、蔵人頭藤原宗頼に仰せて御教書を遣わし、天皇にも奏聞した（エ）。

この一件からは、それまで大臣就任後に改めての直衣勅許は不要であったと同時に、直衣勅許をめぐるさまざまな事件を経験し、性格も実直な忠親が、大臣となっても直衣参内の勅許を得たほうが安心だと考えたことが窺われるのであり、直前期の直衣参内に対する規制の厳しさが裏付けられる。[103] ただし、この後、大臣が直衣勅許を求めた同様の例は管見にない。第一節第一項で見たように、『禁秘抄』の説明でも見任大臣の名前は全て上がっており、実質的には家格やその他の役職の経験により、大臣となる前に直衣参内が許されることが通例となっていった。

第三項　平氏政権下の五節祗候

ここで、再び直衣勅許そのものから少し離れ、平氏政権下、特に仁安年間（一一六六―六九）と治承年間（一一七七―八二）の公卿の五節祗候について取り上げたい。というのも、この時期の五節をめぐるいくつかの事件を通して当時の直衣の位置付けや公家社会の混乱が浮び上がり、また五節参仕をめぐるさまざまな混乱が平氏政権崩壊後の五節参仕のあり方に大きな影響を及ぼし、直衣参内勅許の制度にも影響したと考えられるからである。

仁安元年の五節は六条天皇の大嘗会に伴うものであった。前年、病に倒れた二条天皇は六月に六条天皇に譲位し、七月に没した。二条天皇を支えた大殿忠通や太政大臣伊通も先立って死没しており、一一五〇年代末から続いた後白河院派と二条天皇派の対立が収束、後白河院と平清盛の勢力が拡大する。この年七月に摂政基実が夭逝し、弟の基房が摂政に就く一方、十月に憲仁親王が立皇太子、十一月には清盛が内大臣に任じられる中で迎えた五節であった。

平家の財力と勢いを誇示するかのように、この年は清盛の三子、重盛・宗盛・知盛と、清盛一門と関係の深い藤原成頼・平親範が舞姫の献上を独占した（『兵範記』仁安元年十一月十三日条、以下同）。なかでも宗盛の舞姫は参入の儀を行なったため、丑日の夜は多くの殿上人が六波羅に集まり、豪華な行列を整えて参内した。平信範は、「出仕之志」はなかったが、清盛とその室時子の命によって宗盛の五節所のために参入したと記している。

ところが、参入した舞姫を殿上人等が迎える場には、行事を取り仕切るべき蔵人頭の姿が欠けていた。頭中将藤原実家は当日になって突然の病を理由に参入せず、蔵人頭藤原朝方も五体不具穢を称し参内しなかったのである。信範はこの状況を「希代事也」と記している。そして、両頭の失態はそれだけではなかった。

この年は藤原基房が摂政として初めて臨む五節でもあったが、同日の夜、基房が帳台試に出御しようと、直衣に出衣の装いを整えて殿上に来ると、「公卿一人不レ参、両頭不レ候」、すなわち蔵人頭だけでなく、扈従すべき公卿も一人もいなかったのである。この異例の事態の原因は、左大臣藤原経宗以下に催しがあったにもかかわらず、頭中将実家が通知を怠ったという説明であった。扈従者がいない基房は、結局五節所への渡御を取り止め、試は殿上人が預蔵人（五節所を管理する役）に指示して行なわれた。

実家と朝方は翌日以降も参入せず、十六日に院宣を受けて解官された（同日条）。実家等の一連の行動の真意は量り難い。二十五日には五節に参仕しなかった殿上人に尋問があって、六人が除籍されており（同日条）、かなり広範に出仕を憚る動きとそれを譴責する流れがあったこともわかる。[104] しかし、実家等に代わって、即日蔵人頭に任じられたのが平時忠であったことは、背後に政略があったことも想像させる。そして少なくとも帳台試への扈従者がいなかった件は、実家個人の懈怠だけによるとは考えにくい。というのも翌年・翌々年の帳台試でも公卿の参集は思わしくなかったからである。

仁安二年の帳台試には二名の公卿が参入し、蔵人頭も揃って、基房は摂政として無事出御できた（『兵範記』同年十一月十三日条）。しかし、左大臣経宗と内大臣忠雅は催しに応えなかった。このうち経宗は五節を献じている。参入した藤原公保と藤原実国は公卿としてさほど突出した立場ではなく、五節への祗候もこの年に初めて確認できるのであり、上位者が扈従を断わったために呼ばれた可能性もある。

そしてその翌年、高倉天皇の践祚した年に、ついに大きな事件が起きた。この事件の詳細は『兵範記』『愚昧記』のともに長大な記事群が伝えているが、両記を総合すると、丑日の十一月二十日は大嘗会叙位と五節参入に、更に皇太后滋子の入内が重なった（両記同日条）。滋子の行啓には左右近衛大将の藤原師長・源雅通はじめ多くの公卿が扈従し、内裏でも多くの公卿・殿上人がこれを盛大に迎えた。ところが、行啓が終わり、五節預蔵人が基房の直廬へ行って帳台試への出御を案内したところ、基房は胸の具合が悪いと言い出し出御を渋った。というのも、再び扈従すべき公卿が誰も祇候していなかったのである。

　この日の扈従は右大臣兼実と内大臣を兼ねる右大将雅通、左大将師長が予定されていたが、まず兼実は突然の病と称して参入しなかった。真実はどうであれ、これは受け容れざるを得ない理由であったろう。しかし雅通と師長が扈従しない理由は、あからさまに基房を愚弄していた。『愚昧記』によれば、雅通は「殿上人併宿衣候。大臣着二束帯一尤可レ無二便宜一歟。若退出改二装束一者、定及二暁天一歟」、すなわち殿上人が宿衣なのに大臣の自分が束帯なのはあまりに不都合であるが、退出して直衣に着替えて出直していたら夜が明けてしまうだろうといい、師長は、内大臣が束帯で祇候するなら束帯のままでも祇候しよう、直衣に着替えるのならやはり着替えて出直そう（「但内大臣可二祇候一者、雖二束帯一可レ候。又可レ改二直衣一者、同着二直衣一可二帰参一」）、と言ったというのである。

　帳台試・童女御覧に束帯で祇候する例がないわけではないが[105]、基本的には直衣で参仕する場であったから、着替える必要があるという雅通の主張には一理ある。しかし、『兵範記』によれば、蔵人頭は行啓後に束帯から直衣に着替えている。雅通等も事前に直衣を準備しておけば着替えられたはずであり、彼らの行動は行啓の遅延等の突発的な理由によるのではなく、予め意図されていたものであろう。『愚昧記』の記主実房は、基房に扈従したくなければ行啓から不参とすべきであり、行啓に供奉しながら「無道の意趣」を述べて帳台試に扈従しないのは、朝威を蔑ろにする行為と批判している。

　この後の展開については『愚昧記』と『兵範記』で少し食い違いが見られるが、前者によれば、帳台試に祇候すべしという滋子の説得にもかかわらず、二人は退出してしまったといい、後者によれば、直衣に着替えてくると退出したまま帰ってこなかったという。その間、蔵人等は代わりの公卿を捜して奔走した。実房の証言によれば、叙位も行啓も終わって帰ろうとしていたところに、蔵人の藤原資綱が追い掛けてきて引き止め、清涼殿のあたりを徘徊しながら待っていると、数刻の後に今度は蔵人高階泰信が来て、帳台試への祇候を命じたという。

実房は「闕請」(欠員補充)としての召しを不本意に感じつつも了承し、直衣を召し寄せて着替える時間はないと、束帯のまま帳台試に扈従した。もう一人の扈従者は前年に続いて実房異母兄の実国となった。基房には滋子から説得の使が送られ(『愚昧記』)、暁になってようやく、出衣もしない「如常」の直衣姿で出御した(『兵範記』)。しかし、出御先で実房兄弟は、本来大師の局の外で待つべきところを基房と一緒に中に入ってしまい(『兵範記』)、基房の権威は更に傷付けられる結果となった。そしてこの一件を聞いた後白河院は激怒し、すぐに信範を呼んで雅通と師長の解官を指示したのである(『兵範記』二十一日条)。

仁安三年の事件の分析を通して樋口健太郎は、保元の乱後の配流から復帰し、摂関家嫡流の自負を持つ師長が基房に対して示した反発と、基房の立場の弱さや危機感等について指摘している[106]。また服藤早苗も、後白河院の積極的な介入という観点からこの解官事件を論じた[107]。いずれも重要な指摘であるが、仁安元年からの経過を踏まえると、この事件には、基房と師長の自尊心の衝突や後白河院の権力の強さに留まらない、さまざまな政治的意味が認められよう。

まず一つには、帳台試への召集原理とその背後にある朝廷の権力構造の変質である。かつて帳台試と童女御覧への参仕は道長一門が独占し、その力を誇示する場であった。その後、天皇の身内が多様化・肥大化する中で五節への参仕者は増え、院政期に入ると院等がその選抜に深く関わるようになるが、それでも天皇または摂政の身内の公卿が参仕するという原理は保たれた。『愚昧記』において実房は、雅通・師長が基房に扈従すべき理由について行を割き、「必相親之人不レ可二追従一歟」と述べているが、このことは逆にこのような原理が公家社会内に残存していたことを示している。

しかし実際には、忠通と頼長の時代に摂関家は分裂を始め、同時に近衛天皇の外戚の公卿がいなかったことにより、五節参仕者の構成は変質しはじめ、宗通流と閑院流の扈従が通例化した。保元の乱後の帳台試では、はじめ後白河天皇の出御に、東宮、関白忠実と息子の基実・基房、藤原経宗、閑院流の公教と実長、そして宗通流の伊実が扈従し、保元三年（一一五八）の二条天皇践祚後は、天皇の出御に関白基実と弟の基房や兼実、そして閑院流の人々が主に従ったと見られる（巻末表）。その中では帳台試や童女御覧への祗候者の増加も問題となり、前述の通り、応保元年（一一六一）には童女御覧に祗候する人数を三—五人に精撰すべしと忠通が指示した。

ところが、基実の夭逝によって摂政となった若年の基房には、右大臣の兼実以外に身内の公卿は乏しかった。そこで仁安元年・二年には左大臣経宗、二年・三年には内大臣の忠雅・雅通等が召集されたが、先例に照らしても、また基実との親類関係、力関係から見ても、彼ら大臣にとって基実の後に従うことは受け容れ難いことだったのだろう。実房は雅通・師長の行動を批判するために、康治元年（一一四二）の近衛天皇の大嘗会の時に、摂政忠通の出御に「已異性〔姓〕他人」である左右大将源雅定・藤原実能が従ったことを例にあげているが、この時は両大将とも権大納言、三者とも四十代後半であり、それ以前に崇徳天皇の出御に共に従ってもいる。それに対し、仁安年間には二十代前半の基房が四十代後半から五十代の大臣達を従わせようとしたのであり、しかも記録に残る限りではそれ以前に経宗や忠雅、雅通が基房の後に従ったことはなかった。更に清盛が基実の嫡男基通を庇護し、その娘盛子が摂関家北政所として資産を掌握する中で、有力公卿の多くは基房との関係強化にさほど関心がなく、それゆえに彼の摂政就任当初より帳台試の不参が相次ぎ、三年間で大臣は一度も扈従せず、結局は閑院流の公卿に扈従を依頼するしかなかったと見られる。なお仁安元年に内大臣であった清盛への召集の有無は不明であるが、少なくとも帳台試と童女御覧には参入せず、それどころか辰日節会の行なわれた十六日には、節会には出ずに任大臣の拝賀を行なっている[108]。

一方、仁安二・三年に帳台試に召された閑院流の納言達は扈従を拒否はしなかった。仁安三年に急遽召された実房は、穴埋めとしての召集は「はなはだ見目無し」「すこぶる面目無し」ではあるが、固辞はできないと記している。前年にも祗候した実国はもう少し強気で、実房に対し、「御覧日不レ可レ参者、今夜不レ可レ候之由欲レ令レ申」、すなわち、童女御覧に召集されないのであれば帳台試に祗候しないと言おうかと思うといい、帳台試が始まった後も基房に対し、今夜参入した公卿は童女御覧にも祗候するのが例ではないか、ならば明日（卯日）は直衣を着て参内すればよいか（「今夜参入之人不レ参二童女御覧一事、定不レ候歟。然者明日無二左右一着二直衣一可二参レ内候一歟」）と問い、基房がそうではあるが、近代のことはよくわからない（「今夜参入打〔入カ〕任御覧日可二参入一。但近代事難レ知歟」）と曖昧に返事をすると、御覧への参仕の可否を聞いてから退出する（「可レ参二御覧一否事承切之後可二退出一也」）と食い下がった。このことが火に油を注いだのか、基房は「腹立ちて退出」したと実房は記している。

ところが、結局実房と実国は童女御覧に召されなかった。そこに参候したのは、左大臣経宗、右大臣兼実、そして別当平時忠だったのである（『愚昧記』二十二日条）。時忠は天皇外舅として五節に参仕し得る立場ではあり、この年の舞姫献上者の一人でもあった。高倉天皇の践祚直後の同年三月二日に直衣も許されており、(109) この次の年からは帳台試にも扈従している。しかし、『禁秘抄』は時忠の帳台試祗候について、崇徳朝の閑院流への処遇に倣ってのことで世人はこれを嘲ったと記している。後述するように、実際の反応は「嘲」の一語では片付けられないものであっただろうが、時忠の扈従が異例と捉えられたことは間違いないだろう。その時忠の参仕が解官事件の裏で実現したこと、またこの解官事件の発端に滋子の行啓があることは、単なる偶然とは思い難く、たとえ偶然であっても、当時の政治状況をよく反映した展開であったと言えよう。

後白河院による大将解官の衝撃はさすがに大きかったと見え、翌年からしばらくの帳台試・童女御覧には、不参の年も交じるものの、経宗、兼実、雅通や師長が祗候し、閑院流の公保や実国、実房と平時忠をあわせて常に四―七名の公卿が参仕し、大臣・大将、閑院流、時忠という構成が定型となる。そして、高倉天皇が初めて自ら帳台試に出御した承安二年（一一七二）からは平重盛が加わるのだが、ここで一言触れておきたいのが、この頃の五節を描いたとされる『承安五節絵』についてである。

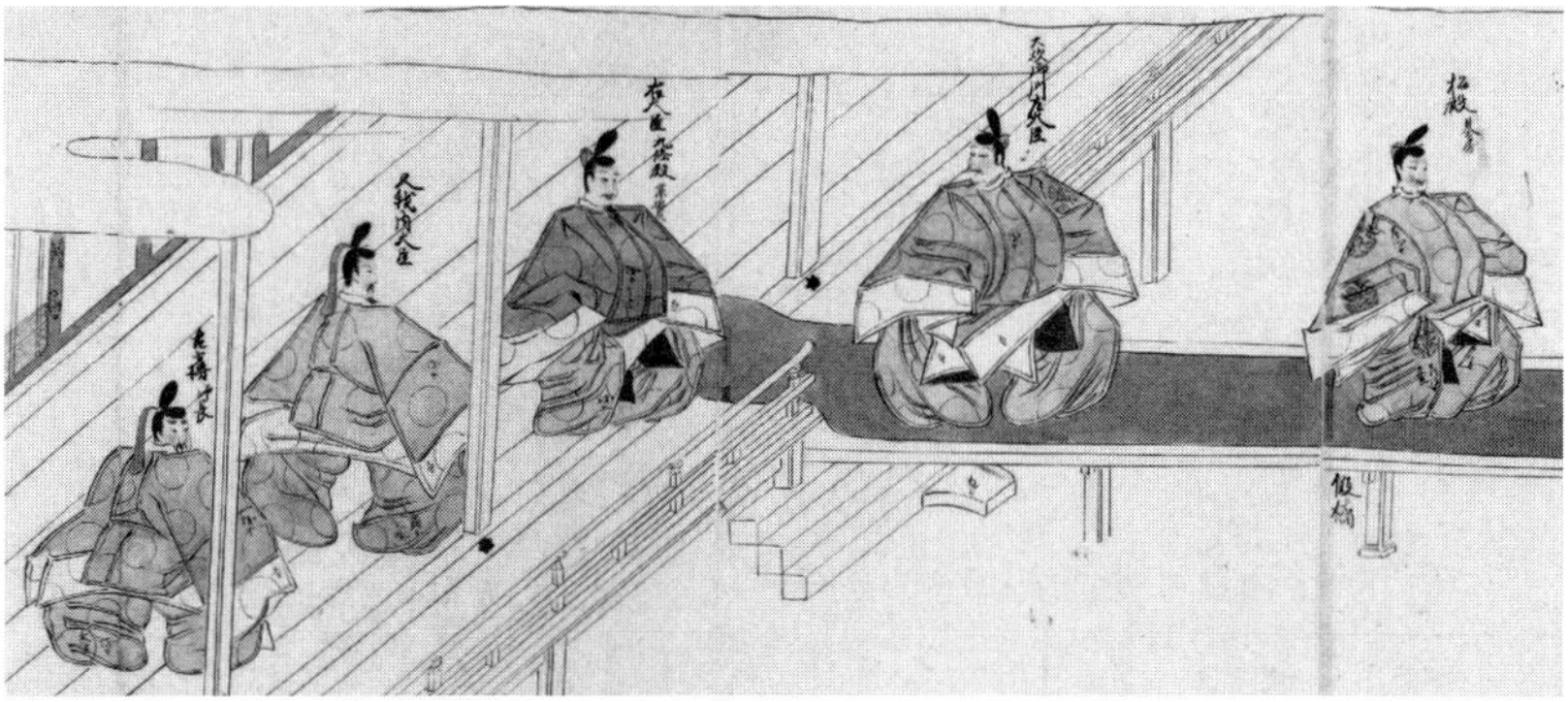

図 5　『承安五節之図』（部分，早稲田大学図書館蔵）
帳台試に出御するために清涼殿から常寧殿へ向かう天皇（画面右外）の後に，直衣を着た関白と公卿が続く．

この作品は承安元年の五節を描いたという詞書を伴い、多くの登場人物についてその当時の官位にほぼ合致する人名が書き込まれつつも、史実では帳台試に出御していない天皇の出御姿等が描かれており、誰が何を何のために描いたのか議論のあるところである[110]。この問いに対して何らかの答えを持つものではないが、承安元年の帳台試は基房が摂政として出御した最後の年であるだけでなく、六条朝から安徳朝においておそらく唯一、大臣・大将が勢揃いする一方で、閑院流や時忠、あるいは清盛の子等が帳台試に扈従しなかった年である。仁安年間の一連の騒動を念頭に、人名注記の通り、筵道を敷いた仮長橋の上を歩く基房の後に従うのが経宗・兼実・雅通・師長であると見るならば（図5）、一入の感慨を禁じ得ないのであり、この点は実際に何が描かれているのかや、作品や書き込みの成立背景を探る上で注意されよう。

さて、重盛が帳台試・童女御覧に参仕しはじめると、入れ替わるように数年間は閑院流の公卿の参仕が目立たなくなり、追って経宗や師長等の姿もほとんど見えなくなる。安元元年（一一七五）の帳台試に召集されたのは関白基房、右大臣兼実、右大将重盛、権中納言時忠等（『玉葉』十一月十六・十八日条）[111]、治承元年（一一七七）には基房、兼実、内大臣重盛、右大将宗盛、時忠の五人であり（『玉葉』十一月三日条）、童女御覧には権大納言藤原実国や権中納言藤原兼雅も催されたものの（同）、仁安年間初頭に、

平家が舞姫献上を独占こそすれ帳台試・童女御覧には参仕していなかったのとはまったく対照的である。(112)

しかしながら、治承元年の帳台試には重盛・宗盛が不参となり、高倉天皇の出御には基房・兼実兄弟と時忠の三名が扈従することになった（『玉葉』十一月十八日条）。兼実は承安四年には所労、安元元年には灸治を理由に参入しなかったが（安元二年は諒闇により節会停止）、数年振りに参仕した治承元年にこのような顔ぶれとなったことに思うところ多かったようである。日記には「時忠在二此列一、世間希異之随一也」との感想を記し、試の場において「予敷二畳二枚一（一枚関白居、一枚余居、時忠居レ板）」と、基房と自分のためだけに畳を敷き、時忠は板の上に座ったこともわざわざ記している。(113) また童女御覧は風病を理由に欠席した（二十日条）。

兼実の「世間希異之随一也」という文言は、『禁秘抄』が時忠の参仕について「世人嘲レ之」と記していることと重なる。(114) ただし、この時点で時忠の帳台試扈従は約十年の歴史があり、その場の雰囲気も「嘲」という語から想起されるのとはずいぶん違うものであったと思われる。実際、舞姫の参入や天皇の着装等を待つ間、兼実は時忠と話をしたとも記しており、この時に時忠から聞いた後朱雀・後三条両代の御記に関する話を日記に書き留めている。(115)

そのような中、政治状況は緊迫の度合いを強め、遂に治承四年（一一八〇）には以仁王が挙兵、その鎮圧直後の六月に、福原に皇居が移された。追って正式な皇居のために福原第が新造されるが、東国の蜂起等を背景に、三歳の安徳天皇はここに入って五節を行なうとすぐに京に戻ったのであり、この御所はあたかも五節のためだけに造られたかのような結末となった。(116) この時の五節については黒澤舞による専論があるが、(117) 五節の公卿参仕の歴史上、素通りできない興味深い経緯を含むものであり、またこの時の五節が「如例」であったことに注目する黒澤は、「細かい点において問題はあるものの、如例の帳台試が行われた」と解釈していて、(118) 史料の読解に疑問も残るので、公卿参仕に関連する点に絞って取り上げたい。

この年の五節は、参仕者の選考について伝える記録が残される。『吉記』によると、十一月七日に記主の蔵人頭藤原経房が摂政基通を訪れ、案件の一つとして帳台試と童女御覧の参入公卿の決定を求めたが、「依二多武峯怪一堅固御物忌」にあった基通はこれを理由に先延ばしにした（同日条）。この時には並行して頼朝追討宣旨の処理がなされており、当時の緊迫した状況とともに、そのような中でも準備を進めなければならないものとして、彼らにとっての五節の重要性が窺われる。翌日、経房が再び赴くと、基通は高倉院のもとへ参上していたので、経房は院御所へ参上して五節の諸事の裁定を仰いだ。基通と高倉院の間で差配の譲り合いがあった後、高倉院の裁定によって左大臣経宗以下の召集、また特に右大将良通の祗候を求めることとなった（八日条）。後述の記録に拠れば、その他には左大将藤原実定と平時忠が扈従者に選定された。

経房は基通の指示を得るにあたって、「寛治・仁安例幷可レ然人々注二申之一」、すなわち寛治・仁安の先例と、参仕に適当な公卿の交名を提出したという。大嘗会でかつ摂政の初度の出御の例を勘申したものであろうが、寛治は師実が摂政として出御し、扈従者を「親昵公卿」に限定した時であり、仁安の基房は左大臣以下を催したにもかかわらず公卿不参に悩まされた。無能とも言われ、経験の乏しい二十歳の基通が、このような先例を注進されて困り果てたことは想像に難くない。そもそも治承三年の政変で公卿の多くが粛清され、また福原に皇居が置かれたこともあって、基通と「相親」の公卿を集めるのはほとんど不可能であった[119]。良通を京から召すべきであるという院の指示も、基通の従弟であるためであろう。

その良通への催しは十二日に届いた（『玉葉』同日条）。経房から藤原基輔への書状によって催しを受け取った良通は、「大将自書二請文一、申二可レ参之由一了」、すなわち自ら請文を書いて参仕を了承し、三日後には兼実ともども、福原に向けて出発した（同十五日条）。ところが、鳥羽からであろうか、船に乗って十町程行った所で、福原からの飛脚に止められる。届けられた書状を開くと、そこには「大将殿御下向、随二重令レ申可レ候也。縦雖下出二途中一給上、必々可二令レ留給一。於二子細一ハ追可レ申云々」、すなわち良通はすでに下向せんとしているだろうが、途中であっても必ず中止するようにという清盛の命が記されていた。

兼実と良通は事情のわからないまま戻ることとし、車はすでに返していたので、馬や輿に乗って帰宅した。兼実は日記に「近日之事万事非レ無二不審一。何況縦横之浮説不レ可二勝計一。雖レ然天下之大事不レ可二黙止一。仍強レ病予参。且是為二恐懼一時議也。而自レ彼已被レ止二参入一。此上何故可レ企二推参一哉」、すなわち近日は不審なことばかりであらゆる噂が飛び交っているが、（五節という）天下の大事であり、また「恐懼」の時儀であるため、病を押して向かった。それなのに、彼（清盛）から参入を止められたのだから、この上は推参する必要があろうか、と記している。それでもなお、世間の評判を心配する兼実は、新昇殿の藤原経家・基輔を、必ず五節に祗候すべきものとしてそのまま福原に向かわせ、良通不参の事情を説明するようにも言い含めた[120]。

翌日になり、福原から重ねての使者が訪れ、前日に下向中止を指示したのは他意のあることではなく、皇嘉門院の病と兼実の病を気遣って止めたものであるとの清盛の言を伝えた（同十六日条）。『吉記』には「右大将参入、自二途中一帰了。依二皇嘉門院御悩一云々」と見えており（十七日条）、福原でも清盛周辺は良通不参は皇嘉門院の病のためと通知したらしい。

帳台試に参入しなかったのは良通だけではなく、左大臣経宗も当日になって所労を称して欠席した[121]（『吉記』十七日条、『玉葉』二十五日条）。また実定も病を称して参じなかったため、参入予定者のうち姿を見せたのは時忠のみであった。そこで基通の意向を確認し、権中納言藤原忠親を呼ぶことになったが、蔵人親経が忠親に連絡をし、扈従者不参のため帳台試に参入するよう伝えると、忠親は障りを申して断わった。そこで、参議中将の藤原実守と源通親を扈従させることで、なんとか人数を揃えることとなった（『吉記』『山槐記』十七日条）。

忠親は扈従を断わった理由について、このような召集は「甚だ由無く」、帳台試だけに呼ばれることは「別様事」ではないかと記している。また、実守と通親も帳台試の扈従を引き受ける条件として童女御覧にも召されることを要求し、認められたという。[122] 同様の認識は、仁安三年に実房や実国も示していたが、彼らは童女御覧に呼ばれないことに甘んじたのに対し、[123] 実守・通親は童女御覧に召されることについて譲らなかった。

この一連の流れは、一見、公卿たちが清盛一門や基通に対して見せた反抗にも見える。しかし、良通の不参は清盛の差配によっており、実際には高倉院と基通の決定を清盛が反故にしたという構図であった。経宗も清盛一門と親しい関係にあり、突然の不参には何らかの事情があったことも想像される。[124] 清盛がこのような行動をとった理由を推量するのは難しいが、[125] 兵乱に突入しつつあり、極めて混乱した状況の中で、政権中枢内部にも食い違いが生じていたのであろう。

混乱は童女御覧の日にも起きた。童女御覧に召されたはずの藤原実家が参上すると、催しは僻事と言われ、退出したのである（『吉記』十九日条）。この一件の噂は京にまで広まり、兼実は藤原光長から「五節之間、実家卿蒙下可レ参二童女御覧一之催上、直衣・出衣参上之間、依レ未レ被レ聴二直衣一、被二追帰一了。職事未練之所レ致歟。尤不便云々」と聞いており（『玉葉』二十五日条）、これによれば、実家は直衣を許されていないのに直衣に出衣で来たことを咎められて追い返されたことになる。[126] また、光長はこの事態を職事の未練のせいかとしているが、蔵人頭経房は「何所誰人失錯哉。参入卿相事、人口嗷々。予不二沙汰一事也」と、自分の責任ではないと記している。実家兄弟の実定・実守が童女御覧に参仕したために混乱があったのだろうか。一方、『山槐記』同日条にはこの日の童女御覧に関して、実定・実守兄弟が軽服であるという注記や、[127] 鋪設等についての批判とともに、[128]「不レ被レ憚二東国乱一歟」と書き付けられており、ここからも当時の混乱と不穏な空気が窺われる。いずれにしても、帳台試と童女御覧の参入公卿について「人口嗷々」であったことは疑いないだろう。

翌年は諒闇により豊明節会が停止され、その次の寿永元年は大嘗会が開かれたものの五節の詳細は伝わらず、寿永二年も乱のために節会は停止された。そして元暦元年（一一八四）の後鳥羽天皇大嘗会以降の帳台試と童女御覧では、摂関家と清華家の上位公卿が参仕を独占し、その中である程度バランス良く分担する方式となった（巻末表）。もちろん摂関の交替劇をはじめとする政治状況の変化に応じて参仕者の構成に変化もあり、全ての年の全ての参仕者が明らかになっているわけではないが、治承四年の平時忠を最後に、摂関家・清華家以外の天皇外戚の参仕は見られなくなる。外戚のうち、後鳥羽天皇外戚の坊門家や、順徳天皇外戚の高倉家、後堀河天皇外戚の持明院家の人物の参仕は確認できず、唯一確認できるのが土御門天皇外戚の村上源氏であるのは、決して偶然ではないだろう。

十二世紀を通じて、帳台試と童女御覧は公家社会の人間関係や権力の所在を可視化する重要な場であり、権力闘争や序列争いが如実に反映された。そして、平氏政権下の混沌を抜けた後、帳台試・童女御覧への召集は天皇との実際の身内関係ではなく、家格と官位に基づくものへと完全に変化し、帳台試は清華家公卿が直衣参内を許される主要なきっかけとして『禁秘抄』に記されることになったのである。このことからは、打ち続く兵乱を経て軍事・警察組織を朝廷から切り離すという大きな政治構造の変化がもたらされる一方で、公家社会内では家格によって序列を固定し、その枠の中で協調することで社会全体の延命が図られたことが浮び上がる。

ところで、安元元年（一一七五）の五節卯日に内裏近くで火災が起きた時、同日の童女御覧に参仕する予定であったと思しい重盛は、「直衣・垂袴」で天皇のもとに駈け付けた後、柏夾に上括りとしているが（本書二七九頁『禅中記抄』）、中宮徳子のもとにも直衣姿で参じたことが『建礼門院右京大夫集』に「小松のおとゞ、大将にて、なをしにやおひて、中宮の御方へまいり給へりし」と描かれている[129]。『右京大夫集』には他にも、賀茂祭の警固の直衣姿の少将維盛が「まことにゑ物かたりいひたてたるやうにうつくしく」見えたと、そして都落ち後に恋人資盛を「つねにみしまゝのなをしすがた」で夢に見たと、重盛の子等の直衣姿が肯定的に描かれる[130]。維盛・資盛の例はいずれも殿上人としての直衣姿ではあるが、直衣勅許によって公卿の直衣参内の管理が強化される中で、権力と財力を得た平家一門の直衣姿が見る者に与えた効果を窺わせる。

なお、平家の直衣姿は、『右京大夫集』の影響を強く受けて成立した『平家公達草紙』にもさまざまに描かれるが、なかでも火災に駈け付けた大将重盛の姿を、「冠に老懸して、夏のなをしのかるらかにすゞしげなるに、こてといふ物をさし給けるにや、袖のもとにしろかねをつぶとせられたりしが、直衣にすきていみじくつきぐ〳〵しく見えし」と描写することが注目される。[131]『平家公達草紙』は創作物であり、この火災が五節の折であるともしてはいないのだが、第三章第四節第二項等で検討したように、この頃の五節には、好事者が夏の直衣や指貫を着て内衣を透かせることが流行していたのであり、あるいはそういった慣習を踏まえての描写とも想像されて興味深い。

このように直衣を着熟す一方で、平家が朝廷社会の中枢を掌握すると、本来は鎧の下に着る衣服であった直垂が美々しく活動的な上衣として用いられるようにもなった。[132]新しい衣服のラインを求めて強装束化も進み、専門衣紋師の存在感が強まり、細かい着装法に関する文献も増える。直垂には唐物や錦がふんだんに用いられたが、平家の富は直衣等にも惜しみなく注ぎ込まれたであろう。建春門院平滋子に仕え、その死後には八条院に仕えた健御前は、建春門院御所のほうが厳格な雰囲気で、服装も場面ごとに厳しく管理されていたと伝えるが、[133]同時に滋子の贅を尽し、新奇性にも富む衣装も書き留めている。例えば承安三年十月の最勝光院堂供養に際して彼女のために用意された服は、白地黄地の唐錦の六衣、すべて表が錦の打衣・表着・唐衣であり、これを重過ぎると嫌った彼女が実際に着たのは、白地錦の二小袖と赤地錦の袴に薄衣であったという。[134]彼女が厳格に規律を正して美を管理すると同時に、贅を尽し、新しい流行を作りだそうという世界観を持っていたことが窺える逸話であるが、直衣勅許の厳格な運用の一方で、平家の公達が直衣や直垂を美しく着なしたこともこれと一貫する現象と捉えられよう。直衣参内だけでなく、強装束や直垂など、院政と平氏政権が朝廷の服装文化に残した足跡は大きなものであり、「平安装束」を考える上で、今後、考察を更に深めていく必要がある。

第四節　承久の乱後の展開

白河院政期に始まった直衣勅許制度は、信西政権・平氏政権下で厳格に運用され、かつ政権中枢に近い人々を対象とするようになり、その結果、高倉朝までに、摂関や大臣の他に、家格はあまり高くないが天皇と距離の近い外戚や乳母夫・侍読・師匠等を対象に含むようになった。この家格と天皇との近さの二つを基準とする直衣勅許のあり方は、近臣を中心とした朝廷の再編や公卿の統制に有効な手段として、承久の乱に至るまでの約四十年間、維持され、『禁秘抄』に示された明確な基準へと洗練されていったと考えられる。乱後の展開については今後の検討課題であるが、おそらく『禁秘抄』によって基準が示されたことも一因となって、鎌倉時代にはこの基準がおおよそ維持されたものの、朝廷が縮小し、公家が困窮し、主たる服装が狩衣や直垂等に移行する中で(135)、直衣勅許の政治的意義は薄れ、勅許される時期に若干の違いはあってもおおむね公卿全般に直衣参内が認められるようになったと、現段階では考えている。以下、管見に触れた史料をいくつか紹介しながら、この見通しについて述べておく。

承久の乱後も、直衣勅許の制度自体は存続していた。例えば正応四年（一二九一）頃の成立とされる飛鳥井雅有の蹴鞠書『内外三時抄』では、直衣について、次のように説明している。

直衣

朝云、禁中・后宮・春宮坊常事也。仙洞にもまゝ着レ之。行幸御逗留日、若朝覲、又警固之時、御会等、皆可レ着人ハ直衣。巻纓若綏有二人意一。衛府事也。ア凡直衣ハ禁裏にて（た）ハゆりさる外ハ凡人の公卿は無二左右一着事なし。イ然而当家には公卿の後、又未昇殿の時も、御鞠之時ハ着二直衣一也。衣冠ハ鞠にあつくらはしき故也。ウ予以二此法一公卿之後推而可レ着之由、申二談花山院前内府（師継）一之処、「家例雖レ然、諸事古今異也。無二左右一着レ

> 之者、若及二御沙汰一者、為レ後不レ可レ宜。可レ伺歟」云々。仍奏聞之処、即勅許にて着レ之。基長侍従為二未昇殿一、禁裏御会着レ之。為二先規一注レ之。
>
> 衣冠
>
> 朝云、直衣不レ着人ハ禁裏の御会等併着レ之。無二別子細一〈只如二直衣一〉。[136]

すなわち、まず内裏や後宮での鞠での直衣の着用は日常的なことであり、仙洞御所でもまま着ることを述べた上で、本来、内裏では勅許を受けていない「凡人の公卿」は思うままに直衣を着ることはないが（傍線部ア）、衣冠は鞠には不適当なので、飛鳥井家では公卿に昇った後や、昇殿を許される前でも鞠には直衣を着るとしている（イ）。雅有は更に、自身が公卿に昇任した時には、この考え方によって勅許を受けずに直衣を着ようとしたが、もし問題となると後のためによくない、という花山院師継の助言を容れて勅許を申請し、即座に許された、とも記している（ウ）。ちょうど、雅有の弘安三年（一二八〇）の仮名日記『春のみやまぢ』には、この年の正月十三日条に直衣勅許を受けたことが記されている。

> 宰相すけ〔雅有女経子〕のつぼねよりふみあり。内裏〔後宇多天皇〕のなをしのこと、御めんのよしなり。日がらよければ、やがてこよひ〔今宵〕きてまいらむと思て、頭兵衛督〔藤原為世〕にこのよし申て、御教書をとりて、くゝりさげてまいる。ひさしに殿上人三四人あり。三位どの〔愔子〕のゝつぼねへよろこび申て、まかりいでぬ。[137]

雅有は弘安元年正月に従三位に叙されているが（非参議）、『春のみやまぢ』冒頭によれば、その頃は息子の死去等にうち沈み、出仕も滞りがちだったようである。弘安三年正月からようやく公卿としての活動を本格化させ、東宮御所や内裏での鞠に参加するにあたり、直衣の勅許を得たのだろう。

以上の記述を見ると、殿上人の直衣着用は問題とならず、公卿に昇った後の直衣の着用に勅許が必要、という制度のありかたはかわっていない。東宮の鞠の師匠である雅有は、上鞠という『禁秘抄』の基準にも合致している。しかし、直衣勅許は、譴責や非難の原因とならないよう、念のため申請するものとなっており、実態としてはほとんど形骸化している。『春のみやまぢ』には、鞠の上手にのみ許される無文燻の襪《しとうず》の勅許を、当時治天であった亀山院から得られないことへの不満や、得た時の悦びに関する記載が多いが、それと比べても直衣勅許の扱いは非常に軽い。

下って十五世紀後半の成立と目される『蛙抄』では、[138]かつては参議の時に許されるのは清華家以上のみであったが、近代は是非に及ばず許されるとしている（左掲傍線部ア）。

一、聴㆓直衣㆒事〈ア古者無㆓左右㆒不㆑被㆑聴㆑之。参議之間被㆑聴事、精花等之外無㆑之。近代所（不カ）謂尊卑之太過分之儀也。又不㆑及㆓是非㆒被㆑聴㆑之、至無気味事也。イ被㆑聴時必有㆓綸旨㆒。院中雖㆓御治世㆒、非㆓院宣㆒。是被㆑聴㆓直衣㆒ハ限㆓参内㆒之故也。ウ公卿之初一度被㆑聴之後、昇進ノ時、毎度雖㆑不㆑被㆑聴、遂㆓直衣始㆒而已。[139]〉

更に、十六世紀の公卿三条西実枝の記した『三内口決』では、直衣・指貫を「平生出仕之装束」として上げた上で、次のように記している。

殿上人之時、大臣ノ孫マデ、直衣・指貫等如㆓公卿㆒着㆓用之㆒候。可㆑聴㆓禁色㆒之由蒙㆓宣旨㆒以後着㆓用之㆒候。非色之殿上人ハ平絹之直衣・平絹ノ指貫着㆓用之㆒候。冬ハ面練貫、裏平絹〈二藍〉。

非色トハ大臣之彦以下大中納言家之事也。[140]

すなわち、ここでは禁色勅許による綾の着用の可否が問題となるのみで、直衣勅許の有無についてはもはや議論となっていない。

そして江戸時代には、勅許の時期に違いはあっても、広範囲の公卿に直衣着用が許されたと見られる（第二章第二節第三項参照）。『禁中並公家中諸法度』では「直衣、公卿、禁色、直衣始或拝領、家々任㆓先規㆒着㆓用之㆒」と規定されており（本書六七頁）、各家の先例に任せて、禁色勅許以降、直衣始以降、あるいは直衣の拝領等をきっかけとして、直衣を着用せよ、という意味に解釈される。野宮定基も、「公卿以上」は直衣宣下によって着用が許されるとはしていたが、その宣下のために特別な資格が必要であるとは述べていない（『新野問答』）。同じく十八世紀初頭には、壺井義知も次のように述べ、「今の世」は近習でなくとも、その人にふさわしい先例に任せて許すとしている。

一、直衣とハ、いかやうなる物にて、いか程の人被レ着候哉
（中略）いにしへハ花族〈清花ノ通称〉の公卿といへども輙ク不レ聴レ之ヲ。御簾中入立の近習聴レ之。其外ハ御侍読或御乳父聴レ之。已上古記（桃花蕊葉及禁秘御鈔）に見えたり。但内々にてハ着用ありしにや。いにしへハ殿上人の直衣もありし也。今ノ世直衣をゆる事、摂家・清花ハ勿論、近習の人にあらすといへども、其人の任二先例一勅許あり。或種姓よろしき家には、参議の時聴レ之。其外ハ、或納言の時聴レ之、或はゆりさる家々難二勝計一[14]。

一方で、『三内口決』では「非色之殿上人」が平絹直衣を着用したことが示されているが、『禁中並公家中諸法度』や『新野問答』等に示されるように、近世にはこれは羽林家の四位以下の近衛次将に限定された習慣となった。このことに関しては、『古事類苑』が引くように、『三内口決』著者の実枝と同時代の公卿中御門宣胤が、自身と三条西実隆（実枝祖父）の見解を次のように伝えている。

勧修寺黄門（尚顕）状到来。明後日室町殿（足利義稙）御参内。尹豊〈左衛門佐、五歳〉可二召進一。可レ着二練貫直衣一之条如何事、又公事見物不レ可レ着二直衣一歟事等也。（中略）ア殿上人着二直衣一事、当時侍従・衛府佐等各着用、定無二子細一事歟。無二所見一候。入道前内府（三条西実隆）御談合可レ然候。又公事日着二直衣一事憚候。如レ此返事了。（『宣胤卿記』永正十四年（一五一七）正月八日条）

勧修寺黄門状到来。尹豊直衣事幷節会次第内不審事也（三十五ヶ条）。入道内府返事令二一見一返レ之。写留在レ左。
祝詞誠重畳珍重候。抑明日御参内、佐殿御参目出度候。イ直衣事、近衛将者依永　宣旨着レ之候。其外禁色殿

ウ先朝〔後土御門天皇〕御代、故以量〔薄〕卿外衛佐にて
上人不レ能二左右一候。不レ然者外衛佐打任可レ着二直衣一之条、未曽有事候歟。
不断祗候。袍等不二合期一候間、以二密儀一内々可レ着二平絹直衣一之条如何之由及二御沙汰一。堅固内儀用レ之候。是
ハ別儀候。其外ハ不二打任一よ〔歟カ〕と愚存存候。但毎事老僧如レ此之事非二存知一之限候。事々期二面賀一候也。謹言。

九日　堯空〔実隆〕（同九日条）

すなわち、勧修寺尚顕が息男尹豊が室町殿参内に随行するに際しての直衣着用の是非について問い合わせたのに対し、まず宣胤自身は、侍従や衛府佐等が着用している例を見るので、問題ないのではないか、という見解を示しつつ、三条西実隆に尋ねることを勧めた（傍線部ア）。これを受けて尚顕は実隆に問い合わせ、その返書を翌日、宣胤に転送した。そこに記された実隆の見解は、近衛の将は永宣旨により直衣を着用し、また禁色の殿上人も着用に問題はないが、それ以外の殿上人が好き勝手に直衣を着ることは「未曽有の事」というものであった（イ）。そして、後土御門天皇の代（一四六四―一五〇〇）に、当時衛門佐の薄（橘）以量が直衣にて不断に祗候していたが、これは困窮と戦乱によって袍等が不足する中で、ごく内々に着用したのであって、例外的なものであろう、と述べている（ウ）。

宣胤の見解からは、当時も殿上人の直衣着用が広く見られ、それを「子細無い」と考える人々もいたことがわかるが、おそらくは実隆等の見解が有職のものと尊重される中で、禁色を許されていない殿上人の直衣着用は近衛次将に限られるようになっていったと推測される。一六〇〇年頃成立したとされる謡曲の注釈書『謡抄』[142]の「井筒」に見える直衣の説明中には、「又四位中将少将も着する也。是ハ無文也。此外の侍臣ハ不レ着也」とある。また、野宮定基は、ここ三、四十年程は直衣を着る次将もいなくなり、「好事の至」ではあるが、故実を尊重して元禄年間に無文直衣を着用したと証言している[143]。

こうして、近世には有文直衣の着用は公卿と禁色勅許を受けた摂関家・清華家の殿上人の標識となり、また無文直衣の着用は羽林家の殿上人の慣習としてわずかに残存することとなった。そのような中で、三位以上を指すとされる

「直衣の位」という語も生まれた[144]。現代の説でも、例えば髙田倭男は直衣での参内が許される範囲として「公卿とその子息」とし、鈴木敬三は「三位以上を原則」としていたが[145]、近世の基準としてはこれがほぼ正しいと推測される。

さて、このように形骸化しても直衣勅許の制度が存続した理由としては、作法や先例が重んじられる朝廷において、その誤りが非難や譴責の原因となれば後にまで響く、という花山院師継の言（本書二九四―二九五頁ウ）が参考になる。

『内外三時抄』の約百年後にも、次のような記録が見られる。

今出河〔公直〕大納言、就二明後日〈十九日〉禁裏舞楽参事一、有二相尋事一。

一、ア今度可下着二直衣一参内上。付二職事一可レ申哉否。答云、「イ此御代未下着二直衣一令レ参給上者、付二職事一可レ被レ申也者。ウ前源大納言〔中院〕〈通冬卿〉不二奏聞一着レ之令二参内一、人々加レ難。時宜も及二御不審一云々」。（『後愚昧記』康安元年（一三六一）三月十七日条裏書）

ここでは、二年前の延文四年（一三五九）四月に権大納言に昇進し、この三月八日にその拝賀を行なった今出川公直が、拝賀後の直衣初参内に際して、蔵人を通じて勅許を得るべきかを三条公忠に確認している（傍線部ア）。公忠の答えは、天皇の代替わりの後に最初に直衣で参内する時には、勅許を得るべきと聞いている、というものであり（イ）、つまりは今回の公直については許可の申請は不要というものであった[146]。その上で公忠は、中院通冬が直衣着用の許可について奏聞をせずに参内をして、人々に難じられ、天皇も不審を表わしたという話を示している（ウ）。これがいつのことかははっきりしないが、通冬は観応の擾乱（一三五〇―五二年）に際して南朝へ祗候した後、延文四年末に北朝へ帰順しているので[147]、あるいはこの時のことであろうか。

ただ、代替わりに際して直衣勅許を改めて申請すべきという規範も、公家の中で見解が分かれつつも、衰退していったようである。正長元年（一四二八）の後花園天皇践祚の直後、参議左中将中山定親は、直衣勅許を蒙らない前の直衣参内の是非をしきりに問題としつつ、新たに勅許を受けずに直衣で参内する公卿がほとんどであったことを伝えている。

依二当番一巳刻着二衣冠一〈当代未被レ聴二直衣一也。依二警固中一巻緌〉参内。（『薩戒記』正長元年八月六日条）

参院〔中略〕待二勅答一之間、予言談。大丞〔広橋親光〕云、「当代未レ被レ聴二直衣一之人々押着用奇怪事也〈季保卿〔四辻〕今日着二直衣一参二内裏番一云々〉。我申二請着用一」者。予問下有二季保卿外着用参内人一歟之由上。答下多二推着之人一之由上。追可レ尋。（同九日条）

申刻着二衣冠一〈連々衣冠参内雖レ不二穏便一、当代未レ申二直衣一。如レ番日着二束帯一之条又不相応之故也〉参内。（同二十二日条）

秉燭後着二直衣一参内。依二当番一也。抑当代未レ被レ聴二直衣一之故、于レ今不二着用一。ア而近代之儀、先帝御時被レ聴之輩、重雖レ不レ奉レ仰、着二用之一参内無レ憚云々。仍又今度諸人存二其旨一。但右大弁〈親光〉一人申二請御教書一云々。是存二故実一歟。尤可レ然。イ予所レ存雖レ同二彼人一、猶任二近例一着二用之一。万人之所レ為、一身強守二旧礼一者、還可レ招二嘲哢一歟。仍只同二衆人一所レ為者也。為之如何。（同十月十九日条）

七月二十七日の後花園天皇践祚の後、定親は直衣勅許を改めて蒙らないうちは直衣で参内できないと考え、衣冠で参内した（八月六日条）。また、他の公卿たちが勅許前に直衣を着て参内していることを広橋親光と噂し、親光は直衣勅許を申請したことを聞いている（九日条）。曩祖忠親の日記を尊重し、ちょうど同時期に『達幸故実抄』を編んでいた定親らしい態度であった。ところが、それから十日ほど過ぎると、衣冠での参内に居心地の悪さを感じはじめたようで（二十二日条）、結局十月下旬には、直衣勅許を申請しないままに直衣での参内に踏み切った（十月十九日条）。定親は、諸人の奉じる「近代の儀」は、先朝に直衣参内を許されていれば重ねて勅許を得ずとも直衣参内してよいというものであり、勅許を申請したのは親光一人であったと説明し（傍線部ア）、親光と思いは同じだが、独りで旧礼を守って万人の振る舞いに反すれば却って嘲弄を招くであろうから、これに屈するのだと、複雑な心情を記している（イ）。

十六世紀に入っても、中御門宣胤は代毎に勅許を得る必要があるという見解を明確に示しており、このような考え方が残存してはいた。

早旦勧前黄門〔政顕〕到来。今日武家〔足利義澄〕御参内可レ着二直衣一事。当官辞退以後、不レ及二直衣始一歟云々。直衣事一代一度聴レ之。先御代雖レ聴レ之、当代又申レ之。昇進以後更又不レ申レ之。直衣始事、昇進以後更又無二其儀一。只依レ人刷二威儀一歟。当官辞退以後如レ元着用勿論、不レ及二直衣始一儀之由返答了。（『宣胤卿記』永正元年（一五〇四）閏三月四日条）

ここでは、前月末に権中納言を辞した勧修寺政顕からの質問に答えて、直衣は一代に一度だけ許されるものであり、代替わりには再度申請しなければならないが、昇進の後には申請しなくてよい、としている。また、これより先の文明十二年（一四八〇）成立とされる『桃華蕊葉』でも、一世紀前には勅許の更新があったことや、二条家では代始毎に勅許を申請することを伝えているが、同時に更新は不要との認識を示している。

ア摂家、元服日禁色事被二宣下一也。雑袍事別不レ被レ仰レ之。仍不レ待二勅免一着二直衣一参内、当家代々例也。イ但永徳二年四月譲位時、故殿〔一条経嗣〕〈于レ時大納言〉直衣勅免事、以二摂政宣一被レ仰レ之。其時儀未二一決一。ウ二条家、代始毎度蒙二勅許一云々。委細事見二故殿御記一者也。[148]

ここで兼良はまず一条家代々の例として、元服の時の禁色勅許をもって、その後は個別の勅許を得ずに直衣での参内を行なうと説明した上で（傍線部ア）、永徳二年（一三八二）に後小松天皇が践祚した際には、当時大納言の父経嗣が直衣勅免を、その実父二条良基の摂政御教書（摂政宣）をもって許されたが、この時の儀は絶対ではないとし（イ）、二条家では代始毎に勅許を得ているらしいと伝えているのである（ウ）。

最後に、勅許の手続きの変遷について見ておく。『春のみやまぢ』では、内裏での直衣着用は天皇の「御教書」によって許され（本書二九五頁）、『桃華蕊葉』に示された経嗣の例では「摂政宣」で許されていた。また『蛙抄』では、直衣勅許は内裏に関わることであるから必ず綸旨である必要があり、院政下でも院宣で許されることはない、としている（二九六頁イ）。直衣参内は、十二世紀には院宣によっても許されており、また『禁秘抄』には順徳朝における勅許への後鳥羽院の関与が示唆されていたが、承久の乱後には天皇の綸旨、または摂政御教書によって許されるようになり、院の関知するところではなくなったのである。富田正弘も、中世の直衣勅許は綸旨によることが多いと指摘している(149)。

実際の手続きとして、飛鳥井雅有の例では、娘の経子（後宇多天皇女房）を通じて直衣勅許を申し入れ、許可するという天皇の意向を彼女から伝えられた後、それを蔵人頭に伝えて御教書（綸旨）を入手している。綸旨の実例としては、園基氏への勅許が『民経記』に見えている。

巳刻許、自二一条殿一為二蔵人（平）繁茂奉行一、只今可レ参之由被二仰下一。即以参入。（中略）以二繁茂一参入之由所二相触内侍一也。ア於二御所東面一、以二因幡内侍一被二仰下一云、只今新宰相中将基氏朝臣直衣事可レ仰之由也。即所二仰遣一也。

其書様、

着二直衣一可下令二参内一給上者。依二
天気一上啓如レ件。
三月廿九日　治部権少輔経光〈奉〉
謹上　新宰相中将殿

頃之左衛門督具実卿〈巻纓〉・侍従宰相為家卿・大弐成実卿等祗候。可レ有二蹴鞠御会一云々。イ新宰相中将着二束帯一参入。直衣事御教書於二途中一披見之由所レ被レ示也。白地退出、着二直衣一可レ参云々。（『民経記』寛喜三年（一二三一）三月二十九日条）

ここでは、五位蔵人の経光が後堀河天皇の在所一条殿（方違え先の中宮御所）へ呼び出され、内侍を通じて基氏への直衣勅許を伝えられ、その場で綸旨を書いて基氏本人に遣わしている（傍線部ア）。なお、基氏は後堀河天皇の外舅で、二十五日に蔵人頭から参議に昇任していた。後段では、一条殿で開かれた鞠会に参会していることが見えており（イ）、おそらくはここに直衣で参加できるようにするための勅許であったのだろう。

（1）所功「『禁秘抄』研究史・覚書」『宮廷儀式書成立史の再検討』国書刊行会、二〇〇一年（初出一九九二年）。
（2）秋山喜代子「乳父について」『史学雑誌』九九編七号、一九九〇年、同「台盤所と近臣・女房」『中世公家社会の空間と芸能』山川出版社、二〇〇三年（初出一九九三年）、佐藤厚子「『禁秘抄』の研究（六）」『椙山女学園大学研究論集　人文科学篇』四四号、二〇一三年等。
（3）群書類従二六、三八六―三八八頁。なお、尊経閣善本影印集成『禁秘御抄』八木書店、二〇一三年、翻刻四三―四四頁等も参照した。
（4）この時の経緯については、秋山喜代子「中世公家社会の秩序」『中世公家社会の空間と芸能』（注2）、一八九―一九一頁。また上括について、同「空間と公家社会の編成原理」（同書、初出一九九五年）、六〇―六一頁、順徳天皇の蹴鞠熱と近臣の関係について、同「順徳天皇と蹴鞠」『明月記研究』七号、二〇〇二年。
（5）『明月記』建保元年七月二日・十五日条。次将が警固にあたる時に直衣を着用したことは、『助無智秘抄』等に見える。
（6）秋山喜代子「台盤所と近臣・女房」（注2）、特に三四―三六頁。
（7）秋山喜代子「乳父について」（注2）。なお、秋山によれば、乳母夫のなかでも「乳父」になるのは一人だけであり、順徳天皇の乳父はここで「乳父」と付されている高倉範光だという（四五頁）。この見解を尊重し、本論では「乳父・乳母夫」と併記した。ただ、「乳父」の修飾範囲が範光だけかは定かでない一方、「聴二直衣一事」の「御乳父・御侍読皆聴レ之」や、「近習事」の「予代始、或坊官旧労・御乳父之親知等済々也」といった表現からは、「乳父」が複数存在するようにも読める。ここでは、厳密に「乳父」であるかよりもこの四名が全員乳母の夫であるという点を重視し、その立場を入立勅許の理由と解釈した。
（8）佐藤厚子「『禁秘抄』の研究（六）」（注2）、三―四頁。
（9）大丸弘「禁色雑袍の風俗史的研究」『風俗』三巻三号、一九六四年二月、一六頁。〔　〕内は引用者が補った。

(10) 秋山喜代子「乳父について」(注2)。また野々村ゆかり「摂関期における乳母の系譜と歴史的役割」『立命館文学』六二四号、二〇一二年一月では、乳母の重要性を摂関期まで遡って追究している。
(11) 群書類従二六、三七七頁。
(12) 同前、三七九頁。
(13) 『皇帝紀抄』群書類従三、三九六頁等。なお、この五人のうち入立・直衣勅許の項で言及のない源仲章については、「御侍読事」において侍読は本来二人で三人もよくあるが、四人に及ぶのは「不二甘心一」であるとした上で、「況仲章横参時、及二五人一。不レ可レ為レ例」と記しており(三八九頁)、否定的に評価していた。
(14) 『公卿補任』承久元年範時尻付、『春宮坊官補任』続群書類従四、二四七頁。
(15) 『公卿補任』承元四年頼範尻付、『春宮坊官補任』同前。
(16) 藤原長兼『東進記』建仁三年十二月二十五日条(『大日本史料』第四篇第七冊所引)。
(17) 鈴木敬三「禁色」『国史大辞典』吉川弘文館、一九八九年。類似の言説は多く、例えば出雲路通次郎『有職故実に関する講話』では「禁色の勅許を得るよりは更に重い」と述べる(臨川書店、一九八八年(初版一九五〇年)、三三頁)。
(18) 近藤好和「天皇と装束」河添房江編『王朝文学と服飾・容飾』竹林舎、二〇一〇年、三八頁。
(19) 橋本義彦「清華家」『国史大辞典』。当該期の清華家をめぐる動向については、佐古愛己「平安末期—鎌倉中期における花山院家の周辺」『平安貴族社会の秩序と昇進』思文閣出版、二〇一二年(初出二〇〇五年)、久保木圭一「清華家「大炊御門家」の成立——始祖藤原経実の婚姻関係を中心に」『日本歴史』六九七号、二〇〇六年六月等参照。
(20) 藤原定家は、困窮していた侍従時代の頼平が禁色勅許を受け、東宮権亮等の地位を得たのは、頼実が後鳥羽天皇腹心の女房卿二位兼子と再婚し、権勢を得たためと評している(『明月記』元久元年四月十六日条)。
(21) 『禁秘抄』には「院御時」とあるが、公経が参議となったのは後鳥羽天皇譲位直後の建久九年正月三十日で、その前は蔵人頭であった。「院御時」という点を重視すれば殿上人時代のこととなるが、「近習事」の記述や他に上げられている例からは入立も直衣参内同様、公卿に対して出される勅許と思われるので、不審である。一方、ちょうど建久九年九月に後鳥羽院乳父子の一条高能が没しているので、あるいは公経への「乳父聟」としての入立許可はこれと関わるものかもしれない。秋山喜代子「乳父について」(注2)によれば一条能保は後鳥羽天皇の乳父であり、土御門天皇の乳父は四条隆房であるが(根拠は共に『禁秘抄』の③)、能保室の藤原信子(能円女)も土御門天皇乳母の一人であり、乳父が一人とは限らないとすれば、公経が土御門天皇の乳父聟であったと解釈することも可能ではある。

(22)　秋山喜代子「乳父について」（注2）。

(23)　小川彰「古記録記事を通してみたる禁色勅許——平安後期殿上人層を中心として」『国史学』一二七号、一九八五年。

(24)　同前、六二頁。具体的に条件に言及した史料として、十三世紀のものではあるが、『明月記』寛喜二年（一二三〇）十月十三日条に、後堀河天皇乳母の藤原成子が、孫で天皇乳父子の侍従滋野井公光への禁色勅許を懇望しているが、「相将子」でもなく不適切だと記されている（「侍従公光、祖母禁色懇望。殿下〔道家〕仰『於二非拠□一者奏聞先了、其上於有二勅許一』者。不レ可二難渋一由尤可レ然事也。七代絶了、非二相将子一。但乳母子之幸、成範中将・脩範少将可レ比レ之歟」）。公光の父実宣（七代前は公成）が後堀河天皇乳父として勢力を伸張したことについては、秋山喜代子「乳父について」（注2）に詳しいが、それでも公光が禁色を得ることはできなかった。なお、引き合いに出されている成範・脩範は後白河天皇乳母朝子と信西との間の子で、その権勢により急速に中将・少将に昇進した。また禁色勅許が清華の証となったことについては、例えば『民経記』嘉禄二年（一二二六）十一月十五日条に花山院定雅の振る舞いについて「依二花族一也〈禁色也〉」とし、仁治三年（一二四二）四月九日条では、「不レ聴二禁色一、非二大臣・大将一之凡人子息」の中院通成について「非二清華一」と記している。

(25)　同前、五九—六〇頁。

(26)　難波めぐみ「『今鏡』に見る服飾表現の一考察——身分と男性服飾」『日本服飾学会誌』一八号、一九九九年。難波はこの禁色勅許の背景に元永二年の顕仁誕生と、源有仁と公実女の婚姻を象徴とする白河院と閑院流との関係強化を見ている。

(27)　ただし、大丸弘が指摘するように、天承元年（一一三一）に権中納言であった実能が男公能の禁色を望んだ時には認められず、代わりに五位蔵人に任じられた（大丸弘「禁色雑袍の風俗史的研究」（注9）、一三頁、『長秋記』天承元年四月十九日条による）。『公卿補任』によれば、公能は五年後の保延二年十一月十日に四位の殿上人として禁色勅許を受けた（保延四年公能尻付）。実能はこの直前に左衛門督に転じ、更に十二月九日に権大納言に転じているので、おそらくこの昇任と関連していよう。あるいは、公能尻付の禁色勅許の「十一月」は十二月の誤りか。

(28)　龍粛「西園寺家の興隆とその財力」『鎌倉時代　下』春秋社、一九五七年、「閑院流」橋本政宣編『公家事典』吉川弘文館、二〇一〇年等。

(29)　『公卿補任』永暦元年実房尻付には「〔保元二〕十一月十四日禁色〈父任大臣後、十一〉」と記されている。公教は同年八月に内大臣に任じられた。

（30）公相の禁色勅許については、小川論文（注23）の示す『公卿補任』嘉禎二年公相尻付の他、『民経記』天福元年（一二三三）三月六日条に見える。その一方で、公相弟の中将公基については、『民経記』天福元年四月十七日条に「未レ聴二禁色一人也」と見える。その後、嘉禎元年（一二三五）二月六日、春日祭の使をきっかけに公経三男の実雄が禁色勅許を得ている（『明月記』・『百錬抄』九日条、『公卿補任』嘉禎二年）。

（31）秋山喜代子「台盤所と近臣・女房」（注2）、三六頁、佐藤厚子「『禁秘抄』の研究（六）」（注2）、一頁等。

（32）『後二条師通記』・『中右記』寛治四年十一月十七日条。

（33）『殿暦』永久二年十一月十八日条（本書二五七頁）。

（34）『中右記』・『知信記』大治四年十一月二十一日条、『中右記』・『時信記』大治五年十一月十四日条。

（35）この時の崇徳天皇着用の指貫をめぐる逸話が『今鏡』ふじなみの下にあり、そこでは初出御のため、指貫の文について不審があったと記される。「やすき事《こと》なれども、幼《をさな》くをはします帝《みかど》、常《つね》には五節の帳台の試《こゝろ》みに出《い》でさせ給事まれなるに、讃岐の帝《みかど》おとなにならせ給て、はじめて出《い》でさせ給しに、御指貫《さしぬき》なにの紋《もむ》といふ事も、納殿《おさめどの》ゝ蔵人おぼつかなく思《おも》へるに、〔宗能〕『霰地《あられぢ》に窠《くわむ》の紋《もむ》ぞかし』などぞ、蔵人の頭《とう》にをはしける時、の給などして、さやうの事《こと》あきらかにをはしき。帝《みかど》の御指《さし》貫奉《ぬきたてまつ》ることは一年《ひとゝせ》にたゞ一度《ひとたび》ぞおはしませば、おぼつかなく思《おも》へる、ことわりなるべし。」（榊原邦彦他編『今鏡――本文及び総索引』笠間書院、一九八四年、一六〇頁）。以上は藤原宗能の蔵人頭時代の逸話として語られており、すでに『今鏡』注釈において、宗能の蔵人頭在任期間や『時信記』等を根拠として天承元年のことと同定されている（海野泰男『今鏡全釈』下、福武書店、一九八三年、二四―二五頁、竹鼻績『今鏡　全訳注』中、講談社学術文庫、一九八四年、四三五―四三六頁）。ただし、『時信記』には、天皇の指貫の文について関白忠通が大殿忠実に問い合わせたことが記されており（傍線部エ）、実際には宗能一人によって確認されたわけではない。

（36）もう一つの可能性として、『禁秘抄』のいう「一夜」が「同じ夜に一度に」とは違う意味であることも考えられる。『禁秘抄』では元服に際して下賜する服に関連して、指貫は「主上、五節帳台試一夜着御也」（群書類従二六、三八一頁）としており、この「一夜」は「この夜だけ」の意と考えられるが、ここでも「一夜」の表現が五節帳台試に関連して見られる点は一応注意され、あるいは五節の初夜として「一夜」という表現が用いられているとも想定し得る。

（37）『今鏡――本文及び総索引』（注35）、六一頁。

（38）閑院流の四兄弟に対する入立勅許に関連して、元永二年（一一一九）に賜姓降下して三位中将に任じられた源有仁が、任官の奏慶と公実女との婚儀を同日に行ない、内裏朝餉間にて鳥羽天皇と対面した際に、扈従していた四兄弟等が台盤所へ参入したことに鳥羽天皇が不快感を示しており、注目される（『長秋記』元永二年十月二十一日条「此間、新中納言〔藤原〕実隆卿、権中将師〔源〕重朝臣参仕。〔中略〕此間、右兵衛督〔藤原〕実行卿・頭弁〔藤原〕顕隆朝臣・蔵人侍従〔藤原〕季成・侍従〔藤原〕公範・右衛門督〔行〕権佐〔藤原〕顕頼参仕。〔有仁〕御装束了出給。〔中略〕出門之間、中宮権大夫〔藤原〕通季卿・権亮〔藤原〕実能朝臣参仕。凡参会人々皆相率参内。〔中略〕後日〔藤原光子〕二品語云、三位殿被レ参二朝餉一之間、親昵人々皆入二台盤所一事、主上見苦之由被レ仰。此事尤可レ然」）。

(39)　『今鏡――本文及び総索引』、一六〇頁。

(40)　ただし、第五章第二節第四項で論じるように、この後の時代には、宗能のような蔵人頭から正四位下参議に転じた実務に長けた人々に直衣始の習慣が見られ、また直衣勅許を受ける例も散見される。なお、『禁秘抄』において宗能への勅許に続く「忠頼直衣始着レ之如何」の一文は極めて難解である。文字通りには、忠頼が直衣始に（または直衣始として）これ（直衣）を着用したのはいかがなものか、と解釈可能であるが、直衣始に直衣を着ることに疑義を呈することは不審であり、文脈上も意味が通じない。忠頼という名の公卿として花山院忠経嫡男が実在するが、順徳朝の建暦二年（一二一二）正月に十四歳で従三位に叙されたものの、すぐに病に倒れたらしく、同年中に没している。『禁秘抄』の規定から考えると、忠頼はその家格だけでは直衣勅許を受ける資格はなく、その点においても不審である。

(41)　大丸弘「禁色雑袍の風俗史的研究」（注9）、一五頁、同『平安時代の服装――その風俗史的研究』成美社、一九六一年、二〇六頁、注三。

(42)　『殿暦』元永元年九月十八日条「〔人脱〕今日太内蜜々御二覧舞一。依レ召、雖二物忌一、未時許着二直衣一参。於二北面一有二此事一。上達部両三人皆着二直衣一。殿上人同レ之。舞布衣冠・楽人衣冠」。

(43)　内裏での歌会や舞御覧、御遊等における直衣勅許の影響については今後の課題であるが、『中殿御会部類記』（群書類従一六）に収められている室町時代の記録に直衣勅許の有無を記すものが散見され、注意される。また、本書では論じ切れなかったが、十二世紀後半以降、季御読経等の仏事への参入においても直衣勅許の有無等を問題とする記事が散見される（『兵範記』保元二年五月二十九日条、『玉葉』治承元年二月二十七日条、同文治二年七月二十八日条、『明月記』嘉禎元年正月二十五・二十六日条等）。

(44)　『吉記』によれば、実家は催しが間違いであったといって追い返されたという。この一件については次節で詳しく論じる。

(45)　本書第二章注173に掲げた諸論考参照。また鈴木敬三「承安五節絵考」（『国学院大学大学院紀要』六号、一九七四年）、萩

谷朴『紫式部日記全注釈』下（角川書店、一九七三年）、同『枕草子解環』二（同朋舎出版、一九八二年）等も参考とした。

（46）『西宮記』恒例第三、「丑日於二常寧殿一試二五節一事」の割書「垣下外殿上人宿衣」（神道大系三二九―三三〇頁）、『春記』長暦三年十一月十四日条「辛丑〔中略〕垣下侍臣所役也。而雖二差定一、更不レ勤二其事一、皆宿衣候レ之。是近代之作法也。尤違失事也。今夜行事蔵人式部丞章祐束帯祇候、是恒例也」、『為房卿記』永保元年十一月十九日条「今夕五節参入。〔中略〕予一人束帯。依レ為二大弁〔歌〕垣下一也。自余四位・五位皆夜衣。近代之例云々。未レ知二可否一」等。後二例はいずれも垣下が宿衣であることを批判している。

（47）群書類従七、四七三頁。少し後の例であるが、正治二年（一二〇〇）、昇殿が許されたばかりの藤原定家は、五節丑日には貧乏のために然るべき直衣がないからと束帯で参入する一方で、翌日の寅日には「出衣直衣」を着用しており、この頃の五節に参入する殿上人は美麗な直衣を二―三具用意すべきであったことが窺われる（十一月十三日条「入夜束帯参上〈今夜束帯甚以見苦。古賢所レ誡也。其理不レ可レ然、但貧乏之間無二直衣一、故着レ之〉」、十四日条「未時着二出衣直衣一〈紫薄様衣二領、白単衣《甚老屈之故也》、青唐物厚衣〉」）。『明月記』には他にも五節に装束を準備できないことに関わる記事が複数見られ、例えば承元元年（一二〇七）十一月二十日条にも同じ直衣を二回着ることへのためらいが見られる。

（48）『中右記』承徳二年十一月二十二日条「参二中宮御方〔篤子内親王〕一。〔中略〕中宮大夫〔源師忠〕・右大将〔源雅兼〕・権大納言〔藤原家忠〕・左大弁〔藤原季仲〕〈皆直衣〉、依二殿下〔師通〕仰一被二参会一。〔中略〕或人云、左大弁可レ着二衣冠一歟。直衣頗無レ便也。凡大弁参内之時、強不レ用二直衣一歟」。

（49）服藤早苗「童女御覧の成立と変容――平安王朝五節儀のジェンダー眼差し」『王朝びとの生活誌――『源氏物語』の時代と心性』森話社、二〇一三年、五六―五七頁。忠実が先例として頼通の例を重視したことについては、末松剛「儀式・先例からみた藤原頼通」『平安宮廷の儀礼文化』吉川弘文館、二〇一〇年。

（50）『殿暦』永久三年十一月十四日条。現存の『殿暦』の中で紅梅の直衣について記録されるのはこの記事だけであり、他の文献を通じても紅梅の直衣は例が少ない（仙石宗久『カラー判　十二単のはなし――現代の皇室の装い』婦女界出版社、一九九五年、二〇七―二〇九頁等）。この「紅梅」が色なのか文様なのかは確定できないが、いずれにしても特殊なものであったことは確かだろう。『富家語』には紅梅の織物の直衣に関わる記事が二つ見えており、いずれもこの服装が忠実にとって特別な意味を持っていたことを示唆する。その一つは道長が「紅梅織物直衣ニ紫織物指貫、皆練重」という直衣布袴を着用したという逸話であり（新日本古典文学大系、一七一話、五八五頁）、もう一つは天喜五年に五節舞姫を献上する師実のために、上東門院彰子が「地白織物ニ紅梅ノ散タル文ヲ被レ居二部織物」の直衣を新しく調えたという話である（同九二話、五八〇頁）。

(51)『殿暦』嘉承二年七月十九日条、『中右記』同日条。

(52) 日本古典文学大系『愚管抄』二〇二―二〇四頁。

(53) 橋本義彦「貴族政権の政治構造」『平安貴族』平凡社、一九八六年（初出一九七六年）、特に七七―七八、一〇八―一〇九頁。

(54) 橋本義彦「貴族政権の政治構造」（前注）、七〇―七三頁、井原今朝男「中世の天皇・摂関・院」『日本中世の国政と家政』校倉書房、一九九五年（初出一九九一年）、遠藤基郎「院政の成立と王権」歴史学研究会・日本史研究会編『日本史講座三　中世の形成』東京大学出版会、二〇〇四年。

(55) 元木泰雄『藤原忠実』吉川弘文館、二〇〇〇年、八〇頁等。同書は忠実が摂関家建て直しのために多方面に奔走した様子も詳しく描いている。

(56)『殿暦』天永二年十一月二十七日条、天永三年四月十一日条、永久四年十二月十三日条等。

(57)『中右記』天永三年三月二十二日条、『殿暦』同日条。

(58)『殿暦』天仁二年四月二十六日条（石清水御幸）、同年十一月十三日条（五節）、天永元年二月二十二日条（朝覲行幸）、同二年二月十二日条（春日行幸）、同三年二月六日条（春日祭上卿）等。

(59) 服藤早苗は、帳台試御覧への相伴は天皇近親者へ与えられる特権であり、側近親族の特権を可視化するものと述べる（『平安王朝の五節舞姫・童女――天皇と大嘗祭・新嘗祭』塙書房、二〇一五年、一六九―一七〇頁）。また、童女御覧の扈従者については「天皇や関白の関係者を選別して招くのであろう」と指摘する（「童女御覧の成立と変容」（注49）、六〇頁）。

(60) 佐藤泰弘「五節舞姫の参入」『甲南大学紀要　文学編』一五九号、二〇〇九年三月。

(61) 佐藤泰弘「五節舞姫の参入」（前注）、一一頁、服藤早苗「童女御覧の成立と変容」（注49）、五一―五三頁。服藤は円融朝に恒例化したとしつつ、花山朝時点では定着しておらず、一条朝で定着したと論じるが（「五節舞師――平安時代の五節舞姫」『埼玉学園大学紀要人間学部篇』一二号、二〇一二年一二月、二六頁、「童女御覧の成立と変容」五四―五五頁、『平安王朝の五節舞姫・童女』（注59）、二〇九頁）、氏の用いる「恒例化」と「定着」の語義の違いは定かでない。なお、服藤早苗「童女御覧」阿部猛ほか編『平安時代儀式年中行事事典』（東京堂出版、二〇〇三年）には、童女御覧は大嘗会の年には行なわれず、十二世紀後期には止められたとあり、管見では氏の近年の一連の論考において特に訂正されていないが、これらの事実は認められない。大嘗会の年については、たしかに『玉葉』元暦元年（一一八四）十一月十八日条に「寛治江記云『大嘗会年無二御覧一』云々」と見えるが、兼実自身が先例を調査してまとめているように、実際には寛治元年（一〇八七、堀河天皇大嘗会）を含め大嘗会の年にも御覧が行なわれた例が多く、停止された年も実際の理由は心喪等が主である。なお、兼実の依拠した『寛治江記』の該当記事は伝わらないが、『江記』天仁元年（一一〇八）十一月二十一日条（鳥羽天皇大嘗会）に「今日童女御覧云々。参議等為レ愁之上、大嘗会年必不レ覧二童女一之由、有二上皇御気色一云々」と見えている。童女御覧が十三世紀に入っても続いていたことは巻末表に明らかである。

(62) 神道大系『西宮記』三三〇頁。

(63) 服藤早苗はこの記事から帳台試への出御は花山天皇を嚆矢とすると論じたが（「五節舞師」（注61）、二六―二七頁）、賛同しない。永観二年は『小右記』の十一月の記事が残る最初の年で、これ以前の帳台試に関する史料は乏しい。そしてこれが花山天皇最初の五節であり、彼が天皇として吉例とは言い難い存在であることを踏まえると、彼の物忌を押しての密覧が恒例の次第として踏襲されていったとは考え辛いからである。特に、もし本文に引いた『小右記目録』永延元年十一月十七日条の「五節」が帳台試を指すのであれば、一条天皇即位時点で帳台試出御が慣例化していたと見なせ、その根拠となったのは、五節が二回しかなかった花山朝よりも前の例だろう。また、童女御覧について、一〇三〇年代においても「上古無二此儀一」（『範国記』長元九年十一月十七日条）、「先代無二此事一」（『春記』長暦三年十一月十六日条）等と記されているのに対し、帳台試への出御に関してはこのような言辞が見当たらないことも注意される。服藤は花山天皇嚆矢説を補強するために、『西宮記』の帳台試への天皇出御に関わる記述は源経頼による修訂部分であり、十一世紀になって書かれたものと推定しているが、傍証として十分なものとは認められない。なお『平安王朝の五節舞姫・童女』（注59）では、一六三頁で円融天皇頃から出御が始まり、定着したのは一条朝とし、二三八頁では花山朝から帳台試出御が始まるとしている。

(64) 「五節試御装束」の先例とされた承平五年（九三五）は、元服前の朱雀天皇の例である。

(65) 「内は、五節の比こそ」段、新日本古典文学大系『枕草子』第八八段、一一九―一二〇頁。

(66) 『小右記』寛仁元年十一月二十日条。また、『御堂関白記』十九日条にも東宮の同座は特記されている。『小右記』同日条では殿上人の直衣装束の過差も批判されており（本書九九頁参照）、摂政一年目の頼通周辺の雰囲気を伝えて興味深い。

(67) 寛弘七年（一〇一〇）・長和元年（一〇一二）・二年に道長が、寛仁二年（一〇一八）に東宮と道長が、長元七年（一〇三四）に頼通が扈従していることが判明する程度である（順に『御堂関白記』寛弘七年十一月十三日条、長和元年十一月二十

日条、長和二年十一月十三日条、寛仁二年十一月十九日条、『左経記』長元七年十一月二十一日条）。

(68)『定家朝臣記』天喜五年十一月十九日条、康平三年十一月十八日条。

(69)『範国記』長元九年十一月十五日条「五節参入。出二御帳台一」（御直、指貫、浅御沓）。

(70)『玉葉』建久二年十一月二十日条、『明月記』建久八年正月二十日条（『園太暦』所引）等にも同様の見解が示されている。院政期以降には、天皇が指貫を着るのは帳台試の日のみと広く言われるようになり、『禁秘抄』には、帳台試の夜に天皇が着た指貫は淵酔の日に蔵人に与えて着させることが見える（群書類従二六、三九一頁）。後鳥羽天皇は、建久年間の末に、蹴鞠に際して、諸卿に諮問した上で、帳台試の時に着るのだからよいだろうとして指貫を着たことが知られる（『内外三時抄』等）。

(71) 引直衣に関する専論として、河鰭実英「御引直衣考」（植木博士還暦記念祝賀会編『国史学論集』植木博士還暦記念祝賀会、一九二八年、後に「御引直衣の研究」『学苑』一六〇号、一九五四年三月）がある。また、童の着袴の時に直衣を着て指貫を着けないことと引直衣の関連について、中村義雄の指摘があり（中村義雄『王朝の風俗と文学』塙書房、一九六二年、一〇九―一一〇頁）、伊永陽子「平安時代における童の直衣の実態――袴着・元服を中心に」（『鹿島美術財団年報』二七号、二〇〇九年）でもこの点について論じている。

河鰭を含め、摂関期からすでに天皇の服装は引直衣だったとする見解もある。特に近藤好和は『源氏物語』に二例見られる「おほきみすがた」は引直衣のこととする刺激的な説を提示し、一条朝には天皇の服装として引直衣が成立していた根拠とし、武田佐知子・河添房江も賛同しているが（近藤好和・武田佐知子・河添房江「対談　王朝文学と服飾」河添房江編『王朝文学と服飾・容飾』竹林舎、二〇一〇年、一二―一五頁、近藤好和「天皇と装束」（注18）、四九頁）、論証が不十分と愚考する。院政期以降は、『讃岐典侍日記』に堀河・鳥羽天皇の「引直衣」が見え、『殿暦』に「サケナヲシ」「サケ直衣」の語が散見され（康和五年十一月二十四日条、嘉承二年二月十一日条等）、また紅袴や小口袴を単体で着用する様子が記される（康和五年十一月二十二日条、嘉承二年十月二十八日条、天永二年十一月二十七日条等）等、天皇独自の服装として引直衣が確認できるが、これらより前に引直衣の存在を示す史料は管見には入らなかった。天皇の服装がなぜ引直衣になったのかは、天皇の存在の変質と関わる極めて重要な点であり、また朝廷内で公卿・殿上人が直衣を着用する場面が増大したこととも関わると想像されるが、今後の課題である。また、近時、寺嶋一根が豊臣秀吉が引直衣に唐冠の装束を用いた政治的意義を論じており、注目される（寺嶋一根「装束からみた豊臣政権の支配秩序」『洛北史学』一七号、二〇一五年）。

（72）　この中で天皇との身内関係がはっきりしないのは俊実であるが、彼は公実とともにこの年の舞姫を献上しているので、そのために加えられた可能性もあろう。ただ、醍醐源氏は後一条・後朱雀・後三条の乳母を出しており（野々村ゆかり「摂関期における乳母の系譜と歴史的役割」（注10））、俊実の父隆俊は後三条天皇近臣、姉妹隆子は賢子の母であり、俊実自身も白河天皇の蔵人頭を務め、承暦四年には師実への賞の譲りで従三位に叙されているので、身内として認められる関係にあったのかもしれない。
（73）『左経記』寛仁元年十一月十九日条（本書二五八―二五九頁）、『御堂関白記』寛仁二年十一月十九日条等。
（74）佐藤泰弘「五節舞姫の参入」（注60）、一一―一二頁。
（75）末松剛『平安宮廷の儀礼文化』（注49）、特に終章。
（76）末松剛「即位式における摂関と母后の高御座登壇」『平安宮廷の儀礼文化』（注49、初出一九九九年）、引用は五五頁。
（77）佐藤泰弘「五節舞姫の参入」（注60）、一一頁。『為房卿記』寛治五年十一月十七日条による。
（78）「ひめのためニ」の注記は難解で、『大日本古記録』は「ひめ」を忠実娘の泰子と注しているが、『殿暦』の中で泰子は「姫君」と呼ばれており、不審である。あるいは「此命」等が原態か。
（79）『殿暦』康和五年十一月十四日条「雖二物忌一企二参内一。今夜帳台試也。仍企二参内一」、長治元年十一月二十一日条。忠実に物忌が多いことについては、村山修一「藤原忠実について」『京都女子大学紀要　文学部編』六号、一九五三年。
（80）天皇が元服してから摂政が関白に転じるまでの期間に天皇が出御するかどうかについては、議論もあったが（『玉葉』承安元年（一一七一）十一月十九日条等）、おおむね、一一二年の間は引き続き摂政が出御する慣例が形成されていった。
（81）この中で藤原宗通が嘉承元年（一一〇六）の童女御覧から継続して帳台試・童女御覧に祗候していることは、注目に値する。宗通は忠実の母方の叔父として彼を支えた人物の一人で、後には娘宗子が忠通に嫁しているが、同時に白河院寵臣でもあり、忠実と院との間をつなぐ重要な位置を占めていた。宗通の子孫は、後白河朝までの約半世紀にわたって断続的に両行事へ参入している。
（82）告井幸男「摂関期の有職故実――御堂流の検討から」『摂関期貴族社会の研究』塙書房、二〇〇五年（初出二〇〇一年）。また、特に故実に関わる論考として、小川剛生「知と血――摂関家の公事の説をめぐって」院政期文化研究会編『権力と文化』森話社、二〇〇一年も示唆に富む。
（83）　永久三年の五節で、童女御覧の日に忠実と忠通が忠通献上の舞姫の童・下仕を白河院御所に連れていき上皇に披露していることは、この一連の措置に白河院の果たした役割ゆえともとれる（『殿暦』永久三年十一月十四日条）。なお、この後、院政期には、主に豊明節会の後に院等に童女・下仕を披露することが一般化していく。

(84) 例えばこの時に筵道が敷かれたことについて、翌年正月にも持ち出して顕隆を批判し（『殿暦』永久五年正月五日条）、その年の五節でも顕隆の差配による装束が不適切としている（同十一月十九日条）。

(85) 顕隆および彼と忠実の確執については、橋本義彦「勧修寺流藤原氏の形成とその性格」『平安貴族社会の研究』吉川弘文館、一九七六年（初出一九六二年）、元木泰雄「院の専制と近臣――信西の出現」『院政期政治史研究』思文閣出版、一九九六年（初出一九九一年）、槙道雄「夜の関白と院政」『院近臣の研究』続群書類従完成会、二〇〇一年（初出一九九五年）等。

(86) 元木泰雄『藤原忠実』（注55）、特に第七章。

(87) 角田文衛『待賢門院璋子の生涯――椒庭秘抄』朝日新聞社（朝日選書）、一九八五年（初版一九七五年）、八九―九〇頁。

(88) 玉井力「「院政」支配と貴族官人層」『平安時代の貴族と天皇』岩波書店、二〇〇〇年（初出一九八七年）、九三―九四頁。

(89) 『中右記』大治二年十一月十六日条。幼い崇徳天皇にまだ后妃がない中で、先帝中宮の待賢門院と准三后宣下を受けている禧子内親王の方で行なわれたこの宴は中宮淵酔に準ずるものであったと考えられるが、待賢門院母子のほか白河院と鳥羽院等が暮らす三条殿でのことであり、公卿が直衣を着ているのもそのためかもしれない。また、中宮淵酔への参入に際する直衣着用の制限は、永久三年には規制されていたものの、その後必ずしも継続していなかった節もあり（次節参照）、この記事そのものからは閑院流への直衣勅許は裏付けられない。

(90) 佐伯智広「徳大寺家の荘園集積」『史林』八六巻一号、二〇〇三年一月、同「中世貴族社会における家格の成立」上横手雅敬編『鎌倉時代の権力と制度』思文閣出版、二〇〇八年。

(91) 橋本義彦「貴族政権の政治構造」（注53）、七九頁等。

(92) この後、保延二年（一一三六）の五節中宮淵酔では、大納言兼右大将の藤原頼長は直衣で参入しているが、権中納言藤原伊通・参議藤原重通は束帯であった（『台記』保延二年十一月十四日条）。

(93) 同時代史料からこの点を裏付けることはできなかったが、『愚昧記』仁安三年十一月二十日条に「康治度」に忠通が摂政として帳台試に出御したことが述べられている。

(94) 『兵範記』仁平二年十一月十一日条・久寿二年十一月二十一日条、『山槐記』仁平二年十一月十一日条等。

(95) 群書類従二五、三八三頁。

(96) 故実事、同前、三八五頁。

(97) 『兵範記』保元二年四月一日条、『公卿補任』保元二年。

(98) 群書類従二八、三頁。

(99) ただし記録から判明する範囲では、これ以前にも久安三年に中納言が四人祗候している。

(100) この記事を取り上げた大丸弘は、「天皇の内人としての地位が、藤原摂関家の伝統的な家門に優越する事実を示している」と論じた（「禁色雑袍の風俗史的研究」（注9）、一六頁）。

(101) 群書類従二六、四〇六頁。

(102) 同前、三七九頁。「中山太政入道」は大炊御門頼実を指すと解釈されることが多い。頼実は治承三年十一月の政変の際に従三位となったが、『山槐記』治承四年二月十四日条から、高倉天皇譲位直前の時点でも直衣が許されていなかったことが明らかである。もしその頼実が直衣で陪膳に祗候していたのであれば、それはそれで大変興味深い。頼実は服装規範に対してかなり急進的な思想を持つ人物でもあった（中井真木「公家の直垂——定家の頼実批判」『明月記研究』一一号、二〇〇七年等）。ただ、以上の事情を踏まえると、頼実が直衣で陪膳に「常候」したという記述には不審も残る。あるいはこの逸話は、中山を号し、高倉朝で摂関を勤めた松殿基房や、治承元年三月に太政大臣となった藤原師長の話が混同して伝わったものであろうか。もしそうであれば、両者ともに治承三年の政変で失脚しており、政変が作法や服装規範に及ぼした影響を裏付けることになるが、後考を俟ちたい。

(103) 忠親の立場や性格に関しては、例えばこの任大臣に際して兼実は「無才漢、又非㆓栄華㆒」と評している（『玉葉』建久二年三月二十八日条）。

(104) この点に関しては信範が「無㆓出仕之志㆒」と書いていることも見逃せない。先に触れたように、五節への参入は、特別に衣装を誂え、他者に贈る櫛を用意する等、経済的負担が大きく、『蓬莱抄』に「薄氷を踏むよう」と書かれるように、精神的にも負担の大きいものであった（注47等参照）。

(105) 例えば永暦元年（一一六〇）と翌年の帳台試では、それぞれ検非違使別当の藤原公光と平清盛が束帯で参仕した（『山槐記』永暦元年十一月十一日条・応保元年十一月二十二日条）。これは、大弁や大理の服装規範によるものであろう。ただし童女御覧については、「召に応じない場合に束帯に半臂を着て参入するので、そうでない人が束帯を着ることは不適切」、という源雅定の説が『餝抄』所引「長寛元十一十六或秘記」に伝わる（群書類従八、一五〇頁）。この記事は服藤早苗「童女御覧の成立と変容」（注49）六一頁および同『平安王朝の五節舞姫・童女』（注59）二一六頁に源通親の『殿記』かとして紹介されるが、「大納言殿」が「皇嘉門院為二皇太后宮一」時に三位中将であったと述べていることや、記主が平重盛からの故実の質問に答えていることから、『山槐記』の可能性が高い。「予」が通親とすれば「大納言殿」は父雅通となるが、皇嘉門院が院号を宣下された久安六年の時点で雅通は正四位下である。また長寛元年に通親は十五歳で、故実に答える立場にはなかったであろう。「大納言殿」は康治元年正月から久安四年十一月まで三位中将であった藤原忠雅と考える。

(106) 樋口健太郎「藤原師長論」『中世摂関家の家と権力』校倉書房、二〇一一年（初出二〇〇五年）、特に二〇〇―二〇四頁。

(107) 『平安王朝の五節舞姫・童女』（注59）、一七〇―一七二頁。

(108) 『兵範記』仁安元年十一月十三日・十五日・十六日条。先述の通り、清盛は別当時代の応保元年の帳台試に扈従しているが（童女御覧は不参）、これが帳台試・童女御覧に催されたことが確認できる唯一の年である。

(109) 『玉葉』仁安三年三月二日条および『兵範記』同日条（本書六九頁）。

(110) 源豊宗「承安五節絵」『大和絵の研究』角川書店、一九七六年（初出一九六二年）、鈴木敬三「承安五節絵考」（注45）、川島絹江「『承安五節会』の流伝」『『源氏物語』の源泉と継承』笠間書院、二〇〇九年（初出一九九四・一九九八・一九九九年）、山本陽子「似絵の絵巻における顔を描かない表現――『承安五節絵』の似絵性について」『絵巻における神と天皇の表現――見えぬように描く』中央公論美術出版、二〇〇六年（初出二〇〇二・二〇〇三年）等。

(111) 『禅中記抄』十八日条に重盛・時忠の参入が記される。

(112) 武家平氏が公卿となる上で公卿の作法等を習得するのに相当の困難があったことについて、松薗斉「武家平氏の公卿化について」『九州史学』一一八・一一九号、一九九七年。

(113) 帳台試への扈従公卿の座については、内裏が移動することや、天皇出御なのか摂政出御なのかなどの違いもあって、はっきりと決まった例があるわけではなかったようである。ただ、『玉葉』承安元年（一一七一）十一月十九日条によれば、この年は奥の畳に摂政基房が座り、妻戸内の際に敷かれた畳一帖が公卿座とされたが、四人と人数が多かったので全員は座れなかったという。一方で、正治二年（一二〇〇）に左大臣良経が扈従した際には、摂政基通が公卿の座に座ってしまったため、他の公卿は板の上に座らざるを得ず、尻が冷えて耐え難かったと父兼実に報告している。良経はこのことから体調を崩して童女御覧等を欠席しており、この話を聞いた定家は、基通の行為に対して「人ヲヒヤサム料歟」と憤慨した（『玉葉』正治二年十一月十三日・十五日条、『明月記』同月十七日条）。この二つの経緯をあわせると、物理的には時忠も畳の上に座れたはずであり、また座の違いは立場の違いを身体的に明確にするものであったことが窺える。

(114) この点は滋野井公麗『禁秘御抄階梯』等において早くから指摘される。

(115) この件は御記の伝来を伝えるものとして注目されている。米田雄介『歴代天皇の記録』続群書類従完成会、一九九二年、二一一頁、松薗斉「天皇家」『日記の家――中世国家の記録組織』吉川弘文館、一九九七年、一五四頁等。

(116) 福原遷都の意義や、福原で大嘗会を行うことへの清盛の固執、それが結局五節のみ実施する形で決着したこと等については、高橋昌明「福原遷都をめぐる政治」『平家と六波羅幕府』東京大学出版会、二〇一三年（初出二〇〇六年）。

(117) 黒澤舞「治承四年の新嘗祭と五節舞について」小原仁編『『玉葉』を読む――九条兼実とその時代』勉誠出版、二〇一三年。

(118) 同前、三三四頁等。

(119) 「相親」の語は『山槐記』治承四年十一月十七日条に「相二親摂政一之人可二扈従一」と見える。

(120) 経家・基輔と兼実の関係については、細谷勘資「末茂流藤原氏に関する一考察――皇嘉門院と九条兼実との関係を中心として」『芸林』四〇巻一号、一九九一年、宮崎康充「右大臣兼実の家礼・家司・職事」『書陵部紀要』六一号、二〇〇九年。

(121) 経宗は少なくとも十三日頃には福原にいた（『吉記』十三日条）。

(122) 記事には「舞御覧」とあるが「童御覧」のことと解釈した。

(123) ただし翌年・翌々年には帳台試・童女御覧の両方に召されている。

(124) 経宗と清盛一族との関係については、松薗斉「武家平氏の公卿化について」（注112）等。

(125) 高橋昌明は、清盛が福原に隠棲し、「普段は何を考え何をしているかわからない」状態に自らを置くことで、かえって自身の存在感を高め、平家の威信や自立を保持したと指摘しており、本件の背景としても参考になる（「六波羅幕府と福原」『平家と六波羅幕府』（注116）、初出二〇〇七年、七六頁）。

(126) 『吉記』十九日条では、童女御覧の後に行なわれた中宮淵酔について「権大夫〈実家、着二紅梅掛一、但不レ出レ之〉」と記しており、兼実の聞いた噂に「出衣」とあるのとは異なる。実家が童女御覧から締め出された後、中宮淵酔へ向かう前に衣を着籠めたと考えることもできるが、それにはそれなりの手間がかかると考えられ、兼実の聞いた噂には尾鰭が付いていた可能性も否めない。

(127) 兄弟の母藤原豪子（俊忠女）の姉妹である九条尼三位俊子（藤原顕頼室）が直前に死去していた（『吉記』同月十七日条

等）。

(128) 舗設等については、黒澤が分析を加えている（「治承四年の新嘗祭と五節舞について」（注117）、三二〇―三二四頁）。

(129) 井狩正司編『建礼門院右京大夫集――校本及び総索引』笠間書院、一九六九年、三一八頁。

(130) 同前、三〇九・三六三頁。

(131) 櫻井陽子・鈴木裕子・渡邉裕美子『平家公達草紙』笠間書院、二〇一七年、二八頁。

(132) 佐多芳彦「直垂とはなにか――武家服制の原点再考」『服制と儀式の有職故実』吉川弘文館、二〇〇八年、中井真木「公家の直垂」（注102）等。

(133) 新日本古典文学大系『たまきはる』、二五四―二五五頁（建春門院の御心掟て）、二九八頁（八条院の女房の服装）等。

(134) 同前、二八六―二八七頁。

(135) 室町期および織豊期の朝廷社会の服装については、菅原正子「『山科家礼記』にみえる天皇・公家の服飾」『国際服飾学会誌』四三号、二〇一三年、山岸裕美子「室町時代盛期における直垂の着用からみた公武関係――『満済准后日記』を中心として」『中世武家服飾変遷史』吉川弘文館、二〇一八年（初出二〇一三年）、寺嶋一根「装束からみた豊臣政権の支配秩序」（注71）等。また、公家社会の困窮が服装に及ぼした影響については、斎藤真妃「中世貴族間における衣服貸借について」『道歴研年報』七号、二〇〇七年三月等。

(136) 渡辺融・桑山浩然『蹴鞠の研究』東京大学出版会、一九九四年、三七四頁。

(137) 浜口博章『飛鳥井雅有『春のみやまぢ』注釈』桜楓社、一九九三年、一三頁。

(138) 津田大輔によれば、中院通秀『十輪院内府記』文明十八年（一四八六）七月記に、「蛙抄車輿部」からの抄出を三条西実隆に送ったことが見え、これが『蛙抄』の成立下限となるという（津田大輔「斎宮歴史博物館所蔵の装束書解説稿」『水門』二三号、二〇一一年、三四八頁）。また、『蛙抄』の編者は橋本経亮の考証以来、洞院実熙の可能性が高いとされているが、実熙の没年を長禄三年（一四五九）十一月とする史料が示されており（小川剛生「高松宮家伝来の禁裏文書について――室町後期より江戸前期にいたる「官庫」の遺物として」『中世近世の禁裏の蔵書と古典学の研究――高松宮家伝来禁裏本を中心として』一、二〇〇七年、注一五）、もし編者が実熙であれば、長禄三年以前に原態が成立したこととなろう。ただ、津田が指摘するように、巻中には実熙編とするのが妥当な部分と、疑問の残る部分があり、編者や成立過程については今後の課題である。宮崎和廣は、巻三（袍部）の「摂政〔家〕異文袍着用之旧例」に「寛正度官司行幸」への言及があることから、成立の上限は寛正六年（一四六五）十二月としている（宮崎和廣編・解説『宮廷文化研究――有識故実研究資料叢書』六、クレス出版、二〇〇五年、解説三頁）。ただ、当該条には「後慈眼院関白被ㇾ注付ㇾ分」との注があり、後慈眼院関白九条尚経の父政基をただ「太閤」と呼んでいることからも、尚経の追記分と見做すのが妥当である（同書、一七七頁）。九条政基の関白就任は文明八年（一四七六）五月であるから、当該部分の成立はこれ以降となる。

(139) 東京大学文学部国文学研究室所蔵『本居文庫』マイクロフィルム、雄松堂出版、一九九六年、記七五五（一七七八）により、宮崎和廣編・解説『宮廷文化研究――有識故実研究資料叢書』六（前注）、一九九頁も参考にした。

(140) 群書類従二七、五八頁。

(141) 壺井義知『装束要領鈔』正徳六年（一七一六）版、上巻、二十丁オ・ウ（有識故実研究資料叢書七、四九―五〇頁）。頭注は略した。

(142) 国立国会図書館蔵守清本、第四冊、井筒五丁ウ。「四位五位中将少将」とする本もある。「なほし」室町時代語辞典編修委員会編『時代別国語大辞典　室町時代編』四、三省堂、二〇〇〇年参照。

(143) 新井白石問・野宮定基答『新野問答』『新井白石全集』第六巻、五八四頁。定基は貞享二年（一六八五）十二月に左少将となり、元禄元年（一六八八）に左中将に転じた。

(144) 「直衣の位」という語は多くの国語辞典に記載され、例えば『日本国語大辞典』には「のうし　の　くらい　特に直衣を着て参内することを許された官位。三位以上にいう」とある。この語は『うつほ物語』俊蔭に用例があるとされてきたが、ほかの用例は確認されておらず、『うつほ物語』の用例も、最善本とされる前田家本等に「なふしの位」とあるのを、江戸期の『うつほ物語』研究において「直衣の位」と解釈し、三位を指すとされたものである。例えば細井貞雄編『空物語二阿抄』には、「明阿《（山岡浚明）》曰、直衣きるべき勅許あらんとするを云。古へ三位已上の位をかくいへり」と見える（室城秀之他編『うつほ物語の総合研究　古注釈編一』勉誠出版、二〇〇二年、一四七頁）。しかし、現在の『うつほ物語』研究ではこの解釈は否定されつつあり、例えば中野幸一校註の新編日本古典文学全集等では「納言の位」と校訂している。この校訂の是非を論じる立場にはないが、原態が「直衣の位」ではなかったという点は全面的に支持する。

(145) 髙田倭男『服装の歴史』中央公論新社、二〇〇五年（初版一九九五年）、一二四頁、鈴木敬三「解説」国学院大学神道資料展示室編『装束織文集成――高倉家調進控』国学院大学、一九八三年、一二三二頁。

(146) 『蛙抄』でも、公卿昇任後に一度許されれば、その後の勅許は不要としている（二九六頁傍線部ウ）。

(147) 洞院公賢『園太暦』延文四年十二月十三日条等。
(148) 直衣事、群書類従二七、六頁。
(149) 富田正弘「口宣・口宣案の成立と変遷」『中世公家政治文書論』吉川弘文館、二〇一二年（初出一九七九年）、二六三―二六四頁。

第五章　直衣始

宮中での直衣着用に関連して、「直衣始」という儀礼が行なわれたことが知られている。例えば近藤好和『装束の日本史』では、「雑袍宣旨は私服で昇殿できる権利であり、天皇との私的な関係を誇示する宣旨であった。そのために、冠直衣ではじめて参内することを直衣始といって特別な作法があった」と説明している①。この「はじめて参内すること」という説明は、何に対して「はじめて」なのか明確ではないが、近藤の師鈴木敬三や、谷田閲次・小池三枝は、それぞれ次のように説明している。

とくに三位以上を原則とし、雑袍の勅免を蒙けたものに限り、参内を許された。破格の取扱いであり、勅免後、最初の参内を直衣始めといい、行列をととのえて参内・参院して慶表するのを例とした②。

直衣の聴許は特権的性格が強かったので、後世は聴許後にはじめて参内することを直衣始と呼び、特に将軍などの場合は前駆や随兵などの供人をつらねて参内するような美々しい行事となった③。

すなわち、いずれも勅許後のはじめての参内を「直衣始」と定義しており、特に鈴木はその参内を「慶表」、勅許の礼を述べるものと意味付けている。

「雑袍宣旨」や「雑袍の勅免」と公卿の直衣着用を対応させる見解が、ここまで論じてきた雑袍勅許や直衣参内勅許の実態を踏まえて整理・訂正されるべきことは明らかだが、右のような通説の再検討が必要なのはこの点だけではない。まず、直衣始はいつ、どのように成立したのだろうか。谷田閲次等は漠然とした表現ながら「後世」とし、佐藤早紀子も院政期になって直衣始が登場すると指摘しているが、(4) 具体的様相、また意義等については未検討のまま残されてきた。また、直衣始は果たして直衣勅許を受けて行なうものなのか、「参内・参院して慶表する」性格の儀礼であるのかも、史料に照らしての再検討を必要としている。そこで本章では、王朝社会において直衣が果たした役割の探究の締めくくりとして、十一世紀から十三世紀初頭にかけての「直衣始」に関わる事例を検討し、その内容や意義を明らかにする。

第一節　直衣始の儀礼としての性格

第一項　直衣を着て始めて出仕す

「直衣始」という表現が史料上に登場するのは、管見では十二世紀半ばからである。その内容は事例毎にさまざまではあるが、数例を眺めただけでも、果たして直衣始とは「勅免後、最初の参内」であるのか疑問が湧いてくる。はじめに、元永二年（一一一九）に左大将藤原忠通が自らの直衣始について記した日記を見てみたい。「直衣始」ということばが用いられるようになるのはもう少し後の時期であるが、『餝抄』はこの例を「直衣始」として取り上げており、(5) 内容からも後の直衣始に相当する儀礼と見なせるからである。

十二日、戊子。終日降レ雨。ア任大将後初着二直衣一欲二出行一之処、雨脚無レ止。仍延引。（『法性寺殿御記』元永二年二月十二日条）

（朱書）「着二直衣一始出仕事」
十四日、庚寅。天晴。イ是日着二直衣一参二所々一。仙院（白河）自二今日一令レ始二熊野御精進一給。依レ被レ立二御使一也。件御精進以前欲レ参之処、御精進早旦被レ始了云々。然而午初参二白河南殿一（注略）。以二前駆兵庫頭盛季（源）一可レ入二見参一由、令レ仰二祗候人一。退出、乗レ車之間、散位為重〔高階〕来、伝二仰旨一云、「御精〔進脱カ〕今朝被レ始了。早可二退出一」者。参レ内〔鳥羽〕〈経二右衛門陣一〉。候二殿上一。依レ召経二下戸・鬼間一、参二朝干飯一。暫之退出。参レ殿〔忠実〕。召二余移馬幷随身等於南庭一、御二覧之一〈移馬人不レ乗〉。中刻許退出。〔中略〕ウ抑着陣以前大将不二参内一之由、見二大殿〔師実〕御記一〈康平五年五月七日也〉。今日参内失錯也。エ是日余装束、濃紫浮文織物指貫・紅打出衣也。前駆六人、盛季〔高階〕・泰兼・朝隆〔藤原〕・清泰〔高階〕・藤原清高・源光行。（同十四日条）

まず注目したいのは、傍線部アや十四日条の朱筆の首書に明記されるように、この行事の性格が、大将就任後、最初の直衣を着ての出行・出仕であるという点である。これは忠通だけの認識ではなく、同じ行事を記録した『中右記』にも「任大将後着二直衣一令二出仕一給」と見えている（二月十四日条）。それだけでなく、この行事に先行して、忠通に直衣参内の勅許が下されたことは一切確認されない。そもそも、第四章第二節等からも明らかなように、忠通は大将就任より前から直衣での参内が許されていたし、大将就任に際して改めて直衣参内が許されたということもない。すなわち、直衣始とは直衣参内の勅許後はじめての参内ではなく、任官後等の出仕や出行の開始であった。このことは、当時の記録上の表現に如実に表われている。右の忠通の例だけでなく、十二世紀の記録ではこれらの儀礼的な初出仕・初出行を、「直衣を着て始めて出仕す」とか「御慶の後初めて直衣にて御出行」のように表現する例が多く、それらが次第に「直衣始」と呼ばれるようになっていくのである。

「直衣始」を表わす表現例

中納言殿〔近衛基実〕着二直衣一可レ有二御出仕一（『兵範記』保元元年（一一五六）二月六日条、任中納言の後）

御慶之後、直衣初度御行儀（『兵範記』仁安三年（一一六八）二月二十日条、高倉天皇践祚に伴う近衛基実の摂政就任後）

殿中将〔松殿師家〕有二直衣始事一（『山槐記』治承三年（一一七九）十月七日条、元服後）

右大将〔九条良通〕着二直衣一始出仕（『玉葉』治承三年十二月十九日条、任権中納言・右大将の後）

摂政殿〔松殿師家〕着二直衣一始可下令レ参二内幷院一給上（『吉記』寿永二年（一一八三）十二月十六日条、任摂政の後）

右は任意に選んだ例ではあるが、『山槐記』の例を除き、いずれも任官後の出仕や出行を主眼とする儀礼であることを直截的に表わしている。

また、数は多くないものの、移徙後などに類似の儀礼的な出行を行なう例も見られる。例えば、『兵範記』には仁平二年（一一五二）正月に藤原師長が婚家へ移った後に初めて直衣を着て出行したことが記録されているが、所々を巡る点や、服装、車の様式、前駆や随身等は、摂関家の同時期の他の直衣始と共通するものである（共通点の詳細は次項以降参照）。

今日新宰相〔師長〕中将自二新所一初出行。冠直衣、紫織物指貫〈亀甲文〉、紅打出掛、紅色薄様掛〈□敷〉、白単。帯二野剣〈小狐〉一、令レ持二慶賀笏一。檳榔車。牛童着二萌木裏形狩襖袴・山吹袙一、車副白装束。随身四人赤色狩襖袴・山吹袙、雑色長右府生重文萌木狩襖袴・紅打衣。

未剋先令レ参二入道殿〔忠実〕一給。前駆六人、散位政業・以長・仲行・範実・右馬助盛業、六位一人〈已上衣冠〉。右中弁光頼朝臣駕レ車扈従。宰相令レ参二御前一給。□〔右カ〕中同有レ召参上。各有二御対面一。次令レ参二高陽院御方一給。次一院〔鳥羽〕。于レ時題名中間也。令レ列二居公卿座一。先レ是於二門外一解レ剣留レ笏。入レ夜参二左府〔頼長〕一。即帰畢云々。（『兵範記』仁平二年正月十九日条）

前章で見たように、この時の師長は、前年二月に参議に任じられたものの、十一月になっても直衣勅許がないために五節への参仕を憚る等しており、この「直衣始」はそのような状況にある頼長父子が、自分たちの正統性を顕示するために直衣初出仕になずらえて行なった特異な例であった可能性があるが、それだけに、直衣始が直衣勅許とは直接関連しない、直衣での初出行であることを示している(6)。

つまり、直衣始とは新たな状況のもとで直衣での出仕を始めることを儀礼化したものであった。「新たな状況」として最もよく見られるのは任官であるが、師長の例のように、婚姻により居所を移したことも新たな状況である。直衣勅許が下されれば、それもまた新たな状況として直衣始のきっかけと成り得たと考えられるが、実際に直衣勅許後の参内を、行列を伴うなどして儀礼的に行なう例は、少なくとも院政期には管見になく、当時の人々がそのような参内を「直衣始」と認識したかは定かではない（次項参照）。

以上のことは、院政期以降の公家の記録を読めば自ら明らかなことであり、その分野の専門家には周知のことども推測される。そもそも、『古事類苑』の引く、山科道安『槐記』享保十一年（一七二六）六月二日条には、関白宣下を受けた近衛家久が宣下・拝賀の翌日に行なった直衣始に関連して、次のように明確に説明されている。

今日ハ御直衣始トテ、長柄ニテ御参内。キノフニ替ラヌ御気色、イト艶《ユヽ》シキ御供奉トモ也。直ニ　准后〔近衛家熈〕御方御目見。シハラク御物語アソハス。直衣始ト申ハ、如何様ノコトニヤト申上シニ、昔ハ必アリタルコト、是ハナクテカナハヌコト也。直衣ハ内々ノ服ニテ晴ノ儀ニアラス。夫ユヱ吉日ヲ択テ、内々ノ服ヲモ着初、出初タルノ義ナリ。コレモ准后ノ御方御当職ノ時、始メテ行ハレシヨリ例トナル。幸ヒ日ツヽキモヨサニ、今日アソバシタル也ト仰ラル。

しかし、管見では専論もなく、参考書類に記されていないこともあって、多くの研究者が共有する理解とはなっていないように見受けられるので、改めて強調しておきたい(7)。

第二項　直衣始と参内の関係

次に注目したいのが、『法性寺殿御記』元永二年二月十四日条（本書三二三頁）のウにおいて、この日の参内を失錯と記していることである。通説では、直衣始とは最初の参内とされているが、忠通は参内を失としている。忠通の反省は、着陣よりも前に参内すべきではないという点に関わるものではあるが、直衣での初出行そのものではなく参内だけを問題としていることは、この儀礼に参内は不可欠でなかった可能性を示唆する。果たして、直衣始とは「最初の参内」なのだろうか。

忠通の任大将後の約十五年後、弟頼長が右大将に任じられた際には、その直衣での初出行を平知信が記録している。

ア大将殿〔頼長〕始着二直衣一有二御出一。イ御直衣、檳榔車、紅打出掛、野剣。前駆衣冠、御随身布衣。但番長冠・壺脛巾・狩胡籙。殿上人扈従。ウ巳刻許上皇〔鳥羽院〕渡二御東三条一。大将殿令レ供二奉御幸一給。〔中略〕

檳榔御車、御直衣、紅打出衣、野剣

前駆五人〈雅職・顕憲・清職・長時・□□〉

御随身布衣

番長厚則〈冠・狩古六・壺脛巾・二藍上下〉

下臈五人（『知信記』（台記別記）保延元年（一一三五）二月二十五日条）

「始めて直衣を着て御出あり」とする点（傍線部ア）、忠通の時と同じく、檳榔毛車を用い、紅の打衣を出衣とし、野剣を帯び、殿上人の扈従と衣冠の前駆、布衣の随身を伴う点等から、忠通の直衣始と同じ趣旨の儀礼であることが窺われるが、この頼長の例では、参内はせず、鳥羽上皇の東三条第への御幸への供奉をもって儀礼的な直衣の初出仕としている（ウ）。すなわち、ここでは近衛大将として院関連の行事に直衣で従事することが直衣始の中核であったとみなせる。なお、忠通が参内との前後関係を問題とした着陣については、十七日に済ませている。

仁安二年（一一六七）、右大将花山院忠雅が内大臣に任じられた後の「直衣始」もこれとやや似ている。

巳剋参レ院〔後白河〕。午終剋普賢講被レ始行。内大臣殿〔忠雅〕〈任大臣後、今日始令レ着二直衣一給。帯二師子蛮絵御剣一、持レ笏、薄色奴袴、無二出衣一。府生褐返、番長縹、下臈薄青・檜皮色・白襖・赤色・朽葉、皆新調給之。雖二仏前一、依レ為二御所一不二令レ解レ剣給一〉・別当〈隆季〉・中御門中納言〈宗家〉・右衛門督〈実国〉・予・五条三位〈顕広〉・新三位

〈朝方〉・六角宰相〈家通〉・右大弁〈実綱〉等参入。(『山槐記』仁安二年三月十四日条)

ここでは、後白河院御所での普賢講への参入において、蛮絵の剣を帯び、笏を持ち、新調の仕着せを着せた随身を伴うことによって直衣始としており、やはり参内はしていない。

また仁平二年の婚儀後の直衣初出行で藤原師長は、祖父忠実、叔母高陽院泰子、鳥羽院、父頼長の御所を巡っているが、内裏には行っていない(本書三一四頁)。師長と兼長がそれぞれ中納言に任じられた後に行なった直衣始はいずれも『餝抄』に「直衣始」として引かれ、(8)忠通・頼長の大将直衣始と同じ檳榔毛車、紅打の出衣、野剣、把笏、殿上人の扈従、衣冠の前駆と布衣の随身といった要素が揃っており、同じ趣旨の儀礼であるが、やはり院や親族のもとをまわるだけで、内裏には行っていない。(9)兼長の例では「不二参内一」と明記され、師長も参内はしていないのである。このことにはこの時期の頼長父子が置かれていた政治状況が影響している可能性もあるが、参内していないのは頼長父子だけではない。

例えば、やや後の時代のことであるが、寛喜三年(一二三一)に近衛兼経が左大将に任じられた際の直衣始では、先例に従って参内せず、妹の鷹司院のもとにのみ参じたと記されている。(10)これは父家実の例に倣ったものらしいが、その家実の任左大将の直衣始の記録には「着陣以前大将不二参内一也。仍今日不二参内一」とあることから、(11)曽祖父忠通が着陣前の参内を失錯としたことと関わるものと推測される。兼経の男基平も左大将に任じられた後の直衣始では参内しておらず、(12)参内しないことが近衛家の任大将後の直衣始の例となっていた(第二節第一項も参照)。これら数例からだけでも、参内が直衣始に不可欠の要素でなかったことは明らかであろう。

もちろん、直衣始にはそれにふさわしい機会が選ばれ、その結果、参内や参院を行なうことは多かった。また、左の九条兼実の日記のように、直衣始には内裏・院御所に行くべきであるという言説も存在する。

抑於レ内邦綱〔藤原〕卿談云、「大夫〔基通〕今日可レ任二侍従一」云々。而無二其事一。仍今日着二直衣一雖レ可レ参二所々一、依レ無二其事一停止了。但可レ参二白川殿一云々。是事専不当事也。着二直衣一初度之出仕、不レ参二院・内一私行尤見苦、不レ知二案内一也。又何故不レ任二侍従一哉。依二其事一出仕止、又不レ得レ心。（『玉葉』嘉応二年（一一七〇）四月二十九日条）

これは近衛基通が元服後の直衣始において、父基実正室で基通を後見していた白河殿平盛子にのみ参ったことに関する記事で、近衛家の行動を厳しく批判する兼実は、院や内裏に参らずに私行することは見苦しく、非常識と断じている（傍線部）。同じ直衣始を記録した『兵範記』でも、「両院・皇嘉門院・内裏」に参るべきであったが、事情があって一所のみになったと記している（同日条）。

ただ、兼実も「院・内」と述べていて、必ずしも参内が必須とは考えていないらしい。むしろ、院政期には参内よりも参院のほうが重要と考えられていた。右で見た例は兼経の任大将後と基通の元服後を除いていずれも参院を伴うか、院の行事への参仕をもって直衣始としているし、保元元年（一一五六）に近衛基実が中納言に任じられた時には、参内はしているものの、院御所に行かなかったことを『兵範記』ははっきりと不適切としている（二月八日条）。すなわち、院政期の直衣始においては、内裏への参仕よりも、最高権力者である治天の君の御所に参仕することのほうが重要であった。直衣始は江戸時代まで行なわれた儀礼であり、その間には政治体制の変遷に伴って参内が原則とされた時期もあったと考えられるが、その当初においては、参内は必須ではなかったのである。

第三項　直衣始と表慶

ここまで直衣始とは任官後などの直衣での出仕を儀礼化したものであることを確認してきた。その中には院の行事への参仕をもって直衣始とする例もあったが、院や内裏、親族の上位者のもとを回ることで直衣始とする例も多かった。特に忠通の任大将後の直衣始では「所々に参る」と明記している（本書三二二頁イ）。

このような直衣始は、現代でいえば回礼に相当するようにも見え、先述の通り鈴木敬三は、直衣始においては「参内・参院して慶表するのを例とした」とした。だが、任官後には慶申・奏慶・拝賀・慶賀等と称される、天皇や院等に礼（慶び）を表する儀礼が別に存在していた。ならば、果たして直衣始にも「慶表」の性格があったのだろうか。また拝賀との関係や相違点はどのようなものであったのだろうか。

慶申については桃崎有一郎が一連の論考を発表しており[13]、それによれば、慶申は（一）任官者が内裏に参じ、近衛次将もしくは蔵人頭を通じて天皇に祗候の事実を奏する、（二）天皇が承知した旨を次将・蔵人が任官者に伝達する、（三）任官者はその場で拝舞して謝意を表すという一連の儀を核とし、（四）更に院宮や然るべき所々を訪れて、再拝や拝舞を行なうものであった[14]。また、任官に伴う儀礼は、時代が進むにつれ、また上位者になる程、数が増え、複雑化した。任官当日の天皇への拝舞は九世紀以前から見られるが、平安中期以降には、昇進から数日たって、初参を兼ねて内裏とその他数ヶ所を回る慶申が増え、特に公卿や有力家の子弟は行列を整えた盛大な慶賀を行なうことが事実上の義務となった。またこの他に、公卿の着陣等、職務を開始するための儀礼も行なう必要があった[15]。

直衣始はここに組み込まれるようにして、十一世紀中葉より、任官後の儀礼の一つとなっていく。そして、例えば『兵範記』が近衛基実の任中納言後の直衣始を「中納言殿御拝賀之後、着二直衣一初有二御出一」と表現するように（保元元年二月八日条）、直衣始は原則として拝賀（慶申）の後に行なうものであった[16]。しかし、慶申では謝意の表現としての拝舞・再拝が儀礼の核となっているのに対し、直衣始には、謝意を表わす定型的な所作は確認されない。

その背景に、公事のない日の内裏や院御所での政務における直衣の着用（第三章第三節参照）があることはほぼ疑いない。束帯の着用が儀式と公事に限定され、直衣での政治活動が常態化した結果、天皇や「恩顧・庇護関係」[17]にある上位者への表慶である拝賀、公事の処理を開始する着陣等に加えて、直衣での仕事始めを行なう必要が生じたのである。桃崎が示唆するように、このような儀礼が必要となったのには、生活のほぼあらゆる場面の所作に関して「始」の儀を必要とした当時の心性も関連していると推測されるが[18]、一連の儀式の中で直衣始が担う役割は、表慶ではなく、あえて言うなら通常業務の開始であった。

　昇任等ではなく、直衣勅許を受けての直衣始の場合には、論理上、勅許に対する礼を示す所作が含まれた可能性もあるが、そのような所作の好例は見出していない。例えば次の藤原忠親が直衣勅許の後に初めて直衣を着て参内した時の記録では、子息を従えて高倉天皇・中宮平徳子・東宮言仁親王のもとを巡ったことしかわからず、何か謝意を表する所作があったか、また特別な装束や行列等を仕立てているのかははっきりしない。

　今日申剋、始着二直衣一参内。去月廿一日所レ被レ聴、今日日次宜、仍所二着始一也。左少将兼宗・侍従忠季在レ共。暫候二小板敷一。大理〈〔平〕時忠〉・頭弁〔藤原〕経房言談。次参二中宮〔徳子〕・東宮〔安徳〕御方一。秉燭之後退出。（『山槐記』治承四年（一一八〇）二月五日条）

管見に触れた例から見る限りは、その後も直衣勅許後にその礼を表する定型的な所作は成立しなかったと推測される。[19]したがって、謝意を表する所作の有無、また昇進後の一連の儀式中における直衣始の位置付けからは、直衣始に表慶の性格はなかったと言える。

　ただし、直衣始には対面等を伴う場合もあり、恩顧のある各所を回るという点からも、より普遍的な意味での礼、挨拶という性格がないわけではない。このことを見るために、藤原忠通が左大将に任じられた時を例として、慶申と直衣始の儀礼内容を検討してみたい。

　まず、この時の儀礼の流れを、慶申と直衣始に関連する部分に絞って確認しておく。[20]元永二年（一一一九）二月六日、内大臣忠通に左大将を兼ねさせる除目は彼自身の執筆で行なわれた。忠通はこの日の朝、妻宗子を伴い、冠直衣にて行列を整えて自邸大宮第を出発し、摂関家の儀礼の場であった東三条第で盛儀の束帯を着用してから参内した。除目の手続きが終わると、即時、鳥羽天皇に奏慶（拝舞）し、次いで中宮璋子にも慶賀を表わした（拝舞・再拝はしない）。それから東三条第へ戻って大饗を行なった後、父の関白忠実とその正室源師子（忠通母）にそれぞれ表慶（再拝）

し、直衣に着替えると、再び忠実と対面して宗子への贈物を受け、深夜に大宮第に帰った。次いで九日に「所々申慶賀」として、大宮第から束帯にて出立し、白河院にて表慶（拝舞）し、御前と殿上に暫く祗候した後、鴨院にて姉泰子と忠実に対面し、食事を振る舞われたり、贈物を贈られたりした。更に皇后令子内親王のもとを訪れて表慶（再拝）し、対面して贈物を受けた。次に祖母の藤原全子に参じて表慶（再拝）し、対面して酒饌と贈物に与かり、大宮第に帰った。

直衣にての出行始は十二日の予定であったが、雨のため延期し、十四日に行なわれた。おそらくは対面を念頭に、白河院が精進に入る前の参入を計画してまず院に参じたが、すでに精進が始まっていたためすぐに退出して内裏に向かい、朝餉間にて鳥羽天皇と対面した。その後、忠実の許（直廬もしくは東三条第か）に参じ、移馬や随身を忠実に見せ、帰第した。なお、これ以前には、慶賀を除き出行は控えている。更に、三月五日、宇治の太皇太后寛子を訪れて表慶（再拝）し、対面した後、贈物を受け、更に冠直衣に改めて再度対面し、食事を振る舞われた後、大宮第に帰った。

以上の儀礼にて、表慶は必ず束帯で行なわれており（表4）、また九日の慶賀と十四日の直衣始とでは、服装、前駆の人数・服装、随身の服装、扈従の有無等に明確な違いがある（表5）[21]。その点において、慶賀と直衣始は、掲焉と褻に大別される作法をそれぞれ体現しているとも言える。その一方で、各所で表慶の後に行なわれる対面に着目すると、慶賀と直衣始の区別はそれほど明確ではない（表4）。この対面には、天皇と院を除き、贈物や饗応の形をとった相手からの祝いが伴い、回礼の性格が強いが、そのタイミングは一様ではなく、束帯の場合と直衣の場合が混在しているのである。特に、除目の夜に、直衣に改めてから父と対面し、贈物を受けていることと、宇治に住む一族最長老の寛子への表慶に際し、直衣に改めてから膳を振る舞われている点は注目され、このように考えると、十四日の朝餉間での天皇との対面にも礼という性格が認められる。直衣で朝餉間に参入して天皇に対面するという行為が、入

表 4　忠通任左大将後の表慶と対面

相　手	表慶時機	忠通服装	所作	対面時機	服装	酒饌	贈物
鳥羽天皇	六日	束帯	拝舞	十四日	直衣		
中宮璋子	六日	束帯	—	—	—	—	—
藤原忠実	六日	束帯	再拝	六日 九日	直衣 束帯	 ○	琵琶
源師子	六日	束帯	再拝	—	—	—	—
白河院	九日	束帯	拝舞	九日？ （十四日）	束帯 （直衣）		
藤原泰子	—	—	—	九日	束帯		螺鈿細剣
皇后令子	九日	束帯	再拝	九日	束帯		笙
藤原全子	九日	束帯	再拝	九日	束帯	○	琵琶
太皇太后寛子	三月五日	束帯	再拝	三月五日	束帯 直衣	 ○	和琴

表 5　忠通の任大将関連行事の行列（算用数字は人数）

	服　装	剣	車	前　駆	随　身	扈　従	経　路
六日朝 東三条第への移動	冠直衣		半蔀車	衣冠		公卿 1, 殿上人 2	東門から東三条第に入る
六日 除目のための参内	束帯（打衣・有文帯・紫緂平緒）	紫檀地螺鈿剣	不明	四位 2, 五位以下 10		公卿 3, 殿上人 8	西門から出立. 左衛門陣から参内
六日夜 除目からの帰第	冠直衣		檳榔毛車	衣冠	上臈冠・下臈烏帽子	公卿 1, 殿上人 1	
九日 諸所慶賀	束帯（打衣・有文帯・紫緂平緒）	蒔絵螺鈿剣	不明	四位 2, 五位 14, 六位 4	官人は束帯	殿上人 7	西中門から参院
十四日 直衣始	冠直衣（紅打出衣）	野剣	檳榔毛車	6（衣冠）	布衣，上臈冠・下臈烏帽子		右衛門陣から参内
三月五日 寛子訪問の往路	束帯（無文帯）	蒔絵剣	不明	五位 6, 六位 2（束帯）	褐衣		
五日帰路	直衣		同上	同上	同上		

立勅許に関わる特権的待遇であったことは言うまでもない。

対面と受贈を直衣で行なって直衣始とする例も見られる。例えば、兼実が内裏または院へ参じなかったとして批判した近衛基通の元服後の直衣始では、養母の白河殿平盛子のもとへ参じ、対面の後、贈物の手本を受けている。

先令レ参二白川殿〔平盛子〕一給。有二御対面一。令二退出一給之間、権大納言定房卿取二贈物一被レ献レ之〈御手本歟。納二銀筥一、裹二青地錦一、貫玉付二銀枝一〉。（『兵範記』嘉応二年四月二十九日条）

このような直衣始には、表慶とまでは言えないが、回礼の性格が含まれることは否めない。時代が下ると、その区別はより曖昧にもなる。

とく大寺〔徳大寺実淳〕ちよくいはしめにて御れい申さるゝ。御たいめんあり。うちより〔後土御門天皇〕くもし物なとまいる。（『御湯殿上日記』文明十五年（一四八三）正月八日条）

これははるか後の例であるが、前年末に大将を辞したばかりの内大臣徳大寺実淳の参内が、直衣始として「御礼申さるる」と記録され、また対面した後土御門天皇から酒（くもじ物）が振る舞われている。こうなると、直衣始とは「参内して礼を述べること」と定義しても、あながち誤りとも言えない。

私達が今日行なっている通過儀礼について考えてみれば自明であるが、長期にわたって多くの人々が行なう儀礼は、当事者の社会的地位や経済力、地域や家の先例、時勢、また個別の事情によって多様である。拝賀については桃崎有一郎が、時代ごと、家ごと、官職ごとに儀礼が違い、またその時の便宜によっても違うことを指摘しているが[22]、このことはもちろん直衣始にもあてはまる。そしてその中には回礼の性格を帯びる、あるいは回礼を儀礼の核とする直衣始もあった。しかし、それはあくまで一部であり、直衣始全般にはあてはまらない。例えば院政期には、頼長の右大将直衣始や忠雅の内大臣直衣始のように、院の行事への供奉をもって直衣始とする例もあった（本書三二六―三二七頁）。しかも、頼長の例では院との対面等は問題とされておらず、忠雅に至っては、院御所への還昇が許される前に直衣始が行なわれている。(23) 師長の中納言中将直衣始でも、『台記』前日条に師長が鳥羽院への還昇をまだ許されていないことが記されている。また、回礼の要素があったとしても、そのほとんどは勅許に対する謝意の表明ではない。

結論として、直衣始全般に通じる性格としては、参内は必須ではなく、表慶行為である必要もなかった。直衣始をもっとも厳密に定義するならば、直衣を着て私邸を出て、私事ではない何らかの行動をとる儀礼であったと言えよう。

第二節　直衣始の成立と多様性

直衣始とは、昇任後等の直衣での初出行を儀礼化したものであった。直衣始が直衣勅許を受けて行なわれるものではなく、また「直衣始」という言葉が史料上に登場する以前から相当する儀礼が見られることが確認された今、その濫觴はもう少し遡れそうである。そこで本節では、直衣始の代表例として近衛大将・摂関・摂関家子息、そして正四位下参議の直衣始について検討し、この儀礼の起源を探るとともに、その多様性について見ていきたい。

第一項　近衛大将の直衣始

直衣始の儀礼がもっとも早く形を見せはじめるのは、私見では近衛大将のそれである。また、十二世紀後半以降、直衣始は盛んに記録されるようになるが、大将の直衣始はその中でも特に盛大なものであり、先例が蓄積され重視されただけでなく、「大将の直衣始」に相当する表現が様々な故実書に登場する。例えば源雅亮『満佐須計装束抄』には「大将なをしにてはじめてありきに」と見え、後鳥羽院の『世俗浅深秘抄』や源通方『餝抄』等にも「大将直衣始」の語が見える。(24) そこで、まずは近衛大将の直衣始から検討していくこととする。

左右近衛大将は上位公卿の務める要職であり、院政期以降には摂関家と清華家が独占する特権的な地位となった。(25)

また、宮中や行幸時等の独特の作法や装束、近衛府の官人を伴ってのさまざまな儀礼があったため、故実も多く集積された。中でも藤原公任が寛仁元年（一〇一七）頃に婿の藤原教通のために記し、『北山抄』の一部として伝わる「大将儀」は、(26)大将の作法を知る貴重な史料であるが、ここには直衣始に関わる事項は見えず、ただ、「近代、大将申二慶賀一後、以二吉日一参」と、初参の儀礼化が進んでいることが窺えるのみである。(27)また後の記録類でも、先例として頼通や教通の直衣始が引かれたものは管見にはない。

ところが十一世紀後半になると、次第に直衣始の先駆的な事例が見られるようになる（表6）。特に康平五年（一〇六二）に内大臣藤原師実が左大将に任じられた際には、直衣始と解釈可能な直衣での出行が記録されており、確認し得るもっとも早い事例として注目される。

　午後、将軍（師実）令レ参レ殿（頼通）給。御装束〈冠直衣、紅打衣、野剣〉、檳榔毛、御随身〈府生・番長冠、近衛烏帽子〉。（『定家朝臣記』（『康平記』）康平五年四月二十五日条）

『定家朝臣記』によれば、この時の師実は、四月二十二日に左大将に任じられると作法通りにすぐに奏慶し、大饗の後、父の関白頼通にも慶びを表わし、二十四日に所々に慶賀を行ない、そして二十五日に直衣にて頼通のもとへ参っている。右は頼通のところへ参じたというだけの記事ではあるが、慶賀の後であることと、紅打の出衣、野剣、檳榔毛車といったその後の摂関家の大将の直衣始に見られる要素が確認されることから、この出行が後の先例となった可能性は高い。とりわけ元永二年の忠通の任大将の時には、この時の師実の日記が事毎に参照され、五月七日記に着陣前には参内しないと記されているともあった（本書三二三頁ウ）。なお、同じく『定家朝臣記』によれば、師実は六月五日に着陣している。(28)

次いで、承暦四年（一〇八〇）の右大将源顕房の例では、拝賀翌日に、直衣に野剣を帯びて関白師実のもとへ参り、続けて参内したことが伝わる。

表6　11-13世紀初頭の近衛大将とその「直衣始」

左大将	右大将	西暦	任命の年月日	事　象
	藤原実資	1001	長保3・8・25	
藤原頼通		1015	長和4・10・27	
藤原教通		1017	寛仁1・4・3	
	藤原通房	1043	長久4・11・27	
	藤原頼宗	1045	寛徳2・10・23	
藤原師実		1062	康平5・4・22	25日直衣にて関白頼通へ参る(定家朝臣記)
	源師房	1064	康平7・12・26	餝抄に雅通の先例として，拝賀翌日に頼通へ参ることが見える
源師房		1075	承保2・12・15	餝抄に雅定の先例として見える
	藤原信長	1075	承保2・12・15	
藤原師通		1077	承保4・4・9	
	源顕房	1080	承暦4・8・22	24日直衣にて関白師実へ参り，次いで参内(水左記)
	源雅実	1093	寛治7・11・20	12月10日直衣参内(中右記)
源俊房		1093	寛治7・12・27	
藤原忠実		1094	嘉保1・3・28	閏3月10日直衣参院，4月22日直衣参内(中右記)
源雅実		1103	康和5・12・21	
	藤原家忠	1103	康和5・12・21	
藤原忠通		1119	元永2・2・6	14日直衣にて所々へ参る，参内は失錯(法性寺殿御記・中右記)
藤原家忠		1121	保安2・3・12	
	源有仁	1121	保安2・3・12	
源有仁		1135	保延1・2・8	
	藤原頼長	1135	保延1・2・8	25日直衣にて御幸供奉(知信記・中右記)
藤原頼長		1139	保延5・12・16	
	藤原実能	1139	保延5・12・16	
源雅定		1140	保延6・12・7	9日直衣始(餝抄)
藤原実能		1154	久寿1・8・18	
	藤原兼長	1154	久寿1・8・18	23日直衣始(台記)
藤原公教		1156	保元1・3・4	常盤井相国記に公経の先例として見える
	藤原公能	1156	保元1・9・8	
藤原基房		1160	永暦1・8・14	
	藤原兼実	1161	応保1・8・19	
藤原兼実		1166	仁安1・8・27	
	藤原忠雅	1166	仁安1・8・27	
藤原経宗		1166	仁安1・10・21	
	源雅通	1168	仁安3・8・12	24日直衣始(餝抄)
藤原師長		1168	仁安3・9・4	
	平重盛	1174	承安4・7・8	8月1日直衣始(玉葉)
平重盛		1177	治承1・1・24	
	平宗盛	1177	治承1・1・24	
徳大寺実定		1177	治承1・12・27	
	九条良通	1179	治承3・11・19	12月19日直衣にて参内(玉葉・山槐記)
九条良通		1186	文治2・11・27	

左大将	右大将	西暦	任命の年月日	事　象
	三条実房	1186	文治 2・11・27	
三条実房		1188	文治 4・10・14	
	花山院兼雅	1188	文治 4・10・14	
九条良経		1189	文治 5・12・30	
	源頼朝	1190	建久 1・11・24	12 月 2 日直衣にて参院，参内も？(吾妻鏡・玉葉)
	大炊御門頼実	1191	建久 2・3・6	5 月 3 日直衣始として参院・参内(玉葉)
近衛家実		1198	建久 9・1・19	28 日直衣始．後鳥羽院・宣陽門院に参る(猪隅関白記・三長記)
	土御門通親	1199	正治 1・1・20	2 月 18 日拝賀以前ながら直衣にて院仏事に供奉(明月記)
	花山院忠経	1202	建仁 2・11・3	
九条道家		1206	建永 1・6・16	翌年 6 月に拝賀，8 月 23 日直衣始(明月記・三長記)
	徳大寺公継	1207	承元 1・4・10	常盤井相国記に公経の先例として見える
	三条公房	1210	承元 4・1・14	
	久我通光	1217	建保 5・1・28	
源実朝		1218	建保 6・3・6	6 月 27 日拝賀，7 月 8 日直衣始(吾妻鏡)
近衛家通		1219	承久 1・閏 2・25	
	西園寺公経	1219	承久 1・11・13	11 月 23 日直衣始(常盤井相国記)
	西園寺実氏	1222	貞応 1・8・16	
九条教実		1224	元仁 1・12・17	翌年 1 月 12 日直衣始として内裏・北白河院に参る(明月記)
九条良平		1230	寛喜 2・10・25	
近衛兼経		1231	寛喜 3・4・29	5 月 20 日直衣始として鷹司院に参る(民経記・洞院摂政記)
	大炊御門家嗣	1232	貞永 1・10・24	

此日右大将〔顕房〕直衣帯二野剣一被レ参二博陸〔師実〕一、次参レ内云々。随身布衣云々。（『水左記』承暦四年八月二十四日条）

これも短い記述であるが、やはり直衣始に相当すると見なせる。着陣は二十七日であった。前節で見たように、院政期の直衣始では院（治天の君）への参仕が重視されたが、右の院政以前の二例では、当然ながら院へ参るという要素は含まれず、その代わりに摂関に参っていることが注目される。詳しい記録は残らないものの、顕房の父師房も任大将の拝賀翌日に頼通に参ったことが伝えられる（本書三四一頁『餝抄』参照）。

そしてこの後、近衛大将の直衣始は定着していく。寛治七年（一〇九三）十一月に父顕房から右大将を継いだ源雅実は、十二月十日に直衣での初参内が記録されており（『中右記』）、着陣は十五日であった。その翌年三月二十八日に左大将となった藤原忠実は、翌日に慶賀を行ない、閏三月十日に直衣にて白河院に参り、更に一月半たった四月二十二日になって、直衣での参内を始めている。

今日左大将〔忠実〕殿初着二直衣一（紅出衣〈打〉、野剣）令レ参レ院〔白河〕給〈檳榔毛〉。前駆六人、御随身番長敦言〔下毛野敦時〕、白狩衣袴・濃打衣。師頼〔源〕朝臣・宗輔〔藤原〕扈従。還給之後、大殿・大納言殿〔藤原宗俊〕・治部卿〔源俊明〕以下纏二頭敦言一云々。（『中右記』嘉保元年閏三月十日条）

未時許帰参〔内裏ニ〕。左大将〔忠実〕殿御慶賀後着二直衣一初令レ参給。忠教朝臣・宗輔扈従。（同四月二十二日条）

忠実の着陣は四月十日であった。

次項以降で見るように、この時期には摂関やその子弟の直衣での出行・参内開始の儀礼化も始まってはいるが、例えば右に引いた『水左記』では、その前後に大臣・大納言・中納言等の任官とその奏慶が多数記されているにもかかわらず、直衣での出行・参内が記録されているのは顕房のみである。この点からは、他の職に先駆けて、近衛大将の直衣での出行・参内の儀礼化が進んだことが示唆される。その背景としては、まず近衛大将が摂関家と後の清華家によって独占される要職であり、同時に天皇警固の最高責任者として、活動性の高い直衣での出行・参内が、その地位を象徴する行為であったことが考えられる。近衛府と検非違使に対して雑袍の永宣旨が出されていたことも、関連する事象として想起される。

更に重要なことに、十一世紀後半から約百年間に確認できる直衣始は、ほとんどが摂関、大将および摂関家等の次将の事例であり、その共通点としては、家格の高さと随身を随行する立場という点があげられる。随身は武官を兼帯しない公卿には原則として与えられない特権であり、近衛大将には、納言以下の場合六人、大臣兼帯の場合八人、また摂関には十人の随身が与えられていた(29)。威儀を整えた多くの随身や下部を随行する大将の行列は、莫大な費用がかかると同時に、耳目を集め、周囲を威圧するものとして、大将とその家の力を誇示する効果が高かったことは想像に難くない。摂関家の勢いに陰りが生じ、これに並び得る村上源氏等の勢力が台頭しはじめる十一世紀中葉に直衣での初出行の儀礼化が進んだことは、それぞれの力を知らしめるものとして、随身を伴う行列が利用されたことを示唆する。

そして直衣始の儀礼が定着すると、他の儀礼と同じように、先例を調査し、必要に応じて取捨選択の上、踏襲されるようになる。例えば、右に引いた諸例から明らかなように、大将の直衣始では、野剣を用い、紅打衣を出衣とし、檳榔毛車に乗ることが定例となり、これは、摂関家においては、大将より早い段階の三位中将・宰相中将・中納言中将等の直衣始でもほぼ同じであった。

その中でも、摂関家の一部では「慶賀笏」と小狐という野剣を用いることが見られる。これらについては、須藤敬や渡部史之の詳細な分析があり㉚、渡部によれば、慶賀笏は藤原師実所用の笏で、慶賀や着陣、そして直衣始を含む昇進儀礼に用いられた㉛。一方、小狐は藤原師輔所用の剣として伝えられるが、忠実の頃より突然、史料に登場し、十三世紀にかけて、摂関家の名物として直衣始や洛外への出行（春日祭下向・春日詣・石清水詣等）に用いられた㉜。小狐は野剣（実用可能な剣）であるから、その使用場面は直衣もしくは衣冠・布袴の着用時であり、これに対して、束帯を着用する慶賀・着陣等の盛儀には、儀仗具である葦手剣と葦手平緒が摂関家の宝として用いられた。その他に石帯などの具も象徴的宝（レガリア）としての重要性が高まっていったが、これらの品物は忠通から一旦は頼長に伝えられて頼長父子の所用となり、保元の乱後は近衛基実を経て近衛家に伝来した。そのため、この流れにある人々の直衣始では、慶賀笏や小狐の使用が散見される。渡部はこれらの品が院政期に入って摂関家を象徴する物具として重要になったことや、その背景に、当時の状況に対応するための摂関家の政略的配慮を読み取るべきことを指摘している。この指摘を踏まえつつ、同じ状況の中で直衣始に相当する儀礼が見られはじめるようになることを考えると、そういった物具を使用し、顕示する機会の創出ということも、直衣初出行の儀礼化の契機と想定できるだろう。

表7　任大将後の儀礼の日程（括弧内の算用数字は任命からの日数）

師実	4・22任	4・24（2）慶賀	4・25（3）直衣始	6・5（41）着陣	
顕房	8・22任	8・23（1）慶賀	8・24（2）直衣始・直衣参内	8・27（5）着陣	
雅実	11・20任	11・21（1）慶賀	12・10（19）直衣参内	12・15（24）着陣	
忠実	3・28任	3・29（1）慶賀	閏3・10（12）直衣始	4・10（41）着陣	4・22（53）直衣参内

また、忠通が着陣前の参内を失錯としたように、儀礼の日程についても先例の踏襲が意識された。師実から忠実までの四例について、慶賀・着陣・直衣始・直衣参内の日程について整理すると、師実・忠実は慶賀の後に直衣での出行はするが、（直衣での）参内は着陣の後としたのに対し、顕房・雅実は、慶賀の後、直衣での参内をしてから着陣を行なっている（表7）。すなわち着陣と直衣参内との順序は大将一般の儀として決まっているものではなく、各家・各人によって流動的であった。忠通が問題としていたのは、直衣参内の時機に関して、摂関家ではなく他家の例に従ってしまったことだと推測される。

おそらくこの忠通の「失錯」という反省を踏まえてのことと推測されるが、先述の通り、近衛家では着陣前の直衣参内を避けるのを例とした。ところが興味深いことに、同じ忠通から分かれた九条家では、慶賀直後の直衣始において参内するのを例とした[33]。これに関しては、治承三年（一一七九）に九条良通が右大将に任じられた際の父兼実の日記（『玉葉』十二月十九日条）がその経緯を窺わせる。

この日記の随所からは、兼実が祖父忠実（寛治）や父忠通（元永）の例を研究し、その踏襲を心掛けたことが窺われる。例えば前駆を六人とすることについて「代々吉例也。寛治・元永如レ此」と注したり、殿上間に入る際は本来剣笏を外すが、元永の忠通の記録に従って剣笏を帯びたまま殿上に祇候して召を待ったと記している点は（「着二束帯一之時、帯二剣笏一殿上人不レ着二殿上一。而元永二年故殿〔忠通〕任大将着直衣出仕之、候二殿上一、依レ召参二御前一之由見二御記一。仍逐二彼跡一」）、これらの例を踏襲したことを直接に示している。また、忠通の日記の「依レ召経二下戸・鬼間一、参二朝干飯一」に倣って、「依レ召経二上戸・鬼間等一、参二朝餉一」と書いたり、先例を踏襲できなかった理由をわざわざ説明して、大内裏では下戸を用いるが、この閑院内裏では下戸は便が悪いため上戸を使ったと注している。先例は随身の番長に打衣を着せたが、新制によって着せなかったという注記もあり、兼実が如何に先例の踏襲を重視したかが理解されよう。

もとは忠通の庶子であり、子息に持たせる剣笏も摂家の象徴物を使うことができない兼実の立場では、(34) 先例に沿って「正しく」儀礼を行なえるかどうかは自家の存亡に関わる問題であった。そこで兼実が選択したのは、後の家実のように忠通の「失錯」という指摘に従うのではなく、忠通の所作そのものをできるだけ忠実に追うことであって、その結果、九条家では任大将後直衣始において参内することになったのである。良通の一連の儀礼の日取りについても、丁酉慶賀、壬寅直衣始、甲辰着陣という日程は、忠通の乙酉慶賀、庚寅直衣始、癸巳着陣という日程と類似しており、意識的に踏襲したことが推測される。

近衛家と九条家で別の故実が形成されたように、村上源氏にも独自の故実の形成の動きが見られる。

仁安三八廿二、殿〔通親〕記曰、「為二御使一参二花山院〔忠雅〕一。〔雅通〕廿四日着二直衣一可レ参レ院〔後白河〕。土御門殿〔源師房〕、拝賀翌日令レ参二宇治〔頼通〕一。着二直衣一、毛車、令〔不カ〕レ帯二剣・笏一。而今度令二相具一之由在二御記一。今度此定可レ候歟。」廿四日、「御直衣始。参レ院給。令レ帯二剣・笏一御〈蒔絵野剣、常剣〔笏カ〕也〉。」

通方案、土御依レ非二公所参一、不レ被レ帯レ剣歟。久我殿〔雅通〕依二院参一令レ帯二剣・笏一給歟。

保延六十二九、左大将〔雅定〕〈中院〉直衣始、不レ帯二剣・笏一、但令レ持云々。土御門右府例云々。有レ興云々。

今案、中院殿追二土御門殿例一、不レ被レ帯二剣・笏一云々。猶有二其故一歟。（『餝抄』野剣・大将直衣始用二此剣一間事）

ここに記されているのは、村上源氏の祖師房が拝賀翌日に直衣で頼通のもとへ参った際に剣笏を帯びずに相具したという記録に対し、保延六年（一一四〇）の曽孫源雅定の時には剣笏を帯びず、ただ持つという対処がなされ、仁安三年（一一六八）の玄孫源雅通の時には剣笏を帯びるという決定がなされたということと、その理由に対する源通方の推測であり、各家・各人の故実の形成の動きと同時に、故実がかなり流動的であることも如実に示している。

第二項　摂関の直衣始

次に摂関の直衣始について見ていく。大将と同じく、歴代の摂政・関白のうち、後冷泉天皇・後三条天皇・白河天皇の関白を務めた藤原教通までは、直衣始に相当する儀式は確認できず、先例として言及されたものも見当たらない。しかし、承保二年（一〇七五）の藤原師実の関白就任後の儀礼においては、直衣での出行が記録されている（『水左記』承保二年十月十五日・十六日条）。師実は関白の詔を受けた十五日に、束帯で参内して白河天皇に奏慶を行なった後、御前で対面し、中宮にも対面して贈物を受け、東三条第で一連の儀式を行なった。そして翌十六日には、陽明門院禎子内親王、太皇太后章子内親王、頼通室の高倉殿（隆姫女王）をまわって挨拶をしているが、この時に直衣を着用している。この対面と受贈という行動は、前節で見たように、任官のあとの回礼として行なわれ、束帯であったり直衣であったりするものであったが、関白という立場に就いた師実は、慶申は天皇に対してだけ行ない、また天皇との対面も即座になされた一方で、女院・太皇太后・義母への回礼は直衣で行なったのである。この行動を摂関直衣始の初見として位置付けることができる。

前章でも見たように、師実は摂関家の地位を他家と隔絶したものとするために、さまざまな工夫をした。この時の膨大な人数の前駆を揃えた連日の行列もまた、その一環と評価できる(35)。しかも十六日には「皇后宮大夫〔源顕房〕・宰相藤中将〔藤原基長〕・新宰相〔源俊明〕・宰相中将〔藤原宗俊〕・三位中将〔藤原師通〕共着二直衣一扈従」とあって、近衛中将・元中将の若年公卿が直衣で扈従したことにも注目したい。前駆も慶賀と直衣始では人数に倍以上の違いがありつつ、服装を束帯と布袴に違えた。つまり、行列全体の趣向を前日の慶賀と大きく変えており、そのことによって、摂関家の財力や権勢を演出することも意図されていたのだろう。

ついで、嘉保元年（一〇九四）の師通の関白就任では、任命の日に天皇に奏慶、父・母・白河院・郁芳門院に申慶、帰邸して吉書始の後、「則依レ為二吉日一、殿下〈御直衣〉令レ帰二参内一御。有二御宿仕一」、とすぐに直衣で再び参内して宿仕を行ない、翌日には直衣で内裏から退出し、その足で太皇太后寛子や養母の祐子内親王へ挨拶をしている[36]（『中右記』嘉保元年三月九・十日条）。すなわち師通の関白直衣始は、太皇太后と養母への回礼を行なうというものであり、扈従や前駆の人数・服装等もおおむね師実の例を踏襲しているが、一方で、直衣で参内し宿仕するという、師実の時にはない要素も含まれていた。宿直装束としての直衣のもともとの位置付けを考えると、夜に直衣で参内して宿仕するという過程が儀礼の中に組み込まれたことは興味深い。留意されるのは、一連の儀礼を記録した『中右記』に「凡今日事長和六年御堂譲二御宇治殿一之例者」、つまり道長が頼通に摂政を譲った時の例に従って進められたと記されている点である。すなわち、頼通の時にも直衣で改めて参内して宿仕するという所作があった可能性もある。また、この時には大殿となった師実も、十一日に「依二吉日一初有二御出一」として直衣で白河院へ参り、次いで参内して宿仕をしており（『中右記』同日条）、「新たな状況においての出仕始」という直衣始の性格が、官を辞した際にも当てはまることをよく示している。

五年後、師通の急逝により藤氏長者を継いだ忠実は、内覧宣下後の初出行として参院・参内・宿仕を行なっているが、残念ながらその装束については伝わらない（『殿暦』・『中右記』康和元年九月十三日条等）。ただ、服喪中であることから、心喪直衣であった可能性は高い。更に六年後に関白に任じられた際には、任命当日に堀河天皇・中宮篤子内親王・東宮（鳥羽天皇）・四条宮寛子・北政所源麗子に慶賀を申し、一日おいて白河院と母藤原全子にそれぞれ申慶し、その足で参内して一旦御前に参り、下って宿所で吉書を覧じた後、直衣に着替えて宿仕を行なっている。そして翌日、直衣で天皇・中宮・東宮に参じた後、退出し、前斎院令子内親王に参った（『殿暦』・『中右記』長治二年十二月二十七―二十九日条）。この中でも、吉書始の後に宿仕を行ない、宿仕後には直衣で退出するという行動は師通を踏襲したものであろう。布袴の前駆や直衣の公卿を従えている点等も、師実・師通の直衣始と共通する。

表8 11世紀末―12世紀の摂関（内覧）とその「直衣始」

姓名	職	西暦	任命の年月日	事　象	天皇
藤原師実	関白	1075	承保2・10・15	16日直衣で所々に参る(水左記)	白河
藤原師実	摂政	1086	応徳3・11・26		堀河
藤原師実	関白	1090	寛治4・12・20		堀河
藤原師通	関白	1094	嘉保1・3・9	同日，直衣にて宿仕，翌日直衣で寛子等へ参る(中右記)	堀河
藤原忠実	内覧	1099	康和1・8・28	(9月13日初出仕として参院・参内・宿仕．服装は不明．殿暦・中右記等)	堀河
藤原忠実	関白	1105	長治2・12・25	27日直衣にて宿仕(殿暦・中右記)	堀河
藤原忠実	摂政	1107	嘉承2・7・19	22日直衣にて参内し吉書始・宿仕始(殿暦)	鳥羽
藤原忠実	関白	1113	永久1・12・26	(大治に忠通が先例とする)	鳥羽
藤原忠通	関白	1121	保安2・3・5	7日直衣にて出仕(餝抄，また文治に兼実が先例とする)	鳥羽
藤原忠通	摂政	1123	保安4・1・28		崇徳
藤原忠通	関白	1129	大治4・7・1	同日吉書始・宿仕始(中右記)直衣か	崇徳
藤原忠実	内覧	1132	長承1・1・14		崇徳
藤原忠通	摂政	1141	永治1・12・7		近衛
藤原忠通	関白	1150	久安6・12・9		近衛
藤原頼長	内覧	1151	仁平1・1・10	17日直衣初出行(宇槐記抄)	近衛
藤原忠通	関白	1155	久寿2・7・24		後白河
近衛基実	関白	1158	保元3・8・11	15日直衣初出行(兵範記)	二条
近衛基実	摂政	1165	永万1・6・25		六条
松殿基房	摂政	1166	仁安1・7・27		六条
松殿基房	摂政	1168	仁安3・2・19	20日直衣初出行(兵範記)	高倉
松殿基房	関白	1172	承安2・12・27		高倉
近衛基通	関白	1179	治承3・11・15	12月8日直衣参内，宿仕始(玉葉・信範記抄出)	高倉
近衛基通	摂政	1180	治承4・2・21		安徳
近衛基通	摂政	1183	寿永2・8・20		後鳥羽
松殿師家	摂政	1183	寿永2・11・21	12月16日直衣参内・院(吉記)	後鳥羽
近衛基通	摂政	1184	元暦1・1・22	2月7日直衣初出行．第二度のため略儀・新儀(信範記抄出)	後鳥羽
九条兼実	摂政	1186	文治2・3・12	28日直衣初出行，参内，宿仕始(玉葉)	後鳥羽
九条兼実	関白	1191	建久2・12・17		後鳥羽
近衛基通	関白	1196	建久7・11・25	12月9日直衣初出行，16日宿仕始(三長記)	後鳥羽
近衛基通	摂政	1198	建久9・1・11		土御門

このようにして、摂関の直衣始はまず師実が直衣での回礼を行なったことを初見とするが、早くも師通・忠実の段階で、内裏での宿仕を行ない、退出するという要素が加わった。その後も摂関の直衣始には宿仕始を伴う例がままある（表8）。それには、吉書始と宿仕に直廬を開くという意味があったためと推測されるが、宿直装束から着用範囲を広げてきた直衣の歴史を反映している点でも興味深い。忠実の時に、束帯で参入する際には「入レ従二陽明門・左衛門陣・和徳門一」と陽明門から建春門を通る経路を取り（『中右記』二十七日条）、直衣での退出には「出レ自二北陣一」と北陣を用いている（『殿暦』二十八日条）点も注目される。

また、この時の『殿暦』には「笏・野剣を入レ車。雖レ然不レ着」とあり（二十九日条）、大将の直衣始とは異なり、野剣と笏を車に入れつつも、身には着けていないことが知られる。師実・師通の時には剣笏の携行について記述がないことから、やはり帯剣していなかったと推測され、忠実の後も摂関の直衣始には帯剣せず、車に入れることが原則となっている。(37)帯剣・把笏を直衣始の故実とする解説もあるが、(38)それは直衣始すべてに通じるものではないのである。忠実が「余着二直衣・薄色指貫・出袿〈紅梅〉一」と明記する出衣も（二十八日条）、師実・師通の時には記されておらず、その後の例から見ても、年齢や時宜に応じての選択であったと見られる。なお、親族等の若年公卿の直衣での扈従については、忠通の時になくなったらしく、文治二年に兼実が子息の公卿を扈従させたものの、その後は基本的に見られない。(39)一方、前駆の布袴着用は、後の例で四位・五位は布袴、六位は衣冠とする場合が多く、(40)摂関直衣始の故実として継承されていった。

第三項　摂関子弟の直衣始

さて、摂関や大将の直衣始が見られるようになるのに少し遅れて、摂関子弟にも直衣始と呼び得る行動が見られるようになる。まず、注目されるのが、寛治五年（一〇九一）、忠実が従三位に任じられた際、慶賀の翌日に行なった直衣での参院である。

「〔朱書〕三位中将初着二直衣一出仕」

十七日丁丑、天晴。三位中将〔忠実〕檳榔毛車乗レ之、着二直衣一参レ院云々。予〔師通〕剣自レ殿〔師実〕被レ召。仍進二上之一。（『後二条師通記』寛治五年正月十七日条）

三位中将という立場であり、かつ院御所への参上であるから、直衣の着用に特別な点はないが、師実が師通の剣を召して忠実の料にしたとあるように（傍線部）、師実は忠実の威儀を整えることに心を砕いており(41)、摂関子弟の直衣始の一つの契機になったと推測される。忠実の息子忠通も、天永元年（一一一〇）に従三位に任じられた際、奏慶・着陣の後に、衣を出した直衣で院の御幸に供奉したことが記録されており（『殿暦』三月九日条）、同じ趣旨の儀であったと見られる。

三位中将の直衣始という点では、摂関子弟ではないが、源有仁の例が注目される。白河院猶子として皇嗣候補となりながら、元永二年（一一一九）、顕仁親王（崇徳天皇）の誕生により賜姓降下した有仁は、従三位に直叙され、摂関家嫡流を凌ぐ異例の速さで昇進を重ねていくことになるが、この時の一連の儀礼の中に直衣での出行始が含まれているのである。

二位殿〔藤原光子〕送二消息一云、「今日三位中将殿〔有仁〕可レ有二御行一。参入可レ令レ奉二出立一也。又雑色等可レ令レ献也」者。令レ申二承由一。午刻参二彼殿一。三位中将殿令レ着二装束一間也〈直衣・蘇芳衣・紅打衣、不レ得レ心〉。網代御車、御随身布衣、御前衣冠敦利自レ院〔白河〕参仕。新中納言〔藤原実隆〕・中宮権大夫〔藤原通季〕・右兵衛督〔藤原実行〕・中宮権亮実能〔藤原〕朝臣為二扈従人一。ア先令レ参レ院給。依二内御物忌一不レ可二参給一之由有二議定一。イ而院宣云、「雖二御物忌一、参二殿上一、可二退出給一也。於二御前参一者可レ有レ憚」云々。此間下官〔師時〕与二源兵衛佐〔行宗〕一同車参二三宮〔輔仁親王〕一。前斎宮〔禛子内親王〕渡給。ウ申刻三位殿参レ宮。エ如二院仰一参内給云々。オ於二此宮一供二御膳一。日没間退出給。有二贈物一〈御〔野カ〕剣、入レ袋〉。自取出給、実能朝臣給レ之給二御前一。（『長

秋記』元永二年十月二十六日条）

この記事によれば、有仁は慶賀の五日後に、初出行として白河院（傍線部ア）・鳥羽天皇（イ・エ）・父輔仁親王（ウ）のもとを回り、輔仁親王からは饗応と贈物もあった（オ）。慶賀の時と同様、有仁を婿に迎えて後見する閑院流の四公卿が扈従している点は、[42] 有仁の特異な立場とこの儀の盛大さを窺わせる。また、鳥羽天皇が物忌であるため参内はしないという議定を白河院が覆し、殿上まで参じさせていることは（イ）、有仁の処遇や閑院流の地位引上げに関して白河院が細かい点まで関与していることを示唆するが、三位中将の直衣始そのものは、忠実等の先例を踏まえていた可能性が高いだろう。

　忠通の息子基実は、忠通と頼長の対立を背景にきわめて早いペースで位階を上げ、仁平二年（一一五二）、少将にして三位に叙されたが、この時の直衣初出行の儀礼では有仁同様、参内を行なっている。

　三位（基実）少将殿御拝賀之後、初有二直衣御行一。〈御冠直衣、紅匂袿三、青単、紫織物指貫、紅張袴、檜御扇、令レ具二野剣一給〉。檳榔御車、々副如二一昨日一。牛童持レ榻。殿上人両三・諸大夫等扈従〈各衣冠〉。随身二人布衣。先令二参内一給（有二直衣免一歟）。〈雖レ召二檳榔車一、依二陣頭無一レ程、前駈歩行在二御車後一〉。頃之令二退出一給。改二着布衣一。此間殿（忠通）下自レ内退出、召二三位殿（白）網代御車一、渡二御九条殿一。三品御同車。北政所（源師子）同渡御〈別御車〉。出車三両。殿上人多扈従。（『兵範記』仁平二年三月十八日条）

この儀は叙三位の拝賀の二日後に行なわれたもので、参内の後は、布衣に着替えて父と九条殿に渡っている。直衣勅許の有無が問題となるようになった世相を反映して、記主平信範は「直衣の免あるか」と傍に注しているが、その事実は明らかでない。[43] しかし参議に任じられた後に直衣勅許を得られずにいた師長が、翌年正月に婚家への移徙後の出行として直衣始を行なったことに照らしあわせると、忠通と頼長の対立の中で、子息達の行列や直衣始の重要性が増していたことが窺われる。

さて、上述の三位次将の直衣始は、三位という公卿の立場、雑袍永宣旨を受けている近衛次将という立場、そして摂関家や孫王といった出自から行なわれたものと推測されるが、忠実の子の世代からは、公卿や次将になってからだけではなく、元服直後からの直衣での出行の儀も見られる。まず忠通の時には、嘉承二年（一一〇七）四月二十六日に元服し、正五位下に叙されたが、一月半ほどたって、白河院の猶子になるに際して、直衣初出行の儀を行なった。

後聞、今朝関白殿《忠実》大夫君《忠通》初着二直衣一参二院《白河》・東宮《宗仁》・内《堀河》一給云々。殿下、両宰相中将〈忠《忠教》・家《家政》〉、殿上人宗能《藤原》・忠宗《藤原》・忠長《藤原》等令相具給也。（『中右記』嘉承二年六月十一日条）

今日大夫《忠通》院ニ将レ参也。御子ニ成也。撰二吉日一自レ院被レ仰也。大夫着二直衣一。余又同。上達部宰相中将忠数・同家政等也。殿上人両三人。次参二東宮一。又参内。退出還二枇杷殿一。今夜向二高陽院一留。（『殿暦』同日条）

忠通はこの後の十八日に侍従に任じられており、この時にはまだ無官であったが、直衣で院・東宮・内裏をまわっている。父忠実の時にも、元服後一カ月ほどで直衣出行したことが記録されてはいる。それは『後二条師通記』の「初小将忠―《実》着二直衣一参内也」という短い記事なのだが[44]、ただ、ここに示されているように、これは少将に任じられてからのことであり、次将としての所作とも考えられる[45]。これに対して、忠通の時には無官の状態でこのような回礼が行なわれている。この違いは白河院猶子という立場あってのことと推測され、白河院の力を借りた摂関家の権威増強策の一環と評価できよう。

更に二十三年後の弟頼長の場合は、元服・叙爵の上、昇殿・禁色が許された日の三日後に直衣での初出行が行なわれている。これは『中右記』大治五年四月二十二日条の「大夫君《頼長》初着二直衣一被二出仕一云々」という短い記述のみによって伝わり、内容は定かではないが、忠通と比べても時機が早まっており、摂関家嫡子の待遇の上昇を示唆する。なおかつ、第二章第二節第三項で触れたように、忠実の二人の息子の元服に際しては、禁色宣旨・雑袍宣旨を巡る混乱があった。兄忠通の元服時には、禁色宣旨に「雑袍」の二字が加えられたものの、後からそれが取り消され、宿仕の際に出すべきとの判断が示された。忠通に最終的に雑袍宣旨が下されたかはわからず、初宿仕のことも伝わらないが、結局は院猶子として直衣始が行なわれたのであった。これに対し頼長の時には、禁色人には別に雑袍宣旨を下す必要はないという判断のもと、禁色宣旨のみが下された。頼長の直衣始はその直後であり、禁色宣旨を受けてのものと推定される。叙爵四日目に行なっているのは、あるいは三日間は束帯を着用するという慣例によったものだろうか。

そして、次の世代には、摂関家子弟の元服・初任後の直衣始はおおむね定着したと見られる。ただ摂関家子弟の元服時の処遇は頼長の例で固定したわけではなく、例えばその後も「禁色雑袍宣旨」を下す場合があった（第二章第二節第三項）。直衣始に関しても、任官前に行なった忠通・頼長の例はむしろ特異で、次世代以降は任官後に直衣始を行なう例が多い。兼長は元服の一月半後に侍従に任じられ、その拝賀を済ませた二日後に直衣始を行なっている(46)。

及レ昏侍従〔兼長〕自二近衛殿一来〈直衣〉。予乗二彼車一〈烏帽直衣〉、参レ院〔鳥羽〕。侍従依レ召参二御前一。頃之帰レ家。侍従帰二参近衛一。侍従元服後今日初着二直衣一出仕也。依レ為二宜日一也。依二御物忌一不二参内一。（『台記』久安四年（一一四八）六月二十五日条）

あるいは基通の元服時には平盛子への回礼をもって直衣始としており、これは結果として任官前となったものの、本来は同日に侍従に任じられる予定であった（本書三二七―三二八頁参照）。

とはいえ、頼長が兼長の例について「元服の後、今日初めて」と記すように（傍線部）、これらの直衣始は元服後のものとして認識されていた。同じような認識は、次の松殿師家の直衣始にも見られる。

伝聞、今日殿中将〈師家〉有二直衣始事一〈去年四月御元服以後于レ今無二此儀一〉。其儀、申剋参内、車〈不二新調一〉、装束〈直衣、掛三《黄、青裏、文筆管》、奴袴《文無》、打衣〉、随身三人〈兼清子・敦実子・貞弘子〉、萌木上下、薄色衣〈生単〉、帯剣、維〔雑カ〕色十人〈召二人々白張一〉、番長種友依二父季親法師所労一不レ参。前皇后宮大進長経・対馬守親光等着二衣冠一騎馬在二車後一。中務権大輔経家朝臣・治部卿顕信朝臣・右少将顕家朝臣〈已上束帯〉

扈従。参内之後令㆑参㆓中宮御方㆒給。無㆓送物㆒云々。還御之後、有㆓御随身所始事㆒〈去年任㆓少将㆒給之後未㆑被㆑始之〉。（『山槐記』治承三年（一一七九）十月七日条）

右傍線部の、元服後一年半経過してようやくこの儀が行なわれたという趣旨の記述は、摂関家家嫡は元服後に直衣始を行なうことが定例化していることを示している(47)。また、師家はこの翌日に従三位に任じられ、翌々日には権中納言となっているので、この日行なわれた直衣始や「御随身所始」は、殿上人として済ませておくべき儀礼と考えられていたのだろう。この後、十一月一日には中納言中将としての直衣始を行なっている（『山槐記』『玉葉』同日条）。三位に叙せられた後の直衣始が慣例となっていたことは本項冒頭で見た通りであるし、前節で師長や兼長の中納言中将直衣始を取り上げたように、摂関家においては、中納言に任じられた際にも直衣始を行なうようになっていた。

　このようにして、摂関家では元服後、叙三位後、任中納言後、任大将後、任大臣後、そして摂関就任後といった節目毎にそれぞれの故実に従った直衣始が行なわれるようになった。前節でいくつか例を引いたように、清華家においても大将・大臣への任官後等の直衣始が見られる。これらの儀礼は行列や扈従者等によってその家の権力・財力を演出すると同時に、各所への参入を通して、入立や直衣参内、院昇殿等の天皇や院等との特権的関係を視覚的に顕示する効果も持っていただろう。

　なお、摂関家家嫡の直衣着用に関連し、忠実以降の元服儀礼において、次のように直衣を着る儀が見られる。

還㆓東三条殿㆒。初居㆑物。陪膳右中弁基綱〔源〕也。居物畢、内大臣〔師通〕出畢。衣㆓直衣㆒畢云々。（『後二条師通記』寛治二年（一〇八八）正月二十一日条（忠実元服記））

次□御枇杷殿御曹司、着㆓御々前物㆒〈注略〉。殿下〔忠実〕召㆓右大弁時範朝臣〔平〕㆒、被㆑仰㆓下家司以下㆒。〈中略〉人々名簿令㆑書㆓付於簡㆒〈散位仲清書㆑簡〉、人々着㆓始侍大盤㆒。

大夫殿〔忠通〕〈今夜着㆓御始直衣・烏帽子㆒。是殿下御直衣・御烏帽也〉。（『中右記』嘉承二年（一一〇七）四月二十六日条

（忠通元服記）

帰二給東三条一。予従レ斯帰レ家。天已明。着二御前物一給。左中弁実光〔藤原〕陪膳。被レ補二家司・職事等一。又着二始直衣・烏帽子一給云々。（同大治五年（一一三〇）四月十九日条（頼長元服記））

いずれも元服の日には加冠の儀の後、叙爵を受けて参内、奏慶し、昇殿や禁色を許されるといった一連の儀礼を行なっているが、帰第の後、食事をし、家司・職事を任命し、そして最後の儀礼として、直衣と烏帽子を着用しているのである。その内容が最も明瞭なのは忠通の例で、この儀礼が父の直衣と烏帽子を着用してのものであることがわかる。隆長の元服でも、頼長が「以二余烏帽直衣等一令レ着二大夫〔隆長〕一〈刻礼〉」と自身の直衣と烏帽子を着せている（『台記別記』仁平元年（一一五一）二月十六日条）。一方、忠実の記録はごく短く、内容も判然としないものの、それだけにこの儀にすでに先例が存在したことを示唆する。

以上の儀は直衣始と直接には関係しないが、夜の装束という朝廷社会における直衣の意味付けや、摂関家の父子継承に関わる儀として注目される。頼通時代には摂関が直衣にて参内し、天皇の側に祇候することが定着していたことを踏まえれば、元服の儀の最後に父の直衣を着用するという所作には、そのような父の地位を継承すべき地位にあることを確認するという意味も籠められていたのではないだろうか。

第四項　正四位下参議の直衣始

ここまで取り上げてきた直衣始は、主に摂関家や清華家のものであったが、十二世紀後半には、それ以外の人々にも直衣始と認められる行動が確認されるようになる。その中でも注目されるのが、参議、特に蔵人頭を経て正四位下の参議となった人々の直衣始である。

このような立場の人の「直衣始」を最初に史料上に確認できるのは、『達幸故実抄』雑例「被レ聴二直衣一事」に引かれる『山槐記』の記事である。

保元二五廿二。新宰相〈実長〉今日被レ聴二直衣一云々。同廿三日。実長朝臣始着二直衣一参内。(48)

実長は保元元年（一一五六）十一月末に頭中将から参議に任じられたばかりであり、この時正四位下参議であった。また、この直衣初参内は直衣勅許を受けて行なったと理解でき、「直衣始は直衣勅許を受けて行う最初の参内」という通説の根拠の一つとなった記事とも思しい。ただ、ここまで繰り返し説いてきた通り、直衣始は直衣勅許を受けてのものとは限らず、むしろ任官後の儀礼として行なわれていた。

次の『愚昧記』と『吉記』の記事は、そのような元蔵人頭の正四位下参議の任官後の直衣始について明確に触れている。

今日〔中略〕又右大弁〔藤原実綱〕拝賀之後初参仕云々〈毛車、直衣也〉。（『愚昧記』仁安二年（一一六七）二月十三日条）

右大弁宰相〈兼光〉被レ尋二新任之間事一。勘付返了。

慶申間事

答云、養和元年十二月十四日、毛車〈自二摂政殿一車副《平礼・白襖》下給之〉、牛童〈着二薄色上下・黄衣一〉、

前駆二人〈民部五位〉、定経扈従〈遣等〔郎カ〕二人在レ共〉。

着二直衣一初出仕事

答云、同十五日、駕二網代車一〈差レ綱〉、雑色〈不レ刻レ礼〉。

着陣事〔後略〕（『吉記』寿永二年（一一八三）十二月十一日条）

『愚昧記』には十一日に参議・右大弁に任じられた元蔵人頭の兄実綱が、拝賀の後の直衣初参仕を行なったことが簡単に記されている。『吉記』では、十日に参議に任じられた元頭弁藤原兼光の問い合わせに答えて、藤原経房が養和元年（一一八一）十二月に自身が頭弁から参議に転じた時の次第を教えているが、その中で、慶申と着陣の間に直衣

始を行なったことを記している。兼光が当然果たすべき一連の儀の一つとして「着二直衣一初出仕」について問い合わせていることから、十二世紀後半には、蔵人頭から転じた新参議の直衣始の作法が存在していたことは明らかであろう。なお、兼光については、十九日に慶申を、二十二日に着陣を行なったことが『吉記』や『玉葉』に見えており、経房の次第を踏襲したのであれば、二十一日に直衣始を行なった可能性もあるが、記録されてはいない。

『山槐記』（『達幸故実抄』奴袴事）には経房の弟定長の直衣始も記録されている。

文治五七十三、右大弁〈定長、宰相〉始着二直衣一出仕。来二予亭一。着二薄色奴袴一。不レ持レ笏、持二冬扇一。(49)

定長は七月十日に頭弁から参議に転じているので、経房・兼光等の例から見ると三日後という日程はやや早いが、実綱の例では任官二日後に直衣初参仕をしているように、このような早いペースで行なわれる場合もあった。

ところで、実長の直衣勅許を受けての記録では参内しているのに対し、右の任官後の直衣初出仕の各例では、定長が忠親のもとを訪れた以外には何をしているのかわからない。しかし、次の藤原泰通と藤原長房の例では院の行事や御幸への供奉をもって直衣初出仕としている。

今日院〔後白河院〕尊勝陀羅尼供養也。〔中略〕

今日参仕公卿

左大将〈実定〉	按察使〈頼盛〉	民部卿〈成範、束帯〉
別当〈実家〉	左兵衛督〈家通〉	皇后宮権大夫〈実守、束帯〉
右京大夫〈基家〉	源宰相中将〈通親〉	予〈束帯〉
右三位中将〈頼実〉	左京大夫〈脩範〉	駿河三位〈雅長、束帯〉
大弐〈実清〉	新三位中将〈維盛〉	新宰相中将〈泰通、直衣・堅文奴袴。昨日申慶、今日直衣。然而布衣随身不レ見〉

以上除二四人一之外、直衣也。（『吉記』寿永二年二月六日条）

初度御幸〔後鳥羽院〕也。幸二三条殿一。庇御車。公卿直衣、殿上人衣冠、御随身上﨟冠。長房供奉着二直衣一〈持二夏扇一、半靴、綾奴袴、舎人二人〉。今日直衣初度出仕也。仍徴牛差レ綱。幸路依レ有レ憚、令レ廻二富小路一。後有二御贈物一。定輔卿取レ之。（『海戸記』元久元年（一二〇四）八月十二日条（『仙洞御移徙部類記』所引））

泰通は正月二十二日に頭中将から参議に転じており、『吉記』の記載によれば、二月五日に申慶をし、六日の後白河院尊勝陀羅尼供養への参仕をもって直衣初出仕としている。また、長房は四月十二日に頭弁から参議に任じられているが、八月になって院御幸への供奉をもって直衣始としたことになる。

承久の乱後の例ではあるが、嘉禄二年（一二二六）に藤原為家が蔵人頭から参議に転じた時にも、やはり参内はせず、女院や関白のもとを回礼している（左傍線部イ）。

入夜宰相〔為家〕北山帰路之次来臨。〈中略〉ア廿七日着陣、晦日直衣始之由択二日次一。（『明月記』嘉禄二年四月二十三日条）
巳時許示二送着陣無為遂了由一。尤以欣感。
直衣、依二指貫遅々一、晦日可レ着之警固之料相二儲浮文一。於レ今者欲レ着二綾薄色指貫一云々。（同二十七日条）
午始許行二冷泉一。新車出来云々。袖瞿麦ヲ如二唐菱一スチカヘテ、物見之下同花散花〈小八葉程〉。二筋猶打レ之。但物見之下二筋不レ打也。未二点許着二直衣一〈直衣色頗濃〉、綾薄色生指貫、若鶏冠木衣〈白生単衣〉。乗二新車一、有弘相具〈此事雖二近代之儀一、非二必可レ具事一歟〉。依二病侵力屈一、即帰廬。〈中略〉
帰廬蛭飼之間、相公〔為家〕又来臨。イ先参二北白河院一、謁二女房一。参レ殿〔家実〕。俄而御参内、早可レ有二退出一。公卿被レ坐之時不レ乗レ車由、御出之次被レ仰、居二地上一。御出以後退出。参二安嘉・修明院一、各女房見参。（同三十日条）

為家は四月十九日に頭中将から参議に任じられ、二十一日に拝賀を済ませた上で、二十三日に着陣と「直衣始」の日取りを決めており（傍線部ア）、この出行が公卿に任じられた後の「直衣始」として行なわれていることは疑いない。

以上は蔵人頭から参議に転じた人々の一部ではあるが、この中に参内を明記するものがないことは注意される。断片的な史料からの推定ではあるが、やはりこの時期の直衣初出仕は院への参仕等をもって行なうものであったのだろう。例外として、次の藤原盛兼の例では「直衣始」として参内しているが、『明月記』の記載からは、この直衣始は異例のものとして噂になったことが窺える。

入夜中将〔為家〕来。盛兼朝臣着二直衣一参内云々。直衣始、出衣、帯レ剣持レ笏参レ内。是幕下〔西園寺実氏〕産日、隆宣所レ語云々。世上実不レ及二是非一事歟。（『明月記』嘉禄元年（一二二五）九月四日条）[50]

これらの史料を踏まえると、保元の実長の例は直衣勅許後の初参内でこそあれ、一般的な「直衣始」ではなかったとも考えられる。ただ、このような実務に長けた人々は近臣として直衣勅許の対象となる場合も多かったと見られ、直衣勅許の記録には蔵人頭から参議に転じた人々に対するものが少なくない。その際には改めて直衣での参内を儀礼的に行なった可能性も残されよう。

さて、右の参議の直衣始には、いくつかの儀礼上の特徴が見られるので、最後にこの点について触れておきたい。まず一つめは、大将直衣始等とは違い、笏ではなく扇を持つことである（定長、長房の例）。これについては、特に参内を伴わない直衣始の場合には、笏を持つ理由もなかったと推測される。盛兼の直衣始における、出衣をし、帯剣し笏を持って参内するという作法は、大将の直衣始等に見られるものであって、参議の直衣始としては異例であったのだろう。

次に着目したいのが、経房と長房の例に記された「綱を差す」という記述である。これは牛車を引く牛の鼻に付け、車副が手に持つ綱についての記述であるが、『蛙抄』によれば、綱とは遣縄よりも太く、牛飼ではなく車副が就く時に用いるものであって、公卿の所用であるという。[51] これらの綱を差すという記載は、短い記述ではあるが、公卿としての格式を整えた牛車を用いたことを示すのだろう。その他にも、為家の例では車を新調したことに触れられており、実綱や経房の例でも、毛車や網代車と一定はしていないものの、車の形式が注記されており、当時の人々の視線の向く先が窺われて興味深い。

もう一つ注目されるのが、やはり経房の例に見られる「雑色〈不レ刻レ礼〉」という烏帽子の礼《うや》に関わる記載で、これは、慶申の車副が「平礼」とあることに対応すると推測される。烏帽子の用語については、時代変遷もあって、「刻礼」「平礼」がどのようなものであったか正確なところはわからないが、[52]「不刻礼」の使用は、慶申に比して褻の作法であることを意味しているのだろう。そして、正嘉二年（一二五八）に蔵人頭から参議に転じた藤原経俊〈経房曽孫〉の慶申と直衣始でもそれぞれ「車副一人〈平礼〈後略〉〉」、「但車副・雑色不レ剰〔刻カ〕レ礼」と見えることから、[53]この使い分けは正四位下参議の直衣始、あるいは勧修寺流のそれの故実となっていったと推測される。

右の作法の特徴は、すべての参議直衣始に共通するとはもちろん限らない。具体的作法は、家ごと、人ごと、またその場の状況等によって多様であったと考えられる。ただ、右のいくつかの点は、直衣始という儀礼の性格をよく体現している。直衣始は慶申よりは小規模であり、褻の要素を含んでいる。それと同時に、装束には新しい立場を示す要素を含むことが求められたし、また回礼や祝賀という性格も含んだ儀礼であるために、完全に日常の作法で行なわれるというわけでもなかったのである。この点に関しては、十八世紀初頭に成立した壺井義知『装束要領鈔』が、冒頭で「公事に大儀・中儀・小儀あり。冠服に晴と褻と尋常あり」と述べ、三類に分けていることが注意される。この考え方に従えば、直衣始は「尋常」ではなく、「褻」の儀であったということができるだろう。

第三節　鎌倉殿の直衣始

十一世紀後半から十二世紀にかけて公家社会で一般化した直衣始の儀式は、鎌倉幕府において、鎌倉殿が公卿や近衛大将への昇叙に際し、拝賀の後に行なう儀式として整備され、その権力を顕示する重要な機会の一つとなった。そこで直衣始の研究という視点からこの経緯について確認しておきたい。

第一項　頼朝の直衣始

建久元年（一一九〇）十一月、源頼朝は上洛して後白河法皇及び後鳥羽天皇に謁し、権大納言、次いで右近衛大将に任じられた。なかでも十一月二十四日に右大将に任じられると、十二月一日に拝賀、二日（もしくは三日）に直衣始を行なった上で、三日に権大納言と大将を辞している。このことからは、大将の任官儀礼の一部として直衣始が完全に定着していたこと、そして拝賀と直衣始を行なうことによって、大将に任じられるという形式が整ったことが知られる。

この時の直衣始は「右大将家御直衣始」として『吾妻鏡』建久元年十二月二日条に記録されている。

二日壬午。晴。右大将家御直衣始也。ア藤丸薄色堅文織物奴袴、出㆓薄色紅梅掛〈厚〉㆒。野剣〈紫革装束〉、持㆑笏給。檳榔毛車。

イ前駆六人

行清　成輔　仲国　邦業　国行　範頼

番長兼平、布衣〈虫襖上下、紅衣〉・冠

下﨟五人、色々〈赤色・萌木・朽葉・檜皮色・二藍〉

ウ随兵八人

小山田三郎重成　葛西三郎清重　千葉平次常秀

加藤次景廉　三浦十郎義連　梶原三郎景茂

佐貫四郎広綱　佐々木左衛門尉定綱

エ無二扈従之人一。オ先御二参　仙洞一。入二東門一、候二西作合廊一給。則依レ召〈右中弁棟範朝臣召レ之〉参二進御前一。移レ剋御退出。〔中略〕カ次御参内。キ今日上下装束、皆以自レ院被レ調二下之一。

この直衣始は、随兵を伴う点（傍線部ウ）、公卿・殿上人の扈従がない点（エ）は鎌倉殿独自である一方、出衣をし、野剣を帯び、笏を持ち、檳榔毛車を用いる点（ア）、前駆が六人である点（イ）等は、摂関家の大将の直衣始に類似しており、これを先例としていたことが窺われる。また、拝賀に対しての規模の比率という点でもおおむね先例と合致している。[54]

『吾妻鏡』によれば、この直衣始ではまず後白河院の御所に参上して対面し、次いで参内したことになっている（オ・カ）。一方、次の『玉葉』建久元年十二月三日条によれば、頼朝は参内しなかったという。

今日右大将頼朝着二直衣一出仕云々。只参レ院、不レ参レ内。日昼出仕。前駆六人云々。

『玉葉』の記載が伝聞であるため、実際には参内した可能性も否定できず、また『吾妻鏡』と『玉葉』で日付が一日ずれている点も注意されるが、『玉葉』によれば兼実は二日・三日ともに内裏に参入しており、その証言にも一定の信頼性がある。『吾妻鏡』でも参内に関しては具体的な記述を欠き、「次御参内」の四字は編纂時等に追加された可能性も想定できる。右で見たように、院政期の直衣始では参内よりも参院が重要であり、その点でもこの儀礼は朝廷社会での慣例を踏襲したものと評価される。

また、この直衣始に関しては、後白河院がすべての装束を調えたという点（キ）も注目される。院は頼朝の拝賀と直衣始のために、二種類の車、束帯と直衣、剣の緒、そして随身・舎人以下の装束を「皆悉く」調えて与えており、一日の拝賀の記録によれば、馬や牛も院の所有にかかるものであった（『吾妻鏡』同年十一月三十日・十二月一日条）。

桃崎有一郎が詳しく論じたように、そもそもこの時の大将任命から一連の行事はすべて後白河院の主導で行なわれており、頼朝の側はむしろ任官を固辞する意図で上洛していた。[55] 頼朝は上洛直後に院の強引な差配によって権大納言に任じられるが、その時には拝賀等は行なっておらず、右大将に任じられ、院がすべて行列を準備してはじめて拝賀を行なっている。大規模な行列で洛中を通過する拝賀は、頼朝を官に任じ、それに対する謝意を受けた明証として後白河院が積極的に実施を求めたものと考えられ、桃崎は、この任右大将そのものが拝賀を目的としていた可能性を指摘する。そして氏は、この行事が発したメッセージは、旧来の秩序に幕府を取り込んだ、という後白河院に有利なものであり、一方の幕府に見込めたのは、「圧倒的軍事力を有するにもかかわらず遜って譲歩したという美談の主役となる効果」と「一つの前向きな合意がなされたことをアピールした点」のみと分析した(56)。

これは拝賀そのものの評価として一理ある。しかし、頼朝が京で行なった直衣始を含むその他の行事も視野に入れると、少し違った側面も見えてくる。なぜ頼朝は、右大将への任官を受けて拝賀だけでなく直衣始も行なったのだろうか。すでに拝賀と直衣始は任大将の一連の儀式として確立されていたために、当然に実施された、と考えることもできるが、そうであるならば、なぜ直衣始以上に重要とも言える着陣は行なわれなかったのか。着陣は行なわずに直衣始を行なうことに、頼朝側にとってどのような意味があったのだろうか。

まず確認したいのが、頼朝がすでにこれより先、上洛直後の参院・参内に先駆けて直衣勅許を申請して認められ、後白河院と後鳥羽天皇との初対面を直衣姿で行なったことである。

八日戊午。ア早旦伊賀前司仲教〔藤原〕参二六波羅一。所レ持二参御直衣一也。是日来整置云々。給二御馬一云々。イ左武衛〈能保〉〔一条〕参給。御参内以下事御談合云々。明日可レ有二御院参一之由、被レ触二遣民部卿〈経房〉〔吉田〕一云々。又其間可レ警二固辻々一之旨、被レ仰二下佐々木左衛門尉定綱一。注申辻々、義盛〔和田〕・景時〔梶原〕取二目録一、触二仰御家人等一云々。（『吾妻鏡』建久元年十一月八日条）

九日己未。天霽。二品令レ参二院・内一給。御家人等警二固辻々一云々。ウ今日付二民部卿〈経房〉一、可レ聴二直衣一之由奏レ之給。即勅許。蔵人左京権大夫光綱奉レ之。民部卿〈布衣・平礼〉為二申次一、予被レ候二御所一。エ申剋、自二六波羅一御出。先御二参 仙洞一〈六条殿。不レ追レ前〉。直衣、綱代車〈大八葉文〉。

行列

先陣兵三騎

三浦介義澄〈最前一騎〉

小山兵衛尉朝政　小山田三郎重成

次御車〈車副二人、牛童〉

小山五郎宗政　佐々木三郎盛綱　加藤次景廉〈以上三人歩二行御車傍一〉

次御調度懸

中村右馬允時経〈紺青丹打上下、御入洛日所二着給一之水干也、〉

次布衣侍六人〈各具二調度懸一、二騎列之〉

宇都宮左衛門尉朝綱　八田右衛門尉知家　工藤左衛門尉祐経

畠山次郎重忠　梶原平三景時　三浦十郎義連

千葉新介胤正　梶原左衛門尉景季　下河辺庄司行平

佐々木左衛門尉定綱　和田太郎義盛　葛西三郎清重

武田太郎信義〈最末一騎〉

次随兵七騎

於二六条殿一、昇二中門廊一、候二公卿座端一給。戸部〔経房〕兼候二奥座一、即被レ奏之〈以二子息権弁定経朝臣一伝奏〉。オ法皇〈着二御浄衣一〉出二御常御所一。南面広廂縁敷レ畳、依二戸部引導一、参二其座一給。勅語移レ剋、及二理世御沙汰一歟。他人不レ候二此座一。臨二昏黒一御退出。爰暫可レ有二御祗候一、有二可レ被レ仰事一之旨、戸部示申。然而称二後日可レ参之由一、御退出訖。戸部奏二此旨一処、可レ任二大納言一之由、可二仰遣一。定令二謙退一歟。不レ可レ待二請文一、今夜可レ被レ行二除書一之旨、有二勅定一。又勅授事、同可レ被二宣下一云々。カ次御参内〈閑院〉。自二弓場殿方一、候二鬼間辺一給。頭中宮亮宗頼朝臣奏二事由一。キ主上〈御引直衣〉出二御昼御座一〈摂政殿〔藤原兼実〕候二御座北一給〉。依レ召御二参簀子一〈敷二円座一〉。小時入御。次於二鬼間一殿下〔兼実〕御対面。子一剋令レ帰二六波羅一給。（同九日条）

この記事によれば、七日に入洛した頼朝は、まず八日に前もって整えさせていた直衣を受け取り（傍線部ア）、一条能保や吉田経房と翌日の参内・参院の打ち合わせをした（イ）。そして九日には経房を通じて直衣勅許を要請し、これを認められた上で（ウ）、後白河院御所（エ）、次いで内裏に参じている（カ）。

この一連の動きは、一見すると直衣勅許を受けて、行列を整えて内裏・院御所に参じたようにも見え、先述の『達幸故実抄』の記載とあわせて、直衣始とは直衣勅許を受けて初めて参内すること、という誤解が生まれるもととなった記録と思われる。だが、この直衣での初参内を『吾妻鏡』は「直衣始」とは記しておらず、同じ日を記録した『玉葉』に至っては直衣であったことも記していない。すなわち、この装いと行列はあくまで初めての参内・参院のためのものであり、直衣始として位置付けられてはいなかった。

しかし同時に、この一件からは、頼朝にとって直衣を着用して参内・参院することが重大な意味を持っていたことが窺われる。それには大きく分けて二つの側面があっただろう。一つは、朝廷に対しての演出である。すなわち、後白河院との直接交渉や天皇との対面にあたって、まずは自らの立場を表わす装いとして直衣姿が必要と考え、更にそれを保証するために明示的な勅許を求めたものとして評価できる。直衣での参院は特に勅許を要するものではなかったはずであり、直衣での参内も、正二位という官位に応じた待遇として妥当なものではあるが、初参を直衣で行なうことの是非は決して自明ではない。だが、もしこの参内を束帯で行なえば、院や天皇に対して端から官人として従属する立場を示す服装となってしまう。かといって水干や直垂等の武将としての服装で臨むことも、自らの地位を低く見せる危険性があり、融和を演じる上でも不都合であったであろう。その点、直衣であれば、天皇の御引直衣（傍線部キ）、法皇の浄衣（オ）とも遜色のない服装であり、上下関係を明示せずにすむ[57]。しかも、直衣での参内はこれに先立つ時期に厳しく管理され、特権として整備された経緯もあり、頼朝の地位確認の第一歩として不可欠なものであったのだろう。勅許を求めることによって、頼朝側が院や朝廷を尊重する意志を表現することもできる。

そして、それ以上にも重要であったと思われるのが、二つめの側面、すなわち、配下の武士に対して頼朝の位置付けを示す効果である。直衣は幕府内で基本的に鎌倉殿にのみ許された服装であり、頼朝が公卿の地位を持ち、配下の武士とまったく異なる立場にあることを視覚化する機能を持っていた[58]。特に注目されるのは、文治二年（一一八六）正月に、従二位への叙位後の「直衣始」として、頼朝が直衣を着用し、威儀を整えて鶴岡八幡宮へ参詣したことである。

去年叙二二品一給之後、未レ及二御直衣始沙汰一。依二予州〔義経〕事一、世上雖レ未二静謐一、且為レ令レ成二衆庶安堵之思一、今日被レ刷二其儀一、則詣二鶴岡八幡宮一給。（『吾妻鏡』文治二年正月三日条）

ここで頼朝は、前年四月に従二位に叙されたことを受けて独自に「直衣始」を行なったのである。この「直衣始」は当然参院等を前提としたものではなく、また先立つ拝賀等も確認できない。恒例の新年参詣を直衣で行なっただけとも言える。しかし、前年の新年には、水干で鶴岡参詣をしていたのであり（『吾妻鏡』文治元年正月一日条）、直衣を着用し、儀を整えて参詣したことは、頼朝が正四位下から従二位に一気に昇階したこと、それすなわち源氏の世が到来したことを、鮮明に表わす象徴的な行為だったであろう。だからこそ、それは「衆庶」を安堵させる行為であり、また自らが公家官職制度最上層にある「貴種」であり、且つその立場によって東国の為政者となることをはっきりと打ち出したことをも意味した。

このように、すでに鎌倉において、直衣という服装や直衣始の儀礼が頼朝の地位と強く結び付いていたことを考えると、上洛時に、明示的な直衣勅許を確認し、直衣で法皇と天皇との対面を遂げ、また大将に任じられた後に拝賀だけでなく直衣始を行なったことには、直衣という服装を通して、御家人以下と隔絶した頼朝の出自、地位を確認する意義があったと評価できよう。鎌倉殿の拝賀について桃崎は、唯一拝賀を行なう主体として鎌倉殿の「隔絶した尊貴性を幕府内で可視的に再確認させる機能」を持ったと指摘しているが[59]、その機能は直衣の着用や直衣始を通して更に補強されたのである。

また、特に鎌倉という立地を考えると、直衣や束帯といった高級な絹を使用した高価な品物自体が周囲に与えた印象の効果も無視できない。上洛後の参院、参内時に着用された直衣は、伊賀前司藤原仲教に命じて京都にて予め整え置かれ（本書三五九頁ア）、また拝賀と直衣始のための束帯と直衣は後白河法皇によって調えられたものであり、同じ時に贈られた牛車は、頼朝の帰鎌に先立って鎌倉に送られた[60]。これらの装束や牛車等は、大きな財力と京都の職人を必要とする産品であり、この点からも頼朝の直衣着用はその「貴種性」を強調する行為であった。

そもそも、政治家・指導者としてずば抜けた力量を持つ頼朝は、服装や行列を政治的に利用することにも長けていた。上洛後の最初の参院・参内では直衣を着るだけでなく、前後に随兵を従え、自らの武具を持つ調度懸には入洛の日に自分の着た水干を着せている。任大将後の拝賀と直衣始も、基本はそれまでの先例を踏襲しつつ、やはり随兵や布衣侍等を従える。この点はあるいは平氏の例を踏襲したものかもしれないが、少なくとも他の大将には確認されない点であり、実戦を戦う武将としての立場を取り入れたものであろう。

頼朝はそうやって武将としての自分の立場を絶えず表現しつつも、例えば入洛の際には、鎧姿で三騎ごとに番を組む三百人以上の武士の中心で、自分自身は甲冑をつけずに水干姿で騎馬しており、武威を示しつつも、京の人々に自らの鎧姿を見せることを避けた[61]。頼朝の服装や行列は、公家社会の旧例と、半世紀の戦乱を通じて勃興した武士の文化を絶妙に融合させたものであり、それによって朝廷との妥協点を探りつつ新しい武士社会を打ち立てるという理念の実現を目指したものと評価できる。

第二項　実朝の直衣始

鎌倉と京都で各一回確認される頼朝の直衣始や、彼の直衣での参院・参内を通じて、鎌倉幕府において新たな意味を持ちはじめた直衣の着用や直衣始は、その後どのように展開したのだろうか。まず、正治元年（一一九九）二月に、頼朝の跡を継いで諸国守護奉行を任命された頼家に関しては、『吾妻鏡』の記事が簡潔なこともあって服装がわかる場面は少なく、特に直衣始も確認できない。しかし、建仁三年（一二〇三）九月、頼家の危篤を理由に朝廷から征夷大将軍宣下を受けた実朝は、建保四年（一二一六）六月に権中納言に任じられると、十一月に拝賀として鶴岡八幡宮を参詣した上で、その十日程あとに直衣始を行なっている。また、建保六年六月には、左大将に任じられたため再び拝賀として大規模な行列を組んだ参詣があり、その約十日後の七月八日に直衣始を行なっている。

以上の実朝の二回の直衣始はいずれも拝賀の後に行なわれており、やはり昇進儀礼の一環であった。拝賀については、すでに元久二年（一二〇五）二月に、任右中将を受けての「羽林拝賀」の儀による鶴岡参詣が記録され、また建保七年正月の実朝の暗殺は、任右大臣拝賀の参詣が舞台となっていた。この四回の拝賀について桃崎有一郎は、後鳥羽院と実朝双方の積極的な主導のもと、両者間の理想的な君臣関係を表象しつつも、上洛という過重な負担を避け、鎌倉で遂行可能な儀礼として「参詣拝賀」という方法を案出したものと評価している(62)。優れた指摘であるが、ここでも直衣始等の要素にも目を向けると、実朝の独自性、新奇性がどの辺りにあるのかについて、少し違った点も見えてこよう。

まず一つには、文治二年の頼朝の直衣始を先例の一つとして評価できる可能性である。桃崎は寿永三年（一一八四）に一条能保が左馬頭の申慶として鶴岡八幡宮を参詣の上、頼朝に謁したことを、実朝の拝賀の祖型と指摘しているが、頼朝が鶴岡八幡宮参詣をもって叙二位の直衣始としたことも、この頃にはすでに鶴岡参詣を昇進儀礼として行なう発想があったことを示している。特に頼朝の直衣始に衆庶を安堵させるためという意味付けが与えられたことは、鎌倉殿昇進儀礼としての鶴岡参詣の意義として見逃せない。

また、桃崎は実朝の拝賀を「頼朝以来中絶していた」ものを再興したと評価しているが[63]、頼家に拝賀や直衣始が確認できないことを「中絶」と評価してよいかには疑問が残る。実朝の場合は右中将に任じられた後の参詣を最初の拝賀として認め得るが、同じように頼家が中将に任じられた時を見てみると、この時は頼朝死去に対する服喪期間であり、また鎌倉中が穢に触れたとして神事が中止されており（『吾妻鏡』正治元年三月十一日条）、中将任命直後に昇進儀礼としての参詣がなかったことには、このことの影響が考えられる。そして正治二年二月二十六日になって、頼家は「除服之後初度」として、多くの随兵を具した行列にて鶴岡八幡宮を参詣している（『吾妻鏡』）。また同年十月に従三位に叙せられると同時に左衛門督に任じられたが、この時期には『吾妻鏡』の記事は散発的にしかなく、十一月七日に任命の報せが届いたこと以外に関連記事がないために、行事の有無はわからないのである。

頼家がその後に位階を上げた時にもたしかに拝賀などは確認されないが、建仁二年（一二〇二）七月に征夷大将軍の宣下を受け、八月二日にその報せを受けた後には、九月十八日に鶴岡を参詣しており（『吾妻鏡』各日条）、これが昇進儀礼としての性格を持つものであった可能性もある。それを示唆するのが、翌年に頼家に代わって鎌倉殿となった実朝が、年が開けた元久元年正月五日に鶴岡を参詣しており、その時の『吾妻鏡』の記事に「将軍家〈去年十月廿四日任㆓右兵衛佐㆒御〉始御㆓参鶴岳八幡宮㆒」とあることである。すなわち実朝の場合も、中将に任じられた際の「羽林拝賀」の前に、すでに元服と右兵衛佐への任官を受けての鶴岡参詣が昇進儀礼として行なわれたと見なせるのであり、頼家の将軍宣下後の参詣が、拝賀等と明記されていなくとも、昇進儀礼の性格を持っていたと推測することも荒唐無稽とは言えまい。

頼家は従四位上に叙された際に禁色勅許を受けたとされ、更に建仁元年（一二〇一）の重陽の宴には直衣姿で出御したとある[64]。これらは断片的な記事ではあるが、頼家もまた、鎌倉にいながら京の朝廷における特権的服装を着用することによって権威を高めようとしていたことが窺われるのであり、その点で頼家期は前後の時期と連続性を持っている。

しかし、頼家と実朝の間に大きな違いもある。それは、頼家が左中将の後に左衛門督と征夷大将軍に任じられたのに対して、実朝は中納言中将、左大将、右大臣兼大将と、盛大な拝賀と直衣始を行なう公卿の顕職に任じられた点である。つまり、実朝は頼家に比べて、大規模な拝賀と直衣始を行ないやすい、あるいは行なうべき職に任じられたのである。このような実朝の官歴は、第一義的にはこれらの職が摂関家や清華家と結び付いており、それに匹敵する処遇を実朝に与えることに主眼があったと考えられ、拝賀と直衣始はそれに付随する副次的事象と言える。その一方で、御家人を動員した行列を組み、将軍の地位や御家人間の序列を確認する機会を創出するという意味においては、拝賀と直衣始こそが重要であったとも考えられる。つまり、実朝の新奇性は、それまでも行なわれていた昇進後の儀礼としての参詣を、明確に拝賀・直衣始の儀と位置付けることでその重要性を高め、かつそのような儀礼を行なうのにふさわしい職を得た点にあったのではないだろうか。

さて、その実朝の直衣始はどのようなものだったのだろうか。建保四年（一二一六）十一月の直衣始は、『吾妻鏡』に「将軍家令レ任二中納言一給之後御直衣始也」とのみあり[65]（二十三日条）、直衣始として何をしたのか、行列があったのかすら判然としないが、建保六年の直衣始はもう少し詳しい記事が残されている。

左大将家御直衣始也。仍御二参鶴岳宮一。午剋出御。前駆幷随兵已下被レ用二去月廿七日供奉人一。但数輩帰洛。又右京兆〔北条義時〕路次不レ被二供奉一、参二会宮寺一給。（『吾妻鏡』建保六年七月八日条）

これによれば、実朝の直衣始もやはり、行列を整えての鶴岡八幡宮への参詣であった。この時の拝賀と直衣始の行列

表9　行列の比較

	拝賀	直衣始
居飼等	計11人	
殿上人	10人	3人
前駆	16人	11人
近衛随身	番長1人・下臈5人	同左
雑色	20人	
随兵	8人	8人
検非違使	1人	
衛府	19人	

については交名も収められているので、それらを比較すると（表9）、直衣始の行列は、拝賀から居飼や衛府の随行をなくした形をとり、また拝賀のために京から下向していた殿上人もすでに多く帰洛した結果、行列の規模としては三分の一以下であったと推測される。すなわち、拝賀は京から大勢の殿上人を迎えて行なう非日常的な晴の儀、直衣始は日常に近い態勢での出行始と評価できる。その意味では、これらの儀式は京における大将等の拝賀と直衣始の位置付けをそのまま踏襲したものであり、直衣始が昇任後に拝賀と組にして行なわなければならない儀礼として定着していたことも裏付ける。

それと同時に、京での大将直衣始に比べると前駆の人数がかなり多く、また随兵を伴っている点は、鎌倉殿の直衣始の独自点として評価される[66]。随兵を伴うことは頼朝の直衣始にも見られるが、この日の『吾妻鏡』には随兵の間でその位置を廻って争いがあったことが見え、鎌倉での直衣始においてもっとも重要な要素の一つとなっていた。行列での役やその位置は御家人の序列を視覚的に確認する機能を持ち、拝賀等だけでなく、将軍出行、特に毎年八月の放生会において度々問題となっているが、直衣始は拝賀に加えてそのような機会をもう一つ創り出したのである。

このようにして鎌倉殿の直衣始は、一方では頼朝の衆庶安堵のための「直衣始」を前例とし、また一方では京で拝賀と組にして行なわれてきた公卿の昇進儀礼を先例として、将軍の立場と御家人の序列を確認する儀礼の一つとして整備されたのであった。

第三項　頼経以降——直衣始から御行始へ

実朝の死後、京都より将軍後継者として迎えられた九条頼経は、承久の乱の後に元服し、将軍宣下を受けて正式にその座に就いた。頼経の時代には、実朝同様に任官後の拝賀が見られ、特に暦仁元年（一二三八）の上洛時には中納言と大納言の拝賀に続いて、直衣始を行なっている。すなわち『吾妻鏡』によれば、まず新たに権中納言・右衛門督・検非違使別当に任じられたことを受けて二月二十八日に「中納言等御拝賀」を行なうと、翌日には検非違使庁始に続いて、直衣で内裏、西園寺実氏、九条道家のもとを廻った。これは「直衣始」とは明記されていないが、そう認めてよいだろう。次いで三月七日に権大納言に昇進したことを受けて四月七日に「大納言御拝賀」を行なった後には、十一日に「将軍家直衣始」を行なった。

これらの儀礼の詳細な内容は伝わらないものの、二月二十九日の直衣出行では「供奉人同㆓去廿二日㆒」とある。これは、頼経上洛後の最初の出行として、太政大臣九条良平に挨拶をしたあと、実家の一条殿へ入った時のことで、前駆はなく、右馬頭北条政村の先導に頼経の車が続き、その左右に十人の直垂役、後に衛府八人と殿上人一人を従える行列であった。この行列は、頼朝や実朝の直衣始に比べると前駆がなく、代わりに頼経時代に幕府の行列に新たに加わった直垂役を伴う点で先例と異なるが、規模としてはおおむね同じであったと考えられる。京での最初の出行を直衣で行なっている点は、頼朝の例や当時の公卿一般の例を踏襲したものとしても注意される。

このように頼経には拝賀と直衣始が見られる一方で、頼嗣以降の鎌倉殿については、直衣始だけでなく、拝賀が確認されず、宗尊親王の将軍拝賀と源惟康右大将拝賀に至っては政治的意図から中止されたという[67]。この流れを重視し、特に頼経の京での拝賀の意義に注目し、これを「拝賀参詣」から「標準的拝賀」への回帰と評価する桃崎有一郎は、実朝の死と承久の乱によって「積極的に実践される理由を失った鎌倉殿昇進拝賀が」、なぜ頼経時代に「息を吹き返した」のかという問いを立て、それは頼経の父九条道家の主導のもと、「依然として円満な（はずの）公武関係演出という形を継承しつつ」、公武関係が道家一家を中心に再構築されることを顕示したものと評価し、それゆえに九条家の失脚後、安定的な公武関係を表現するための拝賀は不要となり、むしろ鎌倉殿の権威をいたずらに高めるものとして忌避され、鎌倉殿拝賀が廃絶したと論じている[68]。これも優れた分析であり、直衣始が拝賀と組になって行なわれる儀礼であるという点からは、基本的にはそのまま直衣始にも適用されよう。

ただ、実朝期の新奇性の評価が過大であるのと同様に、道家と頼経によって拝賀儀礼が「息を吹き返した」とまで評価できるかには疑問が残る。また、頼経は中納言や大納言といった拝賀・直衣始を行なうべき職に任じられたのに対して、頼嗣は中将より上には昇進せず、宗尊は親王であったから、端的に言えば、そもそも彼らには拝賀・直衣始を行なう機会がなかったことにも留意が必要である。鎌倉殿にとって拝賀を行なう職に就くことと拝賀を行なうこととの関係は鶏と卵のようなものであったかもしれないが、ただ儀礼が廃絶したのではなく、そのきっかけとなる任官がなかったことは見逃せない。

その上で、直衣を着た鎌倉殿を中心とした行列という観点から直衣始を見ると、その後の幕府でも同趣の機会が継続して維持されていたことが注意される。将軍の地位を確認する大規模な行列としては、放生会における鶴岡参宮や、新年および移徙後等の御行始等があったが、特に頼経以降の御行始では、直衣を着て出行したことが確認できる。いくつか引用しよう。

垸飯以後将軍家〔頼経〕〈御直衣・御車〉御行始。武州御亭。上野介朝光役㆓御釼㆒。（『吾妻鏡』文暦元年（一二三四）正月三日条）

将軍家御移徙之後、有㆓御行始之儀㆒。入㆓御武州第㆒。御直衣・御車也。供奉人同㆓去四日㆒。但延尉光行随兵在㆓最末㆒云々。随兵十二人〔後略〕（同嘉禎二年（一二三六）八月九日条）

将軍家〔宗尊〕御移徙之後、今日始御㆓参鶴岡八幡宮㆒。雖㆑有㆓御悩余気㆒、抑御出〈御車・御直衣〉云々。（同建長四年（一二五二）十二月十七日条）

これらの記事では鎌倉殿が直衣で牛車に乗ったことが注記されているが、先述の通り、直衣という服装や牛車に乗ることが幕府において持つ意味は重かった。頼経や頼嗣は幕府内で唯一、元服の際に直衣を着用したし、服装規範から言えば、直衣を着用できる出自であることが、将軍となる要件であったとも言える[69]。

このような鎌倉殿の服装の唯一性への志向は、次の頼経の「四位袍始」を廻る記事にはっきりと見てとれる。

今日将軍家始令レ拝二春日別宮一給。是叙二四品一給之後、始着二其袍一御。仍被レ准二拝賀一、可下参二彼社一御上云々。着二四位袍一給事、可レ被レ択二日次一之由、雖レ有二其沙汰一、公卿之後直衣始者択二其日一之例也、四品袍始事、必不レ及二其儀一歟之由、有職令レ申之間、只被レ用二凡吉日一云々。（同寛喜三年（一二三一）三月三日条）

すなわち二月五日に従四位下に叙せられ、十二日にその報せを受け取った頼経は、公卿後の直衣始にならって「四位袍始」を行なおうとしたが、有職が直衣始ほどの重要事として日を選ぶ必要はないと述べたため、「おおよその吉日」に拝賀に准じて春日別宮を参詣するに留めたという。この記事は四位昇叙の「拝賀」として桃崎も取り上げているが[70]、私はむしろ「四位袍」や直衣へのこだわりが反映されている点に注目したい。

鎌倉幕府の組織の中で、束帯は将軍が参詣等で着用する一方で、御家人にも着用例が見られる。特に五位の緋もしくは黒緋の袍では、御家人とは違う立場を表象することは難しい。それに対して、ほとんどの御家人が着ることのできない四位以上の黒袍は、直衣ほどではなくても、将軍の唯一性を表現し得るものとして、重視されたのではないか。そして、右で見た頼経の直衣での御行始は、いずれも貞永元年（一二三二）に従三位となった後のものである。この叙三位の時には、拝賀としての参詣は記録されている一方で直衣始の記事はないものの[71]、四位袍始を行なった経緯から考えれば、頼経は明らかに三位に昇って公卿となったことを示す服装として直衣を着用している。その後も、頼嗣の時には服装が記された記事が乏しいものの、宗尊親王は、下向直後の一連の就任儀礼の中で、政所始に直衣姿で出御している[72]。元服の時にすでに三品に叙されていた宗尊親王は、初めから直衣を着用する存在であり、幕府において直衣始を行なう必要はなかった。また、直衣始がもともと出行始であり、移徙後の直衣での出行始が十二世紀の京で見られたことを踏まえると、直衣始は昇任儀礼からは形を変えて、御行始として幕府の儀礼の中に残ったと評価することも不可能ではない。

桃崎が指摘するように、将軍の昇任後の拝賀・直衣始は、室町幕府において再び重要な儀式となるが、そのことと鎌倉幕府における将軍の任官後の拝賀・直衣始とに直接の連続性は認められない(73)。ただ、幕府の長が武将の頂点にあると同時に上位公卿であるという二面性は室町時代にも継続する。鎌倉幕府において、直衣始や直衣の着用は鎌倉殿のそのような立場を端的に表現する主要手段の一つであり、それが室町時代にも活用されたことを踏まえると、鎌倉殿の直衣始、とりわけ、頼朝が鎌倉で「直衣始」として参詣をし、上洛後の初参院・参内を直衣で行なったことには、大きな歴史的意義が認められよう。

第四節　直衣始とはなにか

最後に本章で明らかにした点をまとめておく。直衣始は、十一世紀半ば頃より近衛大将および摂関の直衣での出行始としてはじまった。それは、従来広く説かれてきたように、直衣勅許を受けての最初の参内ではなく、新しい状況における最初の直衣での出行・出仕を儀礼化したものであり、典型的には任官・慶申後の最初の出行として行なわれた。

直衣始の一つの類型には各所を直衣で廻って挨拶する形があったが、その他にも、院の行事への供奉という形を取るものもあり、儀礼の内容は多様であった。ただ、各所を廻る形式の場合でも、典型的行為は訪問先の相手と対面し、酒饌や贈物の形で祝意を受けるもので、拝賀のように謝意を表する定型的な所作はなく、表慶という性格は弱かった。また、参内は必須ではなく、院政期にはむしろ治天の君の御所への参上や、院御幸への供奉が重要であった。

直衣始に相当する儀礼が史料に登場して最初の半世紀には、ほとんどの例は摂関、近衛大将、および摂関家等の近衛次将のものであった。その共通点としては、家格の高さと随身を随行する立場という点があげられ、直衣始の主眼が、随身や近衛の官人等を多く従えた行列による権力・財力の誇示にあったことを推測させる。さらにやや遅れて摂関家子弟の元服後の直衣始が儀礼化し、摂関家では元服後の昇任の各段階で拝賀と直衣始を行なうことが通例となり、それぞれの段階の故実も形成された。

一方で、十二世紀半ば頃より、蔵人頭から参議に任じられた実務に長けた公卿の直衣始も確認されるようになり、公卿の立場を表象する儀礼の一つとして慣例化した。また、並行して直衣勅許を受けた後の直衣での参内の記録も見られ、この場合にも「直衣始」が行なわれた可能性があるが、典型的にはこれらはただ直衣で参内するものであって、行列も確認されず、表慶の所作等も認められない。更に鎌倉幕府において、直衣始は鎌倉殿の公卿昇任後の昇進儀礼の一つとして行なわれ、鎌倉殿の貴性や唯一性を表象する儀として機能した。

直衣始が行なわれるようになった背景には、生活のあらゆる行為に「始」を必要とする当時の風潮があったと考えられる。また、拝賀の後に行なわれる直衣始は、乱暴に言えば、晴の拝賀に対して、褻の作法を体現しているとも言えるが、威儀を整え、時に回礼を伴う直衣始は、当然ながら完全な日常の所作ではなく、いわば儀礼化された褻であった。

（1）近藤好和『装束の日本史――平安貴族は何を着ていたのか』平凡社、二〇〇七年、一五四頁。

（2）鈴木敬三「解説」国学院大学神道資料展示室編『装束織文集成――高倉家調進控』国学院大学、一九八三年、二三二頁。他にも例えば一九五〇年の『服装と故実』で、「この宣下を蒙つた時は、直衣始（ナホシハジメ）と称し、直衣姿に威儀を整へ、参内して御礼を申し上げるを例とする」と述べている（河原書店、一〇一頁）。

（3）谷田閲次・小池三枝『日本服飾史』光生館、一九八九年、七三頁。

(4) 佐藤早紀子「平安中期の雑袍勅許」『史林』九四巻三号、二〇一一年五月、七九頁。

(5) 「出衣」条に「永久《元永》二二十四、新大将〈法性寺殿歟〉直衣始、有二出衣一〈紅打衣云々〉」（群書類従八、一五〇頁）、「大将直衣始用二此剣一間事」条（野剣の下位項目）に「永久《元永》二二十四、新大将〈法性寺殿〉直衣始、出衣〈着二野剣一、把レ笏〉」（同一六〇頁）と見える。

(6) 昇進儀礼以外に小狐や慶賀笏が使用された例の一つとしてこの記事に注目する渡部史之は、婚姻儀礼の変容が反映されている可能性を指摘している（渡部史之「藤原師輔の野剣「小狐」と摂関家」『東風西声――九州国立博物館紀要』六号、二〇一一年三月、一七頁、同「摂関家累代御物の成立」『東風西声――九州国立博物館紀要』八号、二〇一三年三月、一九頁）。その論を否定するものではないが、この師長の直衣での出行始が、儀礼として直衣始に酷似していることと、当時の頼長父子の置かれた特殊な状況の影響は強調しておきたい。

(7) 例えば渡部史之は直衣始の通説を紹介した上で、院政期の史料からは直衣始が昇進儀礼と考えられることを指摘しているが、明確な通説の否定にまでは至っていない（渡部史之「藤原師輔の野剣「小狐」と摂関家」（前注）、五―六頁）。一方、例えば、服飾および室町時代史に関する論考を多く発表している菅原正子は、二〇一三年の論文「『山科家礼記』にみえる天皇・公家の服飾」（『国際服飾学会誌』四三号、二〇一三年）で、「朝廷における直衣の着用を天皇から許される儀式が直衣始である」としており（二四頁）、未だ通説が根強く支配していることを窺わせる。

(8) 「中納言中将兼長直衣始」および「中納言中将師長直衣始」として、「四品之後可レ着二薄色指貫一事」、「出衣」、「中納言中将直衣始用二此剣一事」に引かれる。兼長の例は「直衣始用二毛車一事」にも引かれる（各群書類従八、一四三・一五〇・一六〇・一八〇頁。ただし群書類従本では上欄補書が本文に竄入しているため、史籍研究会編『内閣文庫所蔵史籍叢刊』古代中世篇第五巻（汲古書院、二〇一三年）所載の内閣文庫本や他の写本によって原位置を推定した）。

(9) 『台記』仁平三年（一一五三）閏十二月二十八日条（藤原重雄・尾上陽介「東京大学史料編纂所所蔵『台記』仁平三年冬記」『東京大学史料編纂所研究紀要』一六号、二〇〇六年）、『台記』久寿元年（一一五四）十一月二十五日条。

(10) 『民経記』寛喜三年五月二十日条。

(11) 『猪隈関白記』建久九年（一一九八）正月二十八日条。なお、家実の父基通と祖父基実は大将を経なかった。近衛家では兼経の兄で早逝した家通も左大将に任じられているが、記録が乏しい。

(12) 『深心院関白記』建長七年（一二五五）十二月二十六日条。

(13) 桃崎有一郎「昇進拝賀考」『古代文化』五八巻三号、二〇〇六年一二月、同「中世後期における朝廷・公家社会秩序維持のコストについて——拝賀儀礼の分析と朝儀の経済構造」『史学』七六巻一号、二〇〇七年六月、同「鎌倉幕府の秩序形成における拝賀儀礼の活用と廃絶——鎌倉殿・御家人・御内人と拝賀」阿部猛編『中世政治史の研究』日本史史料研究会、二〇一〇年、同「鎌倉殿昇進拝賀の成立・継承と公武関係」『日本歴史』七五九号、二〇一一年八月、同「『西宮記』に見る平安中期慶申（拝賀・奏慶・慶賀）の形態と特質」『立命館文学』六二四号、二〇一二年一月。また、同『中世京都の空間構造と礼節体系』（思文閣出版、二〇一〇年）も拝賀や直衣始を含む儀礼について多くの示唆を含む。

(14) 桃崎有一郎「昇進拝賀考」（前注）、一二七頁、『西宮記』に見る平安中期慶申（拝賀・奏慶・慶賀）の形態と特質」（同前）、七五頁。ただし、番号を付した要約は桃崎の論考をもとに私にまとめなおしたものである。

(15) 「昇進拝賀考」（注13）、一二七—一二八・一三〇頁、「中世後期における朝廷・公家社会秩序維持のコストについて」（注13）、二一—三頁等。

(16) 室町時代のことであるが、宝徳二年（一四五〇）に将軍足利義政（義成）が権大納言に任じられた時には、先例によって拝賀をしないまま直衣参内するにあたり、これを「直衣始」と呼ぶべきか、ただ「御参内」とすべきかが問題となった（『建内記』・『康富記』同年七月五日条）。『建内記』によれば、右大臣二条持通の意見により、すでに「直衣始」と記してしまった次第や散状を「御参内」と書き直すことになったものの、結局そのまま「直衣始」として進行し、この万里小路時房の記録自体も『義政公直衣始記』として伝えられることになった。

(17) 「昇進拝賀考」（注13）、一三二頁。

(18) 「中世後期における朝廷・公家社会秩序維持のコストについて」（注13）、一九—二〇頁、『西宮記』に見る平安中期慶申（拝賀・奏慶・慶賀）の形態と特質」（注13）、八一—八二頁等。

(19) 弘安三年（一二八〇）正月十三日に直衣勅許を受けた飛鳥井雅有は、即日参内し、後深草院妃洞院愔子に「慶びを申して」いるが（本書二九五頁）、これがどのような意味を持つのかは判断が難しい。雅有は東宮熙仁親王（後の伏見天皇）に仕えており、愔子はその生母であるから、そのために特に彼女に礼を述べたと解釈することも可能だが、東宮本人や後宇多天皇には慶を表わしていないこと等からは、これは彼女が同月八日に従三位に叙されたことへの慶賀（奉祝）であって、彼の直衣御免に対する謝礼ではないと考えられる。憶測ではあるが、むしろ愔子への奉祝をもって自身の直衣始としたのかもしれない。慶申が、任官者等へ祝意を表するためにも行なわれたことについては、桃崎有一郎『西宮記』に見る平安中期

慶申（拝賀・奏慶・慶賀）の形態と特質」（注13）、八六―八七頁。
(20)『法性寺殿御記』および『中右記』元永二年二月記による。
(21)慶賀の行列については、野田有紀子「平安貴族社会の行列――慶賀行列を中心に」『日本史研究』四四七号、一九九九年一一月。これによれば、拝賀行列の前駆は、家司（特に摂関家）や親族が務め、大納言八人、中納言六人、参議四人（『三条中山口伝』）等の決まった人数の故実もあったものの、厳格に守られたわけではなく、特に摂関家の場合、師実以降、非摂関家の数倍の前駆を揃えて、他家との隔絶した地位を表象したという。
(22)桃崎有一郎「昇進拝賀考」（注13）、一三二―一三四頁等。
(23)十四日に直衣始が行なわれているのに対し、還昇が許されたのは十八日であった（『山槐記』仁安二年三月十八日条）。
(24)それぞれ群書類従八、五〇頁、同二八、四九八頁、同八、一六〇頁。
(25)笹山晴生『日本古代衛府制度の研究』東京大学出版会、一九八五年、佐伯智広「中世貴族社会における家格の成立」上横手雅敬編『鎌倉時代の権力と制度』思文閣出版、二〇〇八年。
(26)所功「神道大系『北山抄』の解題」『宮廷儀式書成立史の再検討』国書刊行会、二〇〇一年（初出一九九二年）。
(27)神道大系『北山抄』五一三頁。
(28)師実が着陣までの一月以上、実際に参内しなかったかは裏付けられなかったが、行事には参仕している。五月二十二日に、頼通の邸宅高陽院での競馬を後冷泉天皇・東宮（後三条天皇）が覧じているが（『扶桑略記』『百錬抄』）、この時の師実の装束を後に忠実が先例としていることから、この場に師実が大将として参仕していたことがわかるからである（『殿暦』『中右記』康和四年閏五月十五日条）。後述の忠実の例を踏まえると、あるいは忠通が問題としている「参内」は直衣での参内を指すか。
(29)笹山晴生「随身」『国史大辞典』吉川弘文館、一九八七年等。人数は『拾芥抄』による。
(30)須藤敬「『保元物語』信西の太刀「小狐」をめぐって」『軍記と語り物』二三号、一九八七年、渡部史之「藤原師輔の野剣「小狐」と摂関家」、同「摂関家累代御物の成立」（注6）。
(31)「摂関家累代御物の成立」（同前）。
(32)「藤原師輔の野剣「小狐」と摂関家」（注6）。石清水詣については渡部論文に取り上げられていないが、『兵範記』仁平二年八月十四日条に石清水を参詣する頼長が宿袍に小狐を帯びたことが見える。

(33) 全例について確認できてはいないが、本文で論じる九条良通の他に、例えば九条道家や九条教実の任左大将後の直衣始で参内をしている（表6参照）。
(34) 渡部史之「摂関家累代御物の成立」（注6）、二一一―二一二、二一八頁。
(35) 師実の慶賀行列の人数が膨大となったことについては野田有紀子「平安貴族社会の行列」（注21）。
(36) 師実が白河天皇の関白となった時には奏慶の対象は天皇だけであったが、師通が表慶すべき相手は非常に多く、そのことについても九日条には記されている。
(37) 『兵範記』保元三年八月十五日条（基実）、『信範記抄出』治承三年十二月八日条（基通）、『吉記』寿永二年十二月十六日条（師家）等。
(38) 鈴木敬三『服装と故実』（注2）、一〇二頁等。
(39) 文治二年に摂政に任じられた兼実は、扈従や随身について藤原忠親・源雅頼・藤原経房に対し諮問し、その返答を踏まえて大将良通と中将良経を同行させた（『玉葉』文治二年三月二十八日・二十九日条、『吉記』同二十日条（吉部秘訓抄））。『吉記』によればその諮問の内容は「保安法性寺殿〔忠通〕無二扈従公卿一。其後皆逐二彼例一無二其儀一。而嘉保後二条殿〔師通〕、子息及親昵公卿五六輩扈従。今度子息御坐、不レ似二保安例一。両息欲レ令二扈従一、如何」というものであった。その後の摂関直衣始では殿上人の扈従のみが原則のようである。
(40) 前駆が衣冠を着す例もあるが（『兵範記』保元三年八月十八日条（基実）、同仁安三年二月二十日条（基房）、『信範記抄出』元暦元年二月七日条（基通第二度）等）、基通が初めて関白となった時に兼実が「前駈布袴之由存レ之」「四位・五位布袴、六位衣冠」等と記しているように（『玉葉』治承三年十二月七日・八日条）、布袴の着用が次第に故実となっていった。
(41) 『後二条師通記』別記・寛治五年正月十五日・十六日条も参照。
(42) この時の経緯については、本書第四章注38で触れた。
(43) ただし、いずれかの時点で基実の直衣参内が勅許されたことは、『兵範記』保元元年正月四日条（本書二七三頁）から判明する。
(44) 『後二条師通記』寛治二年二月二十五日条。元服・叙爵は同年正月二十一日で、二十八日に侍従に任じられ、二月十八日に右少将に転じた。
(45) 公卿に任じられる前の次将の直衣始としては、他に右中将九条良通の直衣初参内（『玉葉』治承二年三月八日条）、右少将藤原兼宗の直衣初参内（『山槐記』治承三年二月十六日）、左少将藤原為家の直衣初参内（『明月記』建保元年四月十三日条）等の例が見られる。

(46) 兼長は久安四年四月二十七日に元服・叙爵の上、昇殿・禁色が許され、六月十五日に侍従となった。同月二十三日に拝賀を行なっている。兼長の弟隆長も、仁平元年（一一五一）二月十六日に元服し、叙爵の上昇殿・禁色を許されると、二十一日に侍従に任じられているが、三月三日に直衣を着て鳥羽院・美福門院の滞在する鳥羽殿へ参じたことが『台記』同日条に見え、これが直衣始に相当すると推測される。

(47) 師家は治承二年四月二十六日に元服し叙爵された。直衣始の時点では正四位下左中将であった。

(48) 群書類従二五、三八三頁。

(49) 同前、三九六頁。史料大成『山槐記』長寛二年記の末には『達幸故実抄』から抜いた記事が並べられているが、その中でこの記事は「廿三日」とされている。

(50) 明月記研究会「『明月記』原本断簡集成」『明月記研究提要』八木書店、二〇〇六年。

(51) 『蛙抄』車輿部・綱間事、宮崎和廣編『宮廷文化研究――有識故実研究資料叢書』六、クレス出版、二〇〇五年、三八・四〇頁。

(52) 「刻礼」については夙に宮本勢助によって、『満佐須計装束抄』等に見える「うやをかく」という表現に対応するものと指摘されている（宮本勢助「ウヤ考」『風俗研究』五七号、一九二五年）。うやとは烏帽子の正面にへこみを作ることで、これによって烏帽子を立てるといい（鈴木敬三「立烏帽子」・「平礼烏帽子」『国史大辞典』吉川弘文館、一九八八・一九九一年）、これに従えば「不刻礼」とは烏帽子を立てないことを意味すると考えられる。一方、平礼は史料上では立烏帽子に対する概念として見え、うやを作らない烏帽子とも説明される（同前）。しかし、史料では「平礼」と「不刻礼」が対立している他、「不平礼」という表現も見られるのであり、これらの意味や関係は今後の検討課題である。

(53) 『百錬抄』正嘉二年十一月一日条（経俊任参議・慶申）・四日条（直衣始）。

(54) 桃崎有一郎は、この時の頼朝の拝賀について「通常の右大将拝賀の規模を超えていた」ことを特色の一つとしているが（「鎌倉殿昇進拝賀の成立・継承と公武関係」（注13）、二〇頁）、居飼・舎人・前駆・近衛・雑色・扈従者の人数等は、例えば治承三年十二月の九条良経の任右大将拝賀（『玉葉』治承三年十二月十四日条）とほぼ同じで、むしろ前駆の人数は少ない面もあり、先例に比べて行列の規模が大きいとは必ずしも言えない。ただ、良経は雑色十余人（予定では二十人）であったところ、頼朝は雑色七人に布衣侍七人とし、車に直垂姿の御家人三名が付き添い、また行列の末尾に頼朝の武具を持つ調度懸と七人の随兵が従う点には、大きな特色があった。

(55) 桃崎有一郎「鎌倉殿昇進拝賀の成立・継承と公武関係」(注13)。また、桃崎が依拠する上横手雅敬「建久元年の歴史的意義」『鎌倉時代政治史研究』吉川弘文館、一九九一年(初出一九七二年)、上杉和彦「鎌倉将軍上洛とその周辺」『鎌倉幕府統治構造の研究』校倉書房、二〇一五年(初出一九九一年)等の諸論考も参考とした。

(56) 桃崎有一郎「鎌倉殿昇進拝賀の成立・継承と公武関係」(同前)、二三一二四、二六頁。

(57) ただし、後白河院が「浄衣」を着ていたとする点についてはその理由が判然としない。直衣または布衣の誤記・誤写の可能性も想定する必要があろう。

(58) 中井真木「吾妻鏡に見る将軍の装い――直衣着用を中心に」義江彰夫編『古代中世の政治と権力』吉川弘文館、二〇〇六年。

(59) 「鎌倉殿昇進拝賀の成立・継承と公武関係」(注13)、一八頁等。

(60) 『吾妻鏡』建久元年十一月三十日、同年十二月十三日条。院からの贈物によって頼朝が所有する車は三両になり、そのうち二両を鎌倉に送ったことが十二月十三日条に見えている。

(61) 『吾妻鏡』『玉葉』建久元年十一月七日条。特に伝聞で行列の様子を聞いた兼実が、頼朝が甲冑を着けていなかったことを特記している点は注目される。

(62) 「鎌倉殿昇進拝賀の成立・継承と公武関係」(注13)、二六―三〇頁。

(63) 同前、二八頁。

(64) 『吾妻鏡』正治二年正月十五日条・建仁元年九月九日条。

(65) 拝賀は十二日に行なわれ、鶴岡神事への御出が「拝賀の儀」を用いて行なわれ、御家人が「堵の如」く扈従したことが記されている(同日条)。

(66) 直衣始の前駆十一人という人数は、京での大将拝賀の六人という標準的な人数に比べるとかなり多く、三人の殿上人の扈従も頼朝の直衣始には見られないものとして注目される。ただ、実朝の拝賀について桃崎は、「京都の標準的な大将拝賀とほぼ変わらないもの」と評価している(「鎌倉殿昇進拝賀の成立・継承と公武関係」(注13)、二七頁)。

(67) 桃崎有一郎「鎌倉幕府の秩序形成における拝賀儀礼の活用と廃絶」(注13)、三〇〇―三〇七頁。

(68)「鎌倉殿昇進拝賀の成立・継承と公武関係」(注13)、三〇—三二頁。
(69)中井真木「吾妻鏡に見る将軍の装い」(注58)。
(70)「鎌倉殿昇進拝賀の成立・継承と公武関係」(注13)、二六—二七頁。
(71)ただし、拝賀の約一カ月後に「御浄衣・御乗車」での鶴岡参詣が記録されている(『吾妻鏡』貞永元年四月十一日条)。浄衣での参詣の例は他にもあるものの、「御乗車」を含む表記は直衣での御行の記事と類似しており、注意される。
(72)『吾妻鏡』建長四年四月十四日条。
(73)「鎌倉殿昇進拝賀の成立・継承と公武関係」(注13)、三三頁。

結び

五章にわたり、十世紀から十三世紀初頭を中心に、日本の朝廷において直衣という服装がどのように着られ、どのように殿上人や公卿、あるいは天皇の身内といった身分の標識として機能するに至ったか、また直衣の着用や着用規制を通していかように権力が形作られ、視覚化されたかについて論じてきた。本書を終えるにあたり、明らかにしたことがらを改めて確認しておきたい。

直衣という律令に規定されていない服装は、天皇の軽装や貴族の私服として十世紀半ば頃より文献に登場し、遅くとも十世紀後半には公卿・殿上人の宮中宿直の服として広く用いられるようになった。これまでの通説では、直衣とは平安時代中期以来の上位貴族の日常着であり、その一部のみが勅許を受けて参内に用いた特権的服装であると言われてきたが、実際には直衣とは私の服であると同時に宿直装束であり、十世紀末頃には天皇から殿上人までが私邸や院等の御所、私的行事（天皇の場合は夜間の密覧）、狩猟や旅行等の動きの多い場面のほか、宮中の宿直、更には宿所等において着用する衣服であった。

一方、遅くとも十世紀半ばの朱雀朝までに、蔵人に対する禁色勅許と殿上人に対する雑袍勅許の制度が確立し、殿上人全般に雑袍が許されるようになった。雑袍宣旨は検非違使等への雑色袍着用許可を先駆とし、職掌上必要な場合に位袍以外の着用を許可するものであった。蔵人は禁色宣旨によって雑袍の着用も認められ、少なくとも十二世紀には、大臣子孫に対する特権的な禁色宣旨も雑袍宣旨の内容を含むものと認識されるようになった。また、近衛府と検非違使には雑袍の永宣旨が与えられていた。

雑袍宣旨を受けて殿上人が実際に着用した服装は、初期は不明ながら、十世紀後半には宿直における直衣と諒闇中の橡袍が主となった。これは、天皇の政務空間と居住空間が一体化し、殿上人が天皇身辺の世話を職務とするようになる中で、宿直にあたる殿上人の便宜のために雑袍の使用が認められたものと評価できる。ただし六位以下の直衣着用は認められず、直衣は五位以上の殿上人を象徴する服装ともなった。また永宣旨を受けている近衛府や検非違使等は、地下であっても宮中で直衣や狩衣を着用できた。

十一世紀以降、天皇の生活様式が変化する中で清涼殿での服装規範が変化、殿上人の職務としての宿直の重要性も次第に低下し、日中も宿衣で祗候する機会が増大した。十世紀には実際に殿上間に臥していたものが、十一世紀初頭には点呼の後、宿所に下がって待機することが一般的となり、十二世紀には宿直を行なうのは近臣を主としたわずかな人員となり、点呼等も特別な場合の儀礼としてのみ行なわれるようになった。束帯と宿衣とを着替える目安として十一世紀初頭までは天皇への供膳が重要であったが、天皇の食事の仕方が変わり、殿上台盤がその目安となる一方で、宿衣で殿上に留まれる時間帯は伸長した。

十一世紀初頭まで、直衣は公卿にとっても宿直装束であり、殿上人と同様、日中の殿上間や昼御座での宿衣・直衣着用は規制された。一方で、後宮内の后妃在所やそこに置かれた近親男性の直廬等では日中でも着用されており、その背景には、後宮に男性が自由に参入し、居住もできたという事情もあった。藤原兼家・道隆・道長等が天皇外戚の地位を基盤とした政治体制を構築する中で、彼らが天皇の後見として簾中や台盤所等に祗候する延長上に、徐々に清涼殿の表の空間でも日中に直衣が着用されるようになる。特に一条朝後期から三条朝には、参内や行事への参仕、あるいは直接に直衣での祗候を命じる天皇の仰せを根拠として、道長等は宿衣・直衣での祗候の範囲を拡大していった。また、内裏焼亡や天皇不豫等の異常事態下には、従来の規範から逸脱する形で直衣での参仕が拡大する傾向もあった。

その中で、清涼殿での日中の直衣着用は天皇の身内、すなわち摂関およびその子弟の特権となるが、摂関子孫の傍流を中心に、直衣を着て日中の殿上に祗候したりすることで、自らの地位を確保しようとする動きも活発であった。

そのような運動からは、社会構成員が互いに鋭い視線を向けあう中で、複数の思想がせめぎあい、服装が変容していく様も浮びあがった。例えば実資が逸脱や華美を厳しく批判する一方で、斉信は美しく装うことを善とし、直衣で親しく交わることを政治的な力とせんとした。彼らの服装の選択を支えるのは、既存の規範だけでもなければ、美意識だけでもない。上位者からの指示、暗黙の了解、時宜、新奇性の追求、他者からの称賛や批判等が複雑に絡み合う中で服装は選ばれ、時代の風俗が形成されていく。

十一世紀後半、宮中での直衣の着用は公卿・殿上人ともに更に拡大した。直衣で天皇の後に従うことや天皇に奏聞することは依然として摂関・外戚の特権であったが、天皇の身内を主張できる公卿の増加、摂関家の相対的な勢力低下、そして院御所の重要性が飛躍的に高まったことにより、十二世紀に入る頃には、陣定等の公事、節会、法会等がある日、あるいは陪膳の当番等以外には、摂関以外の公卿・殿上人も宿衣や直衣での参内が主となった。これに伴い、位袍と指貫を組み合わせた形式の宿衣は「衣冠」と呼ばれるようになり、衣冠・直衣での参内の際の経路や、更衣に際しての服装等、作法も複雑化した。また近衛大将や摂関を嚆矢として、直衣での初出行が儀礼化した。

十二世紀に入ると、白河院政下において、公卿の一部を対象とした直衣参内の勅許に関わる記録が見えはじめる。直衣勅許に関わる記述は、はじめは主に五節や内裏御会への参入に関連して見られ、摂関家関係者を対象としているらしいところから、白河院と忠実の協力関係のもと、弱体化した摂関家の特権的地位を守る手段として機能したと見られる。しかし、両者の関係が悪化すると、直衣勅許は上皇・天皇外戚である閑院流の地位引き上げの一環として用いられるようになり、朝廷社会において大きな意味を持ちはじめた。

各勢力間の緊張が高まり、十二世紀後半の戦乱の時代へと向かう中で、直衣勅許の政治的重要性は増した。信西政権、更に平氏政権は自派の政権中枢に近い人々を直衣勅許の対象とし、かつこれを厳格に運用することで、この制度を公卿の統制手段の一つとし、この時期には直衣勅許の有無は日常の参内にまで影響するようになった。二条朝までに「直衣参内を許された者」という新しい身分集団が公卿の中に成立し、高倉朝までにこの集団には、家格はあまり高くないが天皇との距離の近い外戚や乳母夫・侍読・師匠等が含まれるようになった。この身分集団は、台盤所への参入（入立）をも認められた集団の次位に位置付けられ、両者をあわせて天皇の近習公卿が構成された。

入立勅許・直衣勅許の対象者には、摂関家や清華家出身の家格の高い人々と、相対的に家格は低いが、天皇と近い関係にある人々が含まれたが、後者が含まれることは大臣・大将の子孫を対象とする禁色勅許と大きく異なる点であり、身内・近習関係をもとに朝廷構成員の再編が進んだ院政期の実態に即した制度であった。また、直衣勅許は手続きの上でも禁色宣旨・雑袍宣旨と大きく異なり、院宣や摂関御教書、後には綸旨といった御教書の形式で出された。

一方、五節帳台試への出御の扈従と童女御覧への参仕は、十一世紀以降、公卿の勢力関係を視覚化する重要な場の一つとなり、十二世紀には直衣勅許の有無がもっとも鮮明に意識される場となり、近習公卿を選ぶ手段としても用いられた。殿上人の大半が直衣を着用する五節において、公卿の直衣着用に勅許が必要になったことは、天皇近習を選ぶという直衣勅許の本質を表わす重要な点である。

両行事への参仕は、後一条朝以降ほぼ道長流の独占するところであったが、院政期に入り、摂関の地位を道長流が世襲する一方で、天皇と外戚・姻戚関係にある公卿が増加すると、参仕者の増大と整理が繰り返された。特に師実は帳台試への摂政出御の新儀を開いて子息を扈従させ、忠実は白河院の仰せを得て他流を排した。忠通と頼長の対立時代には、忠通が帳台試、頼長が童女御覧に催される事態になり、六条・高倉朝には摂政基房の出御に扈従者が参入しない年が続いた。さまざまな混乱を経て、十二世紀末には両行事への参仕は摂関家・清華家の公卿が独占するところとなり、高倉天皇外舅の平時忠を最後に、家格の劣る外戚は排除された。

このようにして直衣での参内や直衣での五節参仕等が近習公卿の標識となったことは、摂関政治から院政への展開と連動しており、特に御堂流が存亡の危機を乗り越えて摂関家へと成長し、互いに複雑な対抗・協調関係にあった閑院流や平清盛一門、あるいは坊門家や高倉家等が、天皇との実体的な身内関係を根拠に朝廷内で足場を築いていったことと密接に関わっていた。しかしながら、直衣等の服装および服装規範の変容は、単にそのような政治史的展開の結果ではない。彼らは近習であるから直衣を着るというより、むしろ直衣を着ることによって近習となったのであり、服装は権力を形作り、政治体制の変容を実際に推進する手段であった。

家格と天皇との近さの二つを基準とする直衣勅許のあり方は、承久の乱に至るまでは維持された。しかし、乱以降朝廷が縮小し、主たる服装が狩衣や直垂等に移行する中で、直衣勅許の政治的意義は薄れ、直衣での参内は、それが許される時期に違いはあっても、おおむね公卿全般に認められるようになっていった。また雑袍宣旨も、官人内の階層分化が進行し、出自や天皇の近臣の地位に応じた処遇の差別が進む中で、十二世紀頃から形骸化が進み、一旦はほとんど実態が失われたと見られる。しかし、十六世紀頃から、摂関家・清華家の子弟に対して元服と同時に禁色雑袍宣旨が下されるようになった。十七世紀頃には、直衣宣下と雑袍宣旨の違いは対象が公卿か然るべき殿上人かの違いとなり、有文の直衣は公卿と大臣子孫の身分標識となった。また羽林家の殿上人は近衛府への永宣旨を根拠として、無文の直衣を着用した。

さて、従来、直衣勅許を受けた者は、その後に「直衣始」として儀礼的な参内を行なったと言われてきたが、直衣始は任官・拝賀後等の最初の直衣での出行を儀礼化したもので、原則として直衣勅許と直接の関係はなく、勅許に対して礼を述べるものでもなかった。また院政期以前には参内は必須ではなく、むしろ治天の君の御所への参上や、院の行事への祗候が重要であった。その濫觴は、十一世紀半ばの近衛大将および摂関の直衣での出行始に遡り、これらの出行始は随身や近衛の官人等を多く従えた行列によって権力・財力を誇示するものであった。やや遅れて摂関家子弟の元服後の直衣始が儀礼化し、摂関家では元服後の昇任の各段階で拝賀と直衣始を行なうことが通例となった。十二世紀半ば頃からは、蔵人頭から参議に任じられた公卿等の直衣始も見られるようになり、公卿の立場を表象する儀礼の一つとして慣例化した。更に鎌倉幕府において、直衣始は鎌倉殿の公卿昇任後の昇進儀礼の一つとして行なわれ、鎌倉殿の貴性や唯一性を表象する儀として機能した。なお、十二世紀後半以降には直衣勅許を受けた後の直衣での参内の記録も見られるが、典型的にはこれらはただ直衣で参内するものであって、拝賀等とは異なり、謝意を表する定型的所作もなかった。

本書の出発点は、今日流布する直衣の説明では過去の事象が説明できないという疑問にあった。この疑問を解くために実態を検討するうちに、その通説がどのようにして成立したのかにも一定の見通しを得た。それには、大きく分けて三つの事象が影響していたと考える。

一つ目は十二世紀から十三世紀にかけて、朝廷の服装規範が複雑化し、着装や作法のあるべき形が求められる中で、日記等に加え、装束に関する故実書が多く記されたことである。これらの参照しやすい形にまとめられた文献は、今日に至るまで当時の服装を知るための基本史料となっているが、それゆえに、遡る時代の記録を解釈する場合にもかなり無批判に援用されることになった。

次に、十三世紀から十六世紀を通じて生活様式や服装が大きく変容し、更に諸制度を再整備しようとする中で、制度の内容が相当に変化したことがある。変容後の制度の内容は文献だけでなく、装束の調進や着装に携わる人々の伝承として近現代まで伝えられた。その伝承は非常に貴重な情報であるが、やはりまた十分な配慮なく、平安時代の文献の解釈に利用されることともなった。

故実書や伝承を利用する際に注意しなければならないのは、時代や立場の違いだけではない。必ずしも全ての情報が公開されているわけではないことにも留意が必要である。伝存最古の装束故実書の一つとして尊重されてきた『満佐須計装束抄』には次のような言葉が見える。

かやうのことをしりたりとて、人まへ・は〔晴〕れにていたくいふべからず。をのづからと〔問〕ふ人あらばこたへ、もし又さもあらん人にははしぐ〜をいふべし。むげにしらぬやうなるもわろし。たゞしひ〔秘〕することは、やすく人のしつべきことをひ〔秘〕する也。大事なることはいへどもきゝとることなし(1)。

装束に限ったことではないが、情報は生計手段であるから、たやすくは公開されないし、十分な知識のない人は、聞いたところで大事な点は聞き取れない。この言に触れる時、私自身が聞き逃がしているであろう情報の多さにおののきを禁じえないが、それでも何かを知りたければ、自分の乏しい知識で読み取れたこと、聞き取れたことをもとに説を構築するしかない。

そして、そのようにしてなされた研究が、現在の通説の最終的な成立に大きく影響を及ぼした。すなわち、江戸の故実家達の研究である。特に伊勢貞丈の影響の大きさは特筆に値する。貞丈の業績は称賛すべきものであるが、当時の研究環境に制限された誤りも少なくない。これについては、すでに十九世紀に松岡行義が次のように述べている。

凡この伊勢先生の博達なる事は、世のしる所にして、いまはためでいはんもやく有まじ。〔中略〕されど、いまおもへば、その世は道いまだひらけざりけん。鎧図・甲冑図・軍用記等甚つたなし。先生ふるきよろひをみし事なく、又たゞに製作にまじらひしこともおはさざりけん。〔中略〕されば、公家の有識は更にもいはず、弓馬の故実も、兵器の製も、屋舎の制も、衣服調度の事も、させる事にはあらぬが、そのよにはいみじきはかせにておはせしなりけり。かくいへばとて、我才の進みて、先生のおくれたるにもあらず。われも明和・安永年間に生れたらましかば、先生の如き説をいひて、いまのよの人に笑はれなん(2)。

貞丈の時代に比べて、私たちはより多くの史料をはるかに容易に入手し、分析できるようになった。それなのに、江戸の故実学の伝統の影で、史料と通説の矛盾が放置されるばかりか、貞丈説と同じように容易に手に取ることのできる野宮定基や山科道安の証言等が等閑視されてきたことは嗟嘆すべきことである。ただ、貞丈本人は「公家の人々の説なりとて悉くは信じがたき事に候。公家にしばられずして古書を広く見るにしかず存候」と述べていた。(3) 継承すべきは貞丈の説そのものや公家の説を捨てることではなく、通説を疑い、文献を広く収集して探究せよというその姿勢であろう。

とはいえ、本書が見落としている史料や論考は数限りないであろうし、利用できる史料が今後増えていくことも間違いない。それでなくとも、製造流通や着装法、特に「ほころび」や「なえ」、引直衣と天皇の関係、直衣が孕んだ(性的)魅力とそれを消費する人々の関係、あるいは唐宋の服飾の影響や十四世紀以降の展開等々、直衣に関連して本書が論じ残した点は多い。しかし、雑袍勅許や直衣での参仕、そして直衣始の実態の探究を通して、平安時代中期から鎌倉時代初期の朝廷社会の一面、なかでも服装と権力の関係を私なりに解き明かせたことをまずは望外の成果として、ここで筆を擱くこととしたい。

(1) 群書類従八、四九頁。
(2) 松岡行義『後松日記』(日本随筆大成)新装版、吉川弘文館、一九九五年(初版一九二九年)、一四一—一四二頁。
(3) 改訂増補故実叢書『安斎随筆』第二、二一七頁。

巻末表　堀河朝から後堀河朝における五節帳台試・童女御覧への出御と扈従・参仕

帳台試出御：○は天皇出御，「摂政」は摂政の代行，×は天皇または摂政不出御，（　）内はその理由，—は豊明節会の停止，？は不明．
帳台試扈従：×は天皇不出御等により公卿扈従なし，—は節会停止，？は扈従者もしくは出御の有無不明．（　）で括る人名は史料に明記はないものの，状況から祗候が推測されるもの．便宜により，後鳥羽朝以降，姓を多く家名とした．
童女御覧祗候：○は童女御覧が行なわれたことは判明するが扈従者は不明，×は童女御覧を行なわず，—は節会停止，？は開催不明，○？／×？は不明ながら状況より推測．摂関等の「簾中」は判明する年のみ示しているため，明記がないことが廂への祗候を意味するとは限らない．

西暦	元号	丑日	天皇	摂政	関白	帳台試出御	帳台試扈従	童女御覧祗候	備　考	典　拠
1087	寛治1	17	堀河	師実		摂政	藤原師通，親昵公卿	藤原師実（簾中），源顕房以下親昵公卿五六人	大嘗会．帳台試において，天皇物忌のため摂政は殿上を経ず直廬から向かう	中右記
1088	寛治2	17	堀河	師実		摂政	藤原師通，藤原経実，藤原能実	藤原師実（簾中），源顕房，藤原師通，源師忠，源雅実，藤原家忠		後二条師通記・中右記
1089	寛治3	11	堀河	師実		×（物忌）	×	×（源隆子心喪）	この年天皇元服	中右記
1090	寛治4	17	堀河	師実		○	藤原師実，源顕房，藤原師通，源師忠，源雅実，藤原家忠	藤原師実，源顕房，藤原師通	堀河天皇初度	後二条師通記・中右記
1091	寛治5	17	堀河		師実	×（物忌）	×	藤原師実，源顕房，源師忠，源雅実，藤原家忠，藤原忠実	関白は天皇の代わりに出御できないという認識が示される	後二条師通記・為房卿記・中右記
1092	寛治6	22	堀河		師実	○	藤原師実，源俊房，源顕房，藤原師通，源師忠，源雅実，藤原家忠，藤原忠実	藤原師実（簾中），藤原師通，源顕房，源師忠，源雅実，藤原家忠，藤原忠実		後二条師通記・中右記
1093	寛治7	15	堀河		師実	×（物忌）	×	×（顕房病悩ほか）		後二条師通記・中右記
1094	嘉保1	15	堀河		師通	×（疱瘡）	×	×？		中右記
1095	嘉保2	21	堀河		師通	○	？	藤原師実（簾中），藤原師通（簾中），源師忠，源雅実，藤原家忠，藤原忠実		中右記

西暦	元号	丑日	天皇	摂政	関白	帳台試出御	帳台試扈従	童女御覧祇候	備考	典拠
1096	永長 1	15	堀河		師通	×（心喪）	×	×（郁芳門院心喪）		後二条師通記・中右記・長秋記
1097	承徳 1	15	堀河		師通	×	×	×（郁芳門院心喪）		中右記・長秋記
1098	承徳 2	21	堀河		師通	×（物忌）	×	藤原師通（簾中），源師忠，源雅実，藤原家忠，藤原忠実		中右記・殿暦
1099	康和 1	21	堀河			？	？	×（師通心喪）		本朝世紀
1100	康和 2	15	堀河			○	藤原忠実，源雅実，藤原家忠	×		中右記・殿暦
1101	康和 3	20	堀河			○	？	×？（師実心喪）		中右記・殿暦
1102	康和 4	20	堀河			○	藤原忠実，源雅実，藤原家忠，藤原公実，源雅俊	藤原忠実，源雅実，藤原家忠，藤原公実，源雅俊，源国信	童女御覧にて忠実は簾中でなく広廂に祇候	中右記・殿暦
1103	康和 5	14	堀河			○	藤原忠実，藤原家忠，藤原公実，源雅俊，源国信	×（苡子心喪）		中右記・殿暦
1104	長治 1	19	堀河			×（物忌）	×	藤原忠実（簾中），源雅実，藤原公実，源雅俊，源国信		中右記・殿暦
1105	長治 2	19	堀河			—	—	—	覚行法親王没により停止	
1106	嘉承 1	13	堀河		忠実	×（風邪）	×	藤原忠実（簾中），源雅実，藤原家忠，藤原公実，藤原経実，藤原宗通，源顕通		中右記
1107	嘉承 2	—	鳥羽	忠実		—	—	—	諒闇により停止	
1108	天仁 1	19	鳥羽	忠実		摂政	藤原家忠，藤原経実，藤原宗通	藤原忠実（簾中），藤原家忠，藤原経実，藤原宗通	大嘗会	中右記・殿暦・江記
1109	天仁 2	13	鳥羽	忠実		摂政	藤原家忠，藤原宗通	藤原忠実，藤原家忠，藤原宗通		殿暦
1110	天永 1	13	鳥羽	忠実		摂政	藤原家忠，藤原宗通，藤原忠通	？		殿暦
1111	天永 2	—	鳥羽	忠実		—	—	—	天下穢気遍満により停止	

1112	天永 3	12	鳥羽	忠実		摂政	源雅実，藤原宗通，藤原忠通	藤原忠実（簾中），源雅実，藤原家忠，藤原宗通，藤原忠通		中右記・殿暦
1113	永久 1	12	鳥羽	忠実		摂政	藤原家忠，藤原宗通	藤原忠実，藤原家忠，藤原宗通，藤原忠通	この年天皇元服．天皇物忌のため殿上を経ずに直廬から向かう	殿暦
1114	永久 2	18	鳥羽		忠実	○	藤原忠実，藤原家忠，藤原忠通	×（篤子内親王心喪）	鳥羽天皇初度．扈従者は白河上皇が指示	中右記・殿暦
1115	永久 3	12	鳥羽		忠実	×（物忌）	×（忠実密覧）	藤原忠実，藤原忠通，藤原家忠，藤原宗忠，藤原忠教	天喜五年頼通の例により関白が帳台試を密覧	殿暦
1116	永久 4	12	鳥羽		忠実	○	藤原忠実（他不明，忠通は召がなかったため不参）	藤原忠実，源雅実，藤原忠通，藤原家忠，藤原経実，藤原仲実		殿暦
1117	永久 5	17	鳥羽		忠実	×（物忌）	×	藤原忠実，藤原忠通（他不明）		殿暦
1118	元永 1	17	鳥羽		忠実	×（物忌）	×	藤原忠実（簾中），藤原忠通，藤原経実，藤原宗通，藤原仲実，藤原忠教，藤原通季		中右記・殿暦
1119	元永 2	11	鳥羽		忠実	×（物忌）	×	×		中右記・長秋記
1120	保安 1	16	鳥羽		忠実	×	×	藤原経実，藤原通季	直前に忠実の内覧停止	中右記
1121	保安 2		鳥羽		忠通	?	?	?		
1122	保安 3		鳥羽		忠通	?	?	?		
1123	保安 4	16	崇徳	忠通		摂政	?	○?	大嘗会	吉記治承四年・玉葉元暦元年記
1124	天治 1	16	崇徳	忠通		?	?	○		中右記目録
1125	天治 2	22	崇徳	忠通		?	?	○		中右記目録
1126	大治 1	22	崇徳	忠通		?	?	○		中右記目録
1127	大治 2	15	崇徳	忠通		×	×	藤原家忠，藤原経実，藤原忠教，藤原通季，藤原実行（源有仁は召あるも不参）		中右記
1128	大治 3	21	崇徳	忠通		?	?	?		

西暦	元号	丑日	天皇	摂政	関白	帳台試出御	帳台試扈従	童女御覧祗候	備考	典拠
1129	大治4	21	崇徳		忠通	×	×	×	この年天皇元服	中右記・知信記
1130	大治5	14	崇徳		忠通	×（物忌）	×	源有仁，藤原忠教，藤原実行，藤原実能		中右記・時信記・長秋記
1131	天承1	20	崇徳		忠通	○	藤原忠通，藤原忠教，藤原実能	藤原忠通（簾中），藤原忠教，藤原実能	崇徳天皇初度	時信記
1132	長承1	20	崇徳		忠通	×（物忌）	×	○		中右記・兵範記
1133	長承2		崇徳		忠通	?	?	?		
1134	長承3	20	崇徳		忠通	○	藤原忠通，藤原忠教，藤原実行，藤原頼長，源雅定	（藤原忠通？），藤原忠教，藤原実行，源雅定（頼長不参）		中右記・長秋記
1135	保延1	20	崇徳		忠通	○	（藤原忠通？），藤原家忠，藤原忠教，藤原実行	（藤原忠通？），藤原忠教，藤原実行，藤原頼長		中右記
1136	保延2	13	崇徳		忠通	○	藤原忠通，藤原頼長，源雅定，藤原実能	藤原忠通，藤原頼長（他不明）		中右記・台記
1137	保延3	13	崇徳		忠通	?	?	藤原頼長（他不明）		餝抄
1138	保延4		崇徳		忠通	?	?	?		
1139	保延5		崇徳		忠通	?	?	?		
1140	保延6	13	崇徳		忠通	?	?	藤原頼長（他不明）		餝抄・愚昧記嘉応二年記
1141	永治1		崇徳		忠通	?	?	?		
1142	康治1	13	近衛	忠通		摂政	源雅定，藤原実能	○?	大嘗会	愚昧記仁安三年記・本朝世紀・玉葉元暦元年記
1143	康治2	13	近衛	忠通		?	?	源有仁，藤原実能，藤原成通，藤原公教（頼長，召あるも病を称して不参）		台記・本朝世紀
1144	天養1	18	近衛	忠通		?	?	○（頼長，召あるも病を称して不参）		台記・本朝世紀
1145	久安1	18	近衛	忠通		?	?	藤原頼長（他不明）		台記・本朝世紀

1146	久安 2	11	近衛	忠通		？	？	藤原頼長，藤原伊通，藤原成通，藤原公教，藤原公能		台記・本朝世紀
1147	久安 3	17	近衛	忠通		○？	？	藤原忠通，藤原頼長（遅参），藤原実能，藤原伊通，藤原成通，藤原重通，藤原公能，藤原季成，藤原経定		台記・本朝世紀
1148	久安 4	17	近衛	忠通		？	？	藤原頼長（遅参），源雅定（他不明）		台記
1149	久安 5	11	近衛	忠通		？	？	○		兵範記・本朝世紀
1150	久安 6	17	近衛	忠通		？	？	藤原実能，藤原公教，藤原公能	この年天皇元服	台記・本朝世紀
1151	仁平 1	17	近衛		忠通	○	藤原頼長？	藤原頼長，藤原公教，藤原公能	近衛天皇初度．正月頼長内覧	台記・本朝世紀
1152	仁平 2	11	近衛		忠通	○	藤原忠通，藤原実能，藤原伊通，藤原公教，藤原公能	○		兵範記・山槐記・本朝世紀
1153	仁平 3	16	近衛		忠通	×	×	藤原頼長，藤原実能，藤原公教，藤原公能（天皇不出御）		兵範記・台記
1154	久寿 1	16	近衛		忠通	？	？	藤原頼長（簾中），藤原公能，藤原兼長（藤原実能，藤原公教は召あるも不参）		兵範記・台記
1155	久寿 2	21	後白河		忠通	○	藤原忠通，藤原実能，藤原公教，藤原公能	×（近衛院等心喪）	大嘗会	兵範記・台記・山槐記
1156	保元 1		後白河		忠通	？	？	？		
1157	保元 2	15	後白河		忠通	○	東宮，藤原忠通，藤原基実，藤原公教，藤原経宗，藤原基房，藤原伊実，藤原実長	藤原忠通（簾中），藤原基実，藤原公教，藤原経宗，藤原基房，藤原実長		兵範記

西暦	元号	丑日	天皇	摂政	関白	帳台試出御	帳台試扈従	童女御覧祗候	備　考	典　拠
1158	保元 3	21	二条		基実	○	?	?		兵範記
1159	平治 1	21	二条		基実	?	?	○?	大嘗会	玉葉元暦元年記
1160	永暦 1	15	二条		基実	○	藤原基実，藤原公能，藤原基房，藤原公光	藤原基実（簾中），藤原公能，藤原基房，藤原実定，藤原実長，藤原公光，藤原兼実		山槐記
1161	応保 1	21	二条		基実	○	藤原基実，藤原基房，藤原兼実，藤原実長，平清盛，藤原公光	藤原基実（簾中），藤原基房（遅参），藤原兼実，藤原実長，藤原兼房（童，簾中）（清盛，公光は召あるも不参）	童女御覧の祗候人数について議論あり．3-5 人が適切との忠通の見解が示される	山槐記
1162	応保 2		二条		基実	?	?	?		
1163	長寛 1	14	二条		基実	?	?	藤原基房，藤原兼実（他不明）		舫抄（山槐記カ）
1164	長寛 2	15	二条		基実	?	?	?		
1165	永万 1	—	六条	基実		—	—	—	諒闇により停止	顕広王記等
1166	仁安 1	13	六条	基房		摂政	扈従なし（藤原経宗以下，召あるも不参）	○	大嘗会	兵範記
1167	仁安 2	13	六条	基房		摂政	藤原公保，藤原実国（藤原経宗・藤原忠雅は召あるも不参）	藤原基房（簾中），藤原兼実，藤原忠雅，藤原公保・藤原実国		兵範記・愚昧記・玉葉
1168	仁安 3	20	高倉	基房		摂政	藤原実房，藤原実国（兼実・雅通・師長の予定も不参）	（藤原基房？），藤原経宗，藤原兼実，平時忠	大嘗会．雅通・師長の大将解官	兵範記・愚昧記
1169	嘉応 1	13	高倉	基房		摂政	源雅通，藤原師長，藤原公保，藤原実房，藤原実国，平時忠	藤原基房（簾中），源雅通，藤原師長，藤原公保，藤原実房，藤原実国，平時忠		兵範記・愚昧記
1170	嘉応 2	13	高倉	基房		摂政	藤原経宗，源雅通，藤原師長，藤原実房，藤原実国	藤原経宗，藤原兼実，藤原師長，藤原実房，藤原実国[1)]		玉葉・愚昧記

1171	承安 1	19	高倉	基房		摂政	藤原経宗，藤原兼実，源雅通，藤原師長	藤原基房（簾中），藤原兼実，源雅通，藤原実房，平時忠（藤原経宗，藤原師長は召あるも不参）	この年天皇元服．物忌につき帳台試出御について議論あるも，後白河院の指示により不出御．承安五節絵？	玉葉・禅中記抄
1172	承安 2	12	高倉	基房		○	藤原基房，藤原経宗，藤原兼実，藤原師長，平重盛，平時忠	藤原基房（簾中），藤原兼実，藤原師長，平重盛，平時忠	高倉天皇初度	玉葉
1173	承安 3	12	高倉		基房	○	藤原基房，藤原経宗，藤原兼実，藤原師長，平時忠	藤原基房（簾中），藤原兼実，平時忠（藤原経宗・師長は召あるも不参）		玉葉
1174	承安 4	18	高倉		基房	？	？（藤原兼実不参）	○（藤原兼実不参）		玉葉・顕広王記
1175	安元 1	18	高倉		基房	○	藤原基房，平重盛，平時忠	（藤原基房？），平重盛？，藤原実国？[2]，平時忠	藤原兼実，両日召あるも障りを申す	玉葉・禅中記抄
1176	安元 2	—	高倉		基房	—	—	—	諒闇により停止	玉葉
1177	治承 1	18	高倉		基房	○	藤原基房，藤原兼実，平時忠（この他平重盛，平宗盛にも召あり）	藤原基房（藤原兼実は召あるも風病により不参．この他不明ながら，平重盛，平宗盛，藤原実国，藤原兼雅にも召あり）		玉葉・愚昧記
1178	治承 2	18	高倉		基房	×（物忌）	×	藤原基房（簾中），藤原兼実，藤原実定，藤原実国，藤原兼雅，平時忠		玉葉・顕広王記
1179	治承 3	11	高倉		基房	○	藤原基房，藤原実国，平時忠	藤原基房（簾中），藤原兼実，藤原実国，平時忠，藤原師家	豊明節会の日に政変，15日基房・師家等解官	山槐記・玉葉
1180	治承 4	17	安徳	基通		摂政	平時忠，藤原実守，源通親（藤原経宗・実定・良通に催しあるも不参のため中将を催す）	藤原基通（簾中），藤原実定，平時忠，藤原実守，源通親（藤原実家，参入も追い返さる）	福原京での五節	山槐記・玉葉・吉記

西暦	元号	丑日	天皇	摂政	関白	帳台試出御	帳台試扈従	童女御覧祇候	備　考	典　拠
1181	養和 1	—	安徳	基通		—	—	—	諒闇により停止	
1182	寿永 1	22	安徳	基通		?	?	○?	大嘗会	玉葉
1183	寿永 2	—	安徳	基通		—	—	—	乱により停止	
1184	元暦 1	15	後鳥羽	基通		摂政	三条実房，九条良通	(近衛基通？)，九条良通（他不明）	大嘗会	玉葉・吉記
1185	文治 1	22	後鳥羽	基通		摂政	九条良通，藤原隆忠，大炊御門頼実	九条良通，藤原隆忠，大炊御門頼実		玉葉
1186	文治 2	22	後鳥羽	兼実		摂政	九条良通，九条良経，源通親？	九条兼実，九条良通，九条良経（他不明）	通親，供を所望	玉葉
1187	文治 3	16	後鳥羽	兼実		摂政	九条良通，藤原隆忠，大炊御門頼実，源通親，九条良経，藤原家房	九条良通，藤原隆忠，源通親，九条良経，藤原家房（兼実物忌により不参）		玉葉
1188	文治 4		後鳥羽	兼実		?	?	?		
1189	文治 5	21	後鳥羽	兼実		×（兼実風病）	×	九条兼実（簾中），九条良経，源通親，花山院忠経		玉葉
1190	建久 1	15	後鳥羽	兼実		摂政	花山院兼雅，大炊御門頼実，九条良経，源通親，花山院忠経	九条兼実，藤原隆忠，大炊御門頼実，九条良経，源通親，花山院忠経	この年天皇元服．十一月，頼朝入洛	玉葉
1191	建久 2	20	後鳥羽	兼実		○	九条兼実，三条実房，大炊御門頼実，九条良経，源通親	九条兼実（簾中），大炊御門頼実，九条良経，源通親	後鳥羽天皇初度	玉葉・都玉記
1192	建久 3	—	後鳥羽		兼実	—	—	—	諒闇により停止	百錬抄
1193	建久 4		後鳥羽		兼実	?	?	?		
1194	建久 5	14	後鳥羽		兼実	○	九条兼実，三条実房，大炊御門頼実	○		明月記・仲資王記
1195	建久 6	20	後鳥羽		兼実	○	九条兼実，三条実房，源通親	九条良経，大炊御門頼実，源通親		三長記
1196	建久 7	14	後鳥羽		兼実	○	花山院兼雅，九条良経，大炊御門頼実，源通親	九条良経，大炊御門頼実，源通親，花山院忠経	直後 25 日に政変	三長記

1197	建久 8	14	後鳥羽		基通	○	近衛基通，大炊御門頼実，源通親，近衛家実	近衛基通，源通親，近衛家実（頼実は所労により不参）	「心ことにきよらをつくす」（家長日記）	猪隈関白記
1198	建久 9	20	土御門	基通		摂政	源通親，近衛家実，花山院忠経	○	大嘗会	自暦記
1199	正治 1	13	土御門	基通		摂政	近衛家実，源通親，近衛道経	近衛基通（簾中），近衛家実，源通親，近衛道経		猪隈関白記
1200	正治 2	13	土御門	基通		摂政	九条良経，近衛家実，源通親，源通資（道経は召あるも不参）	源通親，源通資（基通・良経・家実は不参）		猪隈関白記・玉葉・明月記
1201	建仁 1	18	土御門	基通		摂政	近衛家実，源通親，源通資，近衛道経，源通光（良経は召あるも不参）	近衛基通（簾中），近衛家実，源通親，源通資，近衛道経，源通光		猪隈関白記
1202	建仁 2	19	土御門	基通		摂政	近衛家実，藤原隆忠，三条公房	近衛家実，藤原隆忠，三条公房，九条良輔		猪隈関白記
1203	建仁 3	13	土御門	良経		摂政	藤原隆忠，花山院忠経，三条公房，源通光	？		明月記
1204	元久 1	19	土御門	良経		摂政	三条公房，源通光，源定通	？		明月記
1205	元久 2	19	土御門	良経		摂政	花山院忠経，徳大寺公継，三条公房，九条良輔，九条道家	花山院忠経，徳大寺公継，三条公房，九条良輔，源通光，九条道家	この年天皇元服	明月記
1206	建永 1	12	土御門	家実		○	近衛家実，花山院忠経，近衛道経，源通光，大炊御門師経（藤原兼基は召あるも不参）	近衛家実（簾中），花山院忠経，徳大寺公継，源通光，大炊御門師経，源通具		猪隈関白記・明月記・三長記
1207	承元 1	18	土御門		家実	○	近衛家実，九条道家（他不明）	近衛家実，九条道家，源通光，源通具		明月記
1208	承元 2	17	土御門		家実	○	源通光，九条道家，大炊御門師経（家実風病により不参，道経・良輔は召あるも不参）	近衛家実（簾中），九条良輔，源通光，九条道家，大炊御門師経		猪隈関白記・明月記

西暦	元号	丑日	天皇	摂政	関白	帳台試出御	帳台試扈従	童女御覧祗候	備　考	典　拠
1209	承元3		土御門		家実	?	?	?		
1210	承元4		土御門		家実	?	?	?		
1211	建暦1	17	順徳		家実	—	—	—	春華門院崩御により停止	百錬抄ほか
1212	建暦2	11	順徳		家実	○	大炊御門頼実，九条道家，源通光（良輔は病により不参）	○	大嘗会	玉蘂・明月記
1213	建保1	11	順徳		家実	○	近衛家実，九条道家，源通光	○		明月記
1214	建保2	17	順徳		家実	?	?	?		
1215	建保3	22	順徳		家実	○	近衛家実，九条道家，源通光，近衛家通	九条道家，近衛家通		明月記（建保三年記）
1216	建保4		順徳		家実	?	?	?		
1217	建保5		順徳		家実	?	?	?		
1218	建保6	21	順徳		家実	?	?	?		
1219	承久1		順徳		家実	?	?	?		
1220	承久2	15	順徳		家実	○	近衛家実，九条道家，近衛家通，西園寺公経，九条良平（源通光は病により不参）	九条道家，西園寺公経，大炊御門家嗣（家実・家通は軽服により不参）		玉蘂
1221	承久3	16	後堀河	家実		?	?	?		
1222	貞応1	21	後堀河	家実		?	?	?	大嘗会	
1223	貞応2		後堀河	家実		?	?	?		
1224	元仁1	15	後堀河		家実	?	?	?		
1225	嘉禄1	20	後堀河		家実	○	近衛家実，九条良平，西園寺実氏，近衛兼経	西園寺実氏，九条教実，近衛兼経		明月記
1226	嘉禄2	14	後堀河		家実	○	近衛家実，九条良平？3)，西園寺実氏，九条教実，近衛兼経	徳大寺公継，西園寺実氏，九条教実，近衛兼経		明月記・民経記

1227	安貞1	14	後堀河		家実	×（物忌？）	×	九条教実，近衛兼経，藤原実宣（九条良平不参）		明月記・民経記
1228	安貞2	19	後堀河		家実	×（心喪）	×	×（心喪）		勘仲記正応五年記
1229	寛喜1	13	後堀河		道家	○	九条道家，九条教実，西園寺実氏，大炊御門家嗣，九条高実	九条道家（他不明）		明月記
1230	寛喜2	14	後堀河		道家	○	九条道家，九条教実，大炊御門家嗣	九条良平，九条教実，西園寺実氏，大炊御門家嗣		明月記
1231	寛喜3	15	後堀河		教実	？	？	？		

1）『愚昧記』は「右衛門督」（藤原成親）とするが，帳台試への祗候などから「左衛門督」（藤原実国）の誤写と判断した．
2）『玉葉』は「右大将・中宮権大夫等候御前」とし，『禅中記抄』は「公卿新大納言・権大夫」とする．この日は殿上淵酔の始まる前に内裏周辺で火災があり，重盛をはじめとする武官はこれに奔走しているため，あるいは重盛の予定が実国に変更されたか．
3）『民経記』には良平の名は見えない．

参考文献

参考文献は史料（注釈書含む）と研究書に分けて掲げた。ただし近世以前の文献はすべて史料に含めた。史料はおおまかに分野に分けた上で、おおよその成立年順に並べた。研究書は服装研究に関連するものとそれ以外に分け、著者名の五十音順に並べた。いずれも本文および注で引用・言及したものに限定して掲げたが、平安・鎌倉時代の直衣および禁色・雑袍に深く関わる論考はその限りでない。

史料

（一）儀式書・故実書・言談集

『儀式・内裏式』（神道大系）、渡辺直彦校注、神道大系編纂会、一九八〇年
『新儀式』（群書類従六・公事部）、訂正三版、続群書類従完成会、一九六〇年
宇多天皇『寛平御遺誡』和田英松編纂・森克己校訂・国書逸文研究会編『新訂増補　国書逸文』国書刊行会、一九九五年
源高明『西宮記』（神道大系）、土田直鎮・所功校注、神道大系編纂会、一九九三年
『西宮記』（尊経閣善本影印集成一―六）、前田育徳会尊経閣文庫編、八木書店、一九九三―九五年
藤原実資『小野宮年中行事』（群書類従六・公事部）、訂正三版、続群書類従完成会、一九六〇年
藤原公任『北山抄』（神道大系）、土田直鎮・所功校注、神道大系編纂会、一九九二年
藤原行成『新撰年中行事』西本昌弘編、八木書店、二〇一〇年
『侍中群要』目崎徳衛校訂、吉川弘文館、一九八五年
『侍中群要』（続神道大系）、渡辺直彦校注、神道大系編纂会、一九九八年
『日中行事』芳之内圭「東山御文庫本『日中行事』翻刻」『日本古代の内裏運営機構』塙書房、二〇一三年
大江匡房『江家次第』（神道大系）、渡辺直彦校注、神道大系編纂会、一九九一年

『言談抄』田島公「早稲田大学図書館所蔵『先秘言談抄』の書誌と翻刻――三条西家旧蔵本『言談抄』の紹介」『禁裏・公家文庫研究』第四輯、思文閣出版、二〇一二年
藤原重隆『蓬莱抄』(群書類従七・公事部)、訂正三版、続群書類従完成会、一九六〇年
『非職事雲客所役秘抄』長享二年写、国会図書館蔵、http://dl.ndl.go.jp/info:ndljp/pid/2610652
『羽林要秘抄』(尊経閣善本影印集成)、八木書店、二〇一三年
藤原忠実述・中原師元記『中外抄』(新日本古典文学大系)、山根對助・池上洵一校注、岩波書店、一九九七年
藤原忠実述・高階仲行記『富家語』(新日本古典文学大系)、山根對助・池上洵一校注、岩波書店、一九九七年
藤原為房『撰集秘記』所功編『京都御所東山御文庫本撰集秘記』(古代史料叢書)、国書刊行会、一九八六年
藤原俊憲『貫首秘抄』(群書類従七・公事部)、訂正三版、続群書類従完成会、一九六〇年
藤原伊通『大槐秘抄』(群書類従二八・雑部)、訂正三版、続群書類従完成会、一九六〇年
『助無智秘抄』(群書類従八・装束部)、訂正三版、続群書類従完成会、一九六〇年
源雅亮『満佐須計装束抄』(群書類従八・装束部)、訂正三版、続群書類従完成会、一九六〇年
『十二月往来』(群書類従九・消息部)、訂正三版、続群書類従完成会、一九六〇年
後鳥羽天皇『世俗浅深秘抄』(群書類従二六・雑部)、訂正三版、続群書類従完成会、一九六〇年
『類聚雑要抄』(群書類従二六・雑部)、訂正三版、続群書類従完成会、一九六〇年
『類聚雑要抄指図巻』川本重雄・小泉和子編、中央公論美術出版、一九九八年
藤原定家『次将装束抄』(群書類従八・装束部)、訂正三版、続群書類従完成会、一九六〇年
『三条中山口伝』(続群書類従三三上・雑部)、訂正三版、続群書類従完成会、一九五七年
順徳天皇『禁秘鈔』(群書類従二六・雑部)、訂正三版、続群書類従完成会、一九六〇年
『禁秘御抄』(尊経閣善本影印集成)、八木書店、二〇一三年
滋野井公麗『禁秘御抄階梯』一七七六年(安永五年)、吉田四郎右衛門、国文学研究資料館蔵(ヤ七・二七)
牟田橘泉考註『禁秘抄考註』(改訂増補故実叢書)、明治図書出版、一九九三年
『年中行事秘抄』(群書類従六・公事部)、訂正三版、続群書類従完成会、一九六〇年
山本昌弘「校訂年中行事秘抄」一―五『大阪青山短期大学研究紀要』八―一二号、一九八一―八五年

『年中行事秘抄』（尊経閣善本影印集成）、八木書店、二〇一三年
久我通方『餝抄』（群書類従八・装束部）、訂正三版、続群書類従完成会、一九六〇年
　『餝抄』史籍研究会編『内閣文庫所蔵史籍叢刊』古代中世篇第五巻、汲古書院、二〇一三年
清原季氏カ『清獬眼抄』（群書類従七・公事部）、訂正三版、続群書類従完成会、一九六〇年
中原師光『局中宝』（尊経閣善本影印集成）、遠藤珠紀解説、八木書店、二〇一二年
飛鳥井雅有『内外三時抄』天理図書館善本叢書『古道集』一、天理大学出版部、一九八六年
　渡辺融・桑山浩然『蹴鞠の研究――公家鞠の成立』東京大学出版会、一九九四年
後醍醐天皇『日中行事』和田英松注・所功校訂『建武年中行事註解』（講談社学術文庫）、新訂、講談社、一九八九年
二条良基『百寮訓要抄』（群書類従五・官職部）、訂正三版、続群書類従完成会、一九六〇年
一条兼良『桃花蘂葉』（群書類従二七・雑部）、訂正三版、続群書類従完成会、一九六〇年
『蛙抄』東京大学文学部国文学研究室所蔵『本居文庫』マイクロフィルム、雄松堂出版、一九九六年、記七五五
　『蛙抄』（宮廷文化研究――有識故実研究資料叢書六）、宮崎和広編、クレス出版、二〇〇五年
三条西実枝『三内口決』（群書類従二七・雑部）、訂正三版、続群書類従完成会、一九六〇年
新井白石問・野宮定基答『新野問答』（新井白石全集第六巻）、今泉定介編輯・校訂、国書刊行会、一九〇七年
壺井義知『四位五位装束略抄』早稲田大学蔵『装束抄』（文庫 30 E0371）
――『源氏男女装束抄』（宮廷文化研究――有識故実研究資料叢書七）、宮崎和広編、クレス出版、二〇〇五年
――『装束要領鈔』（宮廷文化研究――有識故実研究資料叢書七）、宮崎和広編、クレス出版、二〇〇五年
伊勢貞丈『安斎随筆』（改訂増補故実叢書）、明治図書出版、一九九三年
――『安斎雑考』（改訂増補故実叢書）、明治図書出版、一九九三年
田沼善一『筆の御霊』（改訂増補故実叢書）、明治図書出版、一九九三年
田安宗武『服飾管見』（改訂増補故実叢書）、明治図書出版、一九九三年
『装束集成』（改訂増補故実叢書）、明治図書出版、一九九三年
松岡行義『後松日記』（日本随筆大成）、新装版、吉川弘文館、一九九五年

(二) 記　録

『醍醐天皇御記』所功編『三代御記逸文集成』(古代史料叢書)、国書刊行会、一九八二年
藤原忠平『貞信公記』(大日本古記録)、東京大学史料編纂所編纂、岩波書店、一九五六年(以下、大日本古記録については東京大学史料編纂所データベースを利用した)
藤原師輔『九暦』(大日本古記録)、東京大学史料編纂所編纂、岩波書店、一九五八年
重明親王『吏部王記』(史料纂集)、米田雄介・吉岡真之校訂、増補版、続群書類従完成会、一九八〇年
『村上天皇御記』所功編『三代御記逸文集成』(古代史料叢書)、国書刊行会、一九八二年
平親信『親信卿記』『平記』(陽明叢書)、陽明文庫編、思文閣出版、一九八八年
佐藤宗諄先生退官記念論文集刊行会編『『親信卿記』の研究』思文閣出版、二〇〇五年
藤原実資『小右記』(大日本古記録)、東京大学史料編纂所編纂、岩波書店、一九五九—八六年
三橋正編『小右記註釈——長元四年』小右記講読会、二〇〇八年
藤原行成『権記』(増補史料大成)、臨川書店、一九六五年
『権記』(史料纂集)、渡辺直彦・厚谷和雄校訂、続群書類従完成会、一九七八—九六年
国際日本文化研究センター「摂関期古記録データベース」
藤原道長『御堂関白記』(大日本古記録)、東京大学史料編纂所編纂、岩波書店、一九五二—五四年
山中裕編『御堂関白記全註釈』思文閣出版、一九八五—二〇一二年
国際日本文化研究センター「摂関期古記録データベース」
源経頼『左経記』(増補史料大成)、臨川書店、一九六五年、国立歴史民俗博物館「データベースれきはく」
藤原資業『賀陽院水閣歌合記』『歌合集』(日本古典文学大系)、萩谷朴・谷山茂校注、岩波書店、一九六五年
藤原資房『春記』(増補史料大成)、臨川書店、一九六五年
国際日本文化研究センター「摂関期古記録データベース」
平範国『範国記』京都大学総合博物館編『日記が開く歴史の扉——平安貴族から幕末奇兵隊まで』京都大学総合博物館、二〇〇三年
京都大学図書館蔵写本　http://m.kulib.kyoto-u.ac.jp/webopac/RB00006588

平定家『康平記』（群書類従二五・雑部）、訂正三版、続群書類従完成会、一九六〇年
『定家記』『平記』（陽明叢書）、陽明文庫編、思文閣出版、一九八八年
源俊房『水左記』（増補史料大成）、臨川書店、一九六五年
源経信『帥記』（増補史料大成）、臨川書店、一九六五年
大江匡房『江記』木本好信編『江記逸文集成』（古代史料叢書）、国書刊行会、一九八五年
藤原為房『為房卿記』駒沢大学大学院史学会古代史部会編『翻刻為房卿記』（古記録叢書）、駒沢大学大学院史学会古代史部会、一九七九年
→『大日本史料』
藤原師通『後二条師通記』（大日本古記録）、東京大学史料編纂所編纂、岩波書店、一九五六―五八年
藤原宗忠『中右記』（増補史料大成）、臨川書店、一九六五年
『中右記』（大日本古記録）、東京大学史料編纂所編纂、岩波書店、一九九三年―
『中右記』（陽明叢書）、陽明文庫編、思文閣出版、一九八八―九〇年
源師時『長秋記』（増補史料大成）、臨川書店、一九六五年
藤原忠実『殿暦』（大日本古記録）、東京大学史料編纂所編纂、岩波書店、一九六〇―七〇年
藤原為隆『永昌記』（増補史料大成）、臨川書店、一九六五年
源雅兼『水牙記』→『御即位叙位部類記』
藤原忠通『法性寺殿御記』『九条家歴世記録』一（図書寮叢刊）、宮内庁書陵部編、明治書院、一九八九年
平知信『平知信朝臣記』（増補史料大成）、臨川書店、一九六五年
『知信記』『平記』（陽明叢書）、陽明文庫編、思文閣出版、一九八八年
平時信『時信記』『歴代残闕日記』四、臨川書店、一九六九年
『時信記』『平記』（陽明叢書）、陽明文庫編、思文閣出版、一九八八年
平信範『兵範記』（増補史料大成）、臨川書店、一九六五年、国立歴史民俗博物館「データベースれきはく」
『人車記』（陽明叢書）、陽明文庫編、思文閣出版、一九八六―八七年
『兵範記』京都大学総合博物館編『日記が開く歴史の扉――平安貴族から幕末奇兵隊まで』京都大学総合博物館、二〇〇三年

京都大学図書館蔵写本　http://edb.kulib.kyoto-u.ac.jp/exhibit/hyohan1/wscont.htm
藤原頼長『台記』『宇槐記抄』『台記別記』（増補史料大成）、臨川書店、一九六五年
『台記』（史料纂集）、橋本義彦・今江広道校訂、続群書類従完成会、一九七六年
藤原重雄・尾上陽介「東京大学史料編纂所所蔵『台記』仁平三年冬記」『東京大学史料編纂所研究紀要』一六号、二〇〇六年
藤原通憲『本朝世紀』（新訂増補国史大系）、吉川弘文館、一九六四年
中山忠親『山槐記』（増補史料大成）、臨川書店、一九六五年、国立歴史民俗博物館「データベースれきはく」
中山定親編『達幸故実鈔』（群書類従二五・雑部）、訂正三版、続群書類従完成会、一九六〇年
藤原長方『禅中記』中町美香子「三条西家旧蔵『禅中記抄』」田島公編『禁裏・公家文庫研究』第四輯、思文閣出版、二〇一二年
白川顕広『顕広王記』『伯家五代記』（続史料大成）、臨川書店、一九六七年
高橋昌明・樋口健太郎「国立歴史民俗博物館所蔵『顕広王記』応保三年・長寛三年・仁安二年巻」『国立歴史民俗博物館研究報告』一三九号、二〇〇八年三月
――「国立歴史民俗博物館所蔵『顕広王記』承安四年・安元二年・安元三年・治承二年巻」『国立歴史民俗博物館研究報告』一五三号、二〇〇九年一二月
九条兼実『玉葉』国書刊行会、一九〇六―〇七年
『九条家本玉葉』（図書寮叢刊）、宮内庁書陵部編、宮内庁書陵部、一九九四年―
藤原実房『愚昧記』（大日本古記録）、東京大学史料編纂所編纂、岩波書店、二〇一〇年―
高橋昌明編「『愚昧記』治承元年秋冬記の翻刻と注釈」『文化学年報』一九号、二〇〇〇年
高橋昌明・森田竜雄編「『愚昧記』安元三年（治承元）春夏記の翻刻と注釈（上）」『文化学年報』二一号、二〇〇二年
――「『愚昧記』安元三年（治承元）春夏記の翻刻と注釈（下）」『文化学年報』二三号、二〇〇四年
吉田経房『吉記』（日本史史料叢刊）、高橋秀樹編、和泉書院、二〇〇二―〇八年
白川仲資『仲資王記』『伯家五代記』（続史料大成）、臨川書店、一九六七年
『海戸記』→『仙洞御移徙部類記』
藤原定家『明月記』難波常雄ほか校、国書刊行会、一九一一―一二年

『明月記』（史料纂集）、辻彦三郎校訂、続群書類従完成会、一九七一年
『冷泉家時雨亭叢書　明月記』朝日新聞社、一九九三—二〇〇三年
明月記研究会編「『明月記』原本断簡集成」『明月記研究提要』八木書店、二〇〇六年
『翻刻明月記』冷泉家時雨亭文庫編、朝日新聞社、二〇一二年—
日野資実『都玉記』→『大日本史料』
三条長兼『三長記』（増補史料大成）、臨川書店、一九六五年
近衛家実『猪隈関白記』（大日本古記録）、東京大学史料編纂所編纂、岩波書店、一九七二—八三年
『東進記』→『大日本史料』
吉田資経『自暦記』→『大日本史料』
九条道家『玉蘂』今川文雄校訂、思文閣出版、一九八四年
藤原兼経『岡屋関白記』（大日本古記録）、東京大学史料編纂所編纂、岩波書店、一九八八年
広橋経光『民経記』（大日本古記録）、東京大学史料編纂所編纂、岩波書店、一九七五—二〇〇七年
近衛基平『深心院関白記』（大日本古記録）、東京大学史料編纂所編纂、岩波書店、一九九六年
飛鳥井雅有『春のみやまぢ』浜口博章校注『飛鳥井雅有『春のみやまぢ』注釈』桜楓社、一九九三年
勘解由小路兼仲『勘仲記』（増補史料大成）、臨川書店、一九六五年
洞院公賢『園太暦』（史料纂集）、斎木一馬・岩橋小弥太・黒川高明・厚谷和雄校訂、続群書類従完成会、一九七一—八六年
小槻匡遠『匡遠記』（増補史料大成）、臨川書店、一九六五年
三条公忠『後愚昧記』（大日本古記録）、東京大学史料編纂所編纂、岩波書店、一九八〇—九二年
中山定親『薩戒記』（大日本古記録）、東京大学史料編纂所編纂、岩波書店、二〇〇〇年—
中原康富『康富記』（増補史料大成）、臨川書店、一九六五年
万里小路時房『建内記』（大日本古記録）、東京大学史料編纂所編纂、岩波書店、一九六三—八六年
中院通秀『十輪院内府記』（史料纂集）、奥野高広・片山勝校訂、続群書類従完成会、一九七二年
『お湯殿の上の日記』（続群書類従）、太田藤四郎編、訂正三版、続群書類従完成会、一九五七—六六年
中御門宣胤『宣胤卿記』（増補史料大成）、臨川書店、一九六五年

近衛家煕談・山科道安記『槐記』（史料大観）、哲学書院、一九〇〇年
『殿上日記』→『類聚歌合』十巻本
『御即位叙位部類記』→『大日本史料』
『御即位叙位部類記』京都大学図書館蔵写本 http://m.kulib.kyoto-u.ac.jp/webopac/RB00006041
『践祚部類鈔』（群書類従三・帝王部）、訂正三版、続群書類従完成会、一九六〇年
『仙洞御移徙部類記』（図書寮叢刊）、宮内庁書陵部編、宮内庁書陵部、一九九〇―九一年
『中殿御会部類記』（群書類従一六・和歌部）、訂正三版、続群書類従完成会、一九六〇年

（三）史書・法令・補任・系図等

『日本後紀』（新訂増補国史大系）、吉川弘文館、一九六六年
『続日本後紀』（新訂増補国史大系）、吉川弘文館、一九六六年
『日本文徳天皇実録』（新訂増補国史大系）、吉川弘文館、一九六六年
『日本三代実録』（新訂増補国史大系）、吉川弘文館、一九六六年
『日本紀略』（新訂増補国史大系）、吉川弘文館、一九六五年
『扶桑略記』（新訂増補国史大系）、吉川弘文館、一九六五年
慈円『愚管抄』（日本古典文学大系）、岡見正雄・赤松俊秀校注、岩波書店、一九六七年
『百錬抄』（新訂増補国史大系）、吉川弘文館、一九六五年
『吾妻鏡』（新訂増補国史大系）、吉川弘文館、一九六四―六五年
『一代要記』（続神道大系）、石田実洋ほか校注、神道大系編纂会、二〇〇五年
『皇帝紀抄』（群書類従三・帝王部）、訂正三版、続群書類従完成会、一九六〇年
『続史愚抄』（新訂増補国史大系）、吉川弘文館、一九六六年
『令義解』（新訂増補国史大系）、吉川弘文館、一九六六年

『令集解』（新訂増補国史大系）、吉川弘文館、一九六六年
『延喜式』（神道大系）、虎尾俊哉校注、神道大系編纂会編集、神道大系編纂会、一九九一―九三年
『類聚三代格』（新訂増補国史大系）、吉川弘文館、一九六五年
惟宗允亮『政事要略』（新訂増補国史大系）、吉川弘文館、一九六四年
『本朝文粋』（新訂増補国史大系）、吉川弘文館、一九六五年
『朝野群載』（新訂増補国史大系）、吉川弘文館、一九六四年
『宣旨類』（続群書類従一一下・公事部）、訂正三版、続群書類従完成会、一九五七年
『伝宣草』（群書類従七・公事部）、訂正三版、続群書類従完成会、一九六〇年
『綸旨抄』（続々群書類従一七・雑部）、続群書類従完成会、一九七八年
『禁中並公家中諸法度』『大日本史料』第一二篇第二二冊、元和元年七月十七日条
『公卿補任』（新訂増補国史大系）、吉川弘文館、一九六四―六六年
「異本公卿補任」土田直鎮『奈良平安時代史研究』吉川弘文館、一九九二年、『新訂増補国史大系　月報』吉川弘文館、二〇〇七年
『春宮坊官補任』（続群書類従四上・補任部）、訂正三版、続群書類従完成会、一九五七年
市川久編『蔵人補任』続群書類従完成会、一九八九年
洞院公定編『尊卑分脈』（新訂増補国史大系）、吉川弘文館、一九五七―六四年
『丹波氏系図』（続群書類従七下・系図部）、訂正三版、続群書類従完成会、一九五七年

（四）文学作品・注釈書・絵画作品

紀長谷雄『競狩記』（『紀家集巻十四断簡』）『平安鎌倉未刊詩集』（図書寮叢刊）、宮内庁書陵部編、明治書院、一九七二年
『延喜十三年三月十三日亭子院歌合』『歌合集』（日本古典文学大系）、萩谷朴・谷山茂校注、岩波書店、一九六五年
『天徳四年三月三十日内裏歌合』『歌合集』（日本古典文学大系）、萩谷朴・谷山茂校注、岩波書店、一九六五年

『粟田左府尚歯会詩』（群書類従九・文筆部）、訂正三版、続群書類従完成会、一九六〇年

『落窪物語』（新日本古典文学大系）、藤井貞和校注、岩波書店、一九八九年

『うつほ物語』（新編日本古典文学全集）、中野幸一校注、一九九九―二〇〇一年

藤原道綱母『蜻蛉日記』（新日本古典文学大系）、今西祐一郎校注、岩波書店、一九八九年

清少納言『枕草子』（新日本古典文学大系）、渡辺実校注、岩波書店、一九九一年

　『枕草子』（新編日本古典文学全集）、松尾聰・永井和子校注、小学館、一九九七年

　萩谷朴『枕草子解環』同朋舎出版、一九八一―八三年

紫式部『源氏物語』（新日本古典文学大系）、柳井滋ほか校注、岩波書店、一九九三―九七年

――『紫式部日記』萩谷朴『紫式部日記全注釈』角川書店、一九七三年

『大和物語』今井源衛『大和物語評釈』笠間書院、一九九九―二〇〇〇年

『栄花物語』（日本古典文学大系）、松村博司・山中裕校注、岩波書店、一九六四―六五年

　『栄花物語』（新編日本古典文学全集）、山中裕ほか校注、小学館、一九九五―九八年

『大鏡』（日本古典文学大系）、松村博司校注、岩波書店、一九六〇年

　『大鏡』（新編日本古典文学全集）、橘健二・加藤静子校注、小学館、一九九六年

『類聚歌合』十巻本、萩谷朴編著『平安朝歌合大成』二、同朋舎出版、増補新訂版、一九九五年

『宇治拾遺物語』（新日本古典文学大系）、三木紀人・浅見和彦校注、岩波書店、一九九〇年

『今昔物語集』（新日本古典文学大系）、今野達校注、岩波書店、一九九三―九九年

『讃岐典侍日記』岩佐美代子『讃岐典侍日記全注釈』笠間書院、二〇一二年

藤原清輔『袋草子』（続群書類従一六下・和歌部）、訂正三版、続群書類従完成会、一九五七年

『今鏡――本文及び総索引』（笠間索引叢刊）、榊原邦彦他編、笠間書院、一九八四年

　海野泰男『今鏡全釈』福武書店、一九八二―八三年

　竹鼻績訳注『今鏡』（講談社学術文庫）、講談社、一九八四年

『無名草子――注釈と資料』『無名草子』輪読会編、和泉書院、二〇〇四年

源顕兼撰『古事談』（新日本古典文学大系）、川端善明・荒木浩校注、岩波書店、二〇〇五年

建春門院中納言『たまきはる』（新日本古典文学大系）、三角洋一校注、岩波書店、一九九四年
『建礼門院右京大夫集――校本及び総索引』井狩正司編、笠間書院、一九六九年
『平家公達草紙』櫻井陽子・鈴木裕子・渡邉裕美子『平家公達草紙――『平家物語』読者が創った美しき貴公子たちの物語』笠間書院、二〇一七年
橘成季撰『古今著聞集』（新潮日本古典集成）、西尾光一・小林保治校注、新潮社、一九八三―八六年
一条兼良『源語秘訣』（源氏物語古註釈叢刊二）、中野幸一編、武蔵野書院、一九七八年
――『一条兼良自筆古今集童蒙抄――影印付』（古今集古注釈書集成）、武井和人編、笠間書院、二〇一三年
正徹『一滴集』『源氏一滴集』（未刊国文古註釈大系一二）、吉澤義則編、帝国教育会出版部、一九三六年
正広書写、一四七九（文明十一）年、国立国会図書館デジタルコレクション、http://dl.ndl.go.jp/info:ndljp/pid/2555033
『謡抄』守清本、慶長年間、国立国会図書館デジタルコレクション、http://dl.ndl.go.jp/info:ndljp/pid/2544643
細井貞雄編『空物語二阿抄』室城秀之他編『うつほ物語の総合研究　古注釈編一』勉誠出版、二〇〇二年
『承安五節之図』長谷川重喬写、早稲田大学図書館蔵（チ四・六三〇四）

（五）辞　書

源順編『和名類聚抄』
狩谷望之（棭斎）『箋注倭名類聚抄』巻四、印刷局、一八八三年
野口恒重編『箋注倭名類聚抄――校譌・異體字辨・総索引』曙社出版部、一九三一年
馬淵和夫『和名類聚抄古写本・声点本本文および索引』風間書房、一九七三年
築島裕・宮内庁書陵部編『図書寮本類聚名義抄――本文影印　解説索引』勉誠出版、二〇〇五年
『類聚名義抄――観智院本　法』（天理図書館善本叢書）、天理大学出版部、一九七六年
中田祝夫・峯岸明編『色葉字類抄――研究並びに索引』風間書房、一九六四年
『色葉字類抄』（尊経閣善本影印集成一八・一九）、八木書店、一九九九―二〇〇〇年
『伊呂波字類抄』（大東急記念文庫善本叢刊　中古中世篇別巻二）、汲古書院、二〇一二年
中田祝夫・林義雄『字鏡鈔天文本――影印篇』勉誠社、一九八二年

京都大学文学部国語学国文学研究室編『新撰字鏡――天治本』臨川書店、一九六七年

（六） 漢　籍

仁井田陞『唐令拾遺』東京大学出版会、覆刻版、一九六四年
『新唐書』北京、中華書局、一九七五年
『宋史』北京、中華書局、一九七七年
方日升編『古今韻会挙要小補』村上平楽寺版、一六四八年（正保五年）、早稲田大学蔵（ホ四・三六六）

（七） 史料集・データベース

東京大学史料編纂所（東京帝国大学文科大学史料編纂掛）編『大日本史料』東京大学出版会、一九〇一年―
国際日本文化研究センター「摂関期古記録データベース」、http://db.nichibun.ac.jp/ja/category/heian-diaries.html
国文学研究資料館「電子資料館」、http://www.nijl.ac.jp/pages/database/
国立歴史民俗博物館「データベースれきはく」http://www.rekihaku.ac.jp/doc/t-db-index.html
東京大学史料編纂所「東京大学史料編纂所データベース」、http://wwwap.hi.u-tokyo.ac.jp/ships/db.html

研究書（服装研究）

あかね会編『平安朝服飾百科辞典』講談社、一九七五年
天野薫「女房装束の禁色をめぐる明暗」『比較文化』四号、二〇〇七年三月
石埜敬子「『狭衣物語』の服飾――「紅の直衣」「紅の袴」をめぐって」『文科報』一九号、一九九三年三月
石埜敬子・加藤静子・中嶋朋恵「平安時代の容儀・服飾」山中裕・鈴木一雄編『平安時代の信仰と生活』至文堂、一九九四年
（初版『国文学　解釈と鑑賞』別冊、一九九二年）
石村貞吉「直衣の名義に就て」『風俗研究』五号、一九一六年一一月
――『有職故実研究』学術文献普及会、一九五六年（初版一九五五年）

――『有職故実』（講談社学術文庫）、嵐義人校訂、講談社、一九八七年
出雲路通次郎『有職故実に関する講話』『大礼と朝儀――付有職故実に関する講話』復刻版、臨川書店、一九八八年（初版出雲路先生二十年祭委員会、一九五〇年）
伊原昭『源氏物語の色――いろなきものの世界へ』笠間書院、二〇一四年
茨木裕子「平安朝服飾における聴許の流れ――禁色・雑袍」『服飾美学』二三号、一九九四年三月
岩佐美代子『宮廷女流文学読解考』笠間書院、一九九九年
臼井美保「宮にはじめてまゐりたるころ――「同じ直衣の人」考」『枕草子探求』四号、一九八三年一二月
宇都宮千郁「『紫式部日記』中「織物ならぬをわろしとにや」に関する一試論――平安中期における女房装束の禁制をめぐって」『日本文学』四六巻二号、一九九七年二月
――「平安朝における綺について」『中古文学』六一号、一九九八年五月
――「「桜の唐の綺の直衣」考――光源氏の衣装と人物表現」『上智大学国文学論集』三三号、二〇〇〇年
――「平安の織物について」河添房江編『王朝文学と服飾・容飾』竹林舎、二〇一〇年
江馬務『日本服飾史要』星野書店、増訂版、一九四三年（初版一九三六年）
――『増補　日本服飾史要』星野書店、一九四九年
――『服装の歴史』（江馬務著作集）、井筒雅風編、中央公論社、一九七六年
岡田博子「和泉式部日記の美的規定――「直衣姿」の宮と「こめく」女」『古代中世文学論考』四号、二〇〇〇年一二月
小川彰「古記録記事を通してみたる禁色勅許――平安後期殿上人層を中心として」『国史学』一二七号、一九八五年
――「禁色勅許の装束について」古代学協会編『後期摂関時代史の研究』吉川弘文館、一九九〇年
――「赤色袍について」山中裕編『摂関時代と古記録』吉川弘文館、一九九一年
刑部芳則『明治国家の服制と華族』吉川弘文館、二〇一二年
片岡智子「「禁色」・「色ゆるさる」考――『源氏物語』「ゆるし色」考の一環として」『ノートルダム清心女子大学紀要　国語・国文学編』一三巻一号、一九八九年
――「「ゆるし色」考――『源氏物語』「ゆるし色」考の一環として」『ノートルダム清心女子大学紀要　国語・国文学編』一四巻一号、一九九〇年

――「「いまやう色」考――『源氏物語』「ゆるし色」との関連において」『ノートルダム清心女子大学紀要　国語・国文学編』一五巻一号、一九九一年
――「「ゆるし色」再考――待賢門院安芸の歌と「つつじ色」をめぐって」『ノートルダム清心女子大学紀要　国語・国文学編』一七巻一号、一九九三年
河上繁樹『公家の服飾』(日本の美術三三九)、至文堂、一九九四年
河添房江編『王朝文学と服飾・容飾』(平安文学と隣接諸学九)竹林舎、二〇一〇年
川名淳子「日本の官職・位階と服色――平安朝――紫の袍から黒の袍へ」日向一雅編『王朝文学と官職・位階』(平安文学と隣接諸学四)竹林舎、二〇〇八年
Kawamura, Yuniya, Fashion-ology: An Introduction to Fashion Studies (Dress, Body, Culture), New York: Berg, 2005.
河鰭実英「御引直衣考」植木博士還暦記念祝賀会編『国史学論集』植木博士還暦記念祝賀会、一九二八年、後に「御引直衣の研究」『学苑』一六〇号、一九五四年三月
黒川真頼『日本風俗説』(黒川真頼全集第四)、黒川真道編、国書刊行会、一九一〇年
国学院大学神道資料展示室・鈴木敬三編『装束織文集成――高倉家調進控』国学院大学、一九八三年
小嶋汀→成田汀
伊永陽子「服飾からみる平安時代のわらはの姿――童女の汗衫(かざみ)とその表現を中心に」『服飾美学』四一号、二〇〇五年九月
――「平安時代の童の束帯――元服・読書始・童殿上を中心に」『服飾美学』四五号、二〇〇七年九月
――「平安時代における童の直衣の実態――袴着・元服を中心に」『鹿島美術財団年報』二七号、二〇〇九年
――「平安時代の童の正装」河添房江編『王朝文学と服飾・容飾』竹林舎、二〇一〇年
近藤富枝『服装から見た源氏物語』文化出版局、一九八二年
――『服装で楽しむ源氏物語』(PHP文庫)PHP研究所、二〇〇二年
近藤好和「諒闇の装束」(「『明月記』(治承四五年)を読む」解説四)『明月記研究』五号、二〇〇〇年
――『装束の日本史――平安貴族は何を着ていたのか』(平凡社新書)、平凡社、二〇〇七年
――「装束からみた天皇の人生」『国立歴史民俗博物館研究報告』一四一号、二〇〇八年

――「天皇と装束」河添房江編『王朝文学と服飾・容飾』竹林舎、二〇一〇年
――「布衣始について」『日本研究』四二号、二〇一〇年
近藤好和・武田佐知子・河添房江「対談　王朝文学と服飾」河添房江編『王朝文学と服飾・容飾』竹林舎、二〇一〇年
斎藤真妃「中世貴族間における衣服貸借について」『道歴研年報』七号、二〇〇七年三月
佐多芳彦『服制と儀式の有職故実』吉川弘文館、二〇〇八年
――「平安初期の公家服制について――束帯姿成立の背景」『立正史学』一一〇号、二〇一一年
佐藤早紀子「平安中期の雑袍勅許」『史林』九四巻三号、二〇一一年五月
島田とよこ「忠平の禁色聴許について――蘇芳（下）襲を通して」『詞林』一二号、一九九二年一〇月
島田とよ子「忠平の禁色聴許の時期について――宇多法皇と忠平」『大谷女子大国文』二三号、一九九三年三月
末松剛「中世源氏学における赤色袍理解について」『日本歴史』六三五号、二〇〇一年四月
――『平安宮廷の儀礼文化』吉川弘文館、二〇一〇年
菅原正子「『山科家礼記』にみえる天皇・公家の服飾」『国際服飾学会誌』四三号、二〇一三年
鈴木敬三『服装と故実――有職故実図解』河原書店、一九五〇年
――『初期絵巻物の風俗史的研究』吉川弘文館、一九六〇年
――「扇面法華経冊子の風俗」『扇面法華経の研究』鹿島出版会、一九七二年
――「承安五節絵考」『国学院大学大学院紀要』六号、一九七四年
――「解説」国学院大学神道資料展示室編『装束織文集成――高倉家調進控』国学院大学、一九八三年
――『有識故実図典――服装と故実』鈴木真弓改訂、吉川弘文館、一九九五年
鈴木敬三編『有識故実大辞典』吉川弘文館、一九九六年
関根真隆『奈良朝服飾の研究』吉川弘文館、一九七四年
関根正直『装束図解』国学院、一八九七年
――『服制の研究』古今書院、一九二五年
――『重修装束図解』林平書店、一九三二年
仙石宗久『カラー判　十二単のはなし――現代の皇室の装い』婦女界出版社、一九九五年

大丸弘『平安時代の服装――その風俗史的研究』成美社、一九六一年
――「禁色聴許の被服学的研究」『大阪樟蔭女子大学論集』一号、一九六三年一一月
――「禁色雑袍の風俗史的研究」『風俗』三巻三号、一九六四年二月
――「唐様装束の研究」『大阪樟蔭女子大学論集』三号、一九六五年一一月
髙田倭男「平安時代の染織」『月刊文化財』二八九号、一九八七年
――「『類聚雑要抄』の装束（服装）について」川本重雄・小泉和子編『類聚雑要抄指図巻』中央公論美術出版、一九九八年
――『服装の歴史』（中公文庫）、中央公論新社、二〇〇五年（初版中央公論社、一九九五年）
高田信敬『源氏物語考証稿』武蔵野書院、二〇一〇年
武田佐知子『古代国家の形成と衣服制――袴と貫頭衣』吉川弘文館、一九八四年
――「男装・女装――その日本的特質と衣服制」脇田晴子、S・B・ハンレー編『宗教と民俗　身体と性愛』（ジェンダーの日本史　上）東京大学出版会、一九九四年
――『古代日本の衣服と交通――装う王権つなぐ道』思文閣出版、二〇一四年
――「平安貴族における愛のかたちと衣服のかたち――『とりかえばや』の復権」同編『交錯する知――衣装・信仰・女性』思文閣出版、二〇一四年
田中尚房『歴世服飾考』（改訂増補故実叢書）、明治図書出版、一九九三年（初版一八九三年）
谷田閲次・小池三枝『日本服飾史』光生館、一九八九年
田畑千恵子「枕草子における「昔」「今」の意識――六位蔵人と「青色」をめぐって」『国文学研究』七五号、一九八一年一〇月
塚本瑞代『衣装の美学――身体と世界の接点』行路社、一九九四年
津田大輔「ありさきという語について――語源説を中心に」『水門』一八号、一九九六年
――「平安時代前期服飾復元の可能性――考証の方法と男子装束の復元」『古代文化研究』一六号、二〇〇八年三月
――「『西宮記』女装束条について――女子装束における摺衣と青色」『古代文化研究』一七号、二〇〇九年
――「斎宮歴史博物館所蔵の装束書解説稿」『水門』二三号、二〇一一年
寺嶋一根「装束からみた豊臣政権の支配秩序」『洛北史学』一七号、二〇一五年
鳥居本幸代『平安朝のファッション文化』春秋社、二〇〇三年

中井真木「吾妻鏡に見る将軍の装い――直衣着用を中心に」義江彰夫編『古代中世の政治と権力』吉川弘文館、二〇〇六年
――「公家の直垂――定家の頼実批判」『明月記研究　記録と文学』一一号、二〇〇七年
中村義雄『王朝の風俗と文学』塙書房、一九六五年
――「御直衣姿なまめかしう――王朝の服飾美感」『陽明叢書国書篇　源氏物語　月報』六号、一九八〇年六月
〔成田〕小嶋汀「平安女性の服飾――特に青色について」『歴史教育』一三巻五号、一九六五年五月
――「和様の成立――特に青色について」関東学院短期大学『短大論叢』二八号、一九六六年
――「黄衣とその色彩感情について」関東学院女子短期大学『短大論叢』三二号、一九六七年
成田汀「平安朝服飾における麴塵と青色について」『服飾美学』一六号、一九八七年三月
――「平安朝服飾における雑袍と直衣の諸相――重色目の成立を中心として」『服飾美学』二〇号、一九九一年三月
――「平安朝服飾における直衣と雑袍の諸相――紅花染の下重を中心として」『服飾美学』二三号、一九九四年三月
――「平安朝服飾における直衣と雑袍の諸相――白襲の下衣・下襲を中心として」『服飾美学』二五号、一九九六年三月
――「平安朝服飾における青色の諸相――縹の色目を中心に」『服飾美学』五一号、二〇一〇年九月
難波めぐみ「『今鏡』に見る服飾表現の一考察――身分と男性服飾」『日本服飾学会誌』一八号、一九九九年
畠山大二郎「王朝のファッション」秋沢亘・川村裕子編『王朝文化を学ぶ人のために』世界思想社、二〇一〇年
新山春道「王朝の服飾・容飾と色彩――禁色をめぐる諸相」河添房江編『王朝文学と服飾・容飾』竹林舎、二〇一〇年
――『平安朝の文学と装束』新典社、二〇一六年
浜口俊裕「枕草子における指貫についてのノート」大東文化大学日本文学会『日本文学研究』一二号、一九七四年一月
平芳裕子「「ファッション」――まなざしの装置」『服飾美学』三九号、二〇〇四年九月
廣瀬圭「古代服制の基礎的考察――推古朝から衣服令の成立まで」『日本歴史』三五六号、一九七八年一月
服飾史図絵編集委員会『服飾史図絵』駸々堂出版、一九六九年
ブローデル、フェルナン『日常性の構造　一』（物質文明・経済・資本主義――一五―一八世紀　第一巻一）村上光彦訳、みすず書房、一九八五年（原著一九七九年）
増田美子『日本喪服史　古代篇――葬送儀礼と装い』源流社、二〇〇二年
増田美子編『日本衣服史』吉川弘文館、二〇一〇年

――『日本服飾史』東京堂出版、二〇一三年
三田村雅子「枕草子・〈ほころび〉としての身体」『日本文学』四三巻六号、一九九四年
宮本勢助「ウヤ考」『風俗研究』五七号、一九二五年二月
孟瑜「平安貴族の勤仕の「場」と装束――着替えを中心に」『広島大学大学院教育学研究科紀要 第二部 文化教育開発関連領域』六五号、二〇一六年
森田直美『平安朝文学における色彩表現の研究』風間書房、二〇一一年
山岸裕美子『中世武家服飾変遷史』吉川弘文館、二〇一八年
吉田真澄「「直衣などさま変れる色聴されて」ノート」『緑岡詞林』二三号、一九九九年
吉野誠「『源氏物語』第一部の服飾表現――赤色袍・直衣・衣配り、または着る光源氏・着せられる玉鬘」河添房江編『王朝文学と服飾・容飾』竹林舎、二〇一〇年
歴世服装美術研究会編『日本の服装』上、第四版、吉川弘文館、一九六八年
和田早苗「二藍に関する一考察――成立と色相を中心に」『服飾美学』三六号、二〇〇三年三月
渡辺開紀「『和泉式部日記』の服飾表現――帥宮の「出だし袿」を中心として」『文学・語学』一九九号、二〇一一年三月
呉山編『中国歴代服装、染織、刺繍辞典』江蘇美術出版社、二〇一一年

国立民族学博物館「身装文献データベース」、http://htq.minpaku.ac.jp/databases/mcd/publications.html

研究書（服装研究以外）

（一） 辞典類

阿部猛・義江明子・相曽貴志編『平安時代儀式年中行事事典』東京堂出版、二〇〇三年
国史大辞典編集委員会編『国史大辞典』吉川弘文館、一九七九―九七年、JapanKnowledge
古代学協会・古代学研究所編『平安時代史事典』角川書店、一九九四年
神宮司庁『古事類苑』普及版、吉川弘文館、一九三一―三六年（初版、神宮司庁、一八九六―一九一四年）、JapanKnowledge

詫間直樹編『皇居行幸年表』続群書類従完成会、一九九七年
中村幸彦・岡見正雄・阪倉篤義編『角川古語大辞典』角川書店、一九八二―九九年
日本国語大辞典第二版編集委員会・小学館国語辞典編集部編『日本国語大辞典』小学館、二〇〇〇―〇二年、JapanKnowledge
『日本大百科全書』小学館、一九八四―九四年、JapanKnowledge
橋本政宣編『公家事典』吉川弘文館、二〇一〇年
室町時代語辞典編修委員会編『時代別国語大辞典　室町時代編』四、三省堂、二〇〇〇年

（二）その他

秋山喜代子「乳父について」『史学雑誌』九九編七号、一九九〇年
――「順徳天皇と蹴鞠」『明月記研究』七、二〇〇二年
――『中世公家社会の空間と芸能』山川出版社、二〇〇三年
有富純也「平安時代における清涼殿の出入方法――建築空間からみた摂関期の成立」武光誠編『古代国家と天皇』同成社、二〇一〇年
井原今朝男『日本中世の国政と家政』校倉書房、一九九五年
上杉和彦『鎌倉幕府統治構造の研究』校倉書房、二〇一五年
梅野きみ子『えんとその周辺――平安文学の美的語彙の研究』笠間書院、一九七九年
――『王朝の美的語彙――えんとその周辺続』新典社、一九九五年
上横手雅敬『鎌倉時代政治史研究』吉川弘文館、一九九一年
遠藤基郎「過差の権力論――貴族社会的文化様式と徳治主義イデオロギーのはざま」服藤早苗編『王朝の権力と表象――学芸の文化史』森話社、一九九八年
――「院政の成立と王権」歴史学研究会・日本史研究会編『日本史講座三　中世の形成』東京大学出版会、二〇〇四年
岡村幸子「職御曹司について――中宮職庁と公卿直廬」『日本歴史』五八二号、一九九六年一一月
小川剛生「知と血――摂関家の公事の説をめぐって」院政期文化研究会編『権力と文化』森話社、二〇〇一年
――「高松宮家伝来の禁裏文書について――室町後期より江戸前期にいたる「官庫」の遺物として」『中世近世の禁裏の蔵書

と古典学の研究――高松宮家伝来禁裏本を中心として』一、二〇〇七年
沖本幸子『今様の時代――変容する宮廷芸能』東京大学出版会、二〇〇六年
加藤洋介「「後見」攷――源氏物語論のために」『名古屋大学国語国文学』六三号、一九八八年一二月
川上恵三「『貫首秘抄』の成立年代」『皇学館論叢』八巻三号、一九七五年六月
川島絹江『『源氏物語』の源泉と継承』笠間書院、二〇〇九年
川尻秋生「『紀家集』と国史編纂――「競狩記」を中心として」『史観』一五〇号、二〇〇四年
北啓太「壬生本『西宮記』旧内容の検討」『史学雑誌』一〇一編一一号、一九九二年一一月
北村英子『なまめかし――平安美的語詞「なまめかし」の研究』桜楓社、一九七五年
久保木圭一「清華家「大炊御門家」の成立――始祖藤原経実の婚姻関係を中心に」『日本歴史』六九七号、二〇〇六年六月
倉本一宏『摂関政治と王朝貴族』吉川弘文館、二〇〇〇年
栗原弘『高群逸枝の婚姻女性史像の研究』高科書店、一九九四年
――『平安前期の家族と親族』校倉書房、二〇〇八年
黒澤舞「治承四年の新嘗祭と五節舞について」小原仁編『『玉葉』を読む――九条兼実とその時代』勉誠出版、二〇一三年
五味文彦『書物の中世史』みすず書房、二〇〇三年
――『『枕草子』の歴史学――春は曙の謎を解く』朝日新聞出版、二〇一四年
佐伯智広「徳大寺家の荘園集積」『史林』八六巻一号、二〇〇三年一月
――「中世貴族社会における家格の成立」上横手雅敬編『鎌倉時代の権力と制度』思文閣出版、二〇〇八年
迫徹朗「『大和物語』人物考証――「太政大臣の北の方」と「菅原の君」」倉野憲司先生古稀記念論文集刊行会編『古代文学論集』桜楓社、一九七四年
佐古愛己『平安貴族社会の秩序と昇進』思文閣出版、二〇一二年
佐々木文昭『中世公武新制の研究』吉川弘文館、二〇〇八年
笹山晴生『日本古代衛府制度の研究』東京大学出版会、一九八五年
佐藤厚子「『禁秘抄』の研究(六)」『椙山女学園大学研究論集 人文科学篇』四四号、二〇一三年
佐藤全敏『平安時代の天皇と官僚制』東京大学出版会、二〇〇八年

佐藤泰弘「五節舞姫の参入」『甲南大学紀要　文学編』一五九号、二〇〇九年三月
佐野みどり『風流　造形　物語――日本美術の構造と様態』スカイドア、一九九七年
志村佳名子『日本古代の王宮構造と政務・儀礼』塙書房、二〇一五年
下橋敬長「維新前の宮廷生活」『幕末の宮廷』（東洋文庫）、平凡社、一九七九年（初出三田史学会、一九二二年）
須藤敬「『保元物語』信西の太刀「小狐」をめぐって」『軍記と語り物』一三号、一九八七年
高橋昌明『平家と六波羅幕府』東京大学出版会、二〇一三年
高山有紀『中世興福寺維摩会の研究』勉誠社、一九九七年
瀧浪貞子『日本古代宮廷社会の研究』思文閣出版、一九九一年
玉井力『平安時代の貴族と天皇』岩波書店、二〇〇〇年
告井幸男『摂関期貴族社会の研究』塙書房、二〇〇五年
土田直鎮『奈良平安時代史研究』吉川弘文館、一九九二年
角田文衞「日本の後宮の特色」『日本の後宮』学灯社、一九七三年
――『待賢門院璋子の生涯――椒庭秘抄』朝日新聞社（朝日選書）、再版、一九八五年
所功『平安朝儀式書成立史の研究』国書刊行会、一九八五年
――「出雲路通次郎翁の遺著『大礼と朝儀』」出雲路通次郎『大礼と朝儀――付有職故実に関する講話』復刻版、臨川書店、一九八八年
――『宮廷儀式書成立史の再検討』国書刊行会、二〇〇一年
富田正弘『中世公家政治文書論』吉川弘文館、二〇一二年
永田和也「「次侍従」について」『延喜式研究』一二号、一九九六年
中本和「初雪見参と大雪見参」『古代文化』六六巻二号、二〇一四年九月
西村さとみ『平安京の空間と文学』吉川弘文館、二〇〇五年
西本昌弘『日本古代の年中行事書と新史料』吉川弘文館、二〇一二年
野田有紀子「平安貴族社会の行列――慶賀行列を中心に」『日本史研究』四四七号、一九九九年
野々村ゆかり「摂関期における乳母の系譜と歴史的役割」『立命館文学』六二四号、二〇一二年一月

野村育世『家族史としての女院論』校倉書房、二〇〇六年
橋本義彦『平安貴族社会の研究』吉川弘文館、一九七六年
――『平安貴族』平凡社、一九八六年
樋口健太郎『中世摂関家の家と権力』校倉書房、二〇一一年
平間充子「男踏歌に関する基礎的考察」『日本歴史』六二〇号、二〇〇〇年一月
服藤早苗『平安王朝の子どもたち――王権と家・童』吉川弘文館、二〇〇四年
――『平安王朝社会のジェンダー――家・王権・性愛』校倉書房、二〇〇五年
――「平安朝の五節舞姫――舞う女たち」『埼玉学園大学紀要　人間学部篇』一一号、二〇一一年一二月
――「五節舞師――平安時代の五節舞姫」『埼玉学園大学紀要　人間学部篇』一二号、二〇一二年一二月
――「童女御覧の成立と変容――平安王朝五節儀のジェンダー眼差し」『王朝びとの生活誌――『源氏物語』の時代と心性』森話社、二〇一三年
――「『源氏物語』の五節舞姫と史実」『アナホリッシュ国文学』四号、二〇一三年九月
――『平安王朝の五節舞姫・童女――天皇と大嘗祭・新嘗祭』塙書房、二〇一五年
古瀬奈津子『日本古代王権と儀式』吉川弘文館、一九九八年
細谷勘資「末茂流藤原氏に関する一考察――皇嘉門院と九条兼実との関係を中心として」『芸林』四〇巻一号、一九九一年
槙道雄『院近臣の研究』続群書類従完成会、二〇〇一年
増井敦子「禁色宣旨」佐藤宗諄先生退官記念論文集刊行会編『『親信卿記』の研究』思文閣出版、二〇〇五年
松薗斉『日記の家――中世国家の記録組織』吉川弘文館、一九九七年
――「武家平氏の公卿化について」『九州史学』一一八・一一九号、一九九七年一一月
美川圭『院政の研究』臨川書店、一九九六年
――『白河法皇――中世をひらいた帝王』日本放送出版協会、二〇〇三年
満田さおり「清涼殿南庇「殿上の間」（「侍所」）に関する研究――平安宮内裏の空間構成と儀式に関する歴史的研究3」『日本建築学会計画系論文集』六八三号、二〇一三年一月
源豊宗『大和絵の研究』角川書店、一九七六年

三宅和朗『古代国家の神祇と祭祀』吉川弘文館、一九九五年
宮崎康充「右大臣兼実の家礼・家司・職事」『書陵部紀要』六一号、二〇〇九年
宮澤俊雅『倭名類聚抄諸本の研究』勉誠出版、二〇一〇年
村山修一「藤原忠実について」『京都女子大学紀要』文学部編、六号、一九五三年
元木泰雄『院政期政治史研究』思文閣出版、一九九六年
――『藤原忠実』吉川弘文館、二〇〇〇年
桃崎有一郎「昇進拝賀考」『古代文化』五八巻三号、二〇〇六年一二月
――「中世後期における朝廷・公家社会秩序維持のコストについて――拝賀儀礼の分析と朝儀の経済構造」『史学』七六巻一号、二〇〇七年六月
――「鎌倉幕府の秩序形成における拝賀儀礼の活用と廃絶――鎌倉殿・御家人・御内人と拝賀」阿部猛編『中世政治史の研究』日本史史料研究会、二〇一〇年
――『中世京都の空間構造と礼節体系』思文閣出版、二〇一〇年
――「鎌倉殿昇進拝賀の成立・継承と公武関係」『日本歴史』七五九号、二〇一一年八月
――「『西宮記』に見る平安中期慶申（拝賀・奏慶・慶賀）の形態と特質」『立命館文学』六二四号、二〇一二年一月
安田政彦「勅授帯剣について」亀田隆之先生還暦記念会編『律令制社会の成立と展開』吉川弘文館、一九八九年
安原功「殿上定について――坂本賞三・美川圭説の検討」『日本歴史』五六七号、一九九五年八月
山本信吉『摂関政治史論考』吉川弘文館、二〇〇三年
山本陽子『絵巻における神と天皇の表現――見えぬように描く』中央公論美術出版、二〇〇六年
吉川真司『律令官僚制の研究』塙書房、一九九八年
芳之内圭『日本古代の内裏運営機構』塙書房、二〇一三年
吉村茂樹「蔵人式についての一考察」『歴史地理』四六巻三号、一九二五年
米田雄介『歴代天皇の記録』続群書類従完成会、一九九二年
龍粛『鎌倉時代』春秋社、一九五七年
渡辺直彦『日本古代官位制度の基礎的研究』吉川弘文館、一九七二年

渡部史之「藤原師輔の野剣「小狐」と摂関家」『東風西声――九州国立博物館紀要』六号、二〇一一年三月
――「摂関家累代御物の成立」『東風西声――九州国立博物館紀要』八号、二〇一三年三月

あとがき

東アジアの物質文化を学びたいと東京大学教養学部に学士入学したものの、あまりに多様な講義とそれらをそつなくこなす周囲の秀才たちにまごついていた私に、服装の研究を勧めてくださったのは義江彰夫先生である。禁制に興味をもち、お薦めいただいて読み始めた公家新制に直垂が禁じられていることにひっかかりを感じたところから、貴族の日記や軍記、説話等を読み、この新しい美服が武士の擡頭とともに流行し、規制と逸脱を繰り返しながら多くの人に着られるようになっていったダイナミズムに心奪われた。それは遠い昔の異郷の話であると同時に、成文の規範や暗黙の規範、流行に絡め取られて生きるという人間社会の普遍的な構造を考えることでもあった。

その一方で、服装史の文献をひっくり返し、日本史の文献や文学作品の注を読み込んでも、納得のいく記述にはなかなか出会えなかった。「公家の服飾」「武家の服飾」「庶民の服飾」。たしかにそれぞれの様式があり、それぞれの歴史がある。しかしその境界はすぐに軽々と越えられるではないか。たしかに服装は身分や時宜にあわせて選ばれる。しかしその約束もすぐに大胆にあるいは巧妙に破られるではないか。むしろ衣服を着たり着せたりすることで人の立場が変わり、役割が変わり、権力が生まれるそのさまに迫りたい。直衣も直垂も着熟す平家の公達は、ほんとうに公家になりきれなかった失敗者なのか。なぜ院政期に装束書が増えるのか。そして、事典や注釈に繰り返される束帯とはこういうもの、直衣とはこういうものといった説明についても、史料を読めば読むほど疑問が増していった。

直衣参内に焦点を絞った論文を書く構想を得るには、そこから長い時間がかかった。服装と権力の関係を考えるのに魅力的な素材にはことかかない。さまざまな切り口からこの問題に迫るべきであるし、権力について考えるために、たかだか数十人の特権階級の男性たちについて考察することは時代に逆流しているかもしれない。頁を繰っても繰っても直衣の話が続く本書に呆れられる方もおられるだろう。しかし、直衣に関連して解明すべき事項は少なくなかったし、いったん覚悟を決めて取り組みはじめると、権力の表象と強化のみならず、公私、昼夜、空間、視線等、論点は無尽蔵であることにも気付かされ、このような微視的な論考をまとめるに至った。

その間、義江先生が駒場を去られた後には、桜井英治先生のご指導を仰ぐ幸甚を得た。怠慢が過ぎ、その幸を十分に活かしてこなかったことは深く恥じるばかりだが、それにもかかわらず、先生は糸の切れた凧のような私をつなぎとめ、博士論文完成に導いてくださり、また東京大学出版会へ本書をご推挙くださった。籍をおいた比較文学比較文化研究室では、大澤吉博先生、菅原克也先生、徳盛誠先生はじめ、多くの先生方、先輩方に、常々ご指導とご鞭撻をいただいた。なかでも神野志隆光先生に日本研究の手ほどきを受けたことは幸運だった。ジョン・ボチャラリ先生の率いる『絵巻物による日本常民生活絵引』の英訳事業に加えていただいたことも貴重な経験となった。

在学中は、他学部聴講の制度を利用して、五味文彦先生はじめ、本郷の日本史研究室や史料編纂所の先生方、院生方の謦咳に接し、日本史研究の手法を学ぶことができた。五味先生には、その後、明月記研究会への参加もお許しいただき、ご指導を賜ってきた。歴史と文学の交点にある明月記研究会は、私にとってかけがえのない学びの場であり、先学諸兄姉から数知れずご教示や励ましをいただいてきた。また、髙田装束研究所所長の髙田倭男先生には義江先生がお引き合わせくださり、たびたび直接のご指導を賜った。貴重な装束を拝見し、文字にはなりにくいさまざまなことがらをお教えいただいたことは、まことに得難い機会であった。

大学院退学後、早稲田大学国際教養学部の助手の職を得、その後、明治大学大学院特任講師に採用されたこともまた僥倖であった。研究に没頭できた早稲田大学での日々がなければ、本書が完成したかはわからない。大学院生時代には自分の居場所を探し続け、研究とアルバイトの均衡を保つことに苦慮もし、家庭を築くために寄り道もしたが、それでもここまで歩んでこられたこと、その途上でお導きいただいた多くの方々に、心より御礼申し上げる。

「はじめに」にも記したように、本書は東京大学大学院総合文化研究科に提出した学位論文がもととなっている。学位論文は、桜井英治先生、松岡心平先生、遠藤基郎先生、田村隆先生、桃崎有一郎先生に審査いただいた。先生方からはさまざまなご批正をいただき、また東京大学学術成果刊行助成の査読者からも貴重なご指摘をいただいたが、結局のところ、直せなかった問題点のほうが多いことは、暗愚のなすところである。刻々と変化して捉えどころがないのに、確かに共有され私たちを縛っている規範という問題を考えるためには、もっと広く深く学んでいかなければならないと痛感している。

そのような拙い論文の刊行をお引き受けくださった東京大学出版会、とりわけ編集部の山本徹氏には万謝申し上げる。大部分が新稿の本書の原稿には不備が多かっただけでなく、不慣れな講義の準備に出産・育児が重なり、書き直しや校正は遅々として進まず、山本氏と出版会にはたいへんご迷惑をおかけした。図版の掲載をお許しいただいた諸機関、特に佐藤全敏氏、有富純也氏のご高配にも感謝申し上げる。

最後に、両親と夫無くしては今の私もこの本もない。なにより親として範として師として母から受けてきた並々ならぬ教えと助けはとても書き尽くせない。ただひたすら感謝あるのみである。

二〇一八年　スーパーブルーブラッドムーンの夜に

中井真木

付記　本書の刊行にあたっては、東京大学学術成果刊行助成制度の補助を受けた。

索　引

・網羅的にではなく，その項目について特に重要な箇所を中心に立項した．
・人名は名で立項した．女性は割愛した．
・史料はすべて割愛した．

あ 行

か 行

さ　行

た　行

ら行・わ行

著者略歴
1976 年　アメリカ合衆国オレゴン州生まれ
2000 年　東京大学文学部卒業
2002 年　東京大学教養学部卒業
2012 年　東京大学大学院総合文化研究科博士課程単位取得退学
2015 年　博士（学術）
現　在　明治大学大学院特任講師

主要著作
「公家の直垂——定家の頼実批判」（『明月記研究』11 号，2007 年）
「後鳥羽院宇治御所と九条家」（『明月記研究』13 号，2012 年）
『マルチ言語版 絵巻物による日本常民生活絵引』第 1-3 巻（共訳，神奈川大学 21 世紀 COE プログラム「人類文化研究のための非文字資料の体系化」研究推進会議／神奈川大学日本常民文化研究所非文字資料研究センター，2007-2011 年）

王朝社会の権力と服装
——直衣参内の成立と意義

2018 年 3 月 23 日　初　版

［検印廃止］

著　者　中井真木《なかいまき》

発行所　一般財団法人　東京大学出版会
代表者　吉見俊哉
153-0041 東京都目黒区駒場 4-5-29
http://www.utp.or.jp/
電話 03-6407-1069　Fax 03-6407-1991
振替 00160-6-59964

印刷所　株式会社三陽社
製本所　牧製本印刷株式会社

ISBN 978-4-13-026245-3　Printed in Japan